LUOGHI VERTICALI

EDIZIONI **VERSANTE SUD**

Erste Ausgabe: April 2006
ISBN: 88-87890-50-1

Umschlag: Maja Vidmar, Belvedere *(Foto Damiano Levati)*

Texte: Mario Manica, Antonella Cicogna

Skizzen und Landkarten: Chiara Benedetto

Übersetzung: Ulla Walder, Gerd Zimmermann

Druck: Chinchio Padova

ANMERKUNG

Klettern ist eine potenziell gefährliche Sportart, und wird auf eigener Verantwortung ausgeführt. Alle hier angeführten Bemerkungen sind auf Grundlage der letzten Informationen aktualisiert worden. Sie müssen aber jeweils vor Ort von Experten geprüft und kontrolliert werden, bevor mit dem Klettern begonnen wird.

Mario Manica
Antonella Cicogna
Davide Negretti

KLETTERN IN ARCO

Sarcatal - Trient - Rovereto
Judikarien - Brentagruppe

VERSANTE SUD

EDIZIONI VERSANTE SUD

VORWORT

Die Sonne ist einstweilen verfärbt und das Profil des Berges zeichnet eine blasse Welle über die fast verschwundene Aufschrift VERSANTE SUD. Alle schwarzen Anmerkungen sind mittlerweile unleserlich. Nur die Fußnote mit der Jahresangabe dieses Fax, das uns Roberto und Bruno mit der Aufschrift "Für die Autoren" zugesandt haben, hat überlebt.

Das war vor drei Jahren, bevor das alles begann. Vor der Unterzeichnung des Vertrags und vor der Zustimmung einen Kletterführer über das Sarcatal zu schreiben. Bevor wir unsere Kletterschuhe anzogen, um neue oder wieder vergessene Routen zu klettern, mit dem Bewusstsein sie dann, den anderen beschreiben zu müssen; bevor wir Papier, Bleistift und Gummi zur Hand nahmen, um die Zugänge, das Aussehen der Gebiete, die Linienführung der Routen und ihrer Schwierigkeiten aufzuzeichnen.

Vor Marios Unfall in Venezuela, der ihm ein gebrochenes rechtes Schien- und Wadenbein und eine zertrümmerte linke Ferse bescherte und auch bevor wir Davide Negretti kennen lernten. Gebürtig aus Como, hat er sich zuerst im Trentino und dann in Rovereto, wo auch wir zu Hause sind, niedergelassen. Das war sein Ruin: vor einem Teller Nudeln, mit Olivenöl und Hefeflocken (seine bevorzugten), haben wir ihn in unser Projekt verwickelt, und mit ihm haben wir diesen Kletterführer beendet, um ihn endlich euch allen zugänglich zu machen.

Anfänglich zählten wir sogar jeden Bohrhaken in den Routen. Mario war mit dieser Idee gestartet und mit jener, alle für ihn machbaren Seillängen, d.h. bis zum 7c, zu wiederholen. So geschah es bis zur Hälfte der Arbeit. Nach seinem Unfall jedoch, mit einem Bettarrest von über einem Jahr, haben uns vor allem die Erschließer der Gebiete selbst weitergeholfen. Alle in den letzten fünf Jahren eröffneten und in diesem Topo beschriebenen Klettergebiete,
wurden mit der Genehmigung ihrer Errichter publiziert. Einige Klettergebiete fehlen,
weil es ihre Autoren vorzogen, sie geheim zu halten und so haben wir sie aus Respekt nicht veröffentlicht. Auch wenn vielleicht die Geheimhaltung eines Gebietes nicht zu ihrer Instandhaltung beiträgt. Eine wenig bestiegene Wand verschmutzt, verfällt und die Absicherung veraltet. Wir glauben auch, dass Klettern die Freude des sich Treffens, des Erfahrungsaustausches, des Miteinander von alten und neu Angekommenen, beinhaltet und dass es im Sarcatal dermaßen viele Kletterwände gibt, dass ein Gebiet nie Gefahr laufen wird, überfüllt zu sein.

Nach den Granitfelsen von Alaska und Grönland, von Patagonien oder Baffin, ist es dieses Fleckchen Erde mit dem mittelländischem Mikroklima, wohin Mario kommt, um seine Knochen zu erwärmen; um mit noch von Magnesium verschmutzten Händen, bei einem Bier oder einem Kaffe, über die oder jene Kletterstelle zu diskutieren oder über den oder
jenen Griff, mit denjenigen, die diesen Felsen Leben schenkten, sie reinigten, sanierten und erschlossen.

Mario war nie ein Mensch der Klettergärten, und basta. Auch das Sarcatal war, trotz seiner Schönheit und Vielfältigkeit, nicht fähig, ihn ganz für sich zu behalten. Er ist jedoch regelmäßig, jeden Winter, nach den außereuropäischen Expeditionen, seit über 20 Jahren, wiedergekehrt, um an den Platten und Überhängen in Ein- und Mehrseillängenrouten zu klettern.

In den letzten elf Jahren bin dann ich dazugekommen. Habe Mailand verlassen, um mich im Trentino nieder zu lassen. Seitdem sind wir gemeinsam Zeugen über die vertikale Entwicklung in diesem Tal und schreiben auch in Fachzeitschriften darüber. Und auch aus diesem Grund, haben wir uns entschlossen, an diese Arbeit heranzugehen.

Im Sarcatal kommen jeden Tag neue Gebiete, Routen und Projekte ans Tagelicht. Deshalb sind sicherlich, sobald ihr diese Zeilen lest, neue Linien und Klettergebiete entdeckt und erschlossen worden.

Die Faszination dieses Tales und seiner Felsen liegt ja auch darin. Es hat immer etwas Neues zu sagen, jedes Mal.

Antonella Cicogna

DANKSAGUNG

Danke sagen genügt nicht. Immer sollte es das letzte Mal sein, nicht noch einmal wollten wir stören, nur noch einen Punkt klären und dann die endlosen Telefonate, die Begegnungen zuhause bei einem kühlen Bier und einem warmen Malzkaffe, um die Skizzen der Klettergebiete, die Schwierigkeiten, die Routen nochmals zu überprüfen und damit den Weg für die Publikation des einen oder anderen Gebietes frei zu machen. Sintersäulen mit Untergriffsschuppen, Blockierer an kleinsten Tropflöchern, die Technik der Füße und der Hände beherrschen, Fingerspitzengefühl.

Für manche war es der reinste Alptraum uns im Rücken zu spüren. Wir haben uns wieder zusammengefunden und vergnügt. Ohne sie und ohne ihre Hilfe hätten wir diesen Kletterführer niemals abgeschlossen. Nun, bei den letzten Zeilen angelangt, hoffen wir wirklich niemanden vergessen zu haben.

So danken wir all denen die uns geholfen haben und ganz besonders: Fabio Albertoni, Renzo Angelini, Simone Banal, Fabio Bertoni, Mauro Bertolasi, Danilo Bonvecchio, Mirko Bosetti, Luciano Calderan, Paolo Calzà, Roberto Capucciati im besondern für den Teil der Brentagruppe, Franco Cavallaro, Oswald Celva, Marco Curti, Gianguido Dalfovo, Simone Elmi, Simonetta Facchini (APT Comano), Diego Filippi, Rudi Filippi, Roland Galvagni, Michel Ghezzi, Cristoforo Groaz, Luca Giupponi, Rolando Larcher, Giovanni Leonardi, Fabio Leoni, Damiano Levati, Daniele Lira, Luca Malesardi, Paolo Malesardi, Giuseppe Mantovani, Loris Manzana, Silvano Matassoni, Sauro Merighi, Elio Orlandi, Bruno Quaresima, Franco Scandolari, Marco Scolaris, Andrea Zanetti, Ulla Walder, Maja Vidmar.

VERZEICHNIS UND KARTE

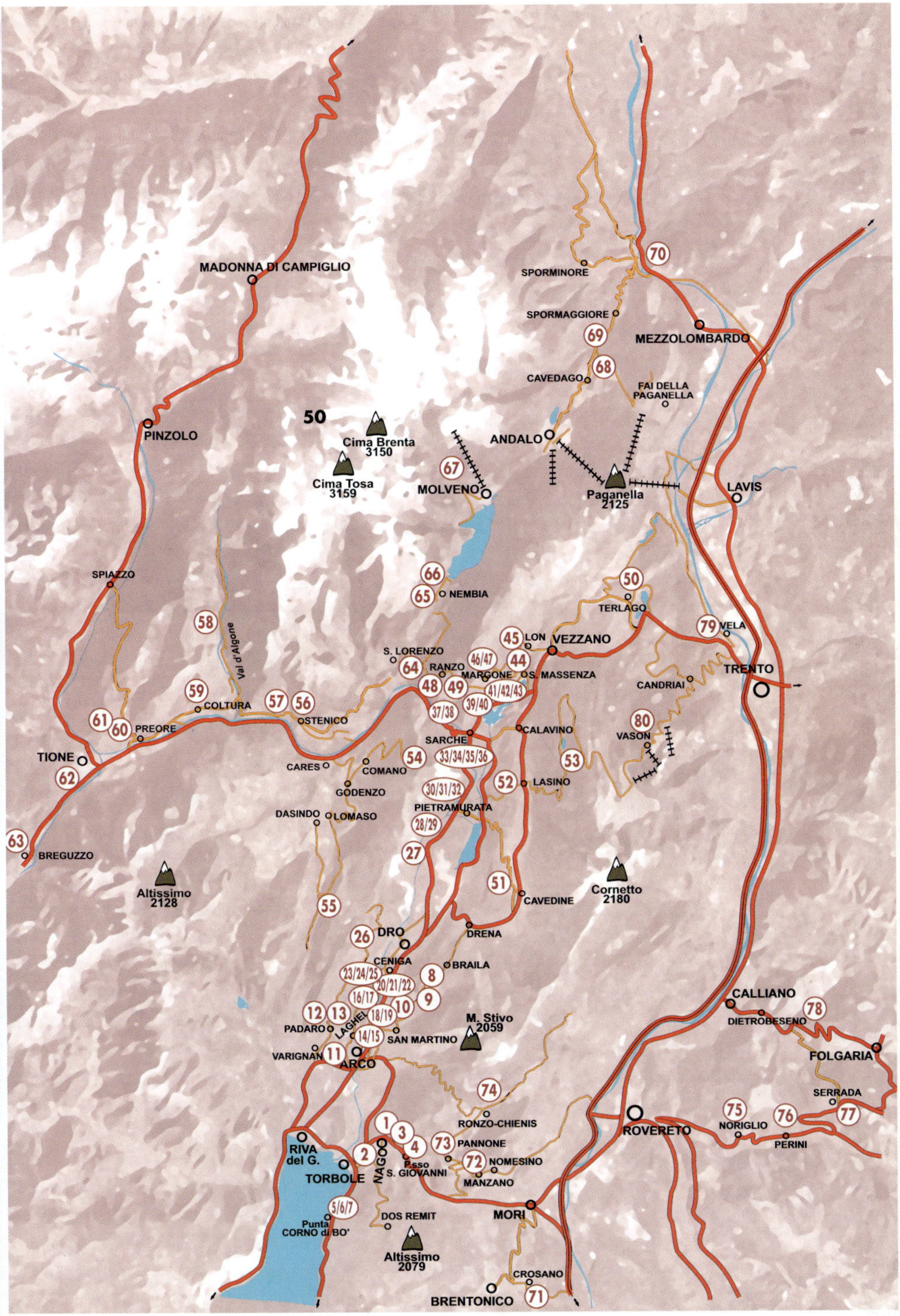
MADONNA DI CAMPIGLIO
PINZOLO
50
Cima Brenta
3150
Cima Tosa
3159
SPORMINORE
70
SPORMAGGIORE
69
MEZZOLOMBARDO
CAVEDAGO
68
FAI DELLA PAGANELLA
ANDALO
67
MOLVENO
Paganella
2125
LAVIS
SPIAZZO
66
65
NEMBIA
50
TERLAGO
58
Val d'Algone
79
VELA
45
LON
VEZZANO
S. LORENZO
64
RANZO
46/47
44
MARGONE
S. MASSENZA
TRENTO
CANDRIAI
59
COLTURA
57
56
48
49
41/42/43
OSTENICO
39/40
61
60
PREORE
37/38
80
VASON
CALAVINO
SARCHE
TIONE
33/34/35/36
53
CARES
COMANO
54
62
52
LASINO
GODENZO
30/31/32
DASINDO
LOMASO
PIETRAMURATA
28/29
63
BREGUZZO
27
Altissimo
2128
51
CAVEDINE
Cornetto
2180
55
26
DRO
DRENA
CENIGA
23/24/25
BRAILA
8
20/21/22
16/17
9
CALLIANO
78
12
13
18/19
10
M. Stivo
2059
PADARO
LAGHEL
DIETROBESENO
14/15
SAN MARTINO
FOLGARIA
VARIGNANO
11
ARCO
74
SERRADA
75
76
77
RONZO-CHIENIS
1
3
ROVERETO
NORIGLIO
PERINI
RIVA del G.
73
PANNONE
2
4
TORBOLE
NAGO
Psso S. GIOVANNI
72
NOMESINO
MANZANO
5/6/7
DOS REMIT
MORI
Punta CORNO di BO'
Altissimo
2079
CROSANO
BRENTONICO
71

ALLGEMEINE INFORMATIONEN

Der Führer behandelt die Gebiete des Sarcatales, einige interessante Wände im Einzugsgebiet von Rovereto und Trient und die Gebiete der Judikarischen Täler.

Das Sarcatal

Was will man mehr von einem Tal? Es hat mediterranes Klima und Vegetation zu bieten, fabelhafte Felsen und Klettermöglichkeiten das ganze Jahr uber; unvergessliche Naturdenkmäler und die Gebirgszüge der Brentagruppe, des Monte Baldo und des Monte Stivo, des Monte Bondone und des Monte Casale umrahmen die ausgedehnten Kulturlandschaften mit ihren Olivenhainen, Weingärten, Äpfel- und Pflaumenanlagen. Die kulinarischen Köstlichkeiten lassen auch den härtesten Kletterer erweichen, ganz abgesehen von den heimischen Weinen und Destillaten.

Es ist keine Neuigkeit. Im Trentiner Sarcatal herrschen ideale Bedingungen für 350 Tage im Jahr, denn besonders dem Gardasee verdankt dieses Gebiet sein mildes Klima und daher wird geklettert, auch wenn es im Rest Italiens kalt ist. Mit Felswänden übersät, hat es für alle Kletterliebhaber etwas zu bieten; von technischen Plattenkletteреien bis hin zu Kraft raubenden Überhängen und Mehrseillängen Routen an hohen Felswänden. Zusätzlich gibt es ausgeschilderte Radstrecken für das Mountainbike und Wanderwege; Möglichkeiten zum Base jumping, Paragleiten und Canyoning; den Windsurfern und Seglern bläst der morgendliche Pelèr oder die Ora am Nachmittag ordentlich in die Segel. Im September gibt es den Rock Master, die vorzüglichen Eisspezialitäten hingegen gibt es immer. Und in den Wintermonaten? Falls wir es leid sind, uns die Finger am Kalk wund zu klettern, erwarten uns herrliche Skiabfahrten in den nahe gelegenen Skigebieten von Arco, wie am Monte Bondone oder in den Dolomiten. Auch die Langläufer und Skitourengeher kommen auf ihre Kosten.

Abgesehen von seinen Felswänden, gibt es im Sarcatal zahlreiche Sehenswürdigkeiten, die wir uns nicht entgehen lassen sollten. Zum einen gibt es die vom Mensch geschaffenen Denkmäler, wie Arco, mit seinem Schloss, den künstlich angelegten Gärten und Parkanlagen, den Jugendstil Villen und Renaissanceansitzen. Das Städtchen Dro mit seinem mittelalterlichen Kern und den dafür typischen engen Gassen und schönen Portalen. Die Schlösser von Drena, Madruzzo, Tenno. Das Schloss von Toblino (heute als Restaurant) mit seiner einmaligen Lage am See; die Festung in Riva mit seinem einzigartigen Festungsgraben. Außerdem die nächstgelegenen Städte des Sarcatales: Trient und Rovereto mit ihren historischen Stadtkernen und ihren Museen. An dieser Stelle verweisen wir auf die Internetadresse der Tourismusverbände im Kapitel „Informationen".

Dann gibt es die vielen von der Natur geschaffenen Plätze, zumal das Tal ein lebendes Resultat der Ereignisse der Quartäreiszeit ist, als der große Etschtalgletscher bis auf einer Höhe von 1700 Metern verlief. Zeugen hierfür finden wir in den auf kleinstem Raum konzentrierten Seen, die ein typischer Anhaltspunkt für das Tal sind, das in seinem oberen Teil auch Valle di Laghi (Tal der Seen) genannt wird. Abgesehen vom Gardasee stellen die Seen Cavedine, Toblino, S. Massenza, Lagolo, Lamar und Terlago wahre Naturjuwelen dar, die uns häufig bei unserer Kletterei begleiten und beschützend nach uns schielen während wir das grauweiße Kalkgestein des Belvedere, das rote des Panoramica und das silbrige des Spiaggia delle Lucertole erzwingen. Vater der verschiedensten Naturerscheinungen im Tal bleibt stets der Etschtalgletscher. Unter ihnen befinden sich großartige Steinabschleifungen, die „marmitte dei giganti" (Kessel der Riesen), die Erdrutsche der „marocche cadute" wo sich heute die Dörfer Pietramurata und Drò befinden und die in ihrer Konzentration und Grandiosität (187 Kubikmeter) zum bedeutendsten Phänomen seiner Art im ganzen Alpenbereich zählen. Es ist ein steiniges und wildes Tal durch das der Sarca fließt der in der Schlucht des Limarò, zwischen dem Dain Picol und dem Dain Grande entspringt, das mittlere und untere Tal netzt und in den Gardasee mündet.

Im Sarca-Tal befindet sich auch die größte Doline des gesamten Alpenkammes. Zwischen Oliven, Reben und von Schwarztannen durchsetzten Wäldern, gleich nach dem Kirchlein S. Maria di Làghel und vorbei an dem gleichnamigen Kliff in Richtung zum Kliff Muro dell'Asino, liegt das kleine Tal Là-

ghel. Bei reichlichen und nahe liegenden Regenfällen, bildet sich in der Mitte des Tälchens ein See der dann verschwindet und dessen Wasser, von einem Schlund aufgenommen, möglicherweise eine unterirdische Quelle speist. Natur und Mensch bilden hier noch eine Einheit. Sie leben Seite an Seite in einem Umfeld das imstande war noch viele charakteristische Züge aufrecht zu erhalten. Wir finden Winkel und Weiler die uns in die Zeit des Mittelalters zurückführen, in der sich Bauern und Handwerker des Reichtums der eigenen Natur, die gleich Ursprung des Lebens und wirtschaftlichen Unterhalt darstellten, wohl bewusst waren. So lebt die Talgemeinschaft noch heute von der Landwirtschaft: wie damals werden Wein und Oel gewonnen, werden Mühlen, Essen, Pressen und Gerbereien betrieben. Auf der Ebene die sich längs des Flusses Sarca bis zum Ufer des Gardasees ausbreitet, werden Trauben, Âpfel, Kiwi und Pflaumen angebaut. An den terrassenförmigen Hängen mit den wunderschönen Trockenmauern, werden nach antiker Kultur und deren Geheimnissen Olivenbäume gepflanzt.
Natürlich gibt es auch Industrie, die Entwicklung von Handel und Tourismus, die zum Teil das Aussehen des Tales verändert haben. Kaum verlässt man jedoch die Provinzstrassen scheint der Rhythmus verlangsamt und es wird möglich die Rennereien des Alltags, den Arbeitsstress und den der Stadt zu vergessen. Die Sonne erwärmt unsere Rücken in der Wand bis zum späten Nachmittag, der Wohlgeruch der Natur dringt in uns, erfüllt unsere Träume und lädt uns ein immer wieder hierher zu kommen.

Die Judikarischen Täler

Was soll man zu so einem Paradies sagen? Das Ambiente der Judikarischen Täler ist sehr vielfältig und ihre Felsen stehen denen aus dem Sarcatal in nichts nach. Im Gegenteil, im Sommer kann man die herrliche Frische der Dolomiten der Brentagruppe genießen. Die Natur und der Mensch stehen im Einklang miteinander. Über zehn Klettergebiete wurden hier beschrieben, aus der Umgebung der äußeren und zentralen Judikarien. Die Heilwasser der Thermen von Comano waren schon in Römerzeit für ihre heilende Wirkung bekannt, während das Schloss von Stenico heute Sitz des Trentiner Landesmuseums für Kunst ist. In den Zentraljudikarien befindet sich in der Nähe von Coltura die Ortschaft Iron. Diese wurde 1630 nach einer Pestepidemie vollständig verlassen und ist deshalb in seiner architektonischen und urbanistischen Struktur vollkommen erhalten geblieben. Außerdem befinden sich die Klettergebiete dieser Zone alle im Naturpark Adamello Brenta.

ZUFAHRTEN UND AUSGANGSPUNKTE

Je nach behandeltem Gebiet, wollten wir gemeinsame Ausgangspunkte aufzeigen und ab diesen haben wir die Distanzen berechnet. Die Informationen sind bis zum Dezember 2005 aktuell, wir können jedoch dieselbe Befahrbarkeit für die Zukunft nicht garantieren. Die Wahl der Parkplätze erfolgte mit dem Ziel, Privatgründe und Durchfahrtsrechte zu respektieren.

Sarcatal

Der Ausgangspunkt, mit dem Auto, zu allen Gebieten des Sarcatals ist Arco. Vor allem leicht individualisierbar ist die Brücke über denSarcafluss (großer Parkplatz). Wer über die Autobahn A22 Modena-Brenner kommt, verlässt diese in Rovereto Süd - Lago di Garda Nord und folgt den Indikationen Lago di Garda. Nach Nago, beim Kreisverkehr rechts, Richtung Arco, etwa 22 Km. Wer über die Autobahn A22 Brenner-Modena kommt, verlässt diese in Trento Centro und folgt den Hinweisen Strada Statale SS 45 Bis Gardesana Arco-Riva del Garda bis er nach Arco kommt - etwa 35 Km.

Rovereto und Umgebung

Der Ausgangspunkt zu den Gebieten diese Zone ist die Autobahnausfahrt Rovereto Süd der A22 Modena-Brenner (Brenner-Modena).

Trient und Umgebung

Der Ausgangspunkt zu den Kiffs dieses Gebiets ist die Autobahnausfahrt Trento Centro der A 22 Modena-Brenner (Brenner-Modena).

Judikarische Täler

Der Ausgangspunkt zu fast allen Gebieten dieser Zone ist Sarche, an der Abzweigung nach Madonnna di Campiglio.
Wer über die Autobahn A 22 Modena-Brenner kommt, verlässt diese in Rovereto Süd - Lago di Garda Nord und folgt den Hinweisen Garda. Nach Nago, beim Kreisverkehr rechts, Richtung Arco. In Arco rechts abbiegen und Richtung Trento, dem Sarcatal entlangfahren bis nach Sarche, etwa 38 Km.
Wer über die Autobahn A22 Brenner-Modena kommt, verlässt diese in Trento Centro und folgt den Hinweisen Strada Statale 45 Bis Gardesana Arco-Riva del Garda bis er nach Sarche kommt - etwa 19 Km.
Der Ausgangspunkt zu den Gebiete von Nembia, Lago Nembia, Molveno, Cavedago, Spormaggiore e Vigo di Ton, ist die Autobahnausfahrt San Michele-Mezzocorona der A 22 Modena-Brenner (Brenner-Modena).

TOURISTISCHE INFORMATIONEN - UBERNACHTUNGEN

Hotels, Garnis, Pensionen, Bed and Breakfast, Zimmervermietungen, Agritourismus, Zeltplätze, Ferienwohnungen: in den Tälern der Judikarien, im Sarcatal, in der Umgebung von Trient und Rovereto gibt es eine Menge davon, für jeden Geschmack und jeden Geldbeutel.
Die beste Informationsquelle sind bestimmt die Tourismusbüros. Dort finden sie die aktuelle Auflistung von Angeboten und Verfügbarkeiten je nach ihren Bedürfnissen. Dasselbe gilt für Auskünfte über sportliche, enogastronomische, musikalische oder künstlerische Veranstaltungen. Vom Rock Master bis zum Bike Festival, von den Ausstellungen im Museum für moderne Kunst in Rovereto und Trient (MART) bis zu den Stadtführungen in Trient und Rovereto, finden sie alles unter nachstehenden Adressen:

APT Azienda per il turismo del Garda Trentino
Giardini di Porta Orientale, 8 - 38066 Riva del Garda (TN)
Tel. +39 0464 554444 Fax +39 0464 520308
www.gardatrentino.it - info@gardatrentino.it
Arco Büro: Viale delle Palme 1
Tel. +39 0464 532255 Fax +39 0464 532353
Torbole Büro: Via Lungolago Verona 19
Tel. +39 0464 505177 Fax+39 0464 505643

Consorzio Turistico Valle dei Laghi
Via Roma 61/1 - 38070 Vezzano (TN)
Tel. +39 0461 864400 Fax +39 0461 864535
www.valledeilaghi.it - consorzioturistico@valledeilaghi.it

APT Azienda per il turismo Rovereto e Vallagarina
C.so Rosmini 6 - 38068 Rovereto (TN)
Tel. +39 0464 430363 Fax +39 0464 435528
www.apt.rovereto.tn.it - rovereto@apt.rovereto.tn.it

APT Azienda per il turismo Trento e Monte Bondone
Via Manci 2 - 38100 Trento (TN)
Tel. +39 0461 983880 Fax +39 0461 232426
www.apt.trento.it - informazioni@apt.trento.it

APT Azienda di Promozione Turistica Terme di Comano - Dolomiti di Brenta
I-38077 - Ponte Arche (TN) Tel. +39 0465) 702626
www.comano.to - info@comano.to

Ufficio Turistico Valli Giudicarie Centrali
Via D. Chiesa, 3 - 38079 Tione di Trento (TN)
Tel. +39 0465) 323090 Fax +39 0465) 324140
www.valligiudicarie.it info@valligiudicarie.it

Azienda per il Turismo Dolomiti Di Brenta Paganella
Piazza Dolomiti, 1 - 38010 Andalo (TN)
Tel. +39 0461 585836 Fax +39 0461 585570
www.aptandalo.com

Trentino Spa
Via Romagnosi 11, Trento (TN)
Tel. +39 0461 219300 Fax +39 0461 219400
Kostenlose Nummer 800 010545
www.trentino.to - info@trentino.to

Rockmaster
www.rockmaster.com

Notfall-Nummer
Gendarmerie 112
Polizei 113
Sanitäts-Notruf 118
Verkehrs-Notruf Aci 116

Erste Hilfe
Riva del Garda - Largo Marconi
Tel. +39 0464 582622

Krankenhaus
Arco - Via Capitelli 50/52 Tel. +39 0464 582257
Riva del Garda - Largo Marconi
Tel. +39 0464 582622

Polizeipräsidium
Riva del Garda - Viale Trento 18
Tel. +39 0464 578011

Gendarmerie
Arco - Via A. Degasperi 65
Tel. +39 0464 684048
Riva del Garda - Via N. Pernici 14
Telefono 0464/552326 - 552827

Stadtpolizei
Arco - Via Galas 13 Tel. +39 0464 583528
Riva del Garda - Via Galas 13
Tel. +39 0464 5828

Bergrettungsdienst
Riva del Garda - Viale Rovereto 19
Tel. +39 0464 550550

Autobahnausfahrt A/22
Rovereto Sud - Lago di Garda Tel. +39 0464 942220

EIN KURZER GESCHICHTLICHER ÜBERBLICK

Das Klettern im Sarcatal war von Anfang an untrennbar mit der Ostwand des Colodri verbunden. Diese 300 Meter hohe Felswand ermöglichte es, in Talnähe und damit in angenehmem klimatischen Bedingungen zu klettern. Die rotgraue Wandflucht lockte die Alpinisten aus den Hochtälern des Trentino herunter und natürlich zog sie auch andere Kletterer in ihren Bann.

Im Sarcatal wurden schon ab Anfang der 30er Jahre in den Wänden des Monte Casale, des Monte Dain und des Monte Brento Routen im traditionellen Dolomitenstil eröffnet. Namhafte Leute, unter ihnen Luigi Miori und Marcello Friederichen, Marino Stenico, Bruno Detassis und Rizieri Costazza, Cesare Maestri und Claudio Baldessari, Heini Holzer, Reinhold Messner und Heinz Steinkötter erschlossen zahlreiche Routen. Auch den Alpinisten aus Arco Ugo und Mario Ischia, Giuliano Emanuelli und Fabio Calzà wurde schließlich die Schönheit der unmittelbar vor ihrer Haustür liegenden Ostwand bewusst und sie eröffneten 1972 mit 'Umberta Bertamini' die erste Route. Dies sprach sich schnell herum, und innerhalb weniger Jahre wurden weitere Klassiker wie z.B. 'Barbara', 'Katia', 'Agostina', 'Sommadossi', 'Renata Rossi' von den Brüdern Ischia, Giuliano Stenghel, Franco Monte, Maurizio Giordani, Roberto Bassi, Luigi Giacomelli, Franco Zenatti oder Giovanni Groaz erschlossen.

Und genau hier, in der Ostwand des Colodri, findet ein einschneidendes Ereignis statt, das viele als entscheidend für die weitere Kletterentwicklung im Sarcatal ansehen: die Einführung des Bohrhakens, der in Frankreich schon länger verwendet wurde. Heinz Mariacher und Roberto Bassi (die zusammen mit anderen die Routen 'Renata Rossi' und 'White Crack' eröffneten) verwenden ihn als erste, als sie hier mit 'Specchio delle mie brame' (einer Variante zu 'Renata Rossi',6b+) die erste richtige Sportkletterroute von oben einbohren.

Man schreibt das Jahr 1982 und niemand ahnt noch, dass auf Grund dieser Tat eines der interessantesten Klettergebiete Europas entstehen sollte.

Die Sportkletterpioniere in Arco und Umgebung heißen Heinz Mariacher, Luisa Iovane, Maurizio Zanolla (Manolo), Roberto Bassi, Aldo Leviti und später Bruno Pederiva. Mariacher ist Erstbegeher vieler schwieriger Routen in der Marmolada, wo er meistens von seiner Lebensgefährtin Luisa Iovane, selbst hervorragende Kletterin (z.B. 'Moderne Zeiten'), begleitet wird. Auch schwierigste Routen im Karwendel und waghalsige Alleingänge in den Dolomiten gehen auf sein Konto. Was er vermutlich im Yosemite lernte, setzt er hier um: die Fähigkeit, in wenigen Metern Fels eine schwierige, unterhaltsame, stimulierende und zugleich lehrende Herausforderung für den Vergleich in der Vertikalen zu schaffen. Während für die meisten Alpinisten nur Platz und Zeit für Routen mit mehreren Seillängen ist, kann Mariacher als einer der ersten sich mit dem Sportklettergedanken anfreunden. Und das Sarcatal mit seinen unzähligen steilen und glatten Felswänden kommt in den Genuss dieser Intuition. Viele Routen müssen zuerst geputzt werden, sie werden anfangs auch von oben eingebohrt. Erst später werden sie dann rigoros von unten, stilvoll und kletterethisch korrekt, eingerichtet. Eleganz, Ausdauer, perfekte Fußtechnik und die ständige Bereitschaft, weite Stürze in Kauf zu nehmen, sind zu dieser Zeit alles andere als selbstverständlich für Kletterer, die bislang in den hohen Wänden zu Hause waren.

In den Jahren 1982 bis 1984 sind Mariacher, Zanolla, Bassi, Iovane und Leviti abwechselnd in den großen Dolomitenwänden und in den niederen Felsen rund um Arco aktiv. Diese Klettergärten werden zur Bühne von spannenden, anregenden und viel diskutierten Herausforderungen.

Aldo Leviti und Renato Bernard eröffnen 'Nuovi Orizzonti' (6b) im gleichnamigen Sektor gegenüber von Ceniga. Roberto Bassi und Mauro De Gasperi erschließen an der Spiaggia delle Lucertole 'Honky Tonky' (6b). Es ist dies die erste Route, die ausschließlich mit Bohrhaken abgesichert und später von Mariacher free solo geklettert wird. Als erste Klettergärten entstehen Nuovi Orizzonti, San Paolo, Swing Area, Spiaggia delle Lucertole. Auf den Platten und in den Dächern der Marmitte dei Giganti legen Bassi und Leviti Hand an (später folgen ihnen auch Diego Depretto und Luigi Colà).

Es gibt keine Route, die nicht frei, ohne sich an Haken auszuruhen, begangen wird, und getreu der strengen Regel 'MaMaBas' (Manolo, Mariacher, Bassi), im Falle eines Sturzes wieder vom Einstieg zu starten. In diesem Stil werden Wege geklettert, die auch heute noch mehr als nur beeindruckend sind: zum Beispiel die 25 m lange Route 'Super Swing' (7b+), ausdauernd, technisch anspruchsvoll und schwer zu interpretieren. Oder 'Tom Tom Club', die sich in der zweiten Seillänge, mit einer schwierigen Grifffolge in der Platte, den Grad 7b verdient. 'La signora degli appigli' (7c), ein klassisches Meisterwerk von Manolo mit einem heute noch schwierigen Einzolzug. 'Dracurella', Schwierigkeit 7a in der ersten Seillänge und 7c+ in der zweiten, eine extrem technischen Platte, ein weiteres Meisterwerk Manolos. Oder die 26 Reibungsmeter von 'Nisida' (7c) und 'Tom e Jerry'(7c), mit heiklen Zügen an Untergriffen und kleinsten Tritten. Beide Routen verlangen extreme Technik und werden von Luisa Iovane, der einzigen Frau in der Gruppe, 1985 rotpunkt geklettert.

Schnell verbreitet sich in der Kletterwelt das Potenzial der Felsen rund um Arco und lockt so neue Athleten hierher. Wolfgang Güllich, die Brüder Remy, Jerry Moffat, Ron Fawcett und Patrick Edlinger treffen ein. Die Schwierigkeitsgrade werden höher.

Die Gola di Toblino wird von Roberto Bassi Ende 1984 entdeckt. Der Sektor Nuovi Orizzonti (später gesperrt, da Privatgrund) wird immer öfter besucht und sein Potenzial von Diego Depretto weiter ausgeschöpft. Ende 1985 taucht Massone dank Giovanni Groaz und Danny Zampiccol in der Kletteragenda auf. Auch Diego Depretto ist hier zu Gange. Auf sein Konto gehen viele neue Routen und auch die Erschließung neuer Sektoren.

1985 verwendet man erstmals Bohrmaschinen zum Einrichten der Routen. Dies und die Entwicklung einer neuen Klettertechnik in Überhängen bedeuten einen weiteren Wendepunkt in der Klettergeschichte des Sarcatals. Neue Protagonisten treten hervor: Rolando Larcher, Danilo Bonvecchio, Diego Mabboni, Giorgio Manica ...nicht zu vergessen der unermüdliche Roberto Bassi. Er ist es, der die Erschließung des Tals weiter vorantreibt, auch als seine Mitstreiter (Mariacher, Iovane, Zanolla) das Tal schon längst wieder für neue Ziele verlassen haben. Bassi, der auch „König der Platten" genannt wird, erkundet, erschließt und saniert viele Sektoren; andere Kletterer erschließen die vielen Überhänge.

Ab 1986 ist der Name Rolando Larcher untrennbar mit den hohen Schwierigkeitsgraden im Sarcatal verbunden. Im September diesen Jahres bohrt er in San Paolo und am Eremo zwei überhängende Routen (teils mit künstlichen Griffen) ein und auch die Erstbegehungen gehen auf sein Konto: 'Elefant Baby'(8a) und 'Gravity Games' (8a+ ,heute 8b/8b+ , von François Legrand abgeändert). Zum ersten Mal treten in der Klettergeschichte des Tals solch hohe Schwierigkeitsgrade auf. Im darauf folgenden Jahr, 1987, ist Larcher auch derjenige, der die erste natürliche 8a am Passo San Giovanni rotpunkten kann: 'Fafifurni', eingebohrt von Angelo Giovannetti. Die zwölf Klettermeter verlangen Ausdauer und Präzision an kleinsten Griffen. Nicht lange danach wartet Bassi mit der Erstbegehung von 'Futura' (8a+) in der Gola von Toblino auf, einer 18 Meter hohen, leicht überhängenden Platte mit Minileistchen. 1986 wird für den ersten „Rockmaster" der Geschichte die Felswand des Schlosses von Arco als Wettkampfstätte ausgewählt. Die Gewinner heißen Lynn Hill und Stefan Glowacz. Der erste Sportkletterwettkampf, der „Sport Roccia", wird 1985 an den Parete dei Militi im Valle Stretta, Bardonecchia, durchgeführt und von dem Journalisten Emanuele Cassarà und den Alpinisten Andrea Mellano und Alberto Risso unterstützt. Roberto Bassi gewinnt den ersten italienischen Meistertitel. Im Jahr 1986 finden im Rahmen des „Sport Roccia" zwei Wettkämpfe statt: einer in Bardonecchia und ein weiterer in Arco an der gelben Wand des Colodri. Es gewinnt Patrick Edlinger.

Aber das Sarcatal ist nicht mehr die alleinige Kletterhochburg der Region. In Nomesino im Valle di Gresta wird noch im selben Jahr von E. Dossi und G. Dorigatti die Route 'Poppey' eröffnet. Und wieder erweitert sich dadurch der vertikale Horizont der Kletterer. Neue Herausforderungen finden sich in dieser scheinbar unbezwingbaren Wand mit den scheinbar unmöglich zu haltenden Mikroleisten und Ein- und Zweifingerlöchern. 'Come sei cambiata Ugo' (7c+), sehr ausdauernd im oberen Teil und mit einem schwierigen Einstiegsboulder mit einem Einfingerloch, ist eine der ersten anspruchsvollen Routen, die von Giorgio Manica eingebohrt wurden. Im darauf folgenden Jahr erschließt Roberto Larcher hier eine Serie von schönen und schwierigen Routen, darunter seine erste 8b ('Energia=Mc2') im Überhang, die er dann auch rotpunkt begeht.

Ende der 80er Jahre werden viele weitere Routen in den Schwierigkeitsgraden 8b und 8b+ erstbegangen. Wie zum Beispiel 'Mujado', 8b laut Erstbegeher Roberto Bassi, 8b+ laut Wiederholer. Die Linie verläuft über eine höchst technische, vollkommen natürliche Platte in der Gola. Hier hat Roberto Bassi mittlerweile seine zweite Heimat gefunden. Larcher klettert 'Maratona' (8b), von ihm selbst in Massone eingebohrt (erste Route im Sektor Pueblo).

In der Zwischenzeit werden natürlich weitere Klettergärten entdeckt. Dem Einsatz von Danilo Bonvecchio verdanken wir die Entwicklung und Einrichtung von Gebieten wie z.B. Santa Massenza, das von Bassi oder San Siro, das von Pegoretti entdeckt wurde. Letzterer richtet Terlago ein, eine glatte Felswand aus fantastischem Kalk, durchzogen mit kleinsten Leisten und Tritten, wo Fingerkraft und viel Gespür für das Setzen der Füße Voraussetzung für ein Weiterkommen sind.
Bei Nago erschließt der unermüdliche Diego Depretto mit Hilfe von Luigi Colò einen der schönsten und (neben Massone) einen der bekanntesten Klettergärten im Sarcatal. Hier befanden sich im ersten Weltkrieg die Schützengräben der Österreicher, während sich die Italiener auf der anderen andern Talseite verschanzt hatten.
In den neunziger Jahren konsolidiert sich das Sportklettern im Tal, es passiert wenig Neues. Die Schönheit und Abwechslung der Klettergebiete und der „Rockmaster", inzwischen an der Kunstwand ausgetragen, ziehen jährlich viele tausend Begeisterte aus der ganzen Welt an. Arco ist ohne Zweifel zu einem legendären Ort geworden, zu einem Bezugspunkt für Kletterer, zu einem Ort, an dem man als Kletterer zumindest einmal in seinem Leben gewesen sein muss. Die mehr als hohe Besucherzahl veranlasst im Jahre 1990 die Gemeindeverwaltung, ein Projekt zur Reinigung und Sanierung der meistbesuchten Klettergärten zu finanzieren und mit der Kooperative Arco Roc eine dreijährige Zusammenarbeit einzugehen. Massone, Nago, Spiaggia delle Lucertole, San Siro und Baone werden im Zuge dessen saniert. Dennoch ist die Unterstützung durch die Öffentliche Hand zu sporadisch und zu eingeschränkt in Bezug auf den starken Zuwachs der Klettergebiete. Aus diesem Grund entwickelt sich 1994 unter dem Namen Sisyphos eine Gemeinschaft freiwilliger Helfer. Die Gruppe wird angeführt von Roberto Bassi. Gemeinsam mit den Mitgliedern der ersten Stunde (Bonvecchio, Larcher, Mauro Turri, Andrea Stenico, Marco Curti) saniert er im gleichen Jahr das Gebiet La Gola. Im folgenden Herbst jedoch verliert Roberto Bassi auf tragische Weise bei einem Verkehrsunfall sein Leben. Die von ihm gegründete Gruppe versucht fortan, in ihren Projekten sein Denken, seine Energie und seine Leidenschaft für das Sarcatal aufrecht zu erhalten. Sie setzt sich die Erschließung und Instandhaltung des Großteils der gefährdeten Klettergebiete des Sarcatals zum Ziel. Als neue Mitglieder kommen Fabio Leoni, Roland Galvagni, Michele Cagol, Daniele Lira hinzu.
In der Gola di Toblino finanzieren sie aus eigener Tasche die Einrichtung von über hundert Kletterrouten. Die Projekte der Gruppe beginnen sich auszuweiten. Das neue Motto ist, zusätzliche Klettergebiete zu eröffnen und die bestehenden Klettergärten und Wände im Sarcatal noch besser abzusichern. Außerdem erstellen die Mitglieder Skizzen und Beschreibungen aller neu erschlossenen und sanierten Gebiete. Daraus entsteht schließlich der Kletterführer „Il meglio di Sisyphos" („Das Beste von Sisyphos"), eigentlich eine Sammlung von Fotokopien, die von den vorbeikommenden Kletterern aber gerne erstanden wird und so die Gruppe finanziell unterstützt. Oder besser gesagt: das Sparschweinchen auf der Theke des ersten Geschäfts von Fabio Leoni, Vertical Sport in Pietramurata, wird so genährt. Es stellt auch die einzige Finanzierung der Gruppe dar. Sie erklärt ihre Gründe zu dieser Haltung so:
„Wir finanzieren uns aus eigener Tasche, weil wir denken, dass die Instandhaltung und Erschließung der Gebiete unabhängig von den kommunalen Institutionen passieren sollte. Wir wollen unsere Überzeugung bekräftigen, dass gut abgesicherte Klettergärten in jedermanns Interesse sind, allen voran im Interesse der Kletterer selbst. Es gibt aber kein Recht, das dies so festlegt. Und wir glauben, dass sich diese Mentalität mit dem Mitwirken der Kletterer selbst ändern kann."

Mitte der 90er Jahre erschließt die Gruppe 'Sisyphos' (benannt nach dem vom griechischen Gott Zeus verdammten korinthischen König, der unaufhörlich einen massiven Felsblock einen Berg hinaufrollen muss) in endlos scheinenden Mühen die neuen Sektoren des Transatlantico (Dank gebührt vor allem Roland Galvagni und seiner Arbeit); es folgen Muro di Chitarra, Baule, Giardino di Nato, geleitet vom Enthusiasmus Fabio Leonis und Il Diamante del BA.RO (ein wahres Juwel, das Larcher Roberto Bassi widmet).
Sisyphos konzentriert sich dann erneut auf die Gola di Toblino und erschließt die Gebiete Muro di Sisyphos, Camerette, Cavedine und Lon.
Aber nicht nur die Gruppe Sisyphos, auch andere Kletterer, die sich rund um Arco verdient machen, sollen erwähnt werden: Alessandro Chiarani und Ivan Bertamini erschließen neue Routen in Laghel. Reinhold Scherer bohrt spektakuläre Seillängen im Sektor Pueblo in Massone ein, das mittlerweile als Spielplatz der stärksten Kletterer gilt. François Legrand gelingt 1997 die Erstbeghehung von 'Reini's Vibes' (8c+) und anderer schwieriger Routen. Im gleichen Jahr noch erschließen die beiden Terra Promessa. Diego Mabboni und seine Freunde richten Red Point Wall und Muro dell'Asino ein.
Und mit Ende der 90er Jahre fällt eine weitere Barriere: die 9a von 'Underground' wird das Prunkstück von Massone und gilt als der härteste Überhang Italiens.

In dieser Zeit führt die Gemeinde Arco ein Projekt durch, das sie zum Eigentümer einiger Klettergebiete macht. Somit garantiert sie nicht nur die Instandhaltung und Sanierung der Klettergärten selbst, sondern kümmert sich auch um die Zustiege, Markierungen und die weitere Infrastruktur. Massone, Placche di Baone, Muro dell'Asino und Colodri fallen von nun an unter die Obhut der Gemeinde. Im Tal selbst werden die meisten Gebiete hingegen weiterhin aus privater Hand finanziert, erschlossen und in Stand gehalten. Es entsteht unter anderem Bassilandia (Leoni, Gianguido Dalfovo, Curti, Celva, Bonvecchio und Freunde) über dem See von Toblino. Gleich in der Nähe des Klettergartens Sisyphos kommt Sarche (Curti, Giordano Di Matteo und Freunde) hinzu. Bonvecchio richtet Climax in den Jahren 1999 und 2000 ein, obwohl er die ersten zwei Routen sogar schon vor der Erschließung von Santa Massenza eingebohrt hat. Er entdeckt gemeinsam mit Simone Banal auch Limarock, eine kleine Felswand, die sich für heiße Sommertage eignet.

Das neue Jahrtausend bringt wenig Veränderung mit sich. Der Zustrom der Kletterer aus aller Welt ist unverändert hoch. Der Rockmaster feiert 2005 seinen 20. Geburtstag, die Klettergärten sprießen nach wie vor aus dem Boden. Zu verdanken ist all dies dem Enthusiasmus, der Leidenschaft und der Kreativität der Kletterer, die auch schon in den vergangenen 15 Jahren die Entwicklung in und um Arco prägten. Dabei sind die Mehrseillängentouren, die mit der gleichen Begeisterung eingerichtet wurden, noch gar nicht erwähnt, wir wollen sie aber nicht außer Acht lassen.

San Paolo und der Pilastro delle Vergini werden von Paolo Calzà saniert. Damit stehen die Felsen, an denen einst ein Teil der Klettergeschichte Arcos geschrieben wurde, wieder für neue Herausforderungen bereit. Sauro Merighi entdeckt und erschließt Grottosauro und Ceniga Alta. Gianguido Dalfovo und Lino Celva investieren viel Energie in den schönen Klettergarten La Pizzeria. Bonvecchio und Banal eröffnen einen neuen Sektor in Ranzo, erweitern Limarock um neun Routen und sanieren mit Fabio Leoni Santa Massenza. Die schwierige Grotte im Val dela Porta (Larcher, Bonvecchio und Freunde) gehört neben dem Klettergarten Muro dei Meridiani (Roland Galvagni und Diego Filippi), der im Dezember 2005 „das Licht der Welt erblickte", zu den jüngsten Erschließungen im Sarcatal. Die Mehrseillängentouren in der Muro dei Meridiani sind es allemal wert, begangen zu werden. Wir fügen sie deshalb als gutes Omen in diesen Führer, der ansonsten nur Einseillängenrouten beschreibt, ein.
Unser Wunsch ist es, dass ihr jeden Zentimeter Fels genießen könnt und all die wunderbaren Schätze des Sarcatals entdeckt oder wieder findet und vor allem, dass euch dieser Führer dabei helfen wird.

Jede Initiative, jede neu entdeckte, sanierte oder erschlossene Felswand, die uns Kletterern geboten wird, ist ein wichtiger Teil der Entwicklung des Sarcatals. In den letzten 30 Jahren haben unzählige Persönlichkeiten in den Felsen rund um Arco Geschichte geschrieben, wurden viele Taten vollbracht. Im Bewusstein dessen, dass Viele und Vieles in diesem Führer unerwähnt bleiben werden, bitten wir schon jetzt um Nachsicht.

BIBLIOGRAPHIE

Emanuelli Giuliano, Calzà Sergio (a cura di), *Vie di roccia e grotte dell'Alto Garda*, S.A.T Sezione di Arco 1983
Bassi Roberto, *Arrampicare in Valle di Sarca: sul bianco calcare di Arco e dintorni*, Zanichelli 1984
Depretto Diego, *Guida all'arrampicata sportiva nel Basso Sarca*, Alto Garda 1987
Hörhager Gerhard, Muller Wolfgang, *Arco-Topos: Kletterführer*, Odysee Alpinverlag 1987
Depretto Diego, *Arco: le nuove falesia d'arrampicata*, Società degli alpinisti tridentini 1990
Depretto Diego, *Guida all'arrampicata sulle Placche Zebrate*, Società degli alpinisti tridentini 1991
Heinkel Matthias, *Klettern am Gardasee (vom Gardasee bis nach Sarche)*, Heinkel 1991
Heinkel Matthias, *Klettern am Gardasee (vom Mori-Tal über den Gardasee nach Sarche und Santa Massenza)*, Heinkel 1993
Depretto Diego, *Arco falesie: le nuove falesie d'arrampicata*, Editore Higas 1994, 1996
Manzana Loris, *Arco: guida di arrampicata*, Ed. La Grafica 1995, 1997
Depretto Diego, *Arco falesie: i luoghi dell'arrampicata sportiva*, Edizioni Adventures 1999
Rabanser Ivo, *Alpinismo tra gli olivi: arrampicate scelte in Valle del Sarca*, Centro del Libro (IS) 2001
Filippi Diego, *Pareti del Sarca. Vie classiche e moderne nella valle del Sarca*, Edizioni Versante Sud 2002
Meisl Michael, Lochner Martin, *Arco-Klettern vom Gardasee bis zur Brenta*, Lochner-Verlag 2005

01 BELVEDERE

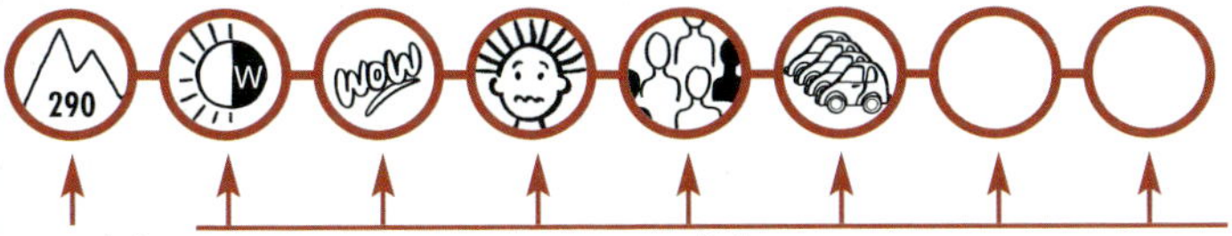

Meereshöhe — Eigenschaften

LEGENDE DER SYMBOLE

WANDAUSRICHTUNG

Süd — West — Ost — Nord

Süd-Ost — Nord-West — Süd-West — Verschiedenes

SCHÖNHEIT

Wunderschön — Empfehlenswert — Schön — Mittelmäßig

QUALITÄT DER ABSICHERUNG

Ausgezeichnet — Gut — Achtung! — Sehr schlecht

BESUCHERANDRANG

Sehr stark — Stark — Mittel — Schwach

PARKPLÄTZE

Sehr viele — Viele — Genügend — Nicht ausreichend

EIGENHEITEN

Familienfreundlich und Bereich für Picknick — Regensicher — Anfänger — Alpiner Zustieg

01

BELVEDERE

Schon der Name („Schöne Aussicht“) sagt alles: von hier aus kann man ein herrliches Panorama über das nördliche Gardaseegebiet genießen. Aber auch die Routen hier verdienen Aufmerksamkeit, nicht nur wegen der Felsqualität in bestem, weißem kompakten Kalkfelsen. Schöne intuitive Kletterei an Löchern mit kurzen Boulderpassagen herrscht vor. Die Routen verlaufen über die senkrechte oder leicht überhängende Wand, was das Klettern auch in den einfacheren Wegen anstrengend macht. Bei viel Wind ist von einem Besuch abzuraten.

Erschließer: L. Colò, L. Grasso, N. Festi, Stone.

ZUFAHRT/ZUGANG

Von Arco 5,5 km mit dem Auto, dann 5 Min. Fußweg

Von der Sarcabrücke in Arco in Richtung Rovereto. Ca. 1 km vor Nago, 500 m nach dem Hotel Garnì Isola Verde, befindet sich rechts ein gut sichtbarer Stromasten und ein Parkplatz mit Aussichtspunkt auf den Gardasee. Hier parken! Der Zustieg erfolgt auf der gegenüberliegenden Seite, über kleine Felsen, und ist rot markiert. Nun gerade hoch, den Steinmännern folgend. Kurz vor dem Wäldchen führt eine leicht nach rechts abwärts gehender Pfad direkt zum Sektor A. Zum Sektor B durch das Wäldchen hindurch, bis man kurz daruf die Route Piccola Chimera erreicht.

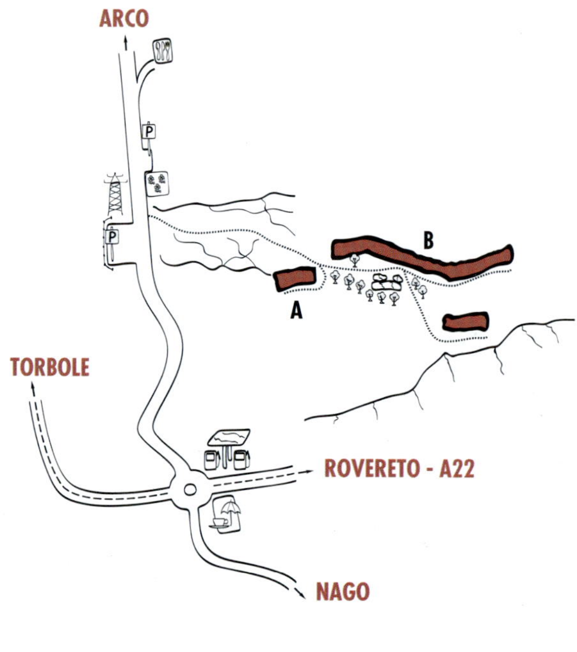

Maja Vidmar, BASTIAMOLA LÌ, 7a *(Damiano Levati)*

SEKTOR A

1 OHNE NAMEN	5a	10m	Runde Löcher (Stand an Sanduhr)
2 LURKY	5b	10m	Kleine Wand mit schönen Löchern
3 OHNE NAMEN	5a	10m	Kleine Wand mit schönen Löchern
4 OHNE NAMEN	5b	8m	Runde Löcher in geneigter Platte
5 STORCH	5c	8m	Runde Löcher in geneigter Platte

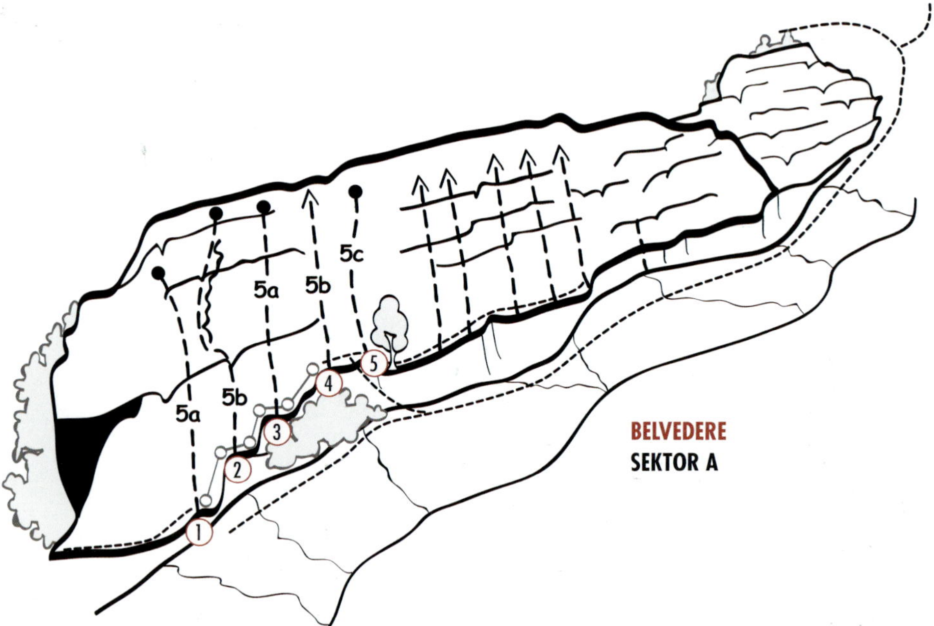

BELVEDERE
SEKTOR A

Belvedere *(foto Marco Scolaris)*

SEKTOR B

6 OHNE NAMEN	6a	25m	Einstieg wie'Piccola Chimera', dann links (alte Haken, kein Umlenker)
7 PICCOLA CHIMERA	5c	22m	Kleine Abschlusswand mit schönen Löchern
8 VIA DEL BISCOTTO	6a+	24m	Einstieg wie 'Piccola Chimera', dann ab dem 2. Bohrhaken rechts an großen Löchern
9 PATATINA FRITTA	6b	24m	Senkrecht an runden Löchern
10 RENATO BUTTA LA PASTA	6b+	24m	Kleines Dach mit schönen Griffen, dann löchrige Wand
11 ZUCCHINA TRAFELATA	6a	20m	Löchrige Wand, dann Rissverschneidung
12 FINI FLAMBEE	7a+	15m	Boulder zu Beginn, dann gute Griffe
13 ZORRO IN CONDOTTA	6c	13m	Leicht überhängende Ausdauerwand
14 SI', BADRONE	7a	14m	Ausdauerwand mit heiklem Ausstieg
15 NACQUIMO FORTI	7a+	16m	Ausdauer
16 LORO DEL RENO	6c+	15m	Sehr schöne leicht überhängende Ausdauerwand
17 BASTIAMOLA LÌ	7a	16m	Sehr schöne leicht überhängende Ausdauerwand
18 WARM UP	6b	16m	Sehr schön, leicht überhängend mit Riesengriffen
19 PEA BRAIN	7a	16m	Sehr schöne Ausdauerroute
20 APE POKER	7a+	16m	Runde Griffe und kleiner Boulder
21 CAVE CANNAM	7b+	16m	Kleingriffig an verschiedensten Griffen
22 LAST TRAIN HOME	7b+	16m	Serie von Zügen, die schwer zu interpretieren sind
23 POVERO GATTO	7b+/c	14m	Schwierige Serie von Zügen in leichtem Überhang
24 URLO DEL VENTO	7a	14m	Kleinste Löcher am Dach im Mittelteil
25 VAL DI NON	6c+	19m	Schwierige Rechtsquerung im Mittelteil
26 IL DOLCE	6c	18m	Einstiegsüberhang, dann große Löcher
27 CAFFÈ ESPRESSO	6b	18m	Überhang mit großen Griffen, dann einfach in der Platte
28 OHNE NAMEN	6a	10m	Kurz, uninteressant, kleine Griffe
29 OHNE NAMEN	5a	7m	Nette kleine Wand
30 OHNE NAMEN	5a	7m	Schwieriger Start

BELVEDERE
SEKTOR B

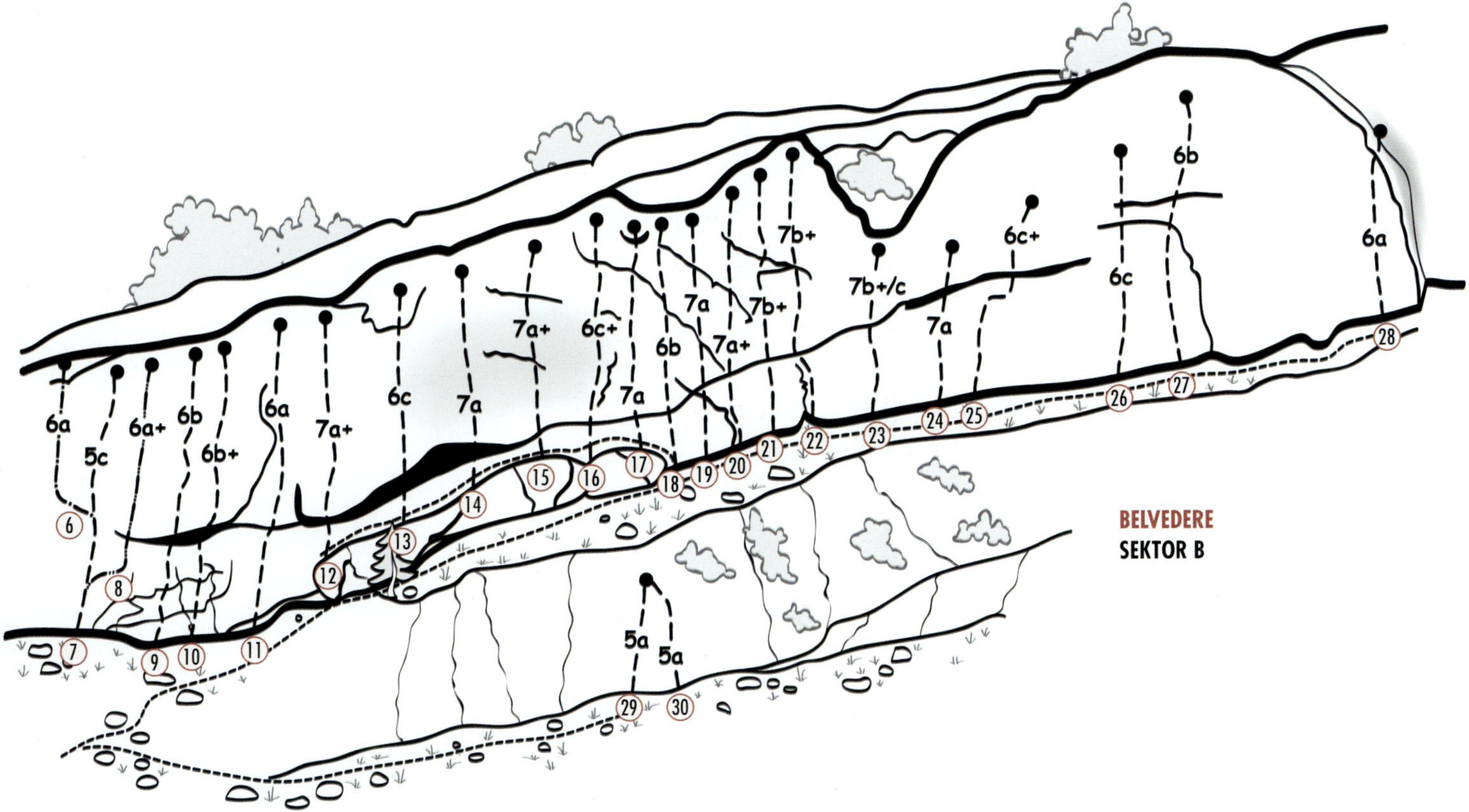

02

MARMITTE DEI GIGANTI

Die Kletterrouten verlaufen vorwiegend auf kompakten, weißen Kalkplatten.
An diesem Fels sind im oberen Bereich einige leichte und im unteren Bereich mehrere mittelschwere Wege zu finden. Die Routen sind aber eher kurz. Herrlich ist Aussicht auf den Gardasee und Torbole, mit den umliegenden Weingärten und dem Kontrast zu den grauen und bauchigen Überhängen der Marmitte. Man sollte nicht versäumen, diese Naturdenkmäler, von denen das Gebiet den Namen hat, zu besichtigen.

Erschließer: S. Bailoni, R. Bassi, P. Calzà, A. Leviti, O. Piazza.

DAS PHÄNOMEN DER GLETSCHERMÜHLEN

Schon rein optisch sind die "Marmitte dei Giganti" einen Besuch wert. Wegen ihrer charakteristischen Form und ihrer bemerkenswerten Ausmaße hat ihnen der Volksmund den Namen "Kessel der Riesen" gegeben. Denn es sind eiszeitliche Naturphänomene, so genannte Gletschermühlen. Sie zählen zu den bekanntesten Gletschermühlen des gesamten Alpenraumes. Hierbei handelt es sich um große Kalklöcher, die von den Gletschern, die zum Teil über 1000 Meter hoch waren, gebildet wurden, die hier eine "Felsstufe" vorfanden. Entstanden sind sie durch starkes Schmelzwässer im Gletscherinnern, welches Steine spiralförmig herumgewirbelte und dadurch diese Ausspülungen im weicheren Gestein entstehen ließ. Sie stammen noch aus der Eiszeit Wurm (130.000-10.000 v. Chr.).

ZUFAHRT/ZUGANG

Von Arco 6,4 km mit dem Auto, dann 5 Min. Fußweg zu den Einseillängenrouten, in 10 Minuten zu den Zweiseillängenrouten.

Von der Sarcabrücke in Arco in Richtung Rovereto. Am Kreisverkehr (nach 6 km) rechts abbiegen Richtung Torbole. Sofort nach der Linkskehre ist links ein Café und rechts ein Parkplatz mit Ausblick auf dem Gardasee zu sehen. Auf diesem Parkplatz parken. Dann ca. 40 m weiter in Richtung Torbole, über eine Brücke und der Straße entlang (Achtung: stark befahrene Straße). Auf der rechten Seite steht ein gelbes Hinweisschild "Marmitte dei Giganti". Dort beginnt der Weg, der sich wenig später gabelt.
Zu den Einseillängenrouten (Sektor B): immer auf dem Hauptweg entlang und bei der Gabelung, nach der Treppe, rechts zu den Einstiegen
Zum Sektor A : in Höhe der Bank (Schild 'Torbole') links abwärts (10 Min.) bis zu den Olivenhainen am Fuß der Marmitte.
Es handelt sich um Privatgrund: bitte dementsprechend benehmen und vor allem keinen Abfall hinterlassen.

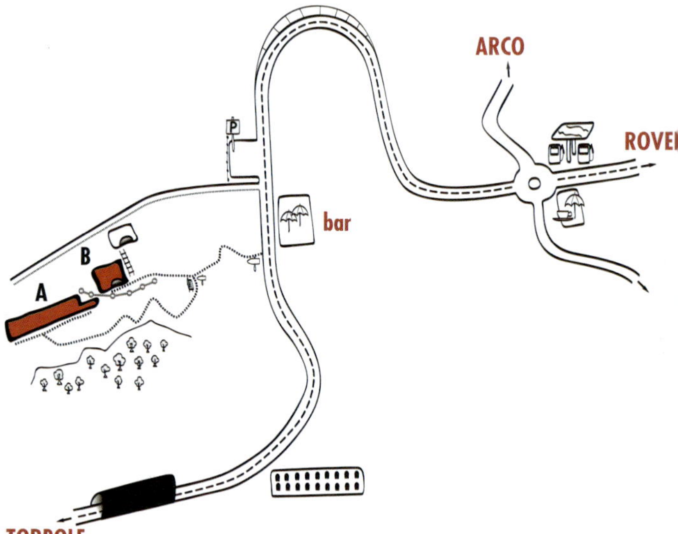

SEKTOR A

1 MARMITTA CATALITTICA	SL1	6b+	22m	Einstiegsüberhang, dann einfache Platte.
	SL2	6a	23m	Kleiner Überhang, dann Platte mit Löchern
2 DUE GIGANTI	SL1	6a+	22m	Zuerst kleiner, sehr griffiger Überhang, dann Platte
	SL2	5c	22m	Platte mit guten Löchern
3 PIOVE… GOVERNO LADRO	SL1	6b+	15m	Überhängender Start, dann Platte
	SL2	5c	28m	einfache Platte mit Löchern
4 OHNE NAMEN	SL1	6b	12m	Wand mit kleinen Löchern, zum Teil dreckig
	SL2	6a	15m	Wand mit kleinen Löchern, zum Teil verschmutzt
5 ORECCHIETTA PUGLIESE		6a+	15m	Dem großen Überhang links ausweichen
6 A TUTTA BIRRA		7a	18m	Schöne Ausdauerroute, die an guten Griffen zentral über das Dachführt
7 FARO FREAK		6c	18m	Ausdauer im Überhang
8 DORA	SL1	6a	15m	Schwierige Stelle zu Beginn, dann einfach an guten Griffen. Leicht schmutzig
	SL2	4a	10m	Kurzer und einfacher Quergang, schmutzig
	SL3	5b	28m	Interessante, griffige Platte, alte Haken und Schlingen
9 GALATTICA		5b	28m	Am ersten Stand von 'Dora' gerade hoch (den Zwischenstand überklettern). Ausgesetzte Seillänge an Schuppen und Löchern, wenig interessant
10 OHNE NAMEN		5b	25m	Schöne Platte mit Löchern, wenn auch zu Beginn schmutzig (im Toprope klettern). Goldene Klebehaken.
11 OHNE NAMEN				
12 UN ATTIMO DI ASSENZA		6a+	25m	Schöne Seillänge an großen Löchern, Passagen in leichtem Überhang (auch Toprope möglich)
13 MOUNTAIN MAN				
14 OHNE NAMEN				
15 OHNE NAMEN				

SEKTOR B

16 OHNE NAMEN	5b	12m	Schöne Reibungsplatte
17 ULISSE	6a	12m	Kleiner Einstiegsboulder an Auflegern, dann einfach. Einstieg oberhalb des Fensters.
18 OHNE NAMEN	4b	12m	Reibungsplatte. Einstieg in der Mitte der kleinen Steinmauer
19 OHNE NAMEN	4c	12m	Reibungsplatte
20 OHNE NAMEN	4b	12m	Platte, gute Löcher
21 OHNE NAMEN	4a	12m	Platte, gute Löcher
22 IL CICLOPE	5b	12m	Reibungsplatte; Einstieg oberhalb des Fensters.
23 OHNE NAMEN	5a	12m	Platte mit großen Löchern
24 OHNE NAMEN	5b	12m	Schöne dunkelgraue Wand mit guten Löchern
25 MOONWALK	7a+	8m	Kurzer Boulder
26 OHNE NAMEN	?	20m	Schöne Route, verläuft quer, rechts der Marmitta

MARMITTE DEI GIGANTI

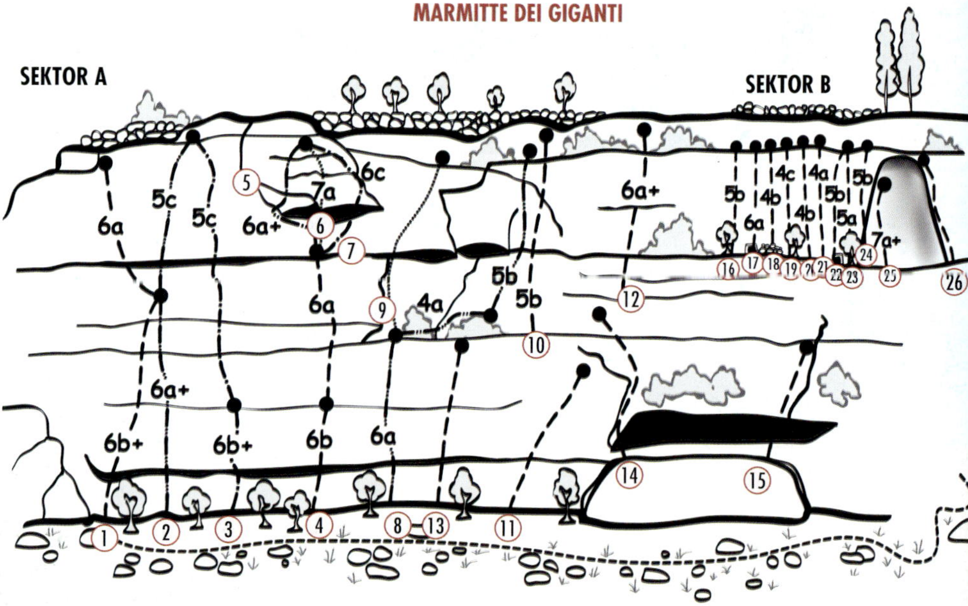

Marmitte dei giganti

03

Der Klettergarten von Nago, im Gebiet Traole, ist neben Massone sicherlich das bekannteste und eines der schönsten Klettergebiete im Sarcatal. Die schöne Umgebung und Aussicht, die Felsqualität und die abwechslungsreichen Routen tragen dazu bei. Alle Schwierigkeitsgrade sind hier zu finden. In den sechs Sektoren und über hundert Routen (mit dem Sektor Massi) klettert man meist in senkrechten Platten, die Ausdauer und Fingerkraft verlangen.

Der einzige 'Störfaktor' in diesem Klettergebietes ist der häufige, starke Wind; im Sommer weht er am Nachmittag, im Winter vormittags. (Oder auch nicht! Denn für die Liebhaber der absoluten Reibungsverhältnisse, ist es sehr angenehm, wenn er den Schweiß aus den Fingern bläst!)

Mindestseillänge: 60m

Von fast allen Routen gibt es einen herrlichen Ausblick auf das nördliche Gardaseegebiet und auf die letzten Ausläufer des Sarcatales. Das Gebiet wurde vor einigen Jahren vollständig saniert und die Zustiege neu eingerichtet. Schade, dass an die sanitären Anlagen nicht gedacht wurde. In den Sektoren Basso und Massi ist genügend Platz für die ganze Familie.

Erschließer: L. Colò, der Bergführerverband, D. Depretto, um nur einige der unzähligen Erschließer dieses Gebietes zu nennen.

NAGO

ZUFAHRT/ZUGANG

Von Arco 7,5 km im Auto (oder 9,5 km), dann 5 Min. Fußweg

Von der Sarcabrücke in Arco in Richtung Rovereto. Am Kreisverkehr in Nago geradeaus, am Hotelo Rubino vorbei und nach der Ampel nach rechts abbiegen (Hinweisschild 'Strada Monte Baldo'). Dann 1km durch Weingärten und bis zum Kapitell von S. Giuseppe kommt. Zu den unteren Sektoren nach links abzweigen und 400 m weiter bis zum großen, aber oft überfüllten Parkplatz bei der Ranch. Ab hier dann auf dem gepflasterten Weg (sentiero della pace) 300 m aufwärts, bei der ersten Weggabelung nach links in Richtung Malga Zures und dann immer geradeaus. Man erreicht ein gut ersichtliches Steinmäuerchen und gleichzeitig den ersten unteren Sektor. Ab hier leicht zu den weiteren Sektoren La Mandria und Centrale.

Zu den oberen Sektoren (Spleen, Il Tasso, I Ciclopi) bleibt man beim Kapitell S. Giuseppe auf der Asphaltstraße und fährt auf dieser durch Olivenhaine und Weingärten in Richtung Monte Baldo. Nebenbei lässt sich das wundervolle Panorama genießen! Nach 2 km gibt es auf der linken Straßenseite Parkmöglichkeiten. Die oberen Wandsektoren liegen jetzt genau gegenüber. Am Beginn des Holzzaunes nun zu Fuß in den Wald. Auf gut sichtbarem Steig, immer geradeaus, erreicht man in 5 Minuten den Sektor I Ciclopi, auf der Höhe der Route 'Pio Albergo Trivulzio' und 'C'è qualcosa'. Für Familien sind diese Sektoren nicht sehr geeignet.

SEKTOR MASSI (keine Skizze)

1 UN BAR PER RITA	5c	10m	Flache Wand mit großen Griffen
1a OHNE NAMEN		6m	Handgemachte, schwarze Bohrhaken, kurze Wand
2 BUON ANNO	5b	8m	Große Grifftaschen in kompaktem Fels
3 FLASH	7c	10m	Überhängende Wand mit kleinsten Sintern, Längenzug
4 MANGUSTA	8c	20m	Stark Überhängende Wand mit Kraftausdauer an Leisten
5 CALIFORNIA 91	7a+	18m	Überhängende, athletische Wand

UNTERER SEKTOR (A)

6 OHNE NAMEN	5b	15m	Plattenkletterei
7 OHNE NAMEN	5b	15m	Plattenkletterei
8 OHNE NAMEN	?	12m	Leicht überhängend an Auflegern
9 OHNE NAMEN	5c	12m	Rissverschneidung mit guten Seitengriffen
10 OHNE NAMEN	6b	12m	Technischer Quergang an kleinen Griffen
11 OHNE NAMEN	6a	20m	Zuerst schmierig, dann einfach weiter
12 OHNE NAMEN	5a	20m	Gut strukturiert in bestem Fels
13 VOGUE	6a	20m	Einfache Platte mit senkrechtem Wandabschluss
14 NUVOLA ROSSA	6a	20m	Längenzug, dann schöne weiße Mauer
15 GIOCHI D'OMBRA	5c	25m	Großgriffige Platte, dann Tropflöcher
16 TAKE IT EASY	5c	25m	Einfache Platte mit senkrechtem Wandabschluss
17 OHNE NAMEN	5b	25m	Gut strukturiert in bestem Fels mit senkrechtem Wandabschluss
18 OHNE NAMEN	4c	14m	Rissverschneidung
19 OHNE NAMEN	4c	15m	Große Taschengriffe
20 OHNE NAMEN	5b	18m	Einfach am Pfeiler, dann Ausdauerriss
21 OHNE NAMEN	4b	20m	Immer große Griffe
22 IL CALABRONE	5c	15m	Schöner Ausstieg nach links
23 RAMBA	6a+	15m	Schwierig und schmierige Plattenstelle
24 OHNE NAMEN	5a	15m	Leichte , gutgriffige Rissverschneidung
25 PHANTON	6b+	18m	Für Hände und Füße schmierig an Tropflöchern
26 CHIEDI A BEPPO	6b	18m	Schön, aber schmierig durch viele Begehungen
27 PANORAMA	6b+	18m	Ausdauer, Längenzug
28 KIRA	7a+	18m	Harter Boulder an kompakten und gelben Fels, Ausdauer
29 IL PANETTIERE	6c+	18m	Technisch, an Seitengriffen und Auflegern
30 DEE E SOCIA	7b+	18m	Längenzug
31 MARIO LO SA	7b	18m	Schwierige stelle an Seitengriffen und Auflegern
32 RUGGIERO LO PERFIDO	6a+	18m	Großgriffig bei Ausstieg aus dem Überhang
33 FUORI ORARIO	6c	12m	Kurze Wand mit Einzelstelle an Auflegern

NAGO
UNTERER SEKTOR

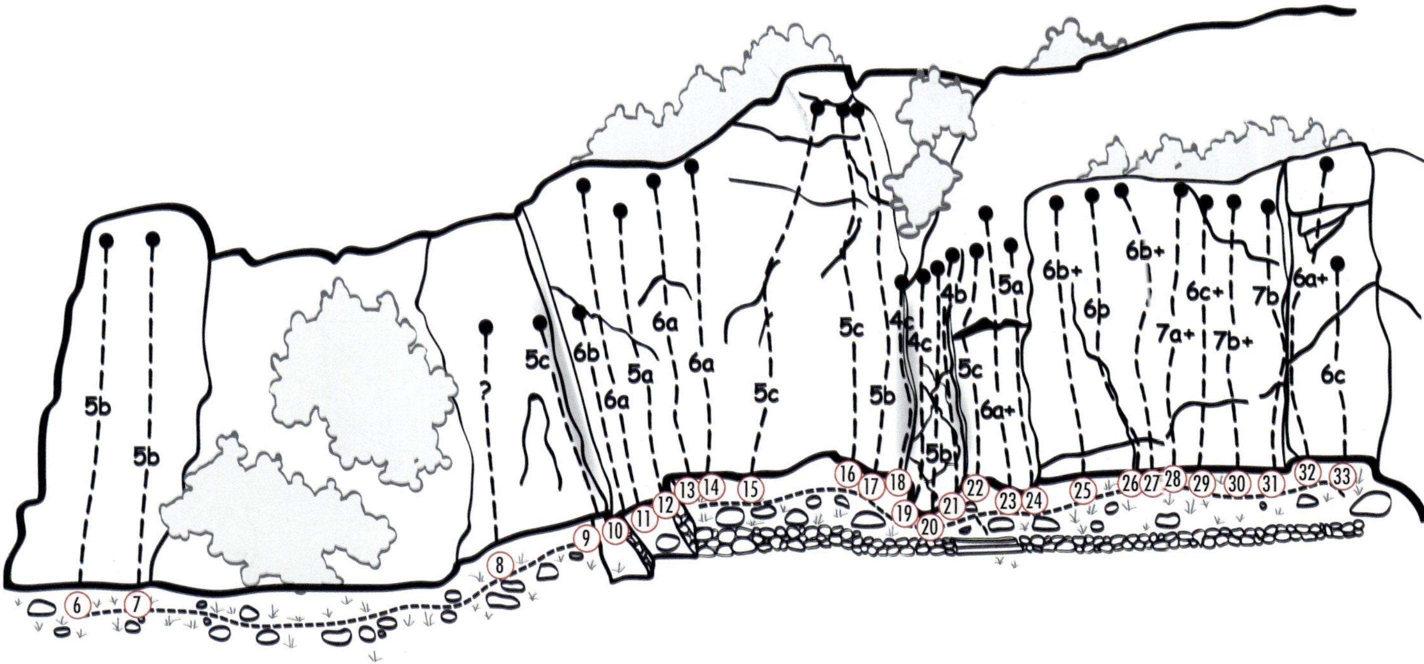

SEKTOR LA MANDRIA (B)

34 BALI		6a	10m	Kurze, intensive weiße Wand
35 VISIGOTI		6a	10m	Kurze Wand mit Seitgriffen
36 UNNI		4c	8m	Leichter Riss mit Reibungstritten
37 ZUPPA ZUPPA	SL1	2c	10m	Strukturierter grauer Fels, große Griffe
	SL2	6a	12m	Schöne graue Wand mit Tropflöchern
38 PARAMPOMPOLI	SL1	2c	10m	Strukturierter grauer Fels, große Griffe
	SL2	6a+	12m	Folge von Auflegern
39 ALCOR		5b	10m	Einfacher Querriss an großen Griffen
40 WINKINBONGO		5a	10m	Athletischer Riss
41 ASDÙ		5b	10m	Riss mit guten, außenliegenden Tropflöchern
42 ENZO MOLINARI		6a	10m	Nicht einfach an Tropflöchern
43 IL CAPRICCIO		7c	20m	Kraftausdauer, schwer lesbar
44 SUPERMARIO		7b+	22m	Schwieriger Einstieg an Leisten und Auflegern
45 GOBAZIO		6a/b	25m	Senkrecht an Leisten mit kurzem Boulder
46 LA MANDRIA		6a	25m	Senkrecht an Leisten und Tropflöcher zum Schluss, empfehlenswert
47 MARIO POLENTA		6a	25m	Senkrecht an Leisten mit Längenzug
48 LILLILLA		6a+	22m	Senkrecht Wand und Kante mit Leisten und Tropflöchern

NAGO
SEKTOR LA MANDRIA

ZENTRALSEKTOR (C)

49 LA PLACCA	SL1	5b	15m	Einfach an großen Griffen
	SL2	6b	20m	Senkrecht mit Tropflöchern, sehr schön
50 CATO ZULÙ		6b+	30m	Ausgesetzte Kantenkletterei mit schwieriger Stelle im Mittelteil
51 LO SCONOSCIUTO		6b+	30m	nicht homogen mit schwierigem Ausstieg aus Dach, fotogen
52 PEACH PITT		6c	18m	Senkrechte Wand mit Boulder
53 TORPEDO		7a+	20m	Senkrecht, technisch anspruchsvoll, schwer lesbar
54 MAMMALUCCO		7a	20m	Herrlich, technisch anspruchsvoll
55 GENESI		7a	22m	Tropflöcher, Kleine Fingerlöcher, Leisten, mit schwieriger Stelle im Mittelteil
56 NIBBIO		6b+	25m	Kleiner Pfeiler mit Überhang im Mittelteil, empfehlenswert
57 ASTUZIO		6b+	8m	Kurze, technische Wand
58 ESULI LONTANI		7a	25m	Wand mit Tropflöchern, ausdauernd, empfehlenswert
59 LA NONNA VA IN AUSTRALIA		6c+	25m	Senkrecht an Tropflöchern, ausdauernd
60 TASMANIA		7a	25m	Senkrecht, Einstiegsüberhang mit Tropflöchern und Leisten, ausdauernd
61 CRISALIDE		6c	25m	Leicht überhängend an Löchern und Untergriffen, zum Schluss Längenzug
62 CODA DI PORCO		6b	25m	Untergriffe und Schuppen, dann einfach in Platte
63 FACILE		5a	25m	Großgriffig
64 ASDO DA MELCH		7c	25m	Kurzer und schmerzhafter Boulder
65 GRISÙ		7a+	25m	Schöne graue Wand mit Tropflöchern und Seitgriffen, ausdauernd
66 LUCACAPIOTTI		7b+	38m	Glatte Wand mit schweren Einzelstellen
67 DAGO		7b+	38m	Lange Route an kleinen Griffen mit zwei Einzelstellen und Längenzug (zwei Mal abseilen, Zwischenstand)
68 EH MERSH		7b	38m	Kleingriffig, schwierige Einzelstelle (zwei Mal abseilen, Zwischenstand)
69 CULO DRITTO		7b	22m	Schwierige Linksverlagerung
70 HULIGANI DANGERAUX		7a+	25m	Leisten und Sinter mit technisch schwieriger Einzelstelle
71 PASSEGGERI DEL VENTO		7b+	40m	Senkrecht, Ausdauer an Tropflöcher und Leisten
72 LUNATICA		7b	18m	Technischer Start an Unter- und Seitengriffen
73 BOULEVARD		7c	40m	Leicht überhängend, Ausdauer an Leisten
74 PER SEMPRE MARY		7b+	40m	Lange Ausdauerroute, mit einigen Einzelstellen
75 I SOLITI IGNOTI		7a	20m	Ausdauer an Leisten
76 SBARGEK		6b+	18m	Sehr fotogene Kante, aber abgespeckt
77 LUPO ALBERTO	SL1	6c+	15m	Riss mit schwerer Mittelpassage
	SL2	7a+	20m	Ausdauer in schönem Fels, wenig wiederholt
78 TITANIC		7a	35m	Leicht überhängend mit Leisten und Tropflöchern, Ausdauer (zwei Mal abseilen, Zwischenstand) Empfehlenswert!
79 ICEBERG		7a+	35m	Leicht überhängend mit Einzelstelle, schwierig zu lesen (in zwei Mal abseilen, Zwischenstand)
80 GANDALF		6c+	30m	Schöne Ausdauerroute mit Einzelstelle an Seitgriffen
81 ESODO		6b	30m	Start an schmerzhaften Tropflöchern, dann Leisten und Tropflöcher
82 COHELET		6b+	28m	Leisten und Tropflöcher mit Einzelstelle am Dach
83 SWAMI IL BULLO		5b	30m	Unhomogene, graue, geneigte Wand, griffig
84 NILLO IL BELLO		5b	30m	Unhomogene, graue, geneigte Wand, griffig

NAGO
ZENTRALSEKTOR

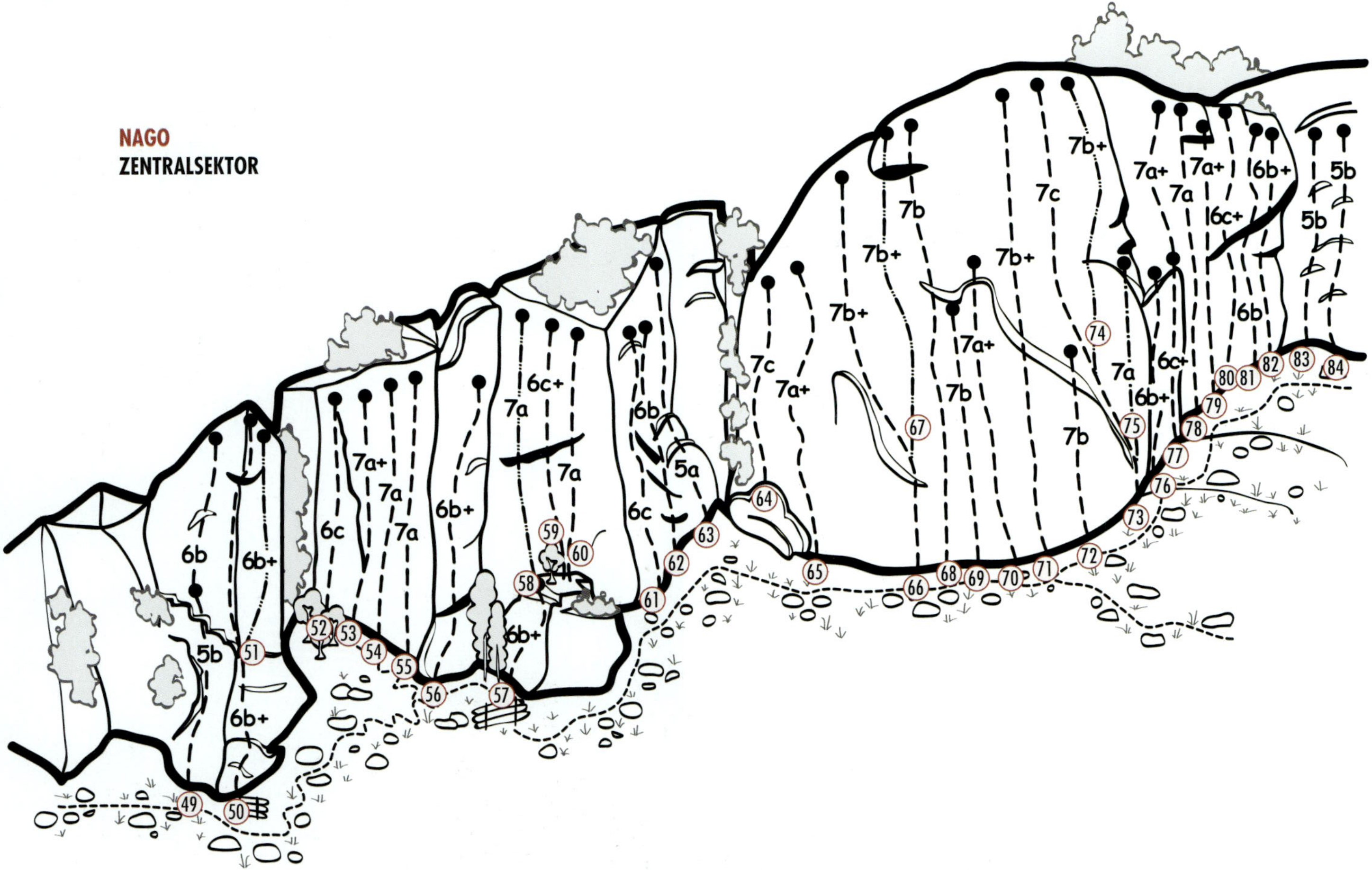

SEKTOR SPLEEN (D)

85 TROPPO BUONI CON LE DONNE	5c	15m	Schön, Leisten und große Griffe
86 NEVERMORE	6c+	20m	Einzelzug, onsight schwer
87 SPLEEN	6a+	15m	Kompakte Wand mit Einzelstelle
88 EQUINOX	6a+	15m	Nicht einfach, Einstieg leicht überhängend
89 GERICO	6a	15m	Ausdauer
90 NIGHT'FLY	5c	15m	Senkrecht an großen Griffen
91 SUPER TRAMP	5c	15m	Grauer, großgriffiger Fels, empfehlenswert
92 GOOD BYE STRANGER	6a	15m	Schräg verlaufende Route in grauem, kompaktem Fels
93 CIF	5c	18m	Schön, schwieriger Einzelzug
94 RAGIONER FILINI	5b	18m	Ausdauer, positive Leisten
95 MEGA DIRETTORE	5c	18m	Gutgriffig, aber leider abgeschmiert
96 ALVAREZ	6b+	15m	Überhang mit Löchern
97 AQUILANTE	6b	15m	Überhang mit Löchern
98 GENERALE	6c	15m	Fingerkraft
99 FIRMINIK	6a+	20m	Zu Beginn schwierig, dann einfacher
100 IL FACHIRO	6b+	20m	Schwieriger Mittelteil an Leisten und Löchern
101 PATTI SASSI	5b	18m	Großgriffige, einfache Platte

NAGO
SEKTOR SPLEEN

SEKTOR IL TASSO (E)

102 KING LEAR	7a+	25m	Herrlich, Löcher, Untergriffe und Aufleger, leicht überhängend
103 CASSIO	6c+	18m	Schmerzhafte Passage mit scharfen Tropflöchern
104 IAGO	6b	18m	Ausdauer an großen Griffen in Rissverschneidung
105 ROSENCRANTZ	7a+	15m	Einzelzug im Mittelteil
106 GUILDENSTERN	6b+	20m	Ausdauer an Tropflöcher, sehr schön
107 MEDEA	6a+	20m	Athletisch und ausdauernd in den letzten Metern
108 AGAVE	7b	20m	Ausstiegsboulder an Auflegern
109 ELENA	6b+	15m	Kompakter Fels, technisch anspuchsvoll
110 GONNERILLA	7a	15m	Senkrechte Platte, Leisten und Löcher
111 REGANA	6c	18m	Platte an guten Griffen, schwieriger Start
112 CORDELIA	6b	16m	Platte großgriffig, abgeschmiert

NAGO
SEKTOR IL TASSO

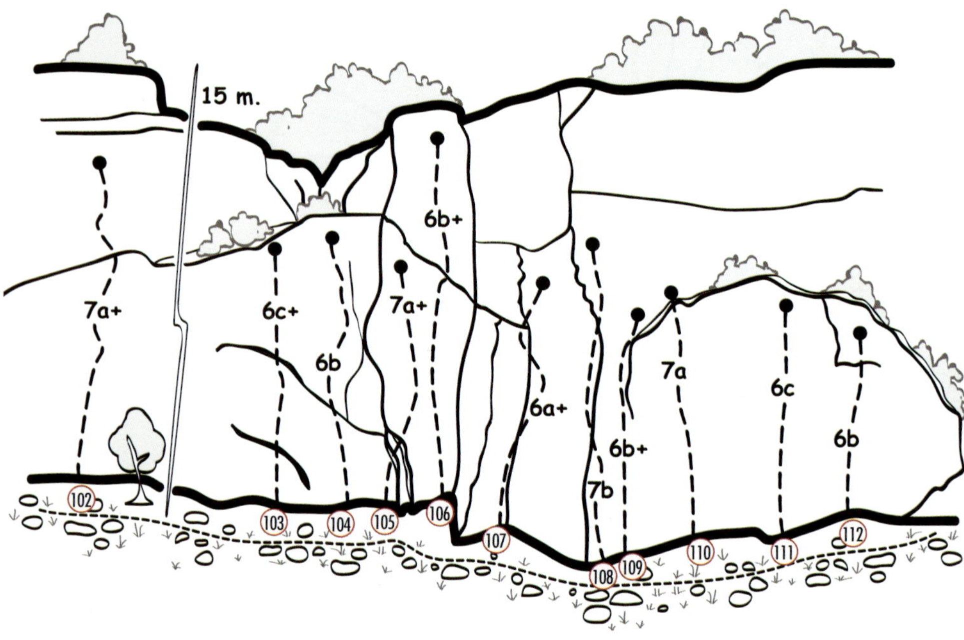

SEKTOR I CICLOPI (F)

113 ALBATROS		7a	25m	
114 LITTLE CRACK		5c	12m	Schöner Riss
115 IDICH		6b	24m	Tropflöcher und Aufleger im ersten Teil
116 FRANZ UND ANDREA		7a	30m	Ausdauer an scharfen Kanten und Auflegern, empfehlenswert. Gute Fußtechnik notwendig
117 DAS GLASSPERLENSPIEGEL		6c	25m	Fußtechnik, Schuppen und Aufleger
118 PATIENCE DANS L'AZUR		6c+	22m	Technische graue Wand an kleinen Löchern
119 CYCLOPS		7a	28m	Technische Kante, schwierig zu interpretieren
120 ODYSSEY		7b+	35m	Sehr schöne Route, Kraftausdauer und schwierige Einzelstelle
121 NAUSICAA		7b	35m	Sehr schöne Route, Kraftausdauer
122 PROMETEUS	SL1	7a+	16m	Schwierige Stelle am kleinen Einstiegsdach
	SL2	7a	20m	Ausgesetzte und seltsame Kante mit runden Seitgriffen
123 STENGHEL MANICA		V+	50m	Klassischer Kamin, alte Haken
124 LA TANA DEI CICLOPI		7a+	20m	Graue Platte
125 LOTUS	SL1	7b+	18m	Ausdauer an Sintern und positiven Griffen
	SL2	8a	16m	
126 HERACLES	SL1	7c	18m	Weißer Fels, Ausdauerroute
	SL2	7c+	12m	
127 MAC BECHT		7c?	8m	Schmerzhafter Boulder
128 MARINO IL MALANDRINO		4b	12m	Nette Platte
129 UGO PACIUGO		4b	12m	Geneigte Verschneiung mit großen Griffen
130 PIO ALBERGO TRIVULZIO		6c	12m	Gute Griffe, schwieriger Ausstieg. Einstieg links der Bohrhaken
131 C'E' QUALCOSA		6a	12m	Gutgriffige, graue Wand mit senkrechten Schuppen

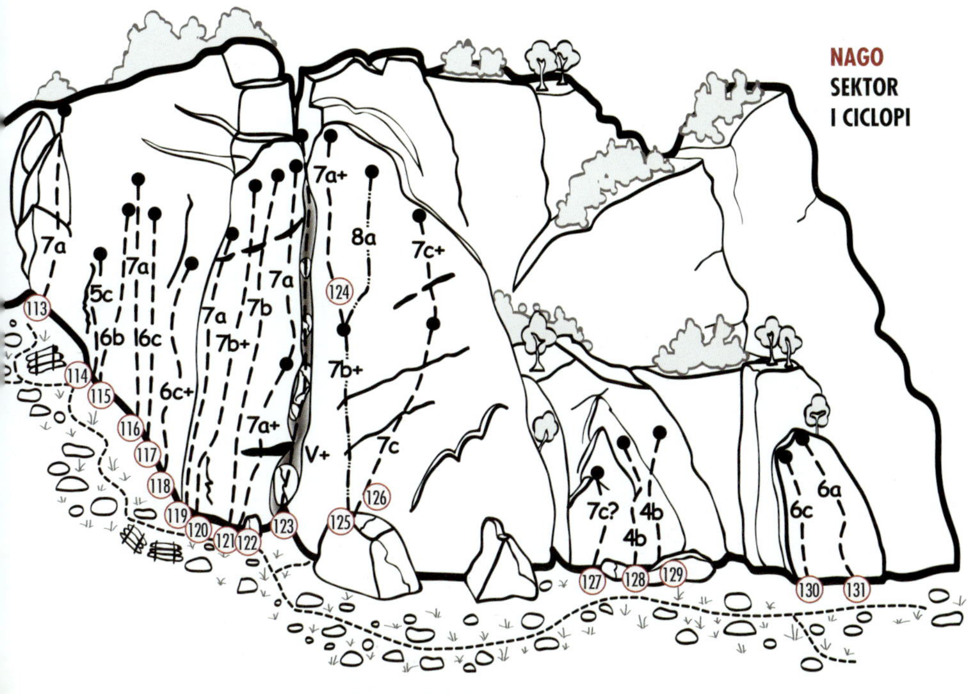

04

PASSO S. GIOVANNI

Die Kletterfelsen von S. Giovanni befinden sich alle im Einzugsgebiet des Biotops Lago di Loppio. Der Klettergarten wird in vier Sektoren unterteilt und weist viele Routen in bestem, grauen Kalkfels im Bereich 4c bis 8a auf. Ideal für Anfänger, aber auch für Könner, die technische, kleingriffige Kletterstellen oder auch Überhänge lieben. Im gesamten Gebiet gibt es eine Menge Steinblöcke, an denen viele verschiedene Boulder zu finden sind. Das Eichenwäldchen am Fuße der Felsen spendet Schatten und ist deshalb auch für Familien ein ideales Plätzchen.
Sektor A - B: einfach, mit sehr gut strukturiertem Fels und vielen Löchern, leicht abgespeckt
Sektor C: leicht überhängende Wand
Sektor D: sehr interessant, mit schönen, technisch anspruchsvollen Routen in kompaktem, grauem Fels

Erschließer:L. Cipriani, D. Depretto, G. Dorigatti, E. Dossi, D. Tonelli, F. Zenatti, und andere.

ZUFAHRT/ZUGANG
Von Arco 7 km mit dem Auto, dann 5 Min. Fußweg

Von der Sarcabrücke in Arco in Richtung Rovereto. An Nago vorbei und weiter bis zum S. Giovanni-Pass (287m ü.NN). Man parkt auf dem Platz gegenüber des Hotels/ Bar- Pizzeria. Nun über die Straße (hier geben Informationsschilder Auskunft über die Geschichte des S. Giovanni-Passes und über das Biotop Lago di Loppio) und auf dem Radweg in Richtung Mori ca. 1 Minute weiter abwärts, bis auf der linken Seite Steinstufen in den Wald hochführen. Nach ungefähr 3 Minuten erreicht man das Bouldergebiet und rechts den ersten Sektor. Geht man gleich nach links, erreicht man die weiteren, restlichen Sektoren.

Von der A22 kommend, Ausfahrt Rovereto Süd, Richtung Riva del Garda/Arco, an Loppio vorbei und bis zum Pass. 10,5 km mit dem Auto.

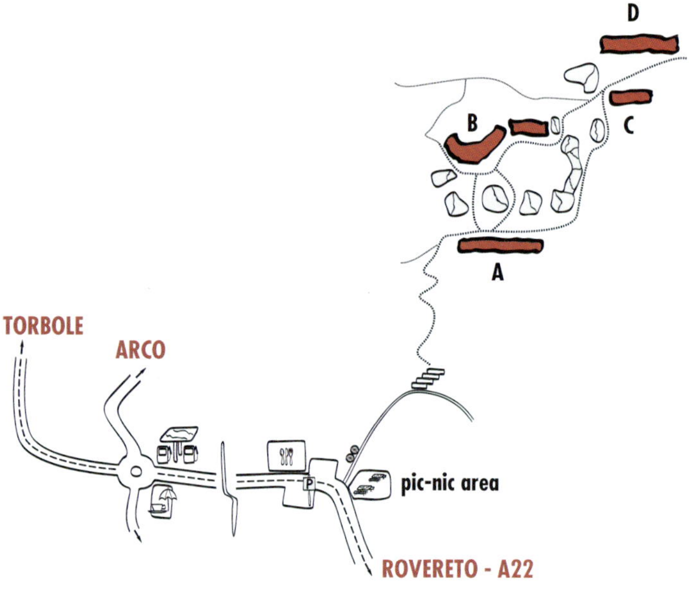

SEKTOR A

1 OHNE NAMEN	6c+	10m	Einstieg technisch , Mittelteil heikel
2 RUBIN	6a+	10m	Längenzug im Mittelteil
3 SUPER NOVA	5c	10m	Einfache Aufwärmroute
4 OHNE NAMEN	5c	10m	Einfache Aufwärmroute
5 SAPHIR	5c	10m	Der Kante entlang
6 KANTE	7a	10m	Überhang, dann glatte Platte
7 BOCHIADA	6c+	10m	Schöne Züge im Mittelteil
8 HOT DREAM	5c	10m	Schöne Kante
9 ULTIMATUM	7b+	12m	
10 OHNE NAMEN	6c	12m	Schöner Start, dann Einzelstelle an geschlagenen Griffen
11 FIL DE FER	6c	13m	Entlang der Kante
12 E.T.	5c	10m	Alte Route am Block links vom Sektor A

PASSO SAN GIOVANNI
SEKTOR A

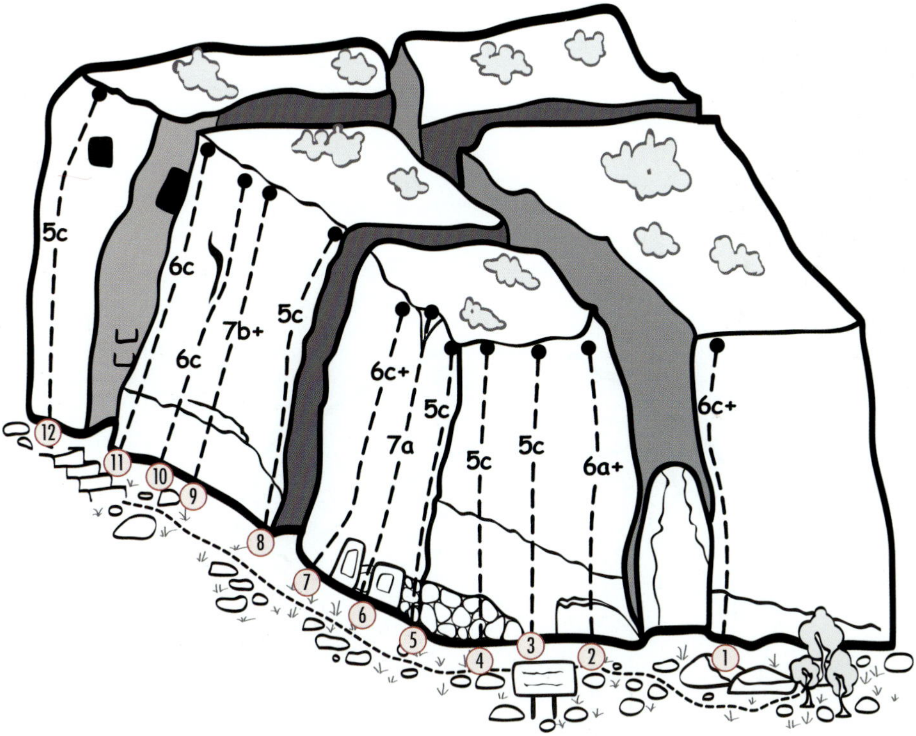

SEKTOR B

13 OHNE NAMEN	6c	12m	Zuerst senkrecht, dann geneigter
14 NOMESIS	6b+	12m	Kleiner Riss
15 SOGNI DI ROBOT	6b+	10m	Verschneidung
16 HARI SHELDON	6a	12m	Strukturierte Platte
17 IO NOI GAIA	6a+	12m	Strukturierte Platte
18 IL MULE	4c	8m	Block rechts vom Sektor B, einfache Aufwärmroute
19 SECONDA	5c	8m	Block rechts vom Sektor B, schwieriger Einstieg, dann einfacher

SEKTOR C

20 BOL DE RI	7b	10m	
21 FAFIFURNI	8a	12m	Ausdauer und Präzision an Mikroleisten
22 MOONRAKER	?	12m	Leicht überhängend
23 KRIEG DER STERNE	7c	12m	Leicht überhängend an kleinen Griffen
24 VENEZIA 2000	8a	12m	Leicht überhängend an kleinen Griffen

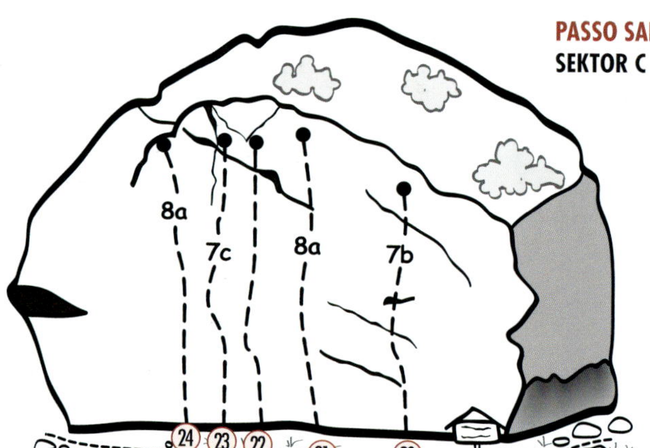

SEKTOR D

25 NUOVI EROI		6c	12m	Boulderstelle, dann delikate Platte
26 S.D.A.P.		7a+	15m	Schwieriger Fingerdynamo
27 T.N.T.	SL1	7a	20m	Einstiegsdynamo
	SL2	7a	18m	Fußtechnik, sehr heikle Reibungspassage
28 SNIFF-SNIFF		7b+	25m	Schwieriger Boulder
29 VAMPIRIA		7a	25m	Längenzug mit Einzelstelle am Dach
30 DOPPIO MALTO		6c	25m	Technisch anspruchsvolle Platte
31 LUCKY STRUCCA		6c+	25m	Aufleger und schwierige Reibungstritte
32 BOYS DON'T CRY		6c	25m	Ausdauer an kleinen Griffen und Auflegern
33 CONTROLL		6b	25m	Schöne Bewegungen in grauer Wand
34 BUCEFALOMANIA		6c+	25m	Beginn an Seitgriffen und Auflegern, dann einfacher in geneigter Wand
35 OHNE NAMEN		6b	26m	Schwierige Sequenz an kleinen Griffen, empfehlenswert
36 CRI CRI		6a+	28m	Schöne Ausdauerwand an guten Griffen

PASSO SAN GIOVANNI
SEKTOR D

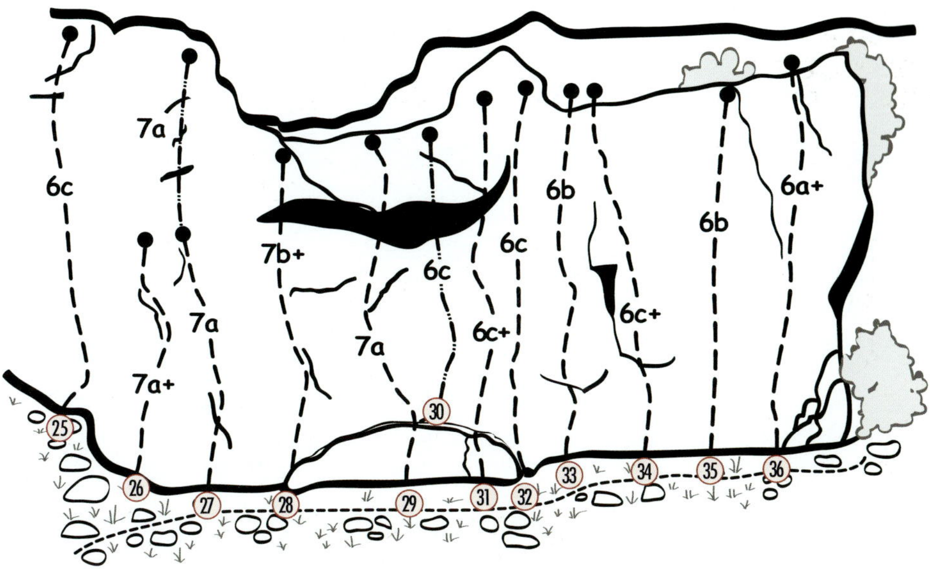

05

Dieses Gebiet befindet sich genau oberhalb des Tunnels von Corno di Bo' und eignet sich aufgrund seiner mittelschweren, gut eingerichteten Mehrseillängenrouten bestens für Anfänger, auch wenn es manchmal Stellen mit etwas abgespeckten Griffen gibt.
Hier herrscht Reibungskletterei vor. Die Aussicht auf den Gardasee ist sehr schön, auch die Badesachen sollten dabei sein, denn unmittelbar in der Nähe der Einstiege befindet sich ein kleiner Strand.
Abstieg: entweder über den einfachen Klettersteig links der Wand oder über die Aufstiegsrouten abseilen.
Mindestseillänge 60m.

Erschließer: D. Depretto, C. Mattei.

CORNO DI BO'

ZUFAHRT/ZUGANG

Von Arco 10,5 km mit dem Auto in Richtung Malcesine.

Von der Sarcabrücke in Arco in Richtung Rovereto. Beim ersten Kreisverkehr (0,8 km) nach rechts abbiegen Richtung Torbole. Beim Camping Maroadi (6,5 km) nach links abbiegen und weiter nach Torbole. Über die Sarcabrücke und geradeaus weiter bis zum Kreisverkehr. Nun nach rechts Richtung Verona-Malcesine (ab hier noch 3 km). Weiter am See entlang fahren und durch den ersten kurzen Tunnel (Salto della Capra). Nach 300 m beginnt der zweite Tunnel (Corno di Bò), rechts bei der Tunneleinfahrt befindet sich die Felswand.
Achtung! Parken ist sehr schwierig, weil nur in den schmalen Einbuchtungen vor und nach dem Tunnel möglich. 400 m weiter befindet sich auf der linken Seite ein viel besserer Parkplatz (derselbe von Torbolino), aber dann muss man auf der viel befahrenen Straße durch drei Tunnels wieder zurück laufen.

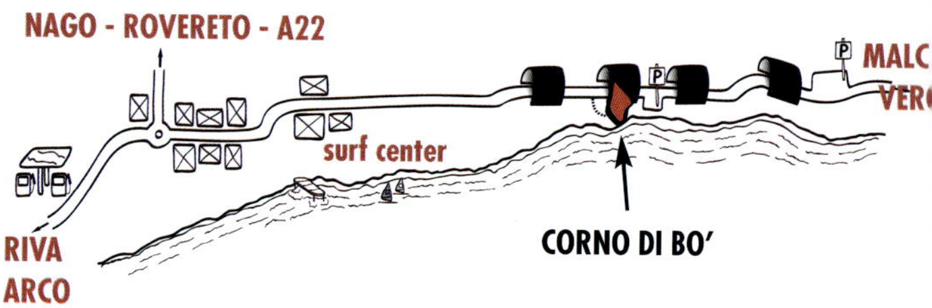

1 PRITT	SL1	4b	25m	Geneigte Reibungsplatte
	SL2	4b	25m	Geneigte Reibungsplatte
2 KUKI	SL1	4c	25m	Geneigte Reibungsplatte
	SL2	4c	25m	Geneigte Reibungsplatte
3 TONY IL TELEFONISTA	SL1	3a	25m	Geneigte Reibungsplatte
	SL2	5a	25m	Geneigte Reibungsplatte
	SL3	5a	25m	Geneigte Reibungsplatte
	SL4	3a	25m	Geneigte Reibungsplatte
4 CESIRA	SL1	3a	25m	Geneigte Reibungsplatte
	SL2	5c	25m	Geneigte Reibungsplatte
5 NOREX	SL1	5a	25m	Geneigte Reibungsplatte
	SL2	5a	25m	Geneigte Reibungsplatte
	SL3	4c/5a	25m	Geneigte Reibungsplatte

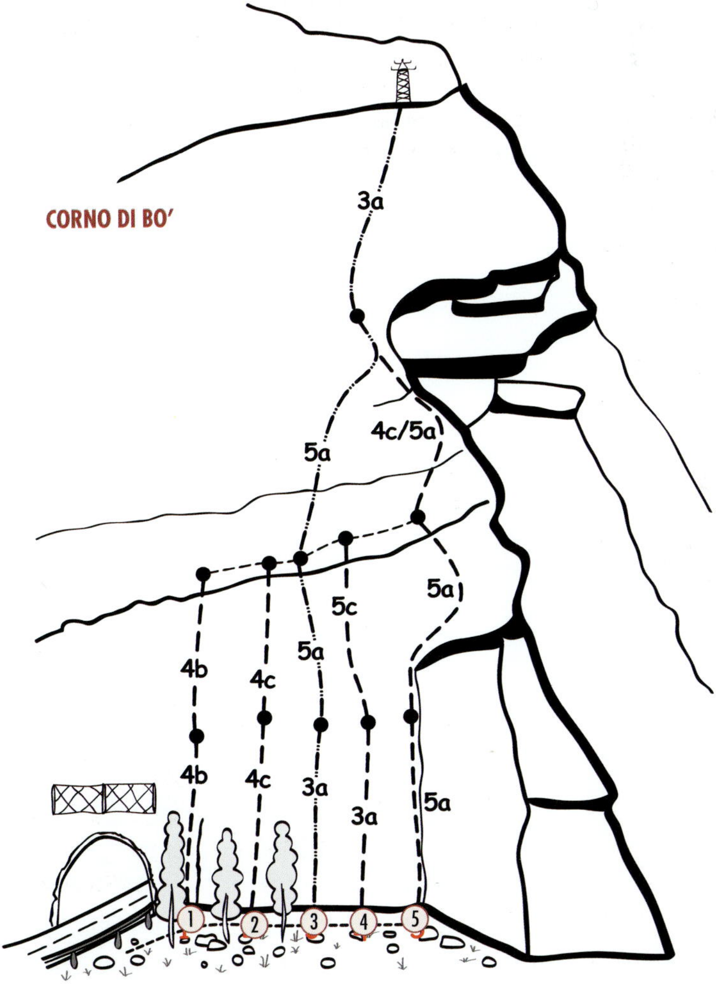

06

SPIAGGIA DELLE LUCERTOLE

Dies ist eines der schönsten und bekanntesten Klettergebiete im Raum Arco. Es ist schon über zwanzig Jahre her, dass Heinz Mariacher und Manolo auf dieser senkrecht aus dem Gardasee heraus ragenden Felswand aus bestem grauem Kalk richtungsweisende Routen eröffnet und erstbegangen haben. Hier ist (und war) es unerlässlich, ein ausgezeichnetes Bewegungsgefühl zu haben und seine Fußtechnik zu beherrschen. Ein Besuch dieses Gebietes ist absolut anzuraten. Die Routen sind streng bewertet, aber es ist sicherlich eine große Befriedigung, hier einige Routen zu wiederholen. Wegen der technisch sehr anspruchsvollen Kletterei wird dieses Gebiet nicht viel besucht. Damit das Seil im Trockenen bleibt, braucht man einen Rucksack beim Sichern, denn die meisten Routen starten direkt am Wasser.

Erschließer: R. Bassi, P. Calzà, L. Iovane, H. Mariacher, M. Zanolla.

ZUFAHRT/ZUGANG

Von Arco mit dem Auto in 10,6 km in Richtung Malcesine.

Von der Sarcabrücke in Arco in Richtung Rovereto. Beim ersten Kreisverkehr (0,8 km) nach rechts abbiegen Richtung Torbole. Beim Camping Maroadi (6,5 km) nach links abbiegen und weiter nach Torbole. Über die Sarcabrücke und geradeaus weiter bis zum Kreisverkehr. Nun nach rechts Richtung Verona-Malcesine (ab hier noch 3 km). Weiter am See entlang fahren und durch den ersten kurzen Tunnel (Salto della Capra). Nach 300 m beginnt der zweite Tunnel (Corno di Bò), kurz nach dem Tunnel liegt die Felswand auf der rechten Seite.
Achtung! Parken ist sehr schwierig, weil nur in den schmalen Einbuchtungen vor und nach dem Tunnelmöglich. 300 m weiter befindet sich auf der linken Seite ein viel besserer Parkplatz (derselbe von Torbolino), aber dann muss man auf der viel befahrenen Straße durch drei Tunnels wieder zurück laufen.

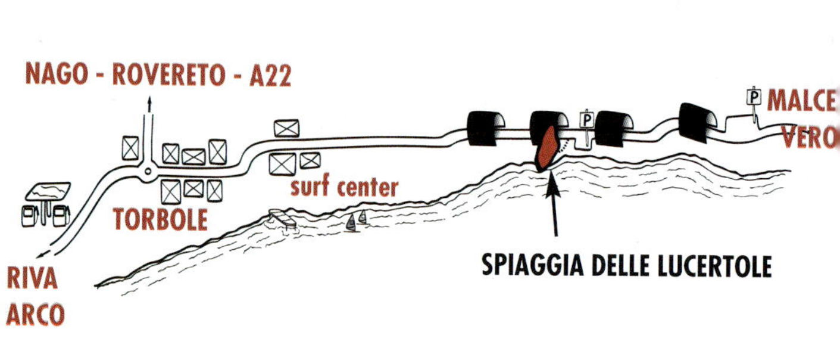

Spiaggia delle lucertole *(Marco Scolaris)*

1 DAFFY-DAFFY		6a+	20m	Ausstieg an Seitgriffen
2 VENTOFOBIA		6a+	20m	Schlussplatte mit einigen Längenzügen
3 OHNE NAMEN		6c	25m	Schwieriger Zug im Mittelteil
4 FUNKY MA CHIC		7b	25m	Zu Beginn Reibungskletterei und technisch schwierige Züge
5 BEPI NERO		7a	28m	Schwieriger Längenzug
6 PICCOLA DOSE		7a+	30m	Schwierige Züge zu Beginn, dann abgerundete Sintersäule
7 HONKY TONKY		6b+	32m	Technisch schwierig, im unteren Teil etwas abgespeckt, dann Ausdauer
8 CICALA CLACK		7b+	32m	Höchste Reibungstechnik an Tritten und Untergriffen
9 PEYOTE AL RABARBARO		7c	32m	Stelle mit Blockierer an kleinsten Löchern, technisch schwierige Schlusswand mit Untergriffen
10 PAT UND PATACHON		6b	27m	Schöne Route an Tropflöchern
11 ALBATROS	SL1	6b	25m	Längenzug beim Ausstieg aus dem Überhang
	SL2	7c	20m	Schwierige Züge an kleinen Griffen
12 LUISA VIOLENTA	SL1	6b+	27m	Abgerundete Griffe mit schwierigem Längenzug kurz vor dem Umlenker
	SL2	5b	12m	Einfacher Quergang nach rechts
	SL3	7a	25m	Sehr schöne Seillänge in kompaktem Fels und mit technisch schwierigen Zügen
13 LA SIGNORA DEGLI APPIGLI		7c	18m	Meisterwerk von Manolo, schwierige Einzelstelle
14 NON SEGUITEMI MI SONO PERSO		7b	20m	Technisch sehr anspruchsvoll, auch Fußtechnik ist gefragt!
15 TOM TOM CLUB	SL1	6b	30m	Querriss, dann Stelle in der Platte
	SL2	7b	30m	Sehr schöne Platte mit schwieriger Grifffolge, langer Hakenabstand
16 SENTIERISSIMO		7a	28m	Reibungskletterei an kleinen Auflegern, schwer erkennbare Stelle
17 LAURIE		7a	28m	Schwieriger Einstiegsüberhang mit Längenzug in ein Loch
18 TROTA		6c	30m	Schwieriger Ausstieg aus dem Überhang
19 TOM E JERRY		7c	30m	Technisch extrem schwierig mit kleinen Griffen, heikle Züge an Untergriffen. Einstieg wie 'Tom Tom', dann gerade hoch

SPIAGGIA DELLE LUCERTOLE

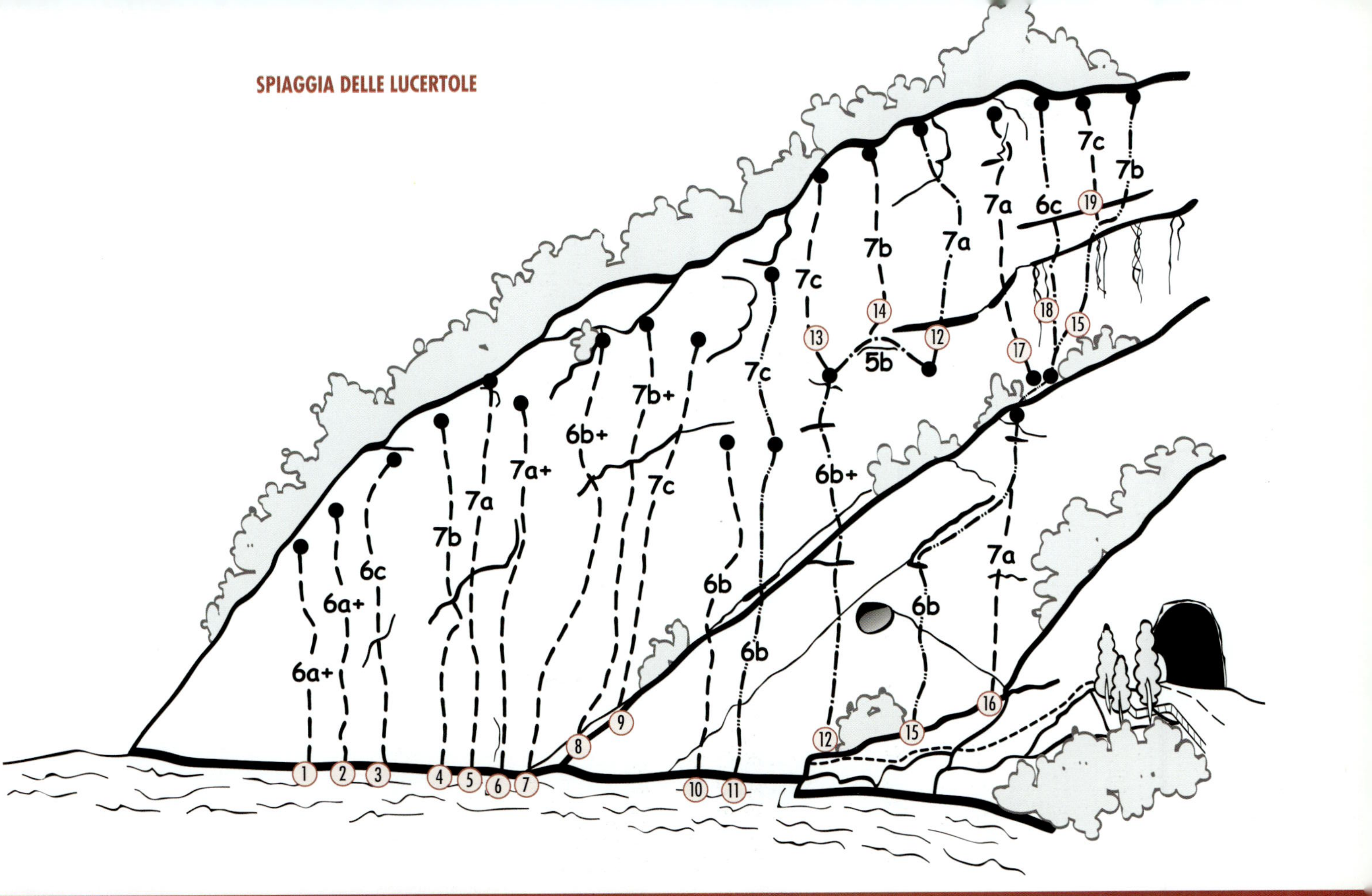

07

Die kleine Wand liegt genau neben der Straße. Vom linken Sektor hat man einen wunderschönen Ausblick auf und über den direkt darunter liegenden Gardasee. Schöner, gut strukturierter Kalkfels mit Tropflöchern.

TORBOLINO

ZUFAHRT/ZUGANG

Von Arco mit dem Auto in 10,9 km in Richtung Malcesine.

Von Arco 10,9 km mit dem Auto in Richtung Malcesine.

Von der Sarcabrücke in Arco in Richtung Rovereto. Beim ersten Kreisverkehr (0,8 km) nach rechts abbiegen Richtung Torbole. Beim Camping Maroadi (6,5 km) nach links abbiegen und weiter nach Torbole. Über die Sarcabrücke und geradeaus weiter bis zum Kreisverkehr. Nun nach rechts Richtung Verona-Malcesine (ab hier noch 3 km). Weiter am See entlang fahren und durch drei kurze Tunnels. Der Klettergarten liegt direkt an der Straße unmittelbar nach dem vierten Tunnel (Cavalcarolle). Auf der linken Seite befindet sich ein guter Parkplatz.
Die Route 'Torbolino' beginnt am Parkplatz. Den linken Wandbereich erreicht man durch die Unterführung, die zum Strand führt.

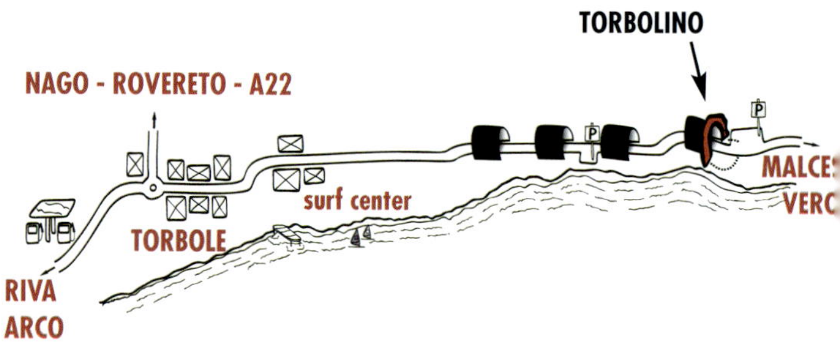

1 TORBOLINO	SL1	6a	20m	Sympathische Route in gutem Fels
	SL2	6b	18m	Klettern an Löchern
2 MIRAGE		6a	25m	Große Tropflöcher, schwieriger Ausstieg
3 VAI AVANTI TU CHE MI VIEN DA RIDERE		6b	25m	Schöne Züge mit Einzelstelle im Überhang
4 NIKONS		6b	23m	Ausdauerkletterei im senkrechten Teil

TORBOLINO

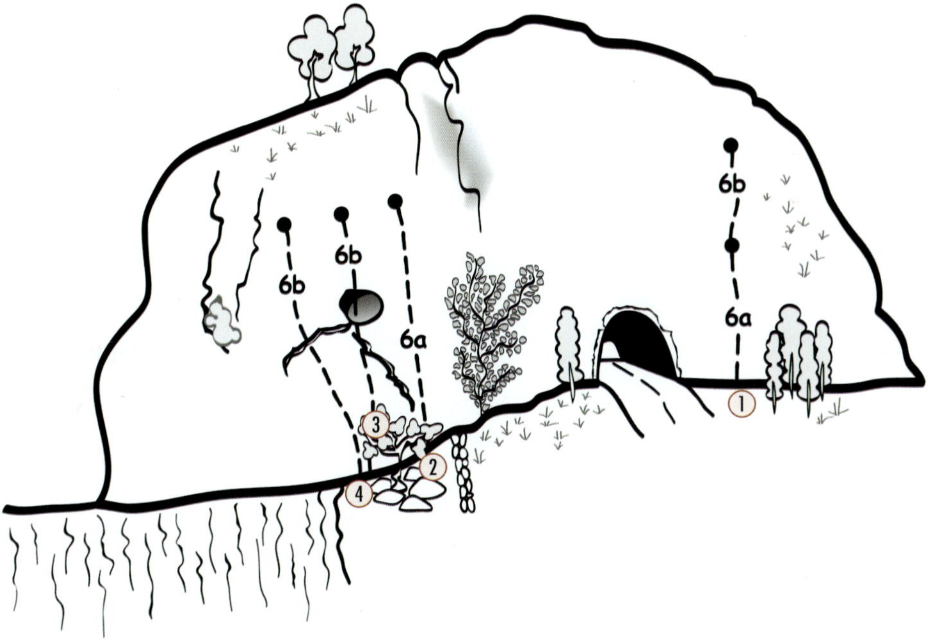

08

GROTTOSAURO

Wer große Überhänge und lange Ausdauerrouten liebt, kommt nicht umhin, diese beeindruckende Höhle zu bewundern. Sauro Merighi und Freunde haben dieses Gebiet entdeckt und für Kletterer zugänglich gemacht. Der Klettergarten liegt im „goldenen Dreieck" mit den Gebieten von Terra Promessa und Massone und weist wie diese herrlichen Fels auf. Der Zustieg dauert zwar ein wenig länger als zu den bekannten Nachbargebieten, dafür hat Grottosauro den Vorteil, sehr regensicher zu sein-auch während und nach sehr starken Regenfällen kann geklettert werden (ausgenommen die Routen im äußerst linken Wandteil).

Erschließer: S. Merighi, und andere.

ZUFAHRT/ZUGANG

Von Arco 6,2 km mit dem Auto, dann 10-15 Minuten Fußweg.

Von der Sarcabrücke in Richtung Trento/ Madonna di Campiglio. Nach 600m rechts Richtung Massone/ Falesia Policromuro. Nun immer dem braunen Hinweisschild Policromuro folgen, am Klettergebiet Policromuro vorbei und auf der Straße weiter hoch, bis sie nach 2 km in einem Kastanienwäldchen flacher wird. Bei der Kreuzung nach links Richtung Braila (Achtung auf Radfahrer: auf dieser Straße verläuft die Mountainbikeroute Nr.9). Auf der leicht ansteigenden Asphaltstraße 1 km weiter, vorbei am ersten Wanderwegschild „Sentiero della Maestra" (auf der linken Seite). Beim zweiten Schild auf den kleinen Parkplätzen an der Straße parken. Nun auf dem „Sentiero della Maestra" ca. 50 m absteigen und kurz darauf, bevor der Weg wieder ansteigt, nach links über eine kleine Trockenmauer auf einen schmalen Pfad. Auch diesen Pad verlässt man nach ca. 50 m wieder: kurz bevor er wieder ansteigt, steigt man wieder über eine kleine Trockenmauer hinweg und geht rechts abwärts. Bald darauf erreicht man Fixseile, die direkt zu den Kletterfelsen führen.

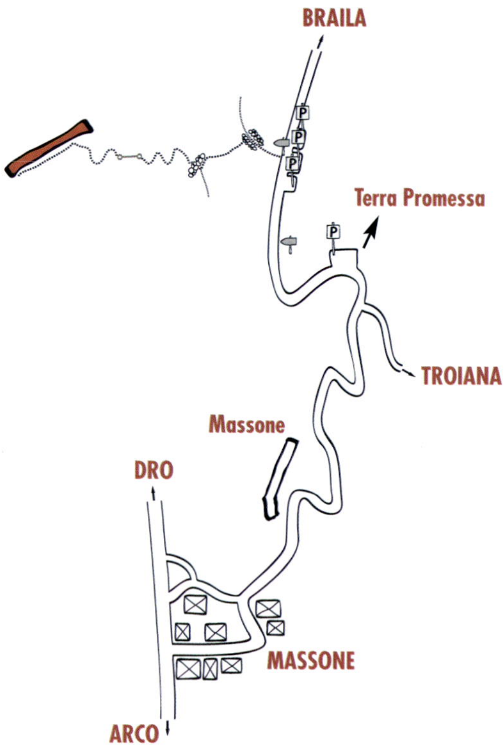

1 IBBOGTROPS	7a+	30m	Technische Route an Leisten
2 BABY E MIRTILLO	6b+	30m	Einzelstelle mit Fingerkraft nach dem Überhang
3 EL VECIO ALPIN	7a	30m	Einstiegsboulder, dann technisch anspruchsvoll mit viel Bewegungsgefühl
4 BONITO	7a+	30m	wie 3
5 EL LOCO	7a+	30m	wie 3
6 ATHENA LA BALENA	7a+	30m	wie 3
7 GREGOCULA PROCULOR	7c+	30m	Schwieriger Überkreuzer, dann Fingerkraft und Längenzüge
8 LONG JUMP	7b+	30m	Längenzug zu Beginn
9 HURRICAN		30m	
10 THUNDER STORM	7c+	27m	Schwierige Einzelstelle am Ende des Überhangs
11 THOR	7c	27m	Dynamo im Mittelteil des Überhangs
12 GOLDEN BOW	7c+	27m	Dynamos und weite Züge an Auflegern, Kreuzzug im zweiten Überhang
13 THE LION BURROW	7c	26m	Einzelstelle an überhängenden Sintersäulen im Mittelteil
14 THE WINNER	7b+	30m	Herrliche Route an großen Griffen
15 IL GLADIATORE	8a	29m	Längenzug von Leiste auf Henkel
16 OHNE NAMEN		32m	Projekt 8b+?
17 INSOSTENIBILE DEBOLEZZA DELL'ESSERE		30m	Projekt 8c?

GROTTOSAURO

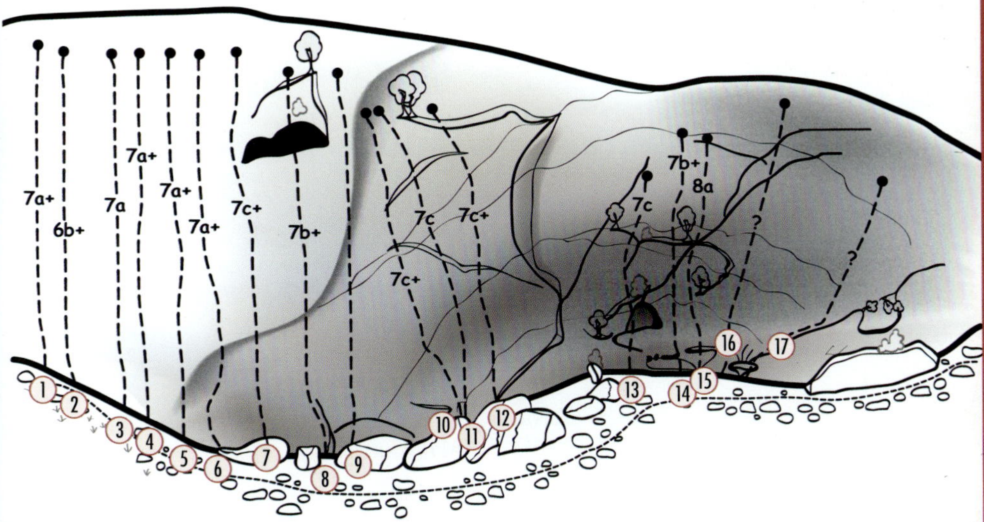

09

Terra Promessa bedeutet „Versprochenes Land". Der Name ist sehr gut gewählt, denn hier handelt es sich auch um ein viel versprechendes Gebiet, besonders für starke Kletterer. Ohne Kraftausdauer geht an diesen Sintersäulen, in den Überhängen und Dächern nichts. Es ist kein Zufall, dass bei der Erschließung des Gebietes der Franzose F. Legrand maßgeblich beteiligt war. Er zog vor einigen Jahren nach Arco, um sich auf den Rock Master vorzubereiten. Dass er diesen Wettbewerb im Jahr 1997 gewann, ist vielleicht auch auf die Versprechungen in dieser Wand zurückzuführen. Auch auf die noch vielen unerschlossenen Linien weist der Name hin, also legt los! Im Sektor A gibt es einen schönes Plätzchen für Familien. Der Sektor B mit seinen riesigen Überhängen besticht mit bemerkenswerten Routen, kompaktem Fels und fabelhafter Aussicht.
Mindestseillänge: 60m/70m

Erschließer: O. Celva, F. Legrand, R. Scherer, G. Hörhager und andere

TERRA PROMESSA

ZUFAHRT/ZUGANG
Von Arco 5,5 km mit dem Auto, dann 5 Min. Fußweg.

Von der Sarcabrücke in Richtung Trento/ Madonna di Campiglio. Nach 600m rechts Richtung Massone/ Falesia Policromuro. Nun immer dem braunen Hinweisschild Policromuro folgen, am Klettergebiet Policromuro vorbei und auf der Straße weiter hoch, bis sie nach 2 km in einem Kastanienwäldchen flacher wird. An der Kreuzung nach links Richtung Braila abbiegen (Achtung auf Radfahrer: auf dieser Straße verläuft die Mountainbikeroute Nr.9). Nach 250 m befindet sich rechts ein kleiner Parkplatz in einer leichten Linkskurve. Von hier über ausgetretenem Pfad in 5 Minuten zur Wand hoch. Links liegt der Sektor A, rechts Sektor B.

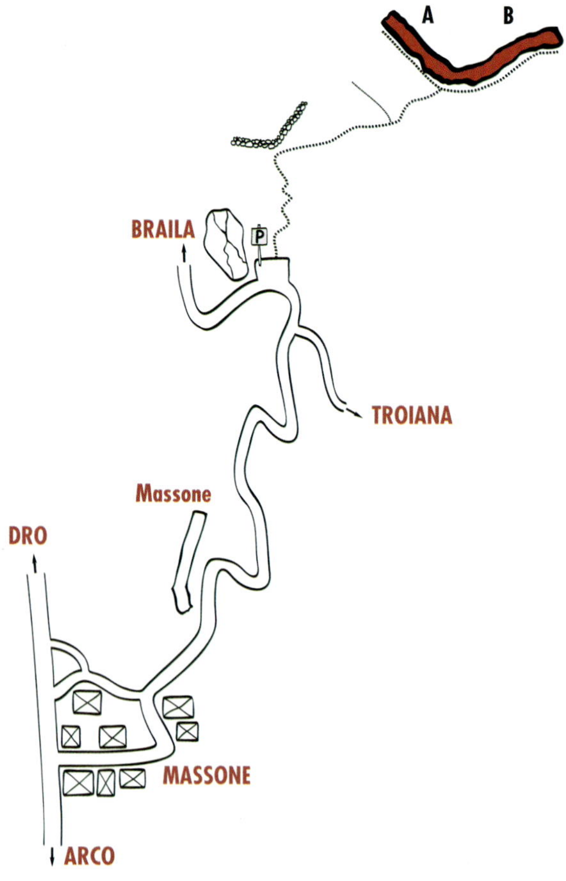

Maja Vidmar, O PIO MIO, 7c+ *(Damiano Levati)*

SEKTOR A

1 CINEMA PARADISO	SL1	6c+	30m	Schwieriger Einstiegsboulder, dann senkrechte Wandkletterei
	SL2		20m	Projekt
	SL3		20m	Projekt
2CARNEVALE		7a	30m	Einstiegsboulder, dann senkrechte Wandkletterei
3 NICE PRICE		7b	30m	Graue Platte, dann senkrechte Wandkletterei
4 ELEFANT		7c	30m	Schwieriger Zug an Sinter, dann Wand mit Leisten
5 ORAN JUICE		7c	30m	Schwieriger Zug in Platte, dann Wand mit Leisten
6 BROWN SUGAR		7c+	30m	Schwierige Züge in der Platte, dann senkrechte Wand mit Fingerkraft
7 BRALL		7b	30m	Platte, dann Ausdauer in schöner, gelber Wand mit Leisten und Löchern
8 EFEU TANZ		7b	33m	Technisch anspruchsvoll mit überhängendem, athletischem Abschluss
9 BLOW JOB		7b+	33m	Schwierige Einzelstelle im Mittelteil
10 PIC NIC		6a+	25m	Platte
11 CANNA CANON		7b+	25m	Schwierige Züge an Sinter
12 RED POINTS		7c+	25m	Einstiegsboulder, dann Ausdauer im Überhang
13 LO HOBBIT		8a	30m	Zwei Boulderpasagen, dann Platte
14 REINI B+		?	30m	Projekt
15 MAMA AFRIKA		8a+	28m	Ausdauer im Überhang
16 TIPO GERARDO		8b	25m	Überhängender Quergang an Untergriffen, dann Kraftausdauer im Überhang
17 OHNE NAMEN		?		
18 TULA		7b	25m	Schwierige Bewegungsabfolge im Überhang

SEKTOR B

19 NANUK		6a+	12m	Verschneidung
20 US OPEN		6a+	12m	Senkrechte Wandkletterei
21 VERTICAL SPORT		6b	12m	Senkrechte Wandkletterei
22 RERE		6a	12m	Senkrechte Wandkletterei
23 LORENZO		6a+	12m	Senkrechte Wandkletterei
24 CHRIS CROCO		6b	12m	Senkrechte Wandkletterei
25 KAKTUS		6b	10m	Gelbe Wand, Fingerkraft
26 LOCH NESS	SL1	6a	12m	Rampe in Verschneidung
	SL2	6c+	10m	Schwierige Gleichgewichtsstelle
27 LUCA JOINT		6c+	18m	Boulder am Dach
28 WEISSWURST		7b	20m	Schöne Route mit Einzelstelle am Dach
29 O PIO MIO		7c+	25m	Boulder am Dach
30 UNA GODUGG		8a/b	25m	Größenbedingter Einstiegsboulder, Ausdauer, schwer zu interpretieren
31 PROGETTO CATY		7c	25m	Ausdauer, sehr schön
32 SOLIMANO		8a	25m	Einstiegsboulder, zum Schluss Aufleger, sehr überhängend
33 MARCO GELATO		8b	25m	Ausdauer in steilem Überhang mit vielen Untergriffen
34 CLAUDIO CAFFÈ		8c	27m	Einstiegsboulder und Ausdauer
35 AEREODROMO		8b+	28m	Ausdauer in steilem Überhang, gebohrte Griffe
36 OHNE NAMEN		?		Projekt
37 HYDRA		8a	28m	Ausdauer im Überhang, plattiger Ausstieg

TERRA PROMESSA
SEKTOR B

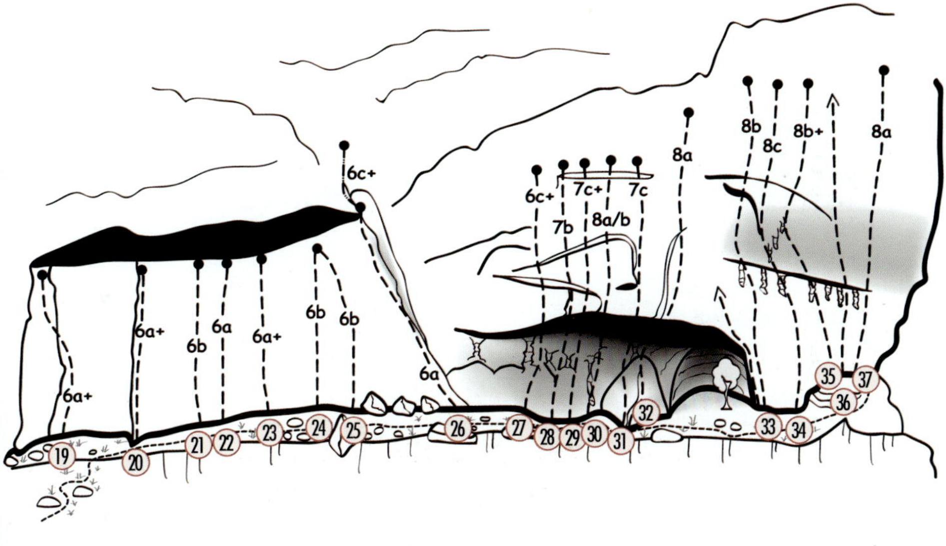

10

MASSONE

ZUFAHRT

Von Arco 2,8 km; bis zum Sektor Il Pueblo 3,5 km

Von der Sarcabrücke in Arco in Richtung Trento/ Madonna di Campiglio. Nach 600 m rechts Richtung Massone/Falesia Policromuro. Geradeaus weiter bis ins Dorf, dem Hinweisschild Policromuro folgen und auf dem engen Sträßchen 'Via degli Olivi' entlang bis zu den Olivenhainen. Sobald die Straße flacher wird, sieht man links den ersten Parkplatz mit 15 Stellplätzen, der ideal für die unteren Sektoren liegt. Ein weiterer kleiner Parkplatz mit 8 Plätzen ist 200 m weiter, direkt unterhalb der Sektoren A und B. Zum Sektor F (Il Pueblo) fährt man auf der Straße weiter hoch, bis man nach der dritten Kehre links auf einen kleinen Parkplatz trifft. Achtung auf Radfahrer, die enge Straße wird viel befahren!

Policromuro („mehrfarbige Wand"), besser bekannt als Massone, ist wohl DAS Klettergebiet in Arco. Hier kommen Kletterer aus der ganzen Welt zusammen und nicht selten sind hier auch die Stars des Rock Masters in Aktion zu sehen. 150 verschiedene Routen verteilen sich auf 6 Sektoren, die Schwierigkeiten reichen von 4a bis 9a, der Fels mit Sintersäulen, Leisten und Überhängen schimmert in rötlichen, gelben, grauen und goldenen Farbtönen. Die Sektoren A, B, C, D waren viele Jahre lang der Hauptteil des Gebietes, mit sehr abwechslungsreichen und schönen Routen in allen Schwierigkeitsgraden. Die Sektoren A und C haben auch für den Anfänger etwas zu bieten (besonders im linken Wandteil des Sektors A), aber auch hier ist ein gehöriges Mindestmaß an Klettertechnik erforderlich. In den Sektoren E (Abissi) und F(Il Pueblo) gibt es fast ausschließlich Routen in Überhängen, hier kann man deshalb auch bei Regen klettern. Der Sektor Abissi (Abgründe) hat seinen Namen von der gleichnamigen 40 Meter(!) langen Route. Beim Abseilen/Ablassen im mittleren Bereich ist hier größte Vorsicht geboten.

Die neueste Kreation im Klettergebiet Policromuro ist der Sektor Il Pueblo, auch wenn die erste Route (Maratona) bereits 1987 durch den unermüdlichen Neuerschließers Rolando Larcher eingebohrt wurde. Il Pueblo ist ein Paradies für Kletterer, die hohe Schwierigkeitsgrade in Überhängen lieben. Es ist sicherlich ein Erlebnis, den Kletterprofis zuzusehen, wie sie in Routen wie Underground 9a aus dem 'Untergrund' des frühe-

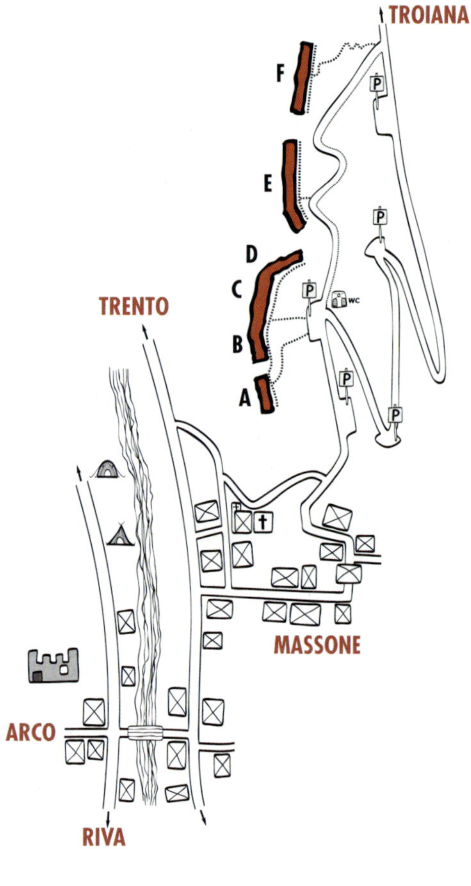

ren Marmorsteinbruches heraufklettern.
Dieses Klettergebiet liegt in einer wunderschönen Umgebung, die Farben sind fast mit den Händen greifbar: es dominieren das Silber der Olivenhaine, das Rot, Grau und Gelb der Felswände und in der Ferne das Blau des Gardasees.
Dieser Klettergarten ist auch für die ganze Familie geignet. Es gibt einen Picknickplatz, Fahrradständer und sanitäre Anlagen.
Mindestseillänge: 60/70 m

Erschließer: O. Celva, D. Depretto, G. Groaz, R. Larcher, R. Scherer sind nur einige der vmielen Erschließer dieser Wand.

Weitere Parkplätze befinden sich bei den Kehren. Das Parkverbot von 22.00 bis 08.00 Uhr wird von der Polizei kontrolliert.

Allgemein gilt:
- Nur auf den ausgewiesenen Parkplätzen parken.
- Geordnet hinparken, um Platz zu sparen. Bitte auf die Olivenbäume achten!
- Abfälle in den vorgesehenen Containern entsorgen.
- Offenes Feuer ist verboten!
- Übernachten(Campieren) ist im gesamten Gebiet verboten.
- In den Nachtstunden ist Parken verboten!

Cristian Brenna *(Marco Scolaris)*

SEKTOR A

1 PICCOLA LUNA	4b	12m	Große Griffe, am Beginn oft feucht
2 FORMICA LODOVICA	4b	12m	Ausdauende Wandkletterei, empfehlenswert
3 GIACCA GIALLA	4b	12m	Abwechslungsreiche Route mit großen Griffen, empfehlenswert
4 BANANE FISCH	4a	12m	Einfach und abwechslungsreich
5 LARA CROFT	5a	12m	Einfacher Riss
6 GELATERIA TARIFA	6b	10m	Technisch anspruchsvoll mit vielen Seitgriffen
7 EASY RIDER	6c	10m	Kraft fordernde Einzelstelle
8 ALCE VOLANTE	6a	12m	Im Überhang schwierig zu clippen
9 BOIACCA	5c	14m	In Spreiztechnik das Dach rechts umklettern
10 GIUDITTA	6a	14m	Technische Platte, dann gutgriffiger Überhang
11 PESCE D'APRILE	6b	20m	Technisch schwierige Einzelstelle
12 MINGUS	6b	20m	Zangengriffe an Sintersäulen und Längenzug an Untergriffschuppen
13 PEGASUS	6b/c	20m	Fußtechnik und harte Einzelstelle am Schluss
14 GOCCE D'ANSIA	6a+	20m	Überhang an Sintern und Löchern
15 ZAC	5a	15m	Senkrechte Wand, dann Platte mit Tropflöchern
16 TAC	5a	15m	Senkrechte Wand, dann Platte mit Tropflöchern

MASSONE
SEKTOR A

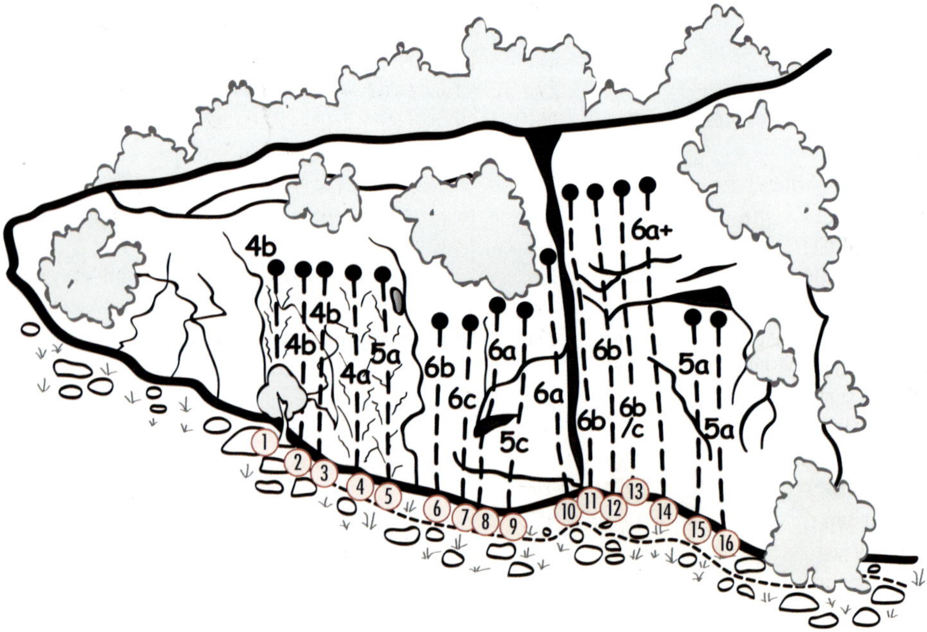

SEKTOR B

17 OHNE NAMEN	6a+	25m	Beginn einfach, dann technische Kletterei an kompakter Wand
18 FRA FRA	6b	23m	Verschneidung, Fußtechnik, schöne Bewegungen
19 FUR EINE HAND	6a+	18m	Passage mit Seitgriffen in gelb-grauer Wand
20 DOTTOR PLANTIER	6a+	18m	Technik und Koordination
21 ZLU'	6a	20m	Abwechslungsreiche Route an großen Griffen
22 NINO	6a	20m	Abwechslungsreiche Route an großen Griffen
23 TANGRAM	6a+	22m	Züge an Seitgriffen und Untergriffen, zum Schluss Blockierer am Überhang
24 LA BAMBA	7a+	10m	Schwieriger Boulder im Überhang
25 THE MIRROR	6c	20m	Senkrechte Kletterei mit zwei schwierigen Einzelstellen
26 SPECTRUM	6b+	20m	Einzelstelle am Dach mit sehr abgespeckten Griffen
27 RED POINT	7a+	20m	Kurzer Boulder am Dach
28 MIRTA DEL PINETO	7a+	20m	Schwierige Stelle am Ausstieg des Überhangs
29 MARSABIT	7c	15m	Boulder mit Fingerkraft
30 STRESSAMI	7c	15m	Schwierige Boulder, Fingerkraft
31 DESIREE	7b	15m	Ausdauer im Überhang
32 LOACHER	7b+	15m	Ausdauer im Überhang
33 NOT NORMAL	7a	15m	Ausdauer an guten Griffen in leichtem Überhang
34 VITE MINORI	6c	25m	Athletische Verschneidungskletterei
35 LET ME LIFE	7b	23m	Einstieg wie 'Vite minori', dann Ausdauer
36 IL LADRO DI SAPONETTE	8a	23m	Schwer erkennbare, technisch schwierige Einzelstellen
37 C'È QUALCUNO CHE NON SA	7b/c	25m	Ausdauer mit Einzelstelle, sehr empfehlenswert
38 DEASY	6c	25m	Direkte Variante von 'Tis sa arc' an guten Griffen
39 TIS SA ARC	6c	25m	Schön, schwieriger Zug am Ende der Verschneidung, dann Plattenkletterei
40 CANNONAU	7a	25m	Ausdauernde Wandkletterei an großen Untergriffen
41 CRISI	7a	25m	Technisch und abwechslungsreich, sehr zu empfehlen
42 VIA LE MAN DAL CUL	7a	25m	Einzelstelle am Ausstieg der Sinter, dann Ausdauer
43 MARLENE	7b	25m	Schwierige Stelle mit Querung an kleinen Sintern
44 GRETA	7a	25m	Ausdauer und Technik an Sintern und Löchern
45 VARNA		25m	Einstieg wie 'Greta', dann rechts
46 SULLA PANCIA DI NIKE	7c+	25m	Schwieriger Überhang mit schwer erkennbarer Einzelstelle
47 MANTIDE ATEA	7a	25m	Sinter und Löcher, schwierige Stelle bei der Querung
48 VARIANTE DIRETTA	7b+	10m	Boulder am Dach
49 I BUONI CATTIVI	7c	25m	Ausdauer, mit schwierigem Ausstieg an Leisten und Auflegern
50 SANGIT	7a+	25m	Sinter und Aufleger, technisch, sehr schön
51 PANICO SOPRA L'ORLO	7c	25m	Wo die Schwierigkeit liegt, sagt der Name ('Panik über der Dachkante')
52 PROFUMO DI INVISIBILE	8a	25m	Große Zangengriffe
53 SOVIET SUPREMO	7b	25m	Schwieriger Dachausstieg und Ausdauer
54 BEVERY HILLS	7b+	20m	Technisch schwierige Passage an Leisten und Auflegern
55 KABUL	6b/c	25m	Sehr oft begangene, technisch schwierige Verschneidung
56 I LIKE GORBA	6c	27m	Schwierige Stelle am Dach und Längenzug in der Platte
57 KILLER EVENT	7b+	20m	Einzelstelle an scharfen Leisten
58 ACTION DIRECT	6c+	25m	Ausdauer an Auflegern und Quergang unter dem Dach
59 INCANTESIMO	8a	20m	Zwei Boulderstellen, eine an Leisten, die andere an einem Einfingerloch
60 RICKY BIKE	8a	20m	Fingerkraft und Technik

MASSONE
SEKTOR B

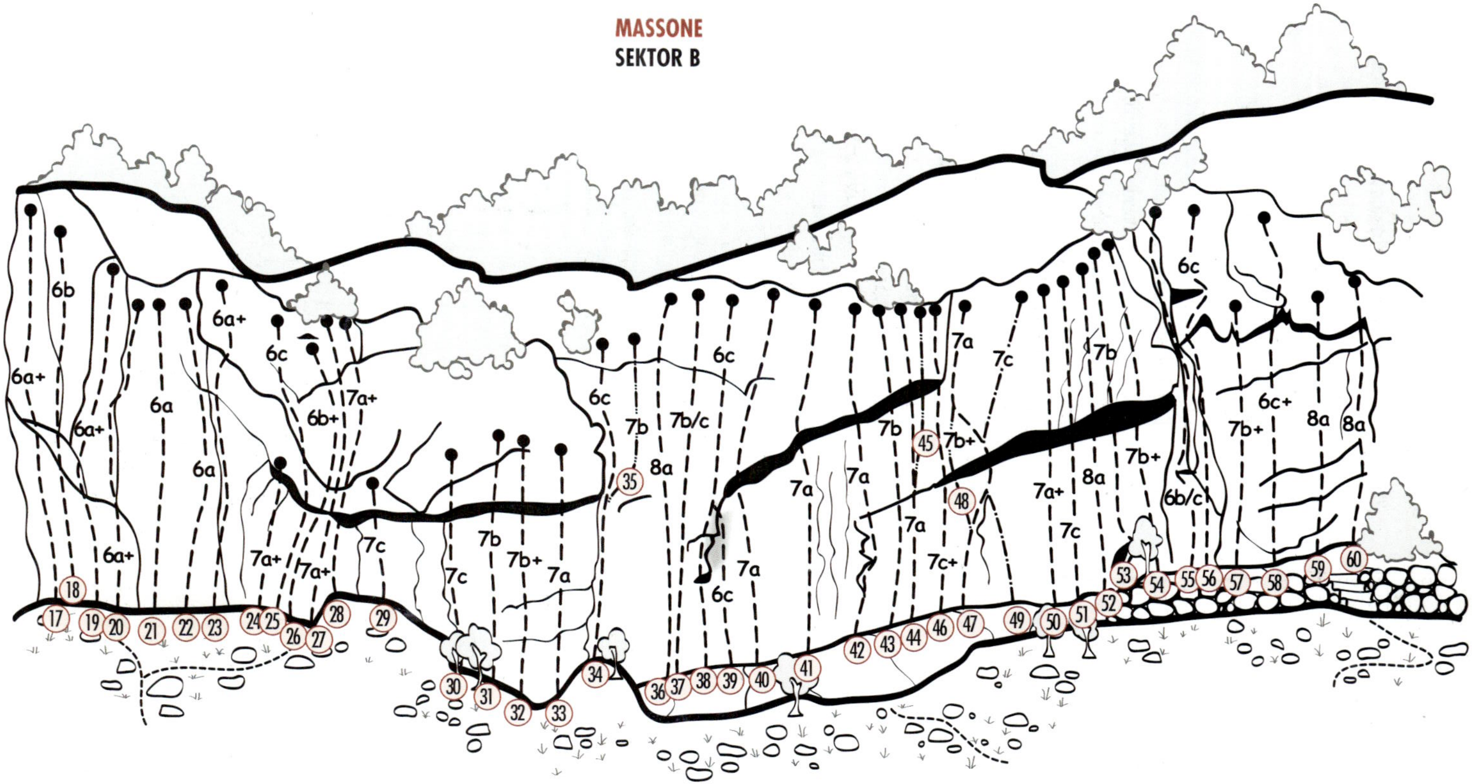

SEKTOR C

61 MUSETTO E BIG GIM	6b+	22m	Zangen- und Untergriffe, dann zwingende Passage im Überhang
62 SUPER GOLIA	6c+	25m	Sehr oft begangen, Ausdauer
63 HELIOTROP	7b	25m	Platte und schwieriges Dach, abgespeckte Griffe
64 BERNY	7c+	25m	
65 ICTUS	6c+	25m	Schwierige Einzelstelle zum Schluss
66 DESTINAZIONE ARENA	7c+	25m	Boulder am spektakulären Dach
67 OHNE NAMEN	5a	12m	Einfache Verschneidung
68 SABATO TURISTICO	6c	24m	Kurzer Boulder nach dem Dach
69 PRIME IMPRESSIONI	6a	24m	Erste Route von Massone (Danny Zampiccoli)
70 TULLIO E L'AMORE	6ab	23m	Schwierigkeiten liegen im Schlussteil
71 HURGADA	6b	18m	Folge von kleinen Griffen
72 OVER BOOKING	6a	18m	Ausdauer an guten Griffen
73 RAPER	5b	18m	Intensiver Schlussteil
74 SETTIMA LUNA	6c+	16m	Boulder
75 EKTOPLASMA	6b	16m	Vier Haken in Schlusswand, Seitgriffe
76 ODIO LA POLVERE	6b	16m	Einige Meter an Tropflöchern
77 L'UNICORNO	6a	14m	Kurze, schwierige Schlusswand
78 STATTENTO	6a	14m	Schöne Grifffolge an abgespeckten Griffen
79 IMPETRITE'S	5b	14m	Brüchig, dann heikler Ausstieg
80 MARINA'S	5a	14m	Einfach, gute Griffe

MASSONE
SEKTOR C

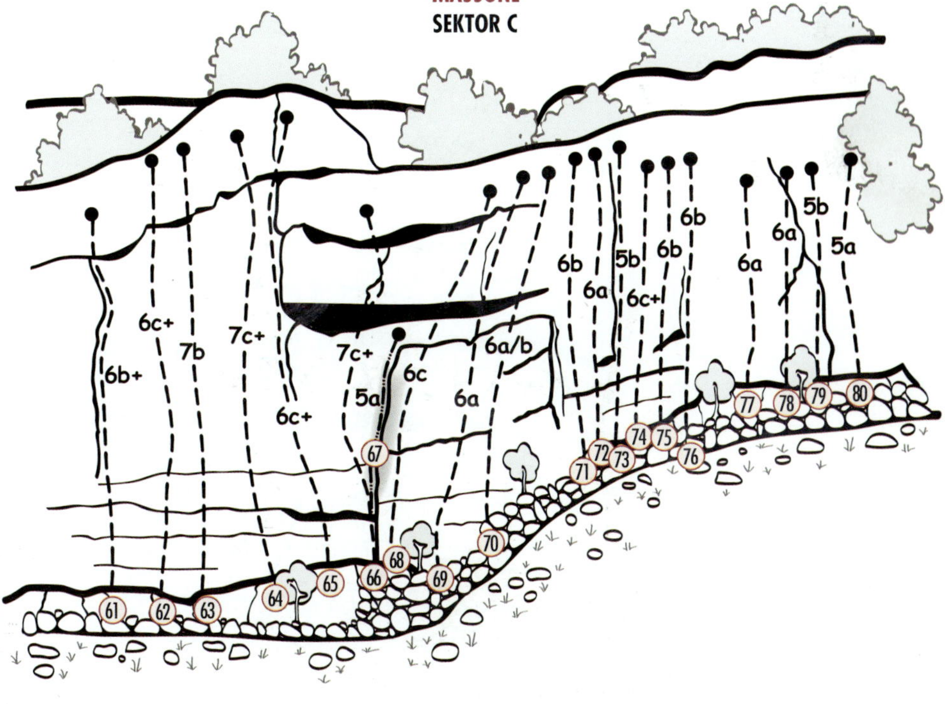

SEKTOR D

81 RETTOSCOPIE	6b+	22m	Schwierige Sequenz am Überhang
82 IL CULTO	6b	20m	Ausdauer an guten Griffen
83 FATA MORGANA	7a+	20m	Schwierige Sequenz in überhängender Wand
84 IL RITORNO DI ALY	6b+	20m	Technisch mit schwierigem Blockierer im Mittelteil
85 ULLA LO STRAPIOMBO CHE TI TRASTULLA	6c	20m	Einzelstelle im Überhang
86 UN BACIO DI KARIN	7a+	20m	Schwieriges zweites Dach
87 HALLOWEEN	7a	20m	Sinter und Löcher, schwieriger Ausstieg im Überhang
88 OTTOPROMILLE	6c+	20m	Kraftraubende Passagen in den einzelnen Dächern
89 BRICIOLA	6c	18m	Ausdauer im Überhang, immer positive Griffe
90 OHNE NAMEN	6b+	18m	Anstrengende Stelle im schönen, kleinen Dach, dann einfache Platte

MASSONE
SEKTOR D

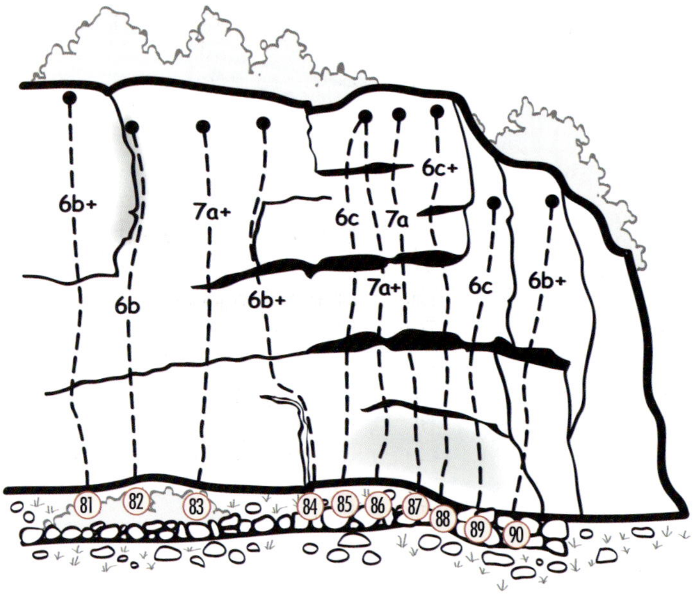

SEKTOR E - ABISSI

91 BRIOCHE		7c	15m	Leicht geneigte, plattige Wand
92 LA CHIAVE		7b+	25m	Leicht geneigte, plattige Wand
93 UTOPIA		6b/c	25m	Einstiegsriss mit guten Griffen, dann technisch schwierige Platte, sehr zu empfehlen
94 ZELDA		7c	20m	Kurzer Boulder am Dach
95 RED ROCKS		8a	20m	Schwere Einzelstellen, schwierig zu Clippen
96 ALPEN LIEBE		6c+	28m	Nach dem Band schwere Einzelstelle, dann an großen Griffen weiter
97 IL CALABRESE		7b+	28m	Ausdauer an Sintern und durchwegs guten Griffen
98 OPEN AIR		8a+	30m	Ausdauer an Leisten
99 M.S.		7c	30m	
100 BEACH BOYS		7b	30m	Überhängende Verschneidung mit guten Griffen
101 BAUERNPLUS		8a+	25m	Intensive Grifffolge zu Beginn und Boulder zum Schluss
102 DISNEYLAND		7c	25m	Ausdauer in Verschneidung
103 EFREM DE SISCO	SL1	7a+	25m	Heikler Einstieg Platte, dann athletische Verschneidung
	SL2	?	10m	Selten begangen
104 RUBAGOTTI	SL1	7c	25m	Ausdauer mit Einzelstelle
	SL2	?	15m	Selten begangen
105 EPILOGO		7a+	28m	Ausdauer an Sintern und kleinen Griffen im leichten Überhang
106 BONSAI		7c	30m	Ausdauer an Sintern und kleinen Griffen im leichten Überhang
107 ABISSI		7c	40m	Ausdauer an Sintern, Achtung beim Ablassen/Abseilen!
108 PILOTWINGS		7c	30m	Ausdauer im Überhang
109 CANNABIS		7b+	30m	Ausdauer im leichten Überhang
110 ONLYLOCALS		7b+	30m	Ausdauer in gelber Wand
111 GAMEBOY		7b	25m	Senkrechte Wandkletterei an schlechten Leisten
111a GAMEBOY PLUS		8a	35m	Einzelstelle am Dach (Verlängerung von 'Gameboy')
112 ULTIMO DUBBIO		7a+	25m	Senkrechte Wandkletterei an Leisten
113 IL VIZIETTO		7c	30m	Ausdauernde Wandkletterei
114 LA CUCINA DELL'INFERNO		8a	25m	Ausdauer im Überhang
115 LA FESSURA PORTA ALLA SEPOLTURA		7a/b	27m	Athletische Verschneidungskletterei
116 IL CATTIVO IST ÜEBERALL		7c	25m	Stark überhängende Ausdauerkletterei an guten Griffen
117 MEGLIO UN GIALLO CHE UN GALLO		7c	25m	Stark überhängende Ausdauerkletterei an guten Griffen
118 RAMSES		7c	25m	Wenig wiederholt, brüchiger Fels
119 LUDNESS		7a	25m	Kleines Dach und Wandkletterei
120 WARNER BROZ		7b	23m	Wandkletterei an Leisten
121 IL BALLATOIO		6c	23m	Ausdauer mit Längenzug
122 LA CURA DELLA FESSURA		6c	23m	Athletischer Riss
123 MANGIA CACCA		7a	22m	Uninteressant, nicht gerade guter Fels
124 GINO E LA SFIGA		6b+	20m	Ausdauer an guten Griffen
125 LO SCOLARO		6b+	20m	Ausdauer an guten Griffen
126 ALADIN		7a	12m	Lochkletterei mit heiklem Ausstieg in leichtem Überhang
127 ADELANTE		7a+	12m	Kurz und schwer
128 DURACELL		7b	12m	Kurz und schwer

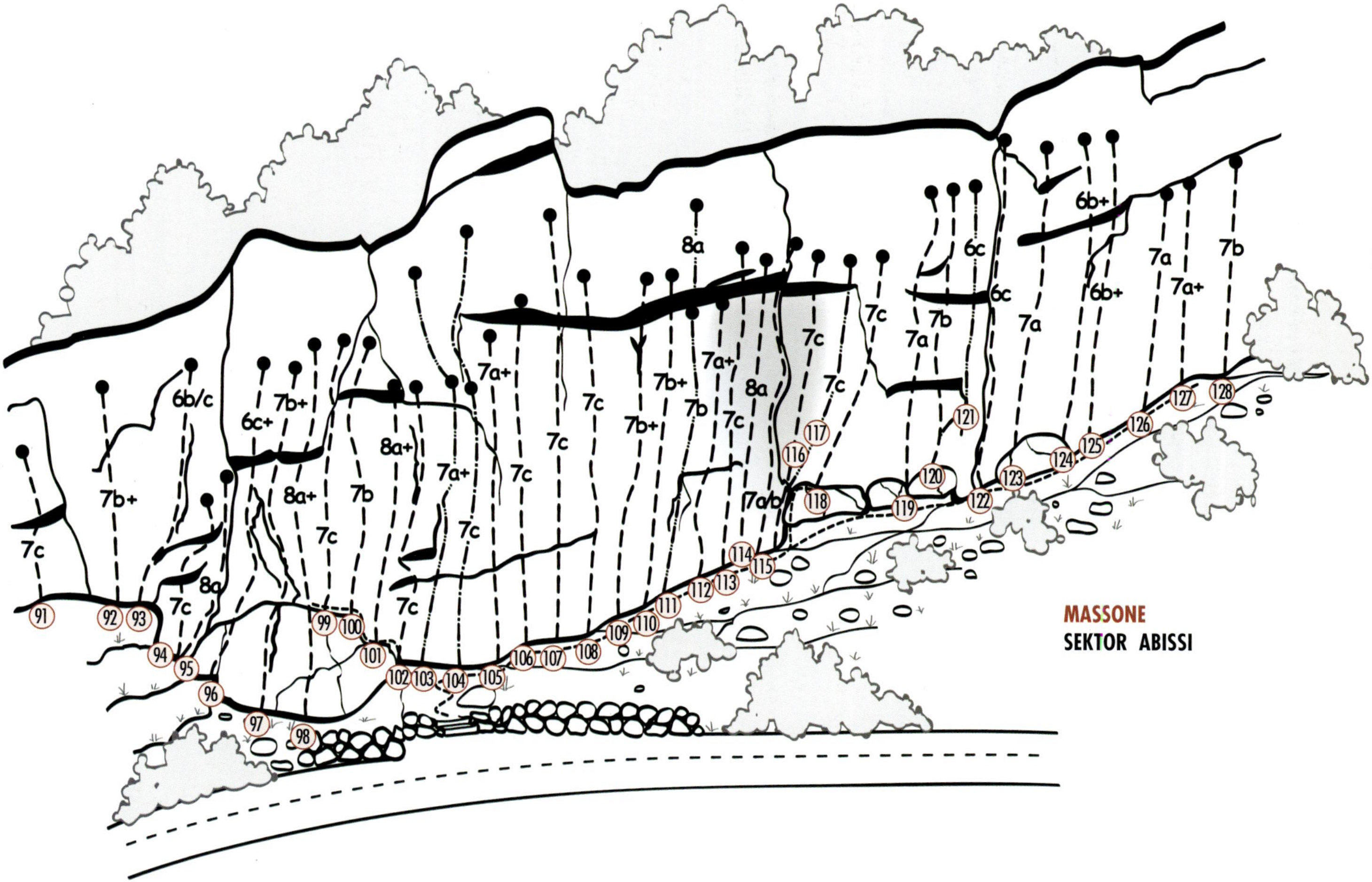

MASSONE
SEKTOR ABISSI

SEKTOR F - IL PUEBLO

129 BLONDKOPF	7b+	27m	Schwierige kraftraubende Passage
130 TROPPO LEICHT	7b+	27m	Ausdauer im Überhang an guten Griffen
131 TROPPO SCHWAR	8b	27m	Schwierige Stelle an Leisten im Überhang
132 SUPER ATTICO	7c+	27m	Ausdauer im Überhang, plattiger Ausstieg
133 HALEBOOP	8b+	27m	17 knallharte Züge an natürlichen Griffen
134 GRADO DIPENDENTI	7c+	28m	Athletische Kletterei bis Rastposition, dann technisch schwierige Stelle und Ausstieg in Platte mit langen Hakenabständen
135 TAIFUN	8b/b+	27m	Schwieriger Boulder im Dach und technischer Ausstieg in Platte
136 BIG SPENDER	7b+	25m	Griffiger Überhang mit außergewöhnlichem Ausstieg in Verschneidung
137 RANDA	8a+	25m	Zwei sehr athletische Passagen
138 FUEGO	8b	25m	Zwei Einzelstellen im Überhang, gebohrte Zweifingerlöcher
139 UNDERGROUND	9a	22m	DIE Route in Massone. Der schwierigste Überhang in ganz Italien.
140 X-LARGE	8c	25m	Unglaublicher Längenzug
141 SUPER MARATONA	8b	25m	Ausdauerroute
142 MARATONA	8b	25m	Der Klassiker im Pueblo seit 1987, schöne Ausdauerroute
143 ATHENA	8b+	25m	Zwei äußerst harte Stellen: eine mit Dynamos, die andere sehr athletisch
144 REINI VIBE'S	8c	25m	Test für die Kraftausdauer, sehr athletisch
145 LA PIETRA MURATA	8b+	45m	Test für die Kraftausdauer, unendlich lang
146 IL MURATORE	8a+	26m	Kraftausdauer, wenig wiederholt, leicht brüchiger Fels
147 SHAVED BEAVER	7c	25m	Einstieg mit beidhändigem Anspringen, dann Kraftausdauer an Sintersäulen

MASSONE IL PUEBLO

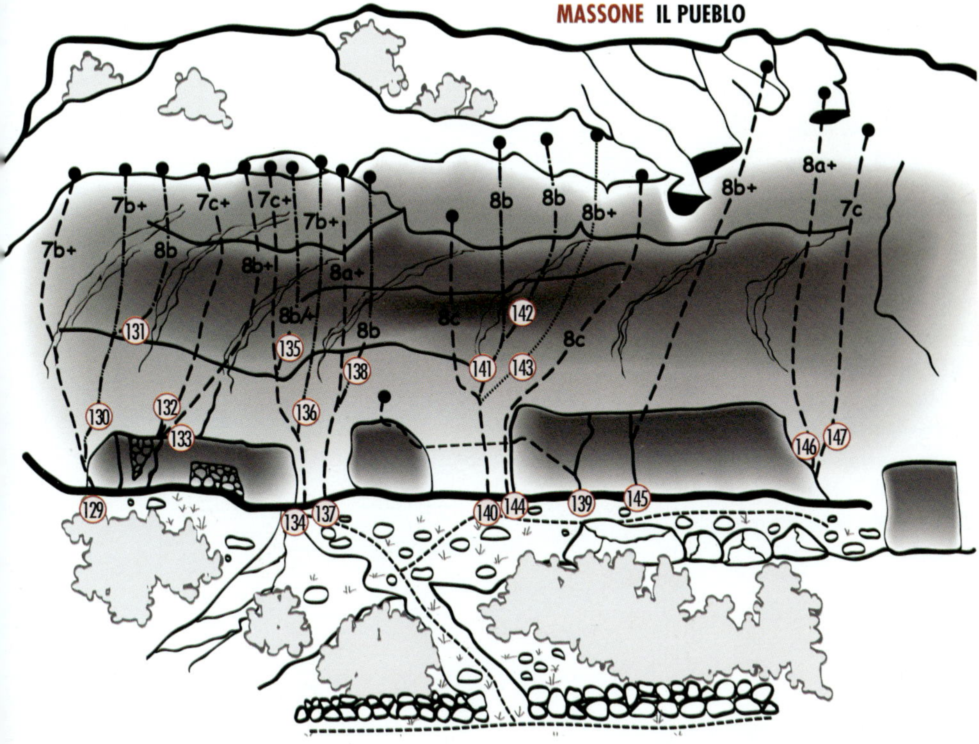

11

BAONE

Die Bewertung der Routen in Baone scheint auf den ersten Blick sehr streng. Aber der Schein trügt, denn zum Plattenklettern fehlt vielen Kletterern einfach nur die Gewohnheit! Hat man erst einmal ein paar Routen gemacht, ist das Vertauen in das „Stehvermögen" wieder da und man findet Spaß an dieser Art Kletterei. Dieses Gebiet ist wie geschaffen für Liebhaber von geneigten Plattenklettereien. Auch Anfänger können hier die ersten Schritte am Felsen wagen. Die Mehrseillängenrouten, mit einer Länge bis zu 100 Metern und Schwierigkeiten von III bis V, sind ideal für Einsteiger und Genusskletterer.
Der linke der beiden Sektoren ("Attimo Fuggente") ist der einfachere. Ein 60m Seil ist notwendig. Der Abstieg erfolgt durch Abseilen über die Route.
Das Klettergebiet liegt sehr sonnig inmitten von Olivenhainen und ist sehr familienfreundlich. Es gibt einen Picknickplatz, Fahrradständer, Abstellplätze und sanitäre Anlagen. Die Aussicht ist einzigartig: der Talkessel von Arco wird überragt von der Burg von Arco, mit dem Gardasee im Hintergrund. Der See wiederum wird eingerahmt von den Gipfeln des Monte Stivo und des Monte Altissimo.

Erschließer: Paolo Calzà, D. Depretto , R. Galvagni, C. Mattei, und andere.

ZUFAHRT/ZUGANG
Von Arco 3,5 km mit dem Auto.

Von der Brücke über die Sarca fährt man Richtung Zentrum – Riva del Garda und biegt am Ortsausgang von Arco nach rechts Richtung Chiarano ab. Am Krankenhaus vorbei, bei der Klinik Eremo nach rechts, immer Richtung Chiarano. Ab jetzt steht auch Padaro-S. Giovanni (oder Baone) angeschrieben. In Chiarano zweigt man sofort nach der Durchfahrt unter einem Gewölbebogen eines Hauses nach links ab (Via al Monte) und folgt der Beschilderung Placche di Baone/falesie. Nun weiter durch die Olivenhaine bis zum Parkplatz unterhalb des Klettergebiets. Von hier in wenigen Minuten zu den Einstiegen.
Achtung! Für Camper und Kleinbusse empfiehlt es sich, noch im Dorf, gleich nach der Durchfahrt des Gewölbebogens, auf der rechten Seite zu parken. Die Via al Monte ist nämlich sehr eng! Zu Fuß dann auf dieser gepflasterten Straße weiter, bis man nach 15 Minuten den Parkplatz erreicht.

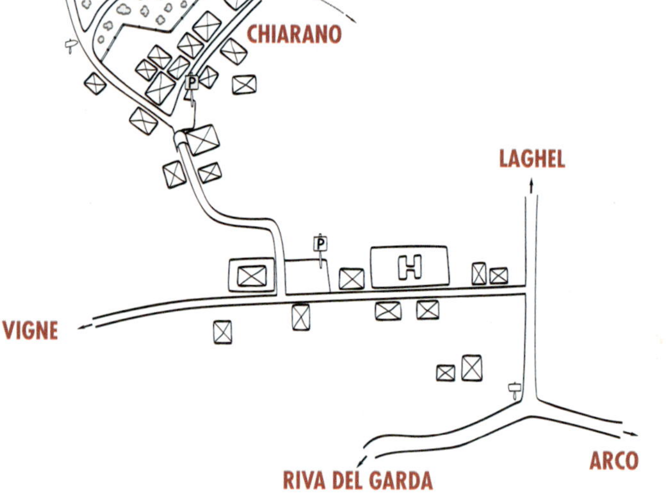

SETTORE ATTIMO FUGGENTE

1 OHNE NAMEN	2c	100m	Etwas schmutzige Route, uninteressant
2 VIA CIP	2c	110m	Reibungskletterei, nicht lohnend, leicht dreckig.
3 VIA MAR	2c	110m	Reibungskletterei, langer Hakenabstand, im oberen Teil moosbedeckt
4 VIA 01/01/2000	2c	110m	Lohnende und einfache Reibungskletterei
5 VIA C.G.	3a	90m	Schöne Kletterei auf kompakten Platten
6 VIA D.B.	2c	104m	Schöne, abwechslungsreiche Plattenkletterei
7 VIA BOTTONI BIANCHI	2c	104m	Flache Plattenkletterei. Im oberen Teil etwas Fußtechnik erforderlich, sehr schön
8 VIA PAOLO	3a	104m	Einfache Reibungskletterei
9 OHNE NAMEN			Zur Zeit noch Projekt, es fehlen die Standplätze

BAONE
SETTORE ATTIMO FUGGENTE

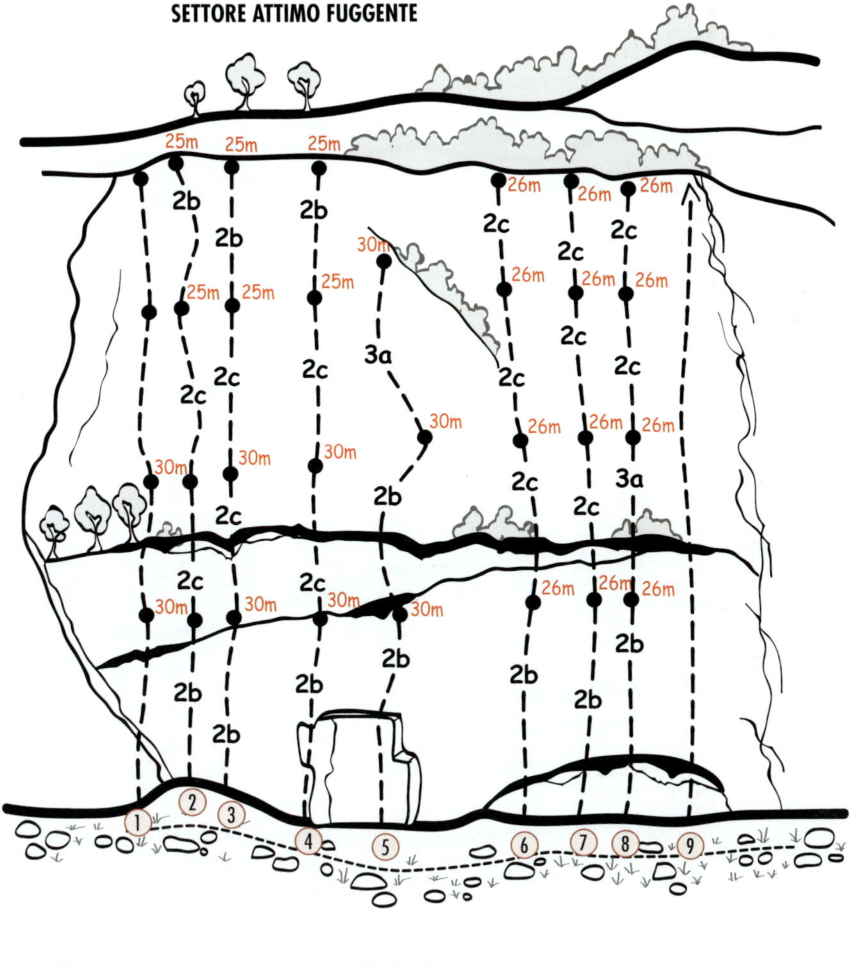

SEKTOR ONDULINA

10 OHNE NAMEN	6a	25m	Heikle Stellen auf geneigter Platte
11 SOLARIUM	5b	25m	Interessant, wenn auch abgespeckt. Im oberen Teil etwas grasbewachsen
12 OHNE NAMEN	5c	25m	Platte, durchzogen von einer Reihe kleiner Dächer mit Untergriffen
13 STRATI SENSUALI	5c	77m	Interessant und abwechslungsreich. Reibungsplatte
14 OHNE NAMEN	4b	28m	Einstieg an Untergriffschuppen, dann Plattenkletterei
15 FIGOVIZ	4b	80m	Reibungskletterei an geneigter Platte
16 CADE LA CORDA	3a	74m	Reibungskletterei an geneigter Platte
17 ONDULINA	5a	112m	Der Klassiker in diesem Gebiet. Reibungskletterei in leicht geneigter Wand. Die letzte Seillänge ist eher uninteressant.
18 MUCILLERO	4b	80m	Interessante, abwechslungsreiche Reibungskletterei
19 FIUTO	4a	26m	Reibungskletterei
20 FIATO	4a	26m	Reibungskletterei
21 GIONA	4a	26m	Reibungskletterei
22 OHNE NAMEN	4b	26m	Gemeinsamer Start mit Giona, wenig lohnend,etwas erwungene Linie

BAONE
SEKTOR ONDULINA

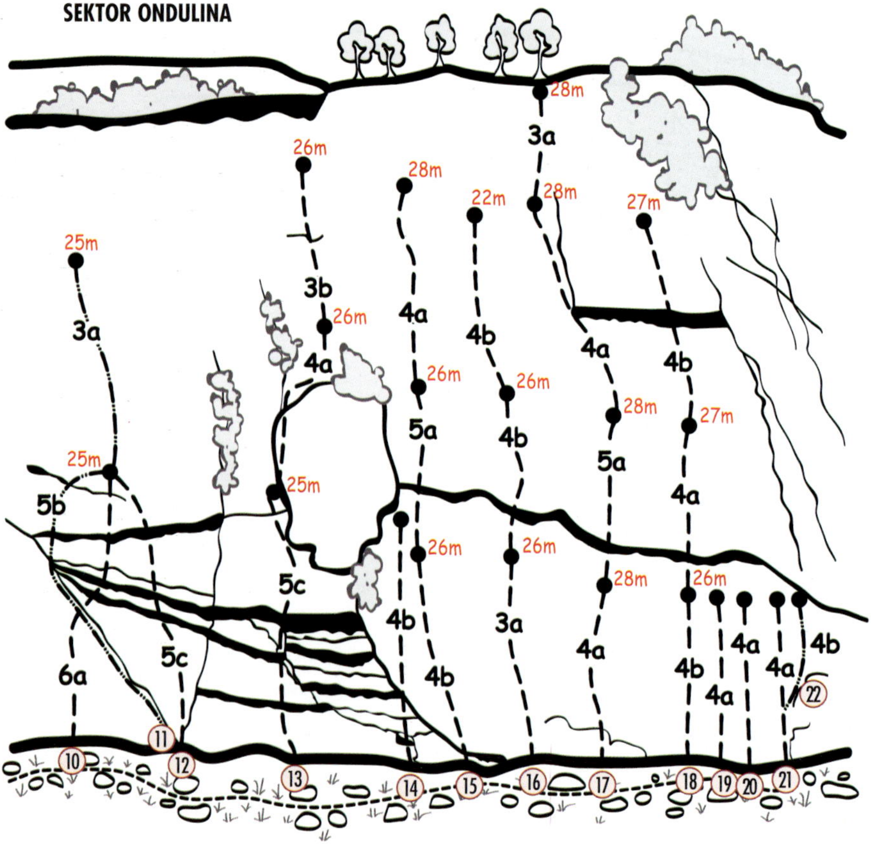

Die Platten von Baone *(Marco Scolaris)*

12

PADARO

Dieses Gebiet ist von Arco aus schnell erreichbar. Es wurde erst vor kurzem erschlossen und dank seiner Ausrichtung und Lage kann hier an Wintervormittagen geklettert werden.
In zwei verschiedenen Sektoren hat Diego Mabboni bisher seine Routen eingebohrt. Alle befinden sich in festem Fels, der jedoch zum Teil noch etwas schmutzig ist. Achtet beim Zustieg darauf, auf dem Weg zu bleiben. Geht bitte nicht quer durch die Olivenhaine und anderes Privatgelände.

Erschließer: D. Mabboni.

ZUFAHRT/ZUGANG

Von Arco 4,8 km mit dem Auto Richtung Padaro, dann 7-8 Min. Fußweg

Ab der Brücke über die Sarca in Richtung Riva del Garda. Noch innerhalb von Arco biegt man ab in Richtung Laghel/Castello di Arco (Via Battisti). Nach nur 200 m dann links in Richtung Krankenhaus (Viale dei Capitelli). Nun ungefähr 2 km weiter, durch Vigne und dann rechts in Richtung Padaro. Am Ortseingang von Padaro links abbiegen und parken.
Zu Fuß der Straße entlang in Richtung der deutlich sichtbaren Felsen. Am Beginn einer anderen Schotterstraße geradeaus weiter (die breite Schotterstraße bleibt links) bis zu einem Gittertor (2 Minuten vom Parkplatz) und auf einem Weg weiter durch die Olivenhaine. Bis zur letzten Terrasse hoch, dann nach links und weiter auf einen Pfad, der über die Geröllhalde bis zum Wald führt. In der Nähe der Felsen dann ca. 250-300m nach links queren bis zum Sektor 2. Der Sektor 1 liegt nochmals 50 m weiter.

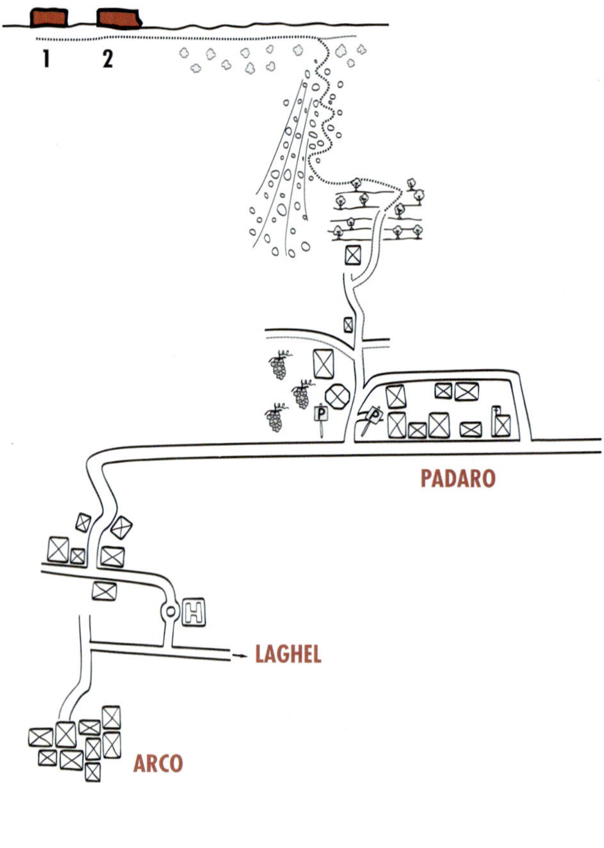

SEKTOR 1

1 OHNE NAMEN	7a+	22m	Sinterkletterei bis zum Band, dann Einzelstelle an Mikroleisten in Platte
2 OHNE NAMEN	7a	20m	Einzelzug an Mikroleisten bis zum Band, schwierige Passage direkt unter dem Umlenker
3 OHNE NAMEN	6b+	20m	Schöne Kletterei, die viel Gleichgewichtssinn erfordert
4 OHNE NAMEN	6c	17m	Schöne Züge an Auflegern

PADARO
SEKTOR 1

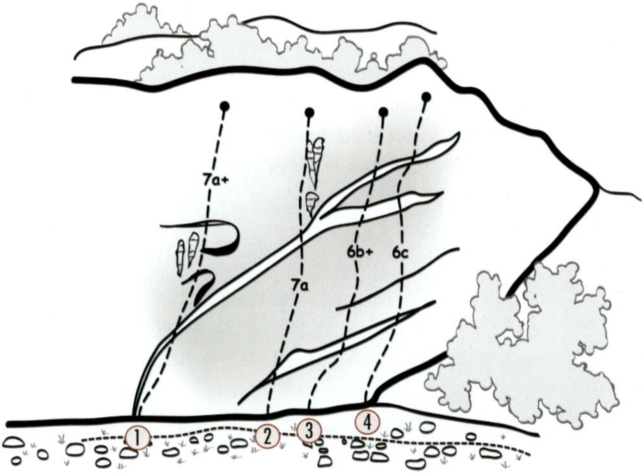

SEKTOR 2

5 PROJEKT	?	26m	Projekt
6 PROJEKT	?	27m	Projekt. Lange Sintersäule
7 PROJEKT	?	27m	Projekt. Glatte, überhängende Wand
8 LA PRINCIPESSA DI CIOCCOLATO	8a	28m	Schöne Sintersäule, zum Schluss Längenzug
9 PROJEKT	?	28m	Kleinste Sinter
10 PROJEKT			Projekt. Noch nicht vollständig eingebohrt

SEKTOR 2

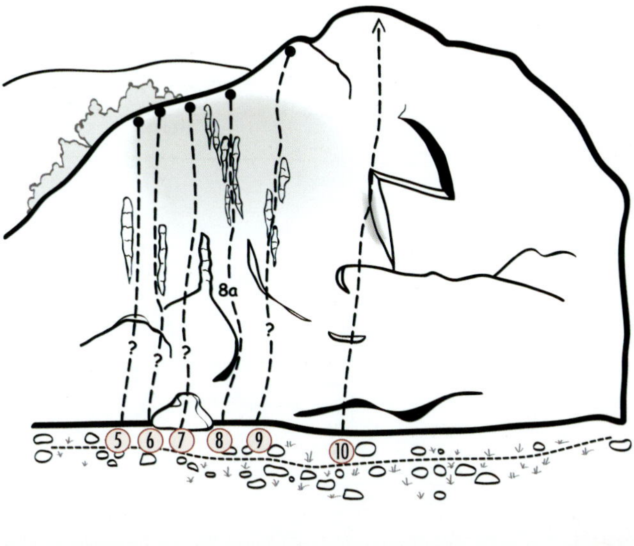

13

SALT DE LA CAVRA

Dieser Klettergarten ist schnell und leicht zugänglich. Nur die Routen 15 – 19 sind nicht sehr gut abgesichert, dort gibt es noch alte Bohrhakenplättchen, die dann manchmal auch noch mit zu weitem Abstand eingebohrt wurden. Im ersten Sektor herrscht senkrechte Leistenkletterei in grauem Fels vor. Im Mittelteil, dem ältesten Sektor, gibt es leicht überhängende Ausdauerrouten in gelbem Fels und im neuesten Sektor, einer fast senkrechten Platte, ist Reibungskletterei angesagt. Im mittleren Sektor kann auch bei regnerischem Wetter geklettert werden.

Erschließer: D. Mabboni e M. Matteotti.

ZUFAHRT/ZUGANG

Es gibt zwei Zugangsmöglichkeiten: bei der ersten dauert der Zustieg 15 Minuten und es gibt genügend Parkmöglichkeiten; bei der zweiten gibt es nur zwei Parkplätze, aber man ist in 10 Minuten über flaches Gelände am Fels.

1) Von Arco 3,5 km in Richtung Laghel, dann 15 Min. Fußweg.

Ab der Brücke über die Sarca in Richtung Riva del Garda. Noch innerhalb von Arco biegt man ab in Richtung Laghel/Castello di Arco (Via Battisti). Man passiert die alten Stadtmauern von Arco, alte Olivenhaine und fährt unterhalb der Felswände von Laghel vorbei.
Am Ende der Steigung befindet sich die kleine Kirche von St. Maria in Laghel. Hier links abbiegen und die steil ansteigende Straße hochfahren, bis sie nach einigen Kurven, Olivenhainen und Weingärten wieder flacher wird. Nach einem weiteren kurzen, steilen Anstieg parkt man in der Nähe eines Hauses (1km von der Kirche). Eine zweite Parkmöglichkeit gibt es 150 m weiter.
Nun auf den Wanderweg, der kurz vor dem Haus beginnt. Immer der Markierung 408 hoch in den Wald folgen. Bei der ersten Kreuzung nicht nach rechts abbiegen (rote Punkte), sondern bis zu einer Kreuzung mit Markierung weitergehen. Von dort nach rechts bis zu einem Strommasten hochsteigen. Jetzt dem Weg folgen, der unterhalb des Strommastens verläuft und leicht absteigend durch eine schmale Rinne zur Wand führt.

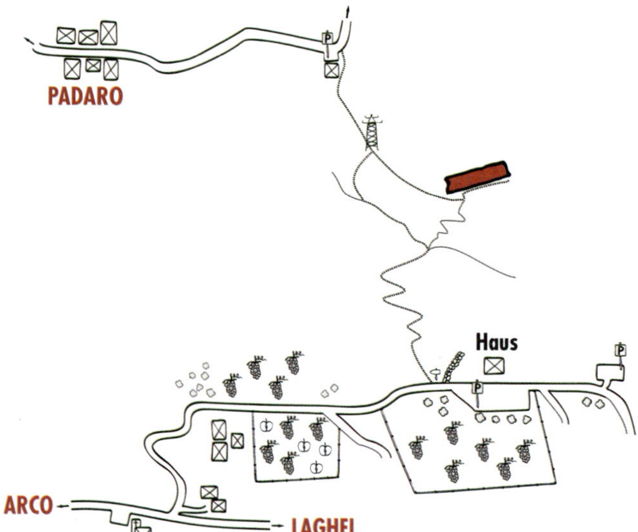

2) Von Arco 5,6 km in Richtung Padaro, dann 10 Min. Fußweg.

Ab der Brücke über die Sarca in Richtung Riva del Garda. Noch innerhalb von Arco biegt man ab in Richtung Laghel/Castello di Arco (Via Battisti). Nach nur 200m dann links in Richtung Krankenhaus (Viale dei Capitelli). Nun ungefähr 2 km weiter, durch Vigne und dann rechts nach Padaro (nochmals ca. 2km). Einige hundert Meter nach Padaro parkt in Höhe eines Steinbaus des Aquäduktes. Hinter diesem Bau beginnt der Weg, der leicht ansteigend zu einem großen Strommasten führt. Auf dem Weg, der unterhalb des Strommastens verläuft, weiter und leicht absteigend durch eine schmale Rinne bis zur Wand.

(Marco Scolaris)

1 LO SCOLARO	6c	18m	Führt entlang einer schönen Schuppe
2 IL CACCASTRELLO	8a	20m	(7b bis 18m Höhe) Technisch anspruchsvolle Kletterei an Minigriffen
3 BRONTOLOSAURO	?	18m	Projekt
4 NON METTERTI LE DITA NEL NASO MENTRE…	?	18m	Projekt
5 ANY LA FATA	7c+	20m	Sehr hart, Kraftausdauer an sehr kleinen Leisten
6 GREY APE	8a	20m	Die ersten 10m sind etwas leichter, dann Kraftausdauer an kleinsten Leisten und Schuppen
7 SPIRAGLIO DI SOLE	7a	20m	Anstrengende Einzelstelle, dann einfacher
8 AURORA	6b	20m	Einzelstelle nach dem Band
9 TARIFA	6b	18m	Im oberen Teil selektive Reibungsstelle
10 CHE CAVRON	6b	22m	Athletisch an Tropflöchern und Auflegern
11 NUTELLA TOUR	6a	22m	Bauch im Mittelteil nicht einfach, Ausstieg nicht zu unterschätzen
12 IL BACIO DELLA DONNA SENZA DENTI	6a+	22m	Kurze Passage mit kleinen Griffen, leichter Ausstieg
13 TOP FLEX 101	6a+	22m	Schöner Einstieg in die Verschneidung unterhalb des Ausstiegs
14 RED POINT	7a	18m	Komplizierter Ausstieg aus einer wunderschönen Sintersäule
15 PACRILI	7a+	20m	Kletterei an kleinen Griffen und senkrechten kleinen Sintern
16 MB 97	7b	20m	Zuerst Kletterei an sehr kleinen Griffen
17 LIVIO	6c	23m	Schöne Rissverschneidung
18 MANI DI BURRO	7c+	23m	Harte Stelle an künstlichen Griffen, schwieriger Ausstieg
19 LA BRUSCHETTATA	7a	23m	Verschneidungskletterei
20 ESTO ES EL PRIMERO	7a	20m	Kaum geneigte Reibungsplatte mit kleinsten Griffen
21 MISTER BEAN	?	20m	Projekt
22 BEPPE IL FISICO ESOTERICO	6c+	20m	Technisch anspruchsvolle Platte, sehr schwierige Tritt- und Grifffolgen
23 ISCHIATUTTO	7a	22m	Folgt im unteren Teil einem Riss in der Platte
24 FOLLE IDEA	6c	20m	Schöne, fast senkrechte Platte, Ausstieg an Löchern
25 IL TESTAMENTO DI MIO ZIO	6b+	17m	Wie Nr. 24

SALT DE LA CAVRA

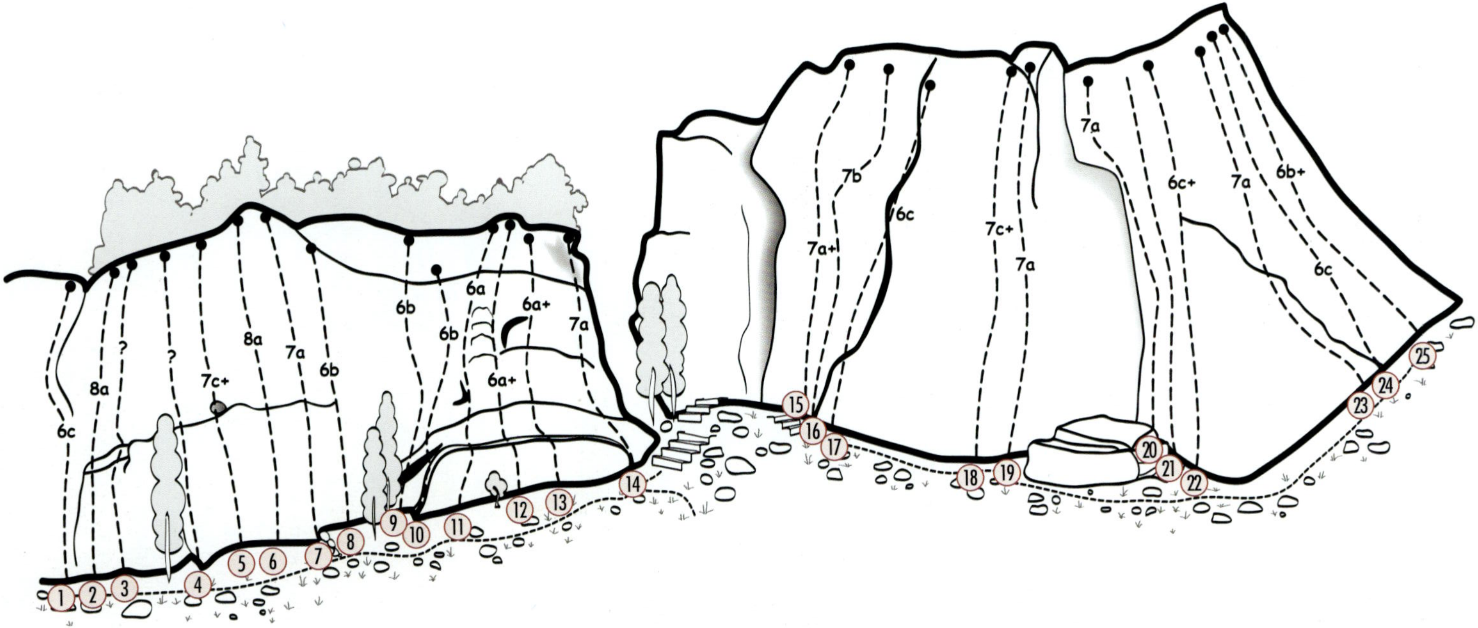

14

Das Gebiet wird in zwei Sektoren unterteilt, die beide traumhaften Fels und eine Vielfalt an Routen und Schwierigkeitsgraden aufweisen. Im Schwierigkeitsgrad 5c bis 8a wechseln sich Platten, leicht überhängende Wandbereiche und auch Sintersäulen ab.

Wegen der südlichen Ausrichtung sollte man hier eher in den Wintermonaten oder an den kälteren Tagen im Jahr klettern.

Die Einseillängentouren ganz links im rechten Sektor sind in den achtziger Jahren entstanden und seither nicht saniert worden: deshalb sind sie nicht zu empfehlen!

Aber es gibt auch schöne, technisch anspruchsvolle Mehrseillängenrouten in den grauen Platten. Diese sind zwar entweder mit Bohr- oder Normalhaken eingerichtet, müssen aber zusätzlich mit Keilen oder Friends abgesichert werden. Die langen Routen werden im Kletterführer „Pareti del Sarca", von Diego Filippi, Verlag Versantesud, näher beschrieben.

Vom Klettergebiet aus hat man einen wunderschönen Ausblick auf das Schloss von Arco und den Gardasee.

Erschließer: P. Calzà, O. Celva, A. Chiarani, W. Gobbi, G. Dalfovo, D. Depretto, D. Mabboni, I. Prandi und andere.

LAGHEL

ZUFAHRT/ZUGANG

Von Arco 1,8 km mit dem Auto, dann 10 Min. Fußweg.

Von der Sarcabrücke in Arco in Richtung Riva del Garda und noch in Arco rechts ab in Richtung Laghel/ Castello di Arco. Am Botanischen Garten und an den alten Stadtmauern von Arco vorbei und noch weiter hoch. Der Zustieg zum rechten Sektor erfolgt am besten vom großen Parkplatz am Schloss aus: zu Fuß ca. 300 m die asphaltierte Einbahnstraße entlang Richtung Schloss bis zu einem Eisentor, wo rechts der Weg auch der Pfad beginnt, der zum rechten Sektor führt. Bitte beachtet, dass dies Privatgrund ist!

Zum linken Sektor noch 200 m auf der Straße weiter bis linkerhand noch einige Abstellplätze für Autos zu sehen sind (oft überfüllt, außerdem Privatgrund). Hier steigt man über eine Trockenmauer und gelangt in 5 Minuten auf einem Pfad zu den Felsen.

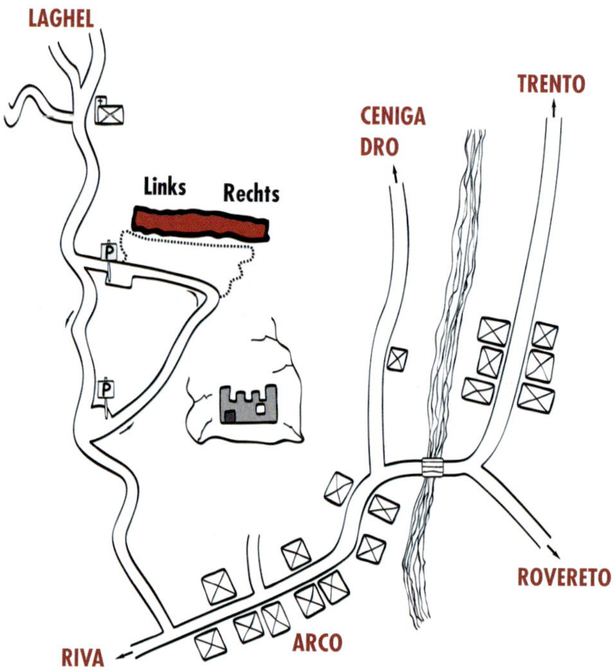

Maja Vidmar, ZACHA, 7c

(Damiano Levati)

LINKER SEKTOR

1 LA VENERE NERA	7b+	32m	Ausdauer an Sintern mit Einzelstelle an Leisten
2 IVAN A TUTTA CANNA	7a	30m	Ausdauer an Sintern
3 LA LAMA DEL SOLE	7a+	30m	Sinter mit Untergriffsschuppe und Dachausstieg
4 SANDRINO JONES	7a	28m	Ausdauer an guten Griffen, abgespeckte Griffe
5 L'UOMO LICHENE	6c	28m	An der linken Seite der Verschneidung mit Auflegern, heikler Ausstieg nach rechts
6 IL CAPRONE BEATO	6b	28m	Schwieriger Einstieg mit geschlagenen Griffen, sehr schöner Fels SL2 6a, SL3 5b, SL4 5b. 100m
7 VIA CRUCIS	6c	28m	Passage mit kleinen Seitgriffen, sehr kompakter Fels SL2 6a, SL3 6a, SL4 5b. 100m
8 BRAVI MA LENTI	6c	25m	Schwer erkennbare, technisch anspruchsvolle Einzelstellen SL2 6a, SL3 6a, SL4 5b. 100m
9 WAUNDED KNEE	6b+	22m	Kurz vor Ausstieg schwierige Einzelstelle
10 SISTER MOON	6c+	22m	Technisch anspruchsvolle Einzelstellen, dann einfacher
11 APACHE	7a+	30m	Graue Wand, Fußtechnik gefragt
12 GLI ANTENATI	6a+	30m	Schöne athletische Verschneidung SL2 6b, SL3 6b (sowohl linke als auch rechte Variante). 100m
13 DURAZZIK PARK	7a+	25m	Schöne Folge von technischen Zügen in Verschneidung SL2 6b, SL3 5c, SL4 6b. 120m
14 ESORCISTA	8a	25m	Senkrechte graue Wand mit Boulder an Auflegern
15 ABAKUS	7c	30m	Ausdauer an Leisten und Seitgriffen in leicht überhängender Wand
16 LA CURTA	6c+	12m	Einfach zu Beginn, dann Boulder
17 LAAL	7a+	15m	Einzelstelle am Einstieg
18 LA DONNA CANNONE	7a	18m	Ausdauer an runden Seitgriffen
19 RUPE MORBIDA	8a	23m	Am weißen Wasserstreifen entlang, technisch schwierig mit sehr kleinen Griffen
20 ZACHA	7c	25m	Ausdauer im rotem Fels, leicht überhängend (einige geschlagene Griffe)
21 DIAVOLINA	8a	27m	Ausdauer an kleinen Leisten
22 ISILIN	7c	10m	Kurze, kraftraubende Wand, geschlagene Griffe
23 DREPANO	7b+	27m	Schwierige Verlagerung nach links, richtige Grifffolge schwer erkennbar
24 BURIAN	8a/+	27m	Ausdauer an Auflegern, sehr anstrengend
25 MANI DI BURRO	7c	28m	Ausdauer an positiven Griffen mit abwechselnden Boulderzügen
27 STENGHEL	6a+	25m	Interessante und abwechslungsreiche Rissverschneidung, schöner als der Anschein
28 OHNE NAMEN	7a	27m	Schöne Ausdauerwand mit schweren Einzelstellen
29 L'INCOMPIUTA	6c	23m	Einzelstelle im Mittelteil
30 TROTA	6b	23m	Gutgriffige Wand mit Einzelstelle
31 OHNE NAMEN	?		
32 OHNE NAMEN	7b	30m	Überhang zu Beginn, dann Platte mit Leisten und Löchern
33 OHNE NAMEN	?		Projekt

LAGHEL
LINKER SEKTOR

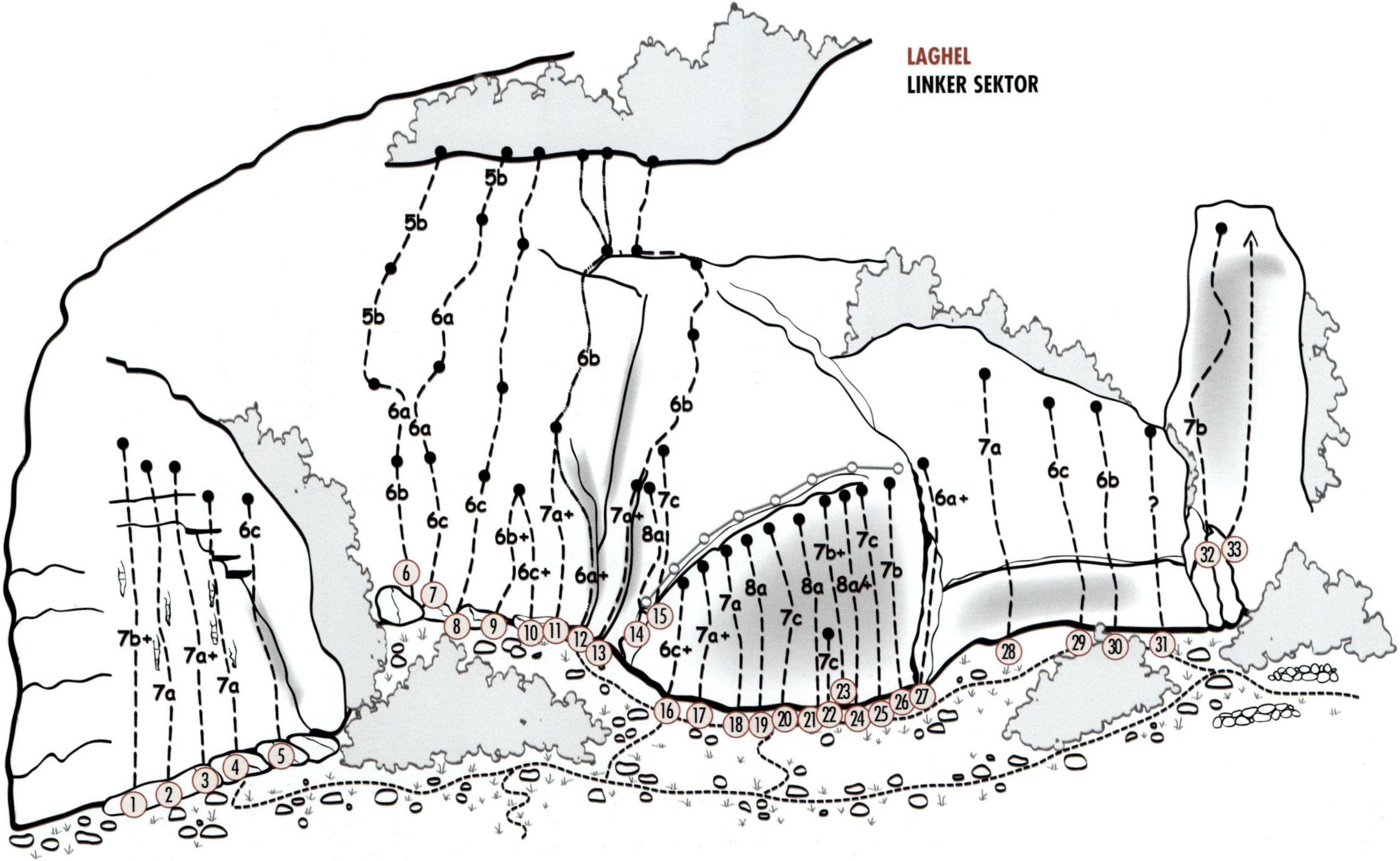

RECHTER SEKTOR (Beschreibung und Schwierigkeitsgrade beziehen sich auf die gesamte Route)

33 TOTEM E TABU'	6c	25m	Untergriffsschuppe, 7. Seillänge der Route 'Totem e Tabù'
34 SPIGOLO SUD	5a	90m	Schön, häufig begangen, grauer kompakter Fels SL1 3a, SL2 5a, SL3 4a
35 OHNE NAMEN	4a	50m	Gutgriffige Platte und einfacher Quergang SL1 4a, SL2 4a
36 OHNE NAMEN	6b	25m	Technisch anspruchsvolle, graue Platte
37 FESSURA DEL BONJO	6a	80m	Schöne 2. Seillänge in Verschneidung SL1 6a, SL2 5a, SL3 5a
38 DIRETTA GOBBI	5c	80m	Oft wiederholte Route, viele Pasagen mit Piaztechnik SL1 5c, SL2 5b, SL3 5c, SL4 4a
39 ALHOA	7b	20m	Einstiegsvariante der Route Club Med
40 CLUB MED	7b	35m	Sehr technische senkrechte Wand SL1 7a, SL2 7b
41 PASSEGGIATA NEL GRIGIO	7a	80m	Schöne erste, technisch anspruchsvolle Seillänge, dann Platte und Ausstiegsverschneidung SL1 6c, SL2 7a, SL3 5b
42 MISTER CARAMEL	7a	20m	Fingerboulder, entlang am gelben Streifen
43 GIGI IL MUSICO	VI+/A0	80m	Schöne Risskletterei. Muss zusätzlich abgesichert werden SL1 VI, SL2 VI/A0 o VII
44 BAULENI VILLAGE	V+/VI	120m	Schöne Route im alpinen Stil, muss zusätzlich abgesichert werden SL1 V+, SL2 VI+/A0, SL3 VI, SL4 IV, SL5 V+
45 VIRUS	7b	20m	Technische
46 SHER KAHN	6b+	20m	Alte Haken
47 MODESTY BLAISE	7b+	15m	Alte Haken
48 ATHOS PROJETT	7a	15m	Alte Haken
49 PRELUDIO	6b+	30m	Zwei Seillängen. Alte Haken
50 MARCELLA	V+/VI	120m	Alpine Route mit logischem Verlauf, muss zusätzlich abgesichert werden SL1 IV+, SL2 VI, SL3 V+, SL4 IV, SL5 V+
51 YENA PLINSKY	7a	20m	Alte Haken
52 SIMPLY RED	6c	25m	Alte Haken
53 LUCIA DELIRANTE	7b+	25m	Alte Haken

LAGHEL
RECHTER SEKTOR

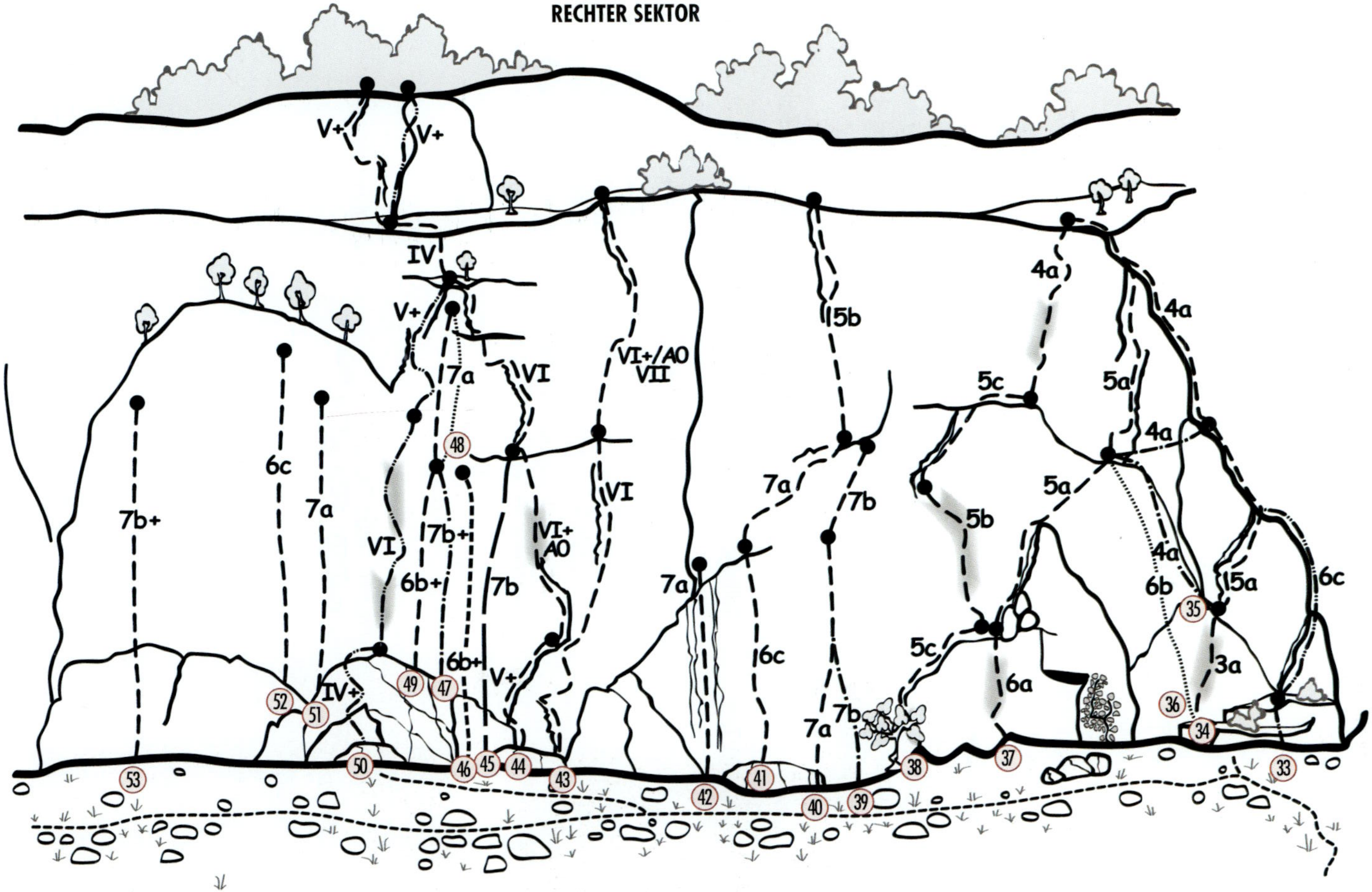

15

MURO DELL'ASINO

Es handelt sich hier sicherlich um eines der einfachsten Klettergebiete im Sarcatal und ist deshalb gerade für Einsteiger ideal. Auch Kinder und Kletterkurse finden hier einen perfekten Platz, denn in den sehr gut eingebohrten Routen der geneigten grauen Platten kann man gut die ersten Vorstiegsversuche machen. Für die Kleinsten und für Familien ist der Sektor Baby Wood mit Routen im 2c und 4a. Schwierigkeitsgrad sehr gut geeignet. Die Felsen liegen sehr ruhig mitten im Wald, es gibt Picknickbereiche und sanitäre Anlagen
Mindestseillänge 60/70 m.

Erschließer: D. Mabboni, B. Zanini.

ZUFAHRT/ZUGANG

Von Arco 3,5 km in Richtung Laghel, dann 20 Min. Fußweg.

Von der Sarcabrücke in Arco in Richtung Riva del Garda und noch in Arco rechts ab Richtung Laghel/ Castello di Arco. Am Botanischen Garten und an den alten Stadtmauern von Arco vorbei und weiter hoch, bis zum Ende der Steigung und der kleinen Kirche von St. Maria. Hier parken. Nun auf den rotweiß markierten 'Sentiero dei Lecci' („Weg der Eichen“) und Richtung 'Muro del Asino'. Der Großteil der Strecke verläuft auf dem Weg, der zum Colodri führt. Nach ungefähr 15 Min. erreicht man eine Abzweigung, an der rechts ein Stein mit einer roten und weißen Markierung steht. Hier links leicht absteigend weiter. Nach ca. 20 m trifft man auf Stufen, die direkt zu den Sektoren führen. Der Sektor 'Baby Wood' liegt auf der rechten Seite.
Wenn man den Hauptweg nicht verlässt, dann erreicht man bald den Gipfel des Colodri.

Achtung!

Bitte beachtet, dass hier eigentlich kein Parkplatz für Kletterer ausgewiesen ist. Der Klettergarten liegt in einem raumordnungstechnisch sensiblen Gemeindegebiet. Dehalb rät die Gemeindeverwaltung, die auch zur Sanierung des Klettergebiets beigetrug, ab Arco zu Fuß zu gehen. Über die 'Via Crucis' (Kreuzweg) durch die Olivenhaine gelangt man in ca. 15 Min. direkt zur Kirche von St. Maria in Laghel. Von hier weiter wie oben beschrieben.
Der Zugang zum 'Muro del Asino' kann auch von Prabi aus erfolgen. Über den Klettersteig erreicht man den Gipfel des Colodri und steigt dann wenige Minuten bis zu einer Abzweigung ab. Jetzt nach rechts und wie oben beschrieben weiter zum Klettergarten.

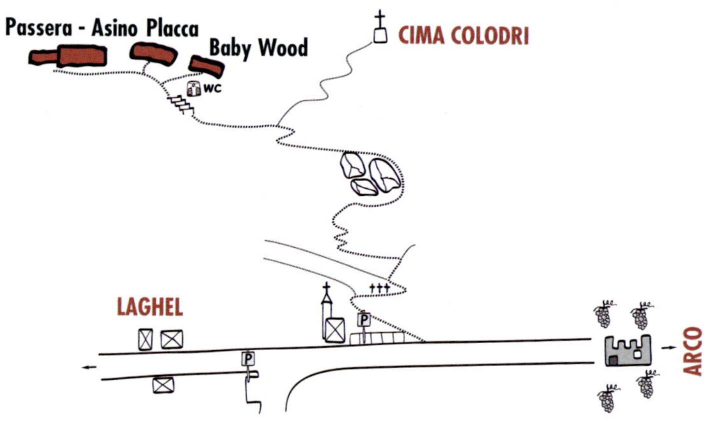

SEKTOR PASSERA

1 FACCIA DA PIRLA	6a	10m	Heikle Reibungsstellen
2 LA MACCHIA NERA	5a	10m	Kleiner Riss
3 AUSTRIACA PURO LATTE	5b	15m	Nicht zu unterschätzende Schuppe
4 QUESTIONE DI PELLING	4b	25m	Kamin, dann Piaztechnik
5 EL MATOK	6c	28m	Schöne, leicht überhängende Route mit Leisten und einem Längenzug
6 MEK	?	28m	Projekt. Zuerst heikle Platte, dann senkrechte schwarze Wand
7 BASTARDO DENTRO	?	28m	Projekt. Senkrechte Wand mit abschüssigen Leisten, kleines Dach im Mittelteil
8 COMPAGNI DI MERENDA	7b	28m	Zuerst senkrecht, dann technische Züge an kleinem Vorsprung
9 SECONDO EREDE	?	28m	Projekt. Tropflöcher, dann senkrechte Wand

SEKTOR ASINO SVIZZERO

10 PRIMA EREDE	6b	26m	Gelbe Verschneidung
11 L'ASINO CON IL ROLEX	7a	28m	Senkrechte technische Platte, Fingerkraft, schwierige Grifffolge im oberen Teil
12 WALTER LASA STAR I CIODI	6b+	25m	Ausdauer an Leisten
13 ALICE NEL PAESE DEI BALOCCHI	6a+	25m	Längenzug zu Beginn, Aufrichter im Mittelteil

MURO DELL'ASINO
SEKTOR ASINO SVIZZERO

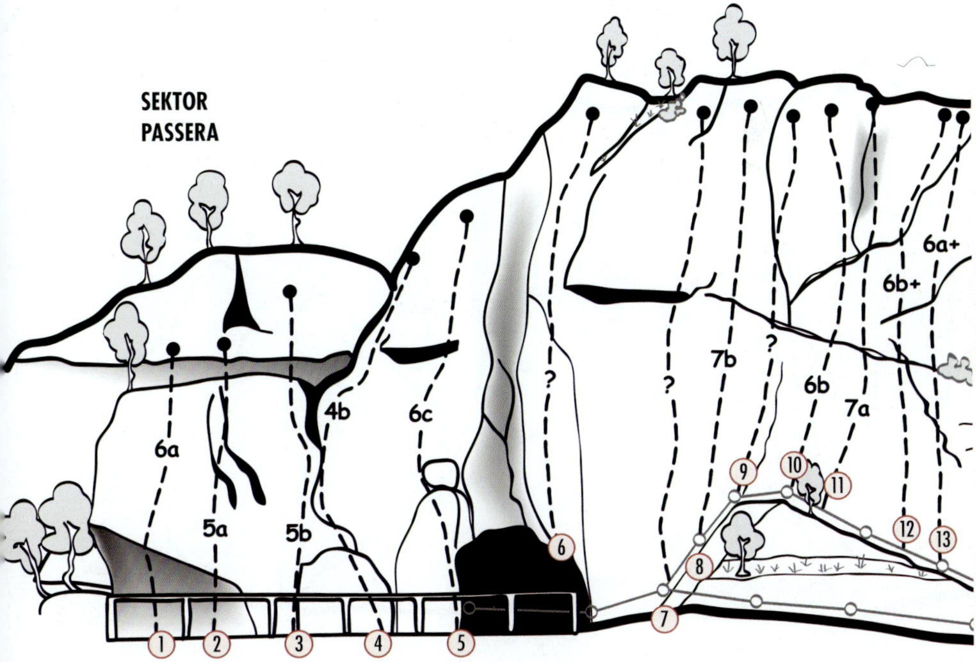

14 PAU&BA	6c	25m	Senkrechte technische Platte mit Fingerkraft, gerade hoch an künstlich geformten Griffen; im oberen Teil mindestens einen Grad schwieriger
15 VARDA CHE VISTA	6b	25m	Schwieriger Start, Aufrichter im Mittelteil
16 L'INFATICABILE UOMO...	5a	30m	Lange, großgriffige Route
17 COLLEZIONE DI FARFALLE	5c	26m	Beginn überhängend, dann Bauch und glatte Platte
18 IL MANIACO DEL BOSCO	5a	26m	Einstieg wie 'Prime Esperienze', Quergang nach rechts, dann guto Griffc
19 PRIME ESPERIENZE	5a	28m	Kletterei an guten Griffen
20 OMER	5b	26m	Einstieg wie 'Bart e Marge'. Boulderzug, dann bauchige Stelle im Ausstieg
21 BART	5a	26m	Boulderzug, bauchige Stelle im Ausstieg
22 MARGE	5c	26m	Leicht verschmutzte Route

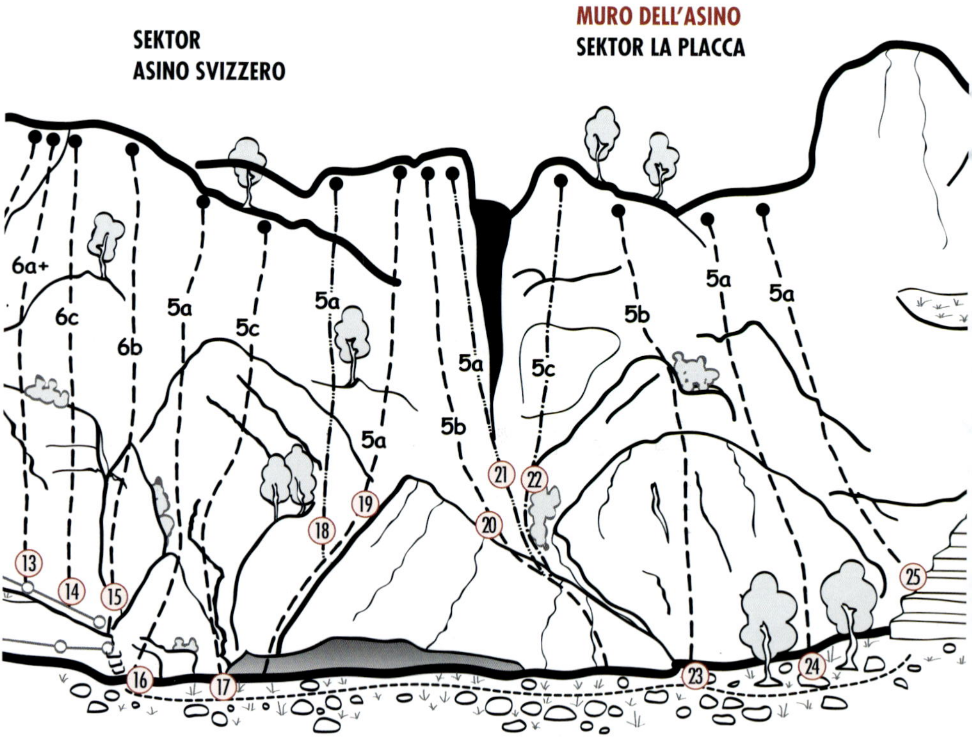

SEKTOR LA PLACCA

23 LA THERMOS DEI DESIDERI	5b	26m	Einstieg in leicht abgespecktem Überhang, dann links vom Busch über kleinen Bauch und Überhang
24 POLDO	5a	26m	Beginnt unterhalb der Stufen, dann um den Busch auf dem Band herum
25 SERVI DELLA GLEBA	5a	26m	Lange, einfache Route mit kurzem Abschlussriss
26 UBI 40	4c	26m	Geneigte Platte, dann schöner Abschlussriss
27 BERGAMICI	5b	26m	Großgriffige Route, heikle Stelle über dem Band
28 BOULDER CON LE FORMICHE	5a	26m	Gute Griffe und Ausstieg über kleinen Überhang
28 TESTO FINITO	5c	26m	Platte mit Löchern, Reibungskletterei im Mittelteil, Ausstieg leicht überhängend
30 CALCIO D'ANGOLO	5b	26m	Schöne kurze Verschneidung, am Beginn Reibungsplatte
31 CORSO 97	5a	10m	Längenzug mit Untergriff im Mittelteil
32 LO SPAZZACAMINO	4c	15m	Startet links, quert dann über Block nach rechts
33 11 DICEMBRE	6a	15m	Große Griffe in leichtem Überhang
34 GIOVANNA	5c	12m	Große Griffe

MURO DELL'ASINO
SEKTOR LA PLACCA

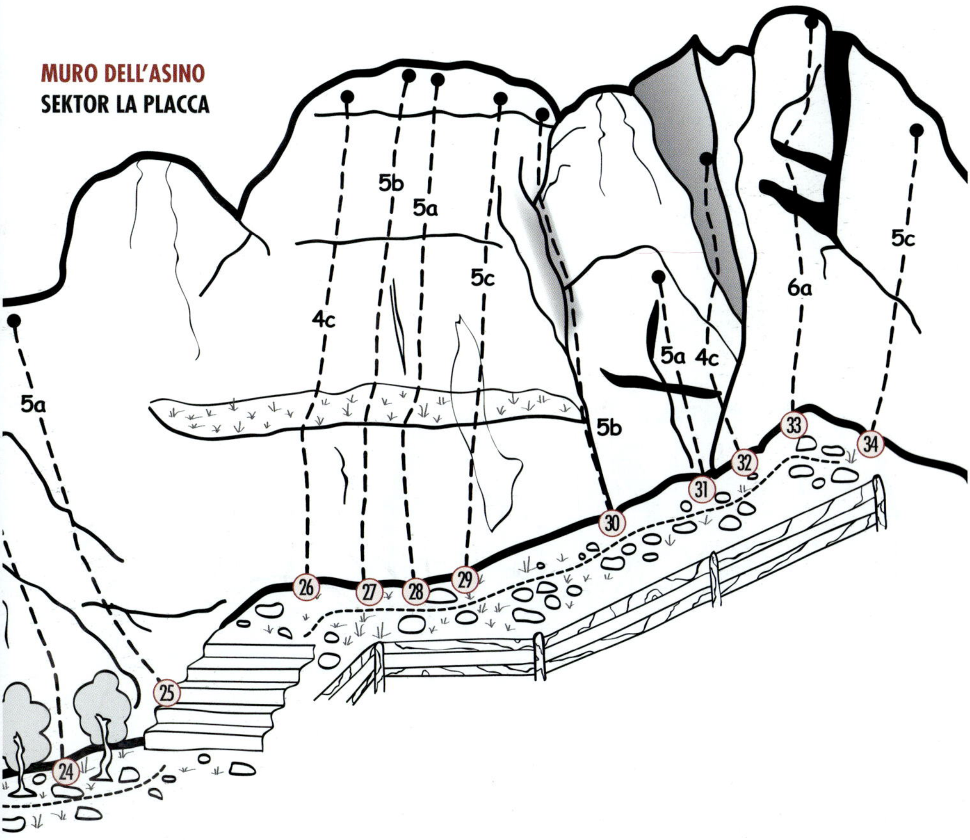

SEKTOR BABYWOOD

35 CILIEGIO	3c	8m	Kletterei an gut strukturiertem Fels
36 LECCIO	3c	8m	Kletterei an gut strukturiertem Fels
37 CARPINO	3a	8m	Kletterei an gut strukturiertem Fels
38 MAGGIO CIONDOLO	3a	8m	Kletterei an gut strukturiertem Fels
39 GINEPRO	4a	10m	Kletterei an gut strukturiertem Fels
40 FRASSINO	4a	10m	Kletterei an gut strukturiertem Fels
41 CIPRESSO	3a	10m	Kletterei an gut strukturiertem Fels
42 OLIVO	2c	10m	Kletterei an gut strukturiertem Fels
43 CORBEZZOLO	2c	10m	Kletterei an gut strukturiertem Fels
44 NOCE	2c	9m	Kletterei an gut strukturiertem Fels
45 FAGGIO	2c	9m	Kletterei an gut strukturiertem Fels

MURO DELL'ASINO
SEKTOR BABY WOOD

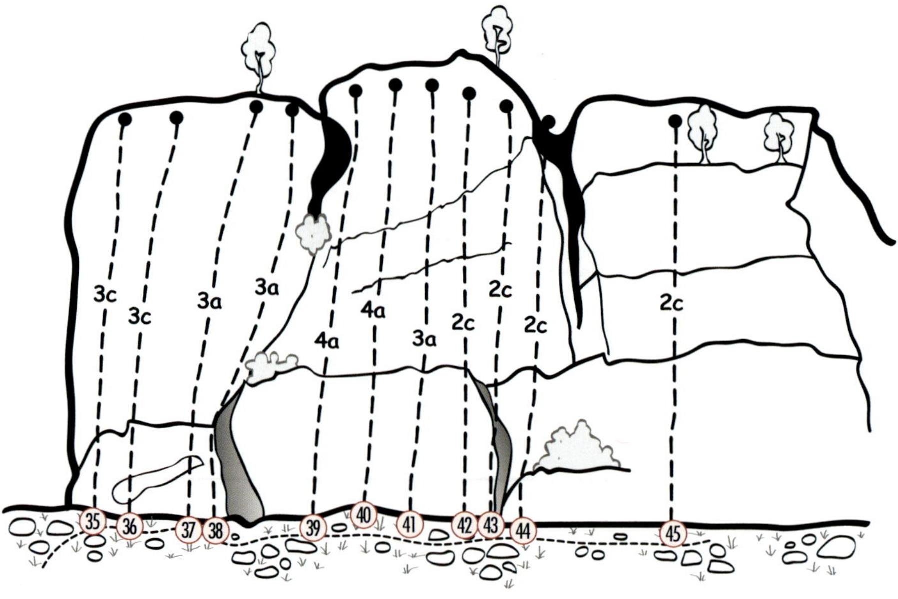

...dal 1956 alla ricerca
del buon gusto antico
ristorante
Alla Lega
via Vergolano, 8 • Arco (Tn) • Tel. 0464516205 Fax 0464510896
Chiuso il mercoledì

16 RED POINT WALL

Der Besucherandrang in diesem Gebiet hält sich in Grenzen. Vielleicht ist die geringe Anzahl an einfachen Routen und Aufwärmrouten ein Grund hierfür. Aber mittlerweile wurden neue Sektoren erschlossen und deshalb ist ein Besuch des Klettergartens doch lohnenswert. Das Gebiet besteht aus drei Sektoren. Im ersten, dem Mittelteil, sind neben senkrechten Ausdauerrouten an Leisten auch solche zu finden, in denen trotz der hohen Schwierigkeiten immer wieder gute Rastpositionen zu finden sind. Die Hakenabstände sind besonders im oberen Wandabschnitt ziemlich weit. Aber auch in den ersten Metern würde man sich teilweise mehr Bohrhaken wünschen. Leider ist in einigen Routen der Fels etwas brüchig.

Der obere Sektor wurde erst vor kurzem erschlossen und bietet noch nicht sehr viel. Der untere Sektor ist eine sehr beeindruckende Wand, deren oberer Bereich mit einem Überhang endet. Hier könnte es hinsichtlich Routen mit hohen Schwierigkeitsgraden eine interessante Entwicklung geben.

Erschließer: D. Mabboni.

ZUFAHRT/ZUGANG

Von Arco 4,5 km in Richtung Laghel, dann 10 Min. Fußweg

Von der Sarcabrücke in Richtung Riva del Garda und noch in Arco rechts ab in Richtung Laghel/ Castello di Arco. Am Botanischen Garten und an den alten Stadtmauern von Arco vorbei und weiter hoch, bis zum Ende der Steigung und der kleinen Kirche von St. Maria. An der Kirche vorbei und auf der asphaltierten Straßw ca. 2 km weiter (Hinweisschilder Campo G.E.I. 'Giovani Escursionisti Italiani'), bis rechts ist ein kleiner Parkplatz zu sehen ist. Gleich nach dem Campo G.E.I beginnt rechts eine Schotterstraße in Richtung Monte Colt (rot-weiße Markierung) und Ceniga. Auf dieser entlang bis zu einer eindeutigen Kreuzung. Hier links weiter, vorbei an eingezäunten Privatgrundstücken, bis man nach einigen hundert Metern in Falllinie der gut sichtbaren Felsen gelangt (mittlerer Sektor). Nun auf Pfadspuren in wenigen Minuten zum Klettergarten.

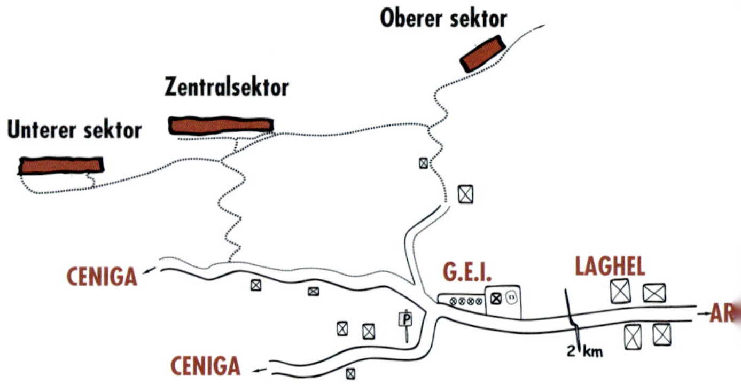

ZENTRALSEKTOR

1 DIDIEDRO O DAVANDI? DIEDRO DIEDRO!	6b	25m	Einstieg brüchig, aber schöne Gleichgewichts passage kurz vor dem Ausstieg
2 IL RIPOSO DEL GUERRIERO	?	32m	Projekt
3 NON FATEMI GIRARE I COGLIURGIONES	6c+	32m	Einzelstelle mit Fingerkaft, dann aber reine Genusskletterei
4 LA DANZA DE LA PANZA	7a	32m	Im Mittelteil Seitgriffe in grauem Fels, schwierige Stelle über kleines Dach
5 LA DONNA DI CERA	7b	35m	Ausdauer nach grauem Sinter in leichtem Überhang
6 RED POINT TRIP	7c	35m	Kraftausdauer an kleinen Leisten
7 CAMILLO PENSO MA NON SONO SICURO...	7b	30m	
8 L'ULTIMO DEI SUINI	7c	30m	
9 PICCOLA PESTE	7b+	31m	Runde Leisten und kleine Griffe
10 SIGNORINA SWAROWSKI TUTTA ROTTA	7c	32m	
11 SPIRITO NERO	7c	28m	Im oberen Wandteil überhängender schwarzer Fels
12 IL COCCODRILLO DALLE MANI DI VELLUTO	7a	29m	Eleganter Ausstieg aus schräger Verschneidung, schwierige kurze Abschlusswand
13 PIPPI-STRELLO DORMIGLIONE	7b	29m	Einstiegspassage an Auflegern, schwerer Mittelteil
14 FELIX CON GLI STIVALI	7a	30m	Wunderschöne Ausdauerroute mit harten, kleingriffigen Einzelstellen
15 BANDUS RIALZO	7c	32m	Schwierige Stelle in senkrechter Platte, dann rechts über ein kleines Dach
16 IO, TU ED EPIFANIO	7b+	31m	Ausdauer an Leisten und Auflegern
17 GINO PILOTINO	7a	30m	Intensiver Mittelteil in grauem Fels
18 CIAO BELLA BAMBINA... PUZZI DI COZZA	7b	30m	Superschön bis zur Schwierigkeit bestimmenden Schlüsselstelle, dann kurz brüchiger Fels, schöner Ausstieg
19 LA BISTECCA DALLE ORECCHIE DA MERCANTE	7a	30m	Fingerkraft an kleinsten Konkretionen, dann einfache Schlussverschneidung
20 L'UOMO TARDO E IL CICCIA BOMBA PUZZONE	6b+	23m	Zuerst ein Dach mit schwieriger Einfingereinzelstelle, dann ein zweites mit anstrengenden athletischen Zügen

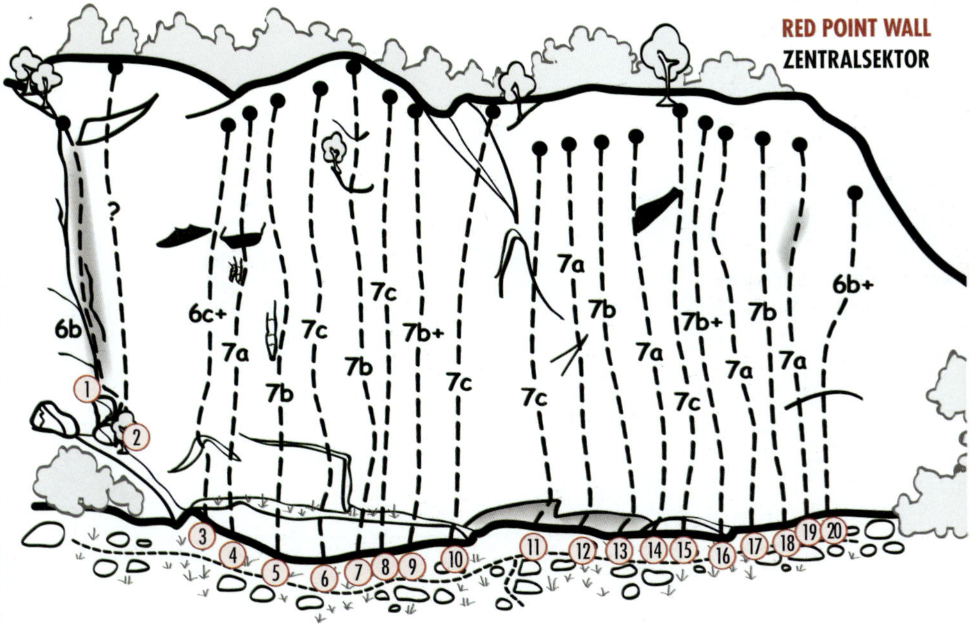

UNTERER SEKTOR

21 CEOMETRITE ARTICOLARE		6a/A0	35m	Reibungsplatte. Die 2. Seillänge ist einfach schlecht.
22 POMPA E TROMBILLA		4c	26m	Platte
23 REGOLON		5c+	18m	Gleichgewichtspassage zu Beginn, dann große Griffe
24 SQUILIBRATION		6b+	23m	Herrliche Kletterei an der Kante mit sehr scharfkantigem Fels
25 OHNE NAMEN		7c+	23m	Sehr schwierige Kletterei an kleinen Leisten, von einer Sintersäule unterbrochen
26 OHNE NAMEN		7b	24m	Herrliche Linie
27 OHNE NAMEN		7a+	27m	Über den grauen Überhang
28 OHNE NAMEN		7a	29m	Vor dem Überhang Rastposition am Vorbau
29 OHNE NAMEN		6c	32m	Athletische Züge, dann gelber Überhang, schön und flüssig zu klettern
30 OHNE NAMEN		6c+	35m	Bis zum ersten Stand 6b, dann schwieriger bis zum zweiten Stand
31 OHNE NAMEN		?	30m	Führt über kleine Verschneidung in graue Platte
32 OHNE NAMEN		?	30m	Nach rundem Sinter im schwarzen Wasserstreifen weiter
33 TAMAGOGI	SL1	7c	30m	Schöne überhängende Wandkletterei in roter Wand
	SL2		18m	Projekt
34 OHNE NAMEN		5b	22m	Risse und Verschneidungen bis zur Schlusswand
35 FAUSTOLO		5b	26m	Aufrichter und schöne Tropflöcher in Schlusswand
36 OHNE NAMEN		5b	26m	Einfache Rampe, dann gut strukturierte Wand
37 EDOLO		5c	26m	Einstieg wie 36, teilt sich in der Platte

RED POINT WALL
UNTERER SEKTOR

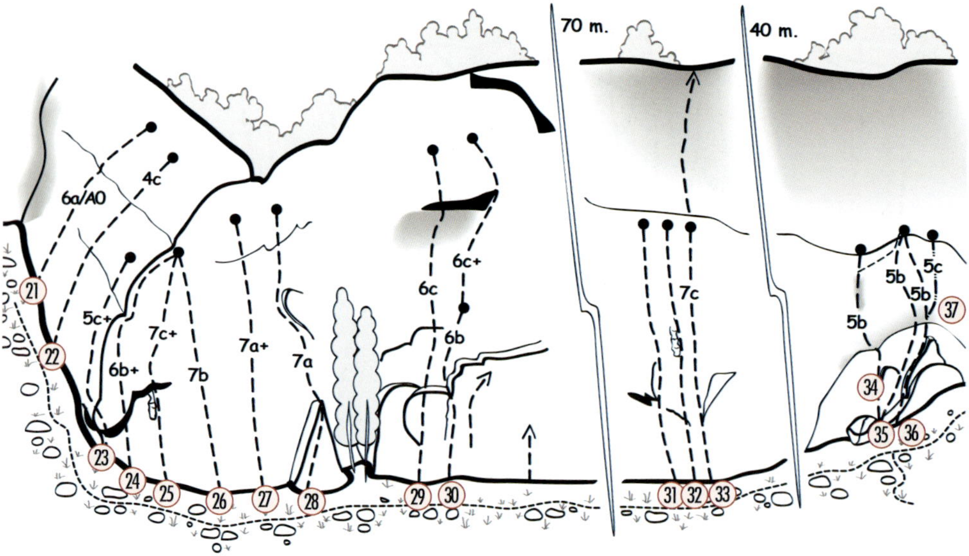

OBERER SEKTOR

38 OHNE NAMEN	6c	25m	Einfacher Start, dann Boulder an künstlichen, geklebten Griffen
39 OHNE NAMEN	6b+	25m	Schwere Stelle an Sikagriffen
40 OHNE NAMEN	5c+	28m	Einzelstelle im Mittelteil, dann schöne geneigte Platte. Bis zum ersten Stand 4b
41 OHNE NAMEN	6a	25m	Einfacher Vorbau, dann Einzelstelle. Bis zum ersten Stand 5b
42 OHNE NAMEN	5b	26m	Keine gute Felsqualität
43 OHNE NAMEN	6a	12m	Einfacher Vorbau, dann kleines Dach und Einzelstelle unterhalb des Umlenkers
44 OHNE NAMEN	6b+	14m	Schwierige Grifffolge in überhängender Wand

RED POINT WALL
OBERER SEKTOR

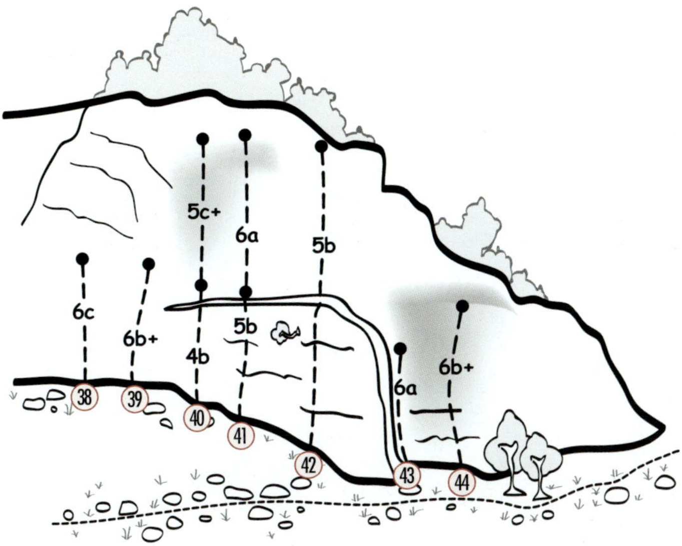

17

MONTE COLT

350

E

OK!

Der Monte Colt ist vor allem wegen seiner Mehrseillängenrouten bekannt (siehe auch den Kletterführer 'Pareti del Sarca' (Diego Filippi, Versantesud)). Der Leidenschaft und dem Einsatz von Giuseppe Mantovani, der den Wert dieser Wand erkannt hatte, ist es zu verdanken, dass dieses Gebiet zu einem der meist besuchten im Raum Arco wurde. Bevor Giuseppe mit den Mehrseillängenrouten begann, erschloss er einen Sektor mit interessanten Baseclimbs mit Schwierigkeiten von 6a bis 6c. Die Bohrhakenplättchen sind Marke Eigenbau..

Erschließer: G. Mantovani.

ZUFAHRT/ZUGANG

Von Arco 5,5 km in Richtung Laghel, dann 20 Min. Fußweg

Von der Sarcabrücke in Richtung Riva del Garda und noch in Arco rechts ab in Richtung Laghel/ Castello di Arco. Am Botanischen Garten und an den alten Stadtmauern von Arco vorbei und weiter hoch, bis zum Ende der Steigung und der kleinen Kirche von St. Maria. An der Kirche vorbei, auf der asphaltierten Straße ca. 2 km weiter (Hinweisschilder Campo G.E.I.) und dann rechts auf einen kleinen Parkplatz. Nun zu Fuß weiter auf eine Schotterstraße (gleich nach dem Campo G.E.I rechts, rot-weiß markiert) in Richtung Monte Colt und Ceniga. Bei einer eindeutigen Kreuzung rechts weiter, an einem alten Gebäude vorbei, bis die Straße zu einem breiten Wanderweg wird. Auf diesem immer weiter hoch, bis man zum ersten Strommasten gelangt. An diesem vorbei, der Weg wird nun flacher. Im Wald NICHT den rechten Weg einschlagen, sondern immer geradeaus bis zum zweiten Strommasten. Von hier führen nach 30 m ein Stahlseil und Stufen zur gegenüberliegenden Seite. Auf dem Pfad ohne abzuzweigen immer an der Felswand entlang, bis man nach 3 Minuten den Sektor mit den Einseillängenrouten erreicht.

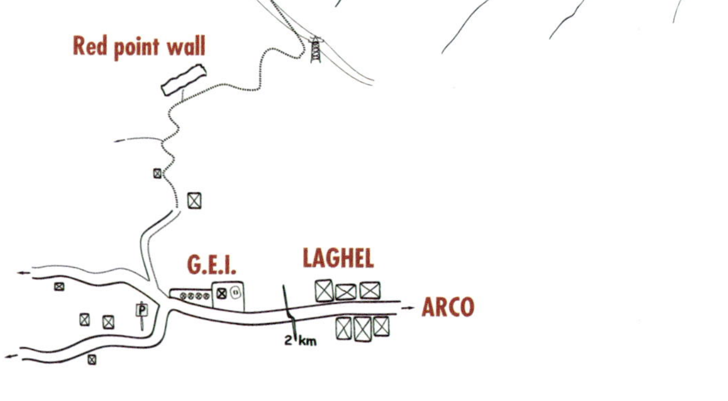

1 L'ARCA DI NOE'	SL1	6a	30m	Einfache Verschneidung, dann Platte mit Tropflöchern. Ersten Stand überklettern.
	SL2	7a	25m	Schwieriges Dach
2 8 MARZO		6b+	22m	Einzelstelle im Dach
3 FURIA II		6b	14m	Kurze Route mit Tropflöchern und Leisten im Ausstieg
4 ACRAMENTA		6b	24m	Ausdauerroute mit großen Griffen im zweiten Teil
5 FIX		7a+	24m	Einzelstelle bei Ausstieg aus dem Dach, dann Ausdauer in Platte
6 PAPILLON		6b+	22m	Schöne Bewegungen, Ausdauerroute
7 ADDIO ERMANNO		6a+	22m	Abwechslungsreiche Ausdauerroute, nicht leicht ersichtlicher Ausstieg aus der Verschneidung mit einigen großen geschlagenen Griffen
8 IL PENSATORE	SL1	6c	22m	
	SL2	6b		
9 FLUIDO ROSA		6a+	16m	Ausdauer an scharfen Griffen, einige davon geschlagen bzw. mit Sika bearbeitet
10 PENTAGRAMMA	SL1	6b+	20m	Heikle Stelle im Quergang und anstrengender Dachausstieg
	SL2	6b	20m	Route verläuft leicht im Zickzack, ist aber interessant
11 NOTTE DI FIABA		6c	12m	Roter Fels mit Seitgriffen und Auflegern
12 MENISCOMANIA		6c+	14m	Einzelstelle mit Untergriffen, Ausstieg an scharfen kleinen Griffen
13 ARCHETIPI		6b/c	25m	Ausgesetzte Ausdauerroute mit Überhang, einige geschlagene Griffe
14 MICHELE NO FURTING		6a+	25m	Ausgesetzte Route mit guten Griffen in großen Tropflöchern, leider einige geschlagene Griffe
15 ORO NERO		6a+	18m	Senkrechte Wandkletterei mit einigen geschlagenen Griffe
16 JOE SALINAS		6b	32m	Sehr schöne Route, Blockierer im ersten Teil, dann großgriffig

MONTE COLT

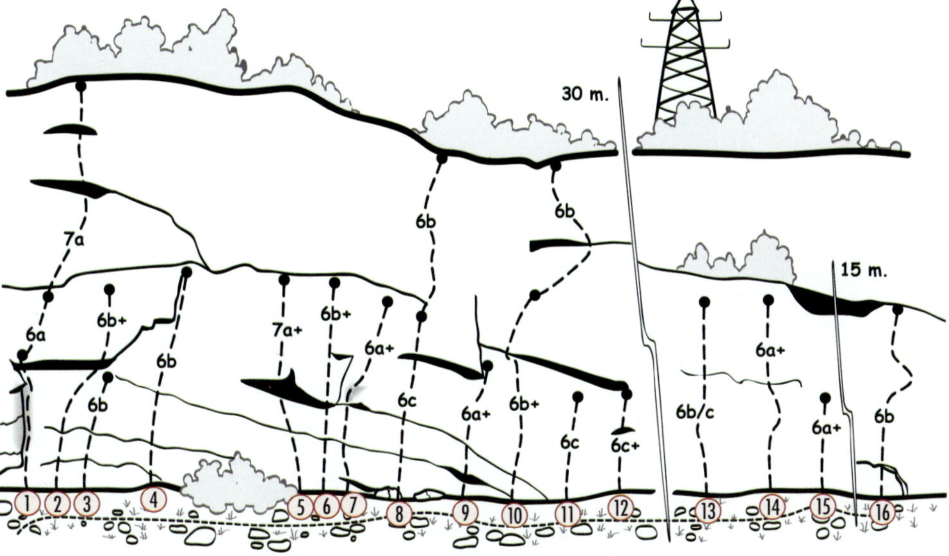

18

SPORT ROCCIA '86

Der Klettergarten hat für das Sportklettern fast historische Bedeutung, denn hier, am Fuß des Colodri, wurden die Routen für die 2. Sport Roccia Kletterwettbewerbe eingerichtet. Diese Contests fanden abwechselnd in Arco und Bardonecchia statt. Leider ist die Absicherung sehr schlecht und zudem nagt auch der Zahn der Zeit daran. Insbesondere einige Routen im linken Bereich sind aber interessant und technisch ziemlich anspruchsvoll.

Erschließer: A. Seneci, P. und M. Preti und andere.

ZUFAHRT/ZUGANG

Von Arco 1 km mit dem Auto, dann 10 min. Fußweg.

Von der Sarcabrücke in Richtung Prabi/ Camping Arco/ Schwimmbad. Linkerhand passiert man die Wände der 'Rupe Seca' und parkt dann am Freibad bzw. Camping Arco. Nun zurück auf die Hauptstraße und rechts (Richtung Camping Zoo). Vom Parkplatz über die Straße und auf den anfangs geschotterten Weg (Wegweiser 'Percorso Vita'/Falesia Muro dell'asino'). Auf einem breiten Weg weiter bis zum Beginn des Klettersteigs zum Monte Colodri. Jetzt auf den nach rechts und abwärts führenden Pfad und ca. 200m am Wandfuß entlang weiter. Auf der linken Seite, bei einer großen grauen Verschneidung, ist der Klettergarten.

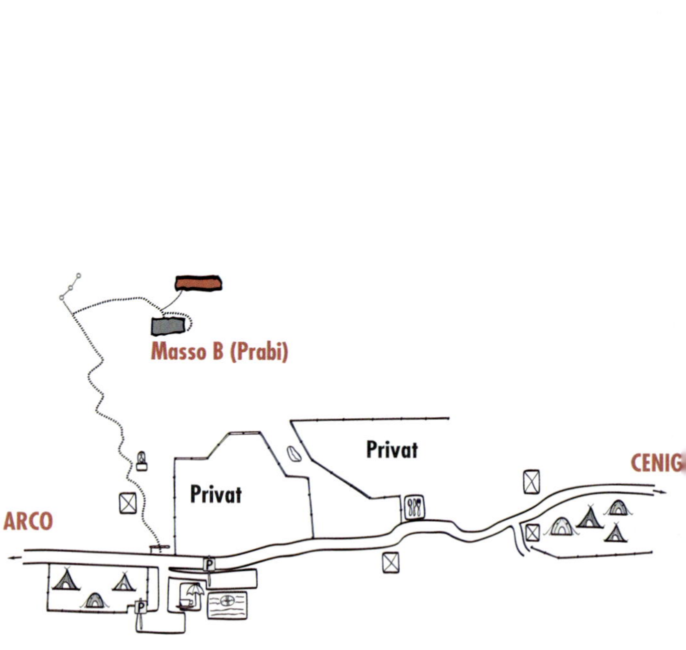

1 CAMUFLAGE		6c	15m	Technisch anspruchsvolle, schwierige senkrechte Wand
2 CUPIDO		6b	18m	Schöne Ausdauerkletterei an Leisten und Seitgriffen
3 DAPHNE		7b	18m	Ausdauerkletterei, technisch anspruchsvoll, Fußtechnik
4 PALLINE		7b	15m	Logischer Weg entlang der schwarzgelben Linie, oft nass
5 CACTUS		6c	15m	Ausdauer mit Boulderpassage im Überhang
6 NO MONEY		6c+	22m	Verschneidung, etwas dreckig
7 ANDROMEDA		6b+	20m	Ausdauer am überhängenden kleinen Pfeiler
8 DONT'WORRY		6b+	20m	
9 ORCHIDEA		6c+	22m	Ausdauer mit Kraftpassage
10 SAYONARA CLUB		6c+	18m	Kleiner, senkrechter weißer Pfeiler. In den ersten Haken fehlen die Plättchen
11 IL DOLCE FAR NIENTE		7a	20m	Rote Wand mit Leisten
12 BLAK CRACK	SL1	7a	20m	Rote, senkrechte Wand mit kleinen Leisten
	SL2	6c+	20m	
13 FINALE MASCHILE		7c	15m	Schwerer Blockierzug oder Dynamo
14 FINALISSIMA		7b	20m	Ausdauer an runden, glänzenden Griffen
15 FINALE FEMMINILE		7a	25m	Schwieriger Ausstieg mit Einzelstelle an runden Griffen

SPORT ROCCIA '86

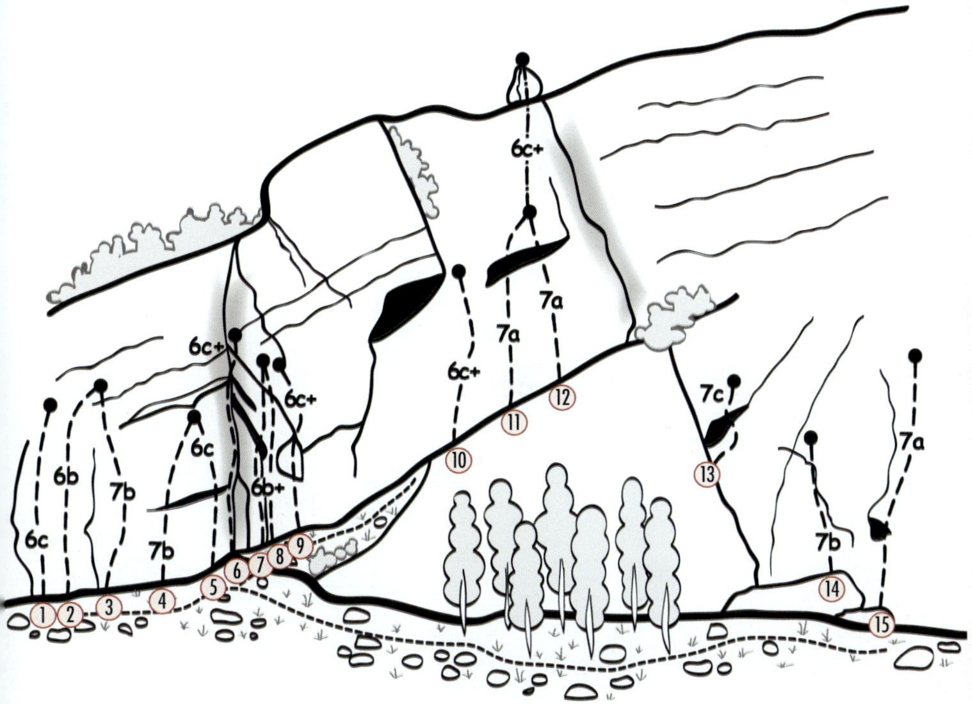

19

MASSI DI PRABI

Zwei große Felsblöcke liegen am Wandfuß des Colodri. An den nordwestlich ausgerichteten Seiten dieser Blöcke wurden schon vor mehreren Jahren ca. 20 meist leichte Routen eingebohrt. Der näher an der Straße liegende Felsblock ist seit kurzem nicht mehr zugänglich, denn er liegt auf Privatgelände.

In diesem kompakten Kalkfels kann man Kindern und Einsteigern bei den ersten Schritten bzw. Zügen in natürlichem Fels leicht zusehen und das ganze Jahr über finden hier immer wieder Kletterkurse statt.

Sehr einfach klettert man von der Rückseite auf den oberen Block und kann dann Seile für das Topropen installieren.

Erchließer: Diego Depretto u. andere

ZUFAHRT/ZUGANG

Von Arco 1km mit dem Auto, dann 5-10 Min. zu Fuß.

Von Arco in Richtung Prabi/ Camping Arco/ Schwimmbad. Am Rockmaster (rechts) und den Wänden der Rupe Seca (links) vorbei und nach ca. 1 km am Campingplatz/Schwimmbad parken. Über die Straße und auf einem anfangs geschotterten Weg (Wegweiser 'Percorso Vita' und 'Falesia Muro dell'asino') bis zum Beginn des Klettersteigs zum Monte Colodri. Jetzt auf einem Pfad ca. 200m rechts abwärts, bis man oberhalb der Blöcke (die rechts vom Weg liegen) angelangt ist. Dieser Zustieg ist zwar etwas länger, ist aber der einzige, der nicht über Privatgelände führt.

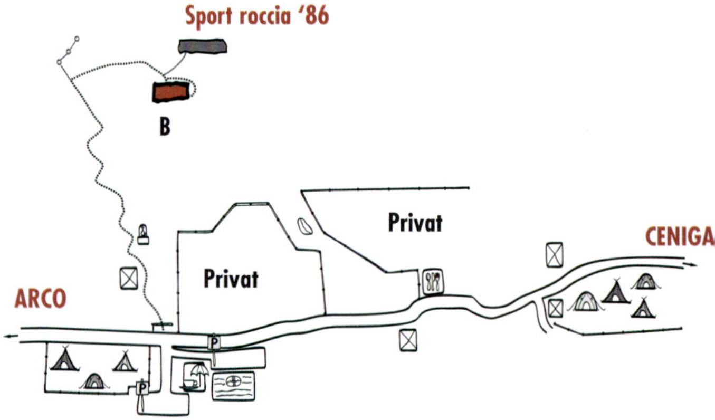

BLOCK B

1 DONALDO	5a	8m	Leicht mit guten Griffen
2 TIENILA	5c	10m	Kleine, aber gute Griffe
3 E PUR SI MUOVE	6a	10m	Gleichgewichtspassage in Platte. Ohne Umlenker
4 ANNA E....	6a	10m	Gute positive Leisten, eine Stelle mit Auflegern
5 SOLTANTO UN GIOCO	6a+	10m	Im oberen Drittel Stelle mit Auflegern
6 O SOLE MIO	6a+	10m	Ausdauer an guten Griffen
7 OHNE NAMEN		10m	Fingerkraft in überhängender grauer Wand
8 CICIUZ	6a	10m	Beginn mit Boulderzug an Untergriff, dann einfach
9 BETAZZA	6a+	10m	Heikler Einstieg, dann geneigte Platte
10 MANI PULITE	6b+	10m	Kleiner Boulder an künstlichem Zweifingerloch, dann einfach
11 PERICOLOSO SPORGERTI	6a/b	12m	Startboulder an Dach
12 OHNE NAMEN	?	10m	Extreme Fingerkraft in überhängender grauer Wand
13 POVERO ILLUSO	7c	10m	Kleine Verschneidung mit Seitgriffen und Auflegern

MASSI DI PRABI
BLOCK B

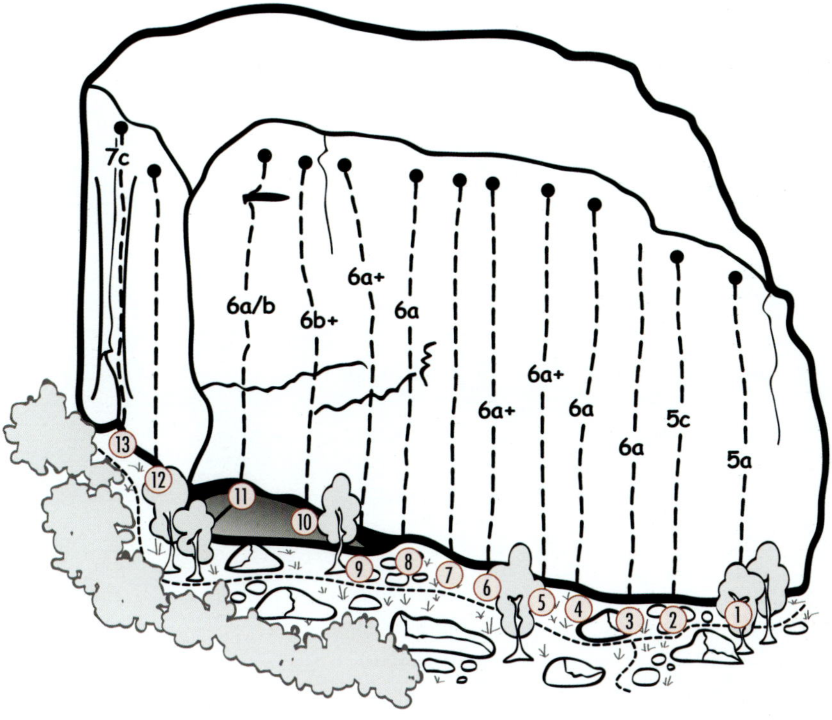

www.versantesud.it

ITALIANO

DEUTSCH

HOHE WÄNDE IM SARCATAL

Klassische und moderne Routen

Diego Filippi

VERSANTE SUD

20

SAN PAOLO

San Paolo ist wie das Klettergebiet 'Swing Area' in den achtziger Jahren entstanden. An diesen kompakten Kalkfelsen haben Klettergrößen wie Luisa Iovane und Heinz Mariacher, Roberto Bassi und Maurizio Zanolla (Manolo) Klettergeschichte geschrieben. Die über dreißig Routen bieten für alle Geschmacksrichtungen etwas: kleinste Griffe, Tropflöcher, senkrechte Platten oder Überhänge. Es ist allemal lohnend, sich an Routen wie 'Bip-Bip' und 'GrillGrill', ganz rechts am Pilastro delle Vergini, die Zähne auszubeißen. Diese Routen wurden von Paolo Calzà saniert.

Das Klettergebiet San Paolo wird unterteilt in die Sektoren Pilastro Claudia (2 Seillängen 6c), Promontorio di Kroz (25 Seillängen von 4c bis 8a) und Pilastro delle Vergini (10 Seillängen von 6c bis 7c+, alle saniert).

Bitte etwas Vorsicht: in einigen Routen sind noch die alten Absicherungen vorhanden.

Erschließer: R. Bassi, P. Calzà, D. Depretto, R. Larcher, A. Leviti, M. Zanolla.

ZUFAHRT/ZUGANG

Von Arco 1 km im Auto, dann 1,3 km zu Fuß auf der Straße und weitere 5 Min. auf einem Pfad

Von der Sarcabrücke in Richtung Prabi, Camping Arco/ Schwimmbad und auf dem Parkplatz am Camping Arco bzw. Schwimmbad (1 km) parken. Zu Fuß nun auf der Straße (rechts) Richtung Camping Zoo und ca. 700 m weiter in Richtung Ristorante La Lanterna. Wo die graue Mauer auf der rechten Seite aufhört (200 m vor dem Restaurant), beginnt der Pfad zum Klettergebiet San Paolo. Nach 3 Minuten erreicht man die Route 'Obelix' am Promontorio Krotz. Von hier erreicht man nach links aufsteigend die Route 'Il Brigante Goria' im äußerst linken Teil des Promontorio Krotz. Steigt man hingegen nach rechts hoch, erreicht man den Pilastro delle Vergini, wo sich unter anderem die Routen 'Bipbip', 'Dracurella', 'Grill Grill' und 'Tartufon' befinden. Für Familien ist dieses Gebiet nicht sehr geeignet, da es ausschließlich im Wald liegt.

Parken: Direkt unterhalb von St. Paolo gibt es keine Parkplätze! Mit Glück findet man nach dem Ende der Mauer an der Straße einen Stellplatz. Wegen der Diebstähle und der Verkehrsbehinderungen wird aber davon abgeraten, hier zu parken.

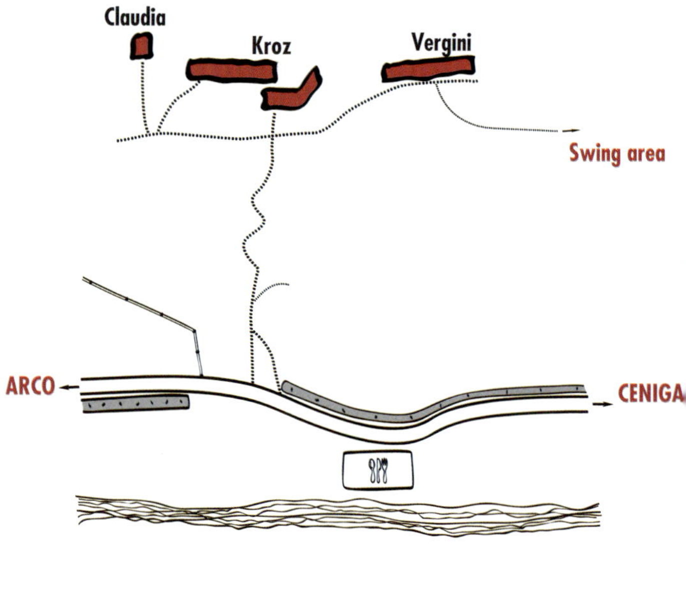

PILASTRO CLAUDIA

1 BREAK DANCE	6c	30m	
2 CALIMBA DE LUNA	6c	38m	Senkrechte Ausdauerkletterei an Tropflöchern

PROMONTORIO KROTZ

3 IL BRIGANTE GORIA	6b	20m	Fingerkraft
4 OHNE NAMEN	7a+	20m	Schmerzhafte Passage mit Tropflöchern
5 OHNE NAMEN	6c	15m	Schöne kleine, graue Wand. Grifffolge nicht einfach zu erkennen
6 CAVOLI TUOI	6a+	18m	Ausdauernde Wandkletterei, dann weiter an der rechten Kante der Platte
7 OHNE NAMEN	5c	18m	Kreuzt im Mittelteil 'Cavoli Tuoi'
8 OHNE NAMEN	5b	25m	Großgriffig, mit roten Normalhaken
9 IL PRIMO SPECCHIO	5c	15m	Leichte Platte, vor der Umlenkung Reibungspassage (alte Haken)
10 IL SECONDO SPECCHIO	6a/b	20m	Abwechslungsreich, Reibungstritte (alte Haken)

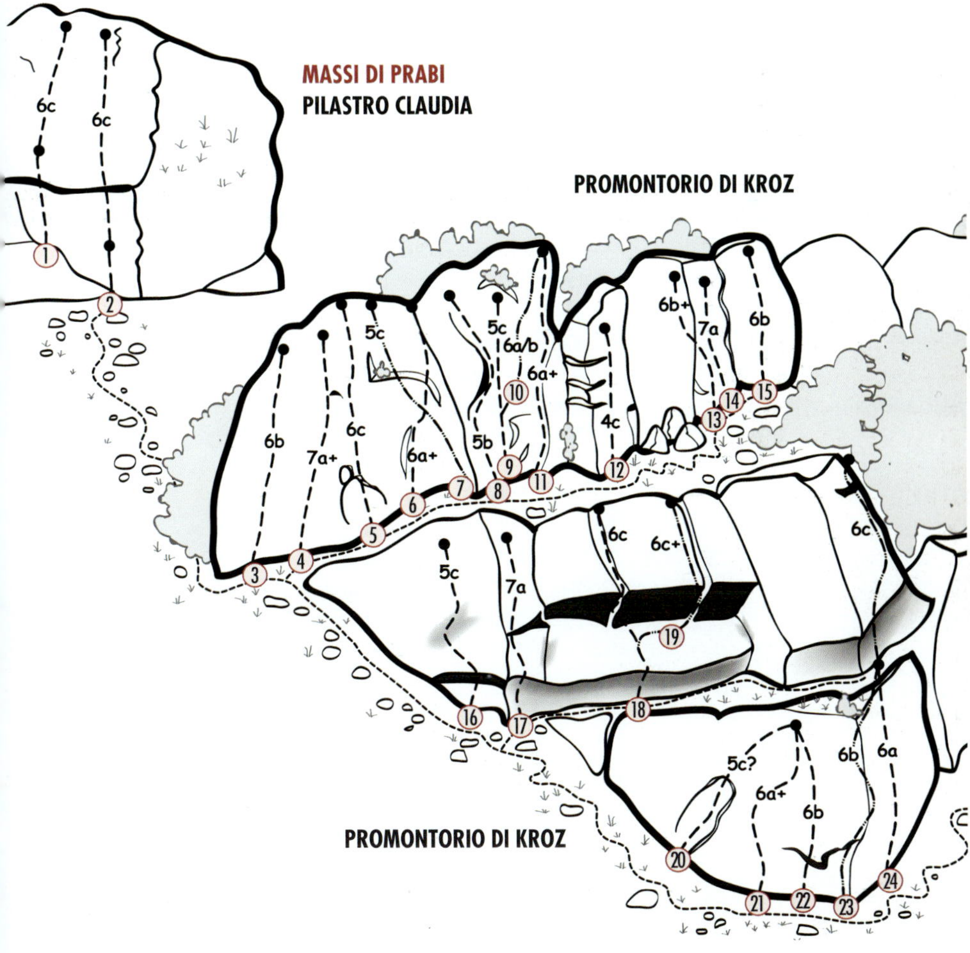

11 IL TERZO SPECCHIO		6a+	20m	Schöne Abfolge von Reibungstritten im rechten Wandteil (Schlingen und Bohrhaken)
12 BELLA MARISA		4c	10m	Leichte, geneigte Wandkletterei, breite Querrisse
13 GRANDI PRATERIE PER MANITÙ		6b+	23m	Schöne Züge am Pfeiler entlang
14 DOLCE MARINA		7a	22m	Tropflöcher
15 WHITE LINE		6b	10m	Platte
16 SENZA BALLE		5c	20m	Einstiegsüberhang, dann große Schuppen
17 CADUTA SASSI		7a	25m	Schwere Züge zu Beginn, dann Riss
18 PIONEER		6c	30m	Athletisches, mit Rissen durchzogenes Dach, Handklemmer
19 SUPER TILT		6c+	30m	Athletisches, mit Rissen durchzogenes Dach, Handklemmer
20 CON UN FISCHIO		5c?	12m	Längenzug an abschüssigen Leisten
21 LE TEMPS ONT CHANGES		6a+	12m	Schwieriger Zug im Mittelteil, gute Fußtechnik an Reibungstritten gefragt
22 OHNE NAMEN		6b	12m	Längenzüge an kleinen Griffen
23 OBELIX	SL1	6b	12m	Interessante Route, an der Pfeilerkante entlang
	SL2	6c	25m	Ausdauer an Seitgriffen, sehr schön
24 TENAX		6a	15m	Löcher und abschüssige Aufleger
25 LE PADELLE		6b	20m	Interessante und schöne, ausdauernde Plattenroute
26 ELEFANT BABY		8a	20m	Überhängender Pfeiler mit den ersten geschlagenen Griffen in Arco
27 TENEBRE		7a	38m	Abwechslungsreich, schwieriger erster Teil, lange Hakenabstände

PILASTRO DELLE VERGINI

28 HERPES		6c+	35m	Heikle Reibungskletterei
29 HERPES TROPICALE		7b	15m	Lange Züge an Leisten, Reibungskletterei
30 MONACÙ		7a	30m	Sehr harter Zug zu Beginn, dann Ausdauer
31 BIP-BIP	SL1	6c+	30m	Nicht zu unterschätzende, sehr technische Seillänge
	SL2	6a	20m	Weißer, mit Tropflöchern gespickter Fels
32 DRACURELLA	SL1	7a	25m	Harter Einstieg, Ausdauer zum Schluss
	SL2	7c+	20m	Ein Meisterwerk von Manolo, eine technisch extrem anspruchsvolle Platte, zwei schwierige Dynamos in sehr kleine Löcher
33 TARTUFON MERAVIGLIOS		7b	25m	Schwierige Plattenpassage im Mittelteil
34 GRILL-GRILL	SL1	6c	25m	Ausdauer, mehrere Passagen mit Seitgriffen
	SL2	7b	20m	Schwieriger Längenzug
35 L'OM SEC		6c	25m	Einzelstelle zu Beginn, dann Ausdauer
36 OSSA		6c	25m	Schwere Stelle im Mittelteil. Zum Schluss Riss.

SAN PAOLO

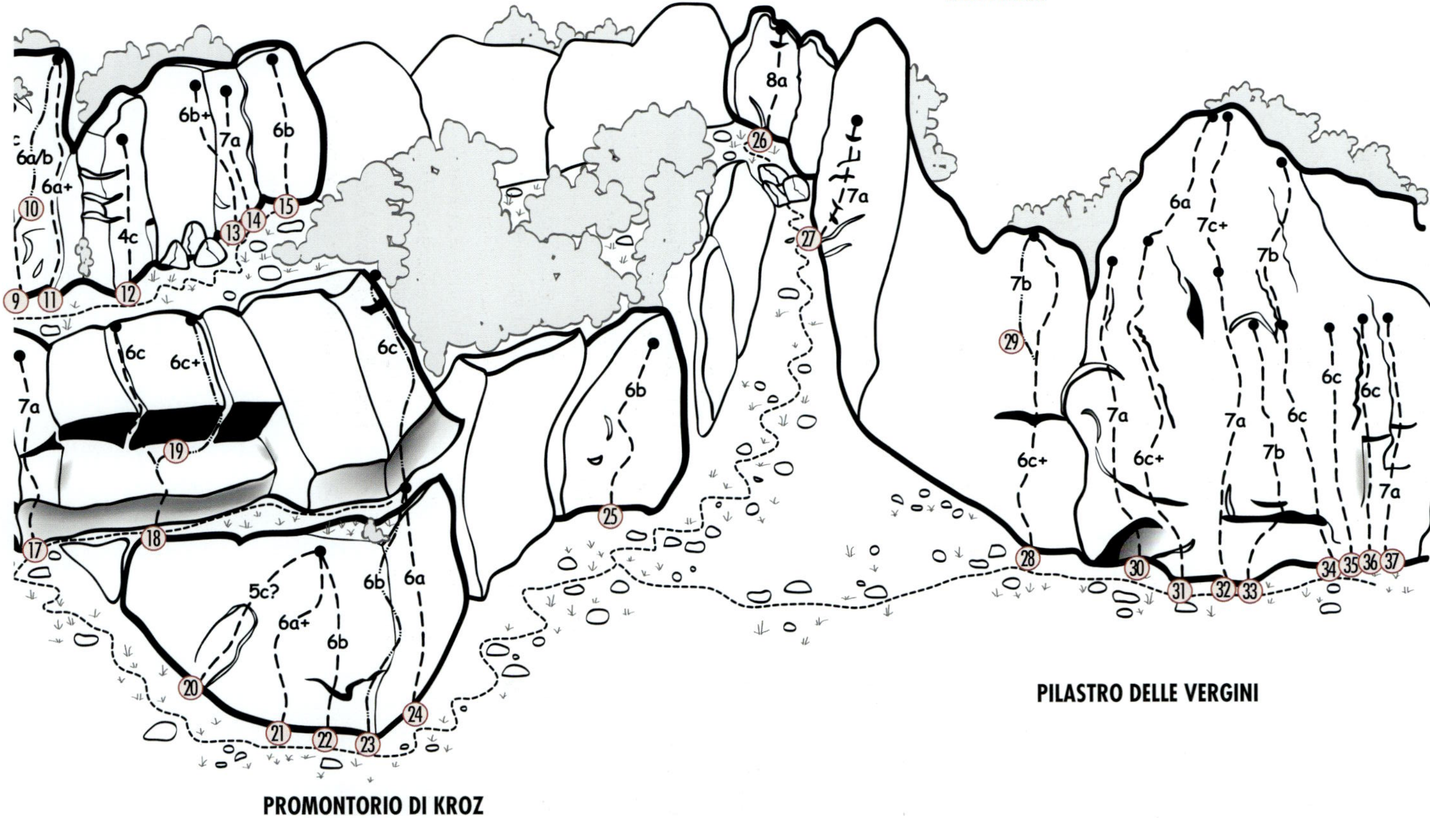

21

SWING AREA

ZUFAHRT/ZUGANG

Von Arco 1 km im Auto, dann 1,8 km zu Fuß auf der Straße weiter und in 5 Minuten auf Pfad zur Wand.

Von der Sarcabrücke in Richtung Prabi/ Camping Arco/ Schwimmbad und auf dem Parkplatz am Camping Arco bzw. Schwimmbad (1 km) parken. Zu Fuß nun auf der Straße rechts weiter, am Camping Zoo vorbei und bis zum Ristorante 'La Lanterna'. Ca. 150 m nach dem Restaurant über die graue Mauer (20 m nach dem Eisentor zur Obstplantage auf der rechten Seite) und auf einem Pfad durch den Wald in 5 Minuten bis zur Wand.
Für Familien ist dieses Gebiet nicht sehr geeignet, da es ausschließlich im Wald liegt.

Parken: Unterhalb von 'Swing Area' gibt es keinen Parkplatz! Die wenigen Parkplätze an der Schleuse (leicht erkennbar an den Bögen) liegen natürlich näher als die Plätze am Camping Arco. Aber die Diebstahlgefahr ist viel höher! Von hier nun wieder ca. 300 m auf der Straß zurück, und ca. 20 m vor dem (auf der anderen Straßenseite liegenden Eisentor) auf einem Pfad zur Wand (s.o).

Es ist beinahe unglaublich, dass in dieser kompakten, senkrechten grauen Wand Sportklettern möglich ist. Auch wer als technisch versierter Kletterer gilt, wird in diesen Routen mit den hohen Schwierigkeitsgraden alles geben müssen. Hier wurde in den achtziger Jahren Klettergeschichte geschrieben, denn es war damals unüblich, in Überhängen zu klettern. Heinz Mariacher e Roberto Bassi eröffneten hier die ersten Routen in den Graden 7b bis 8a. Der Name des Gebietes sagt alles: die weiten Stürze, ja fast Flüge (swings) waren normal. Die Absicherung mit Bohrhaken ist gut, aber die Hakenabstände sind eher groß. Im Sektor Sirac en Rut gibt es einfachere Routen in gutem Kalkgestein.
Mindestseillänge: 70m.

Erschließer: R. Bassi, H. Mariacher, und andere.

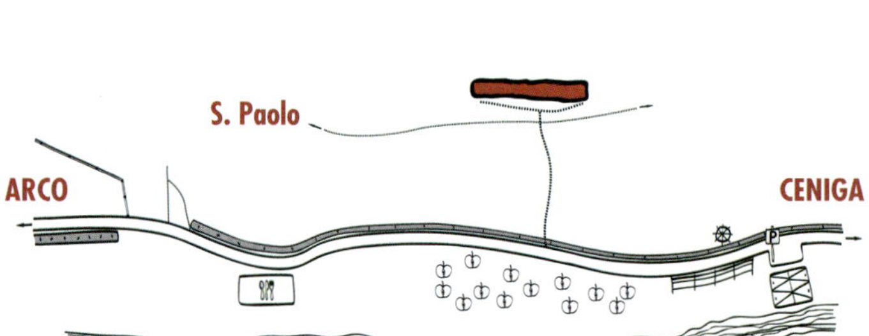

1 PIPISTRELLO		7b	20m	Schwieriges, technisches Dach
2 INDIANA JONES	SL1	7c	25m	Fußtechnik, schwer erkennbare Passagen
	SL2	7c	25m	Fußtechnik und Fingerboulder, schwierig
3 SUPER SWING		7b+	25m	Weiße Reibungsplatte mit technisch sehr anspruchsvollen Passagen
4 LA GNOGNA		7b+	26m	Technische, kompakte Wandkletterei
5 NISIDA		7c	26m	Reibung und extreme Technik
6 BALLE BOLLENTI		7c	25m	Fußtechnik und Fingerkraft
7 LA PISTA		8a	30m	Extrem technisch, Kraftausdauer
8 LA GITA		7b	35m	Senkrechte Wand
9 PORCA VACCA		7c+	30m	Technische Ausdauerkletterei an Schuppen mit Seitgriffen
10 ARMANDO DIAZ		7a	25m	Ausdauerkletterei an scharfen Zacken

SEKTOR SIRAC EN RUT

11 GREPPO GREPPO	SL1	6a	20m	Schöne Kletterei, Fußtechnik
	SL2	5a	20m	Rissverschneidung
12 OHNE NAMEN			30m	
13 KARL DALLE	SL1	6b+	20m	Technisch an runden Löchern
	SL2	6b	20m	Technisch anspruchsvoll, scharfe Zacken
14 OHNE NAMEN		6c	20m	Schön, Fußtechnik gefragt
15 OHNE NAMEN		6c		
16 SIRAC EN RUT	SL1	6b+	20m	Schöne, technische Route in grauem Fels
	SL2	6b	28m	Seitgriffe in grauem Fels
17 TOPOLINO		6b+	20m	Einstieg wie 'Sirac en rut', dann gerade hoch
18 KARL KNOPF		7a+	22m	Schwieriger Dachausstieg
19 TIN TIN	SL1	7a	22m	
	SL2	6c	20m	
20 OHNE NAMEN		6c	22m	

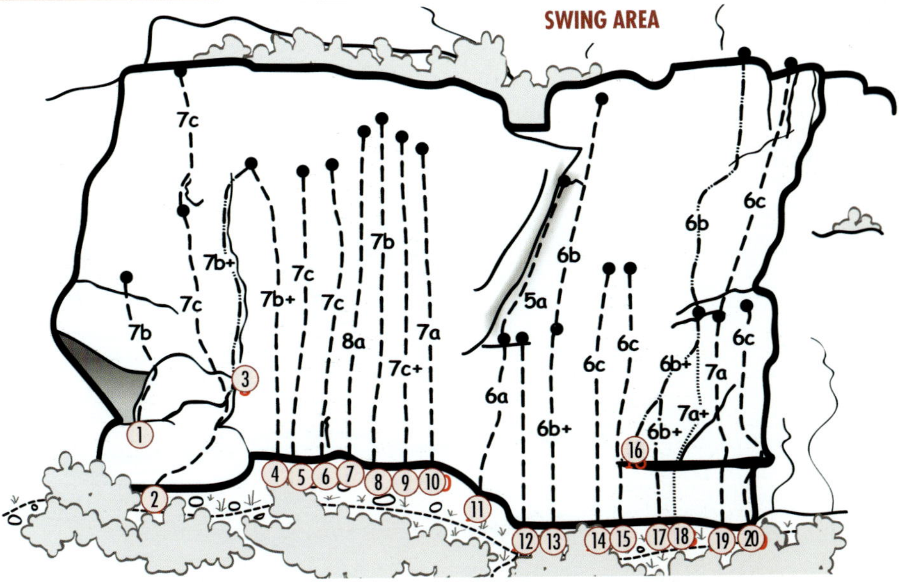

22

DIAMANTE DEL BA.RO.

Dieses einmalige Felsjuwel in der Nähe des Colodri ist dem großen Roberto Bassi gewidmet (BA.RO). Im linken Wandteil ist der Fels weiß und mit Tropflöchern durchzogen, der rechte Wandteil ist überhängend mit Sintersäulen. Die Routen mit Schwierigkeitsgraden von 7a bis 8a sind etwas für wahre Könner. Der Klettergarten wurde schon 1984 von Heinz Mariacher entdeckt. Mit der Erstbegehung einer Seillänge der künftigen 'Copacabana' hinterließ er hier schon damals seine Spuren. Im Jahr 1996 verzauberte der 'Diamant' auch Rolando Larcher, der sich komplett der Erschließung dieses Gebietes widmete. Ein Besuch ist auf alle Fälle lohnend, schon allein wegen des Panoramaausblickes über das Sarcatal und Arco.
Mindestseillänge 70 m

Erschließer: R. Larcher, H. Mariacher.

ZUFAHRT/ZUGANG
Von Arco 2,8 km im Auto, dann 10 Min. Fußweg, teils gesicherter Steig.

Von der Sarcabrücke in Arco in Richtung Prabi/ Camping Arco/ Schwimmbad und weiter bis kurz nach dem Restaurant 'La Lanterna'. Bei einem Wehr (leicht an den architektonischen Bögen erkennbar) parken, Achtung vor Diebstählen!
Von hier wieder ca. 15 m zurück bis zum Ende des Holzzaunes (ungefähr 20 m vor dem gut erkennbaren Wasserhahn an der Mauer), dann über die Steinmauer und links haltend auf dem Steig im Wald aufwärts (von der Straße aus ist ein Fixseil, das links oben in der schwarzen Wand hängt, gut erkennbar: man bleibt rechts davon). In 5 Minuten zum Wandfuß und dort linkerhand mit Hilfe eines Stahlseils zu den Einstiegen.

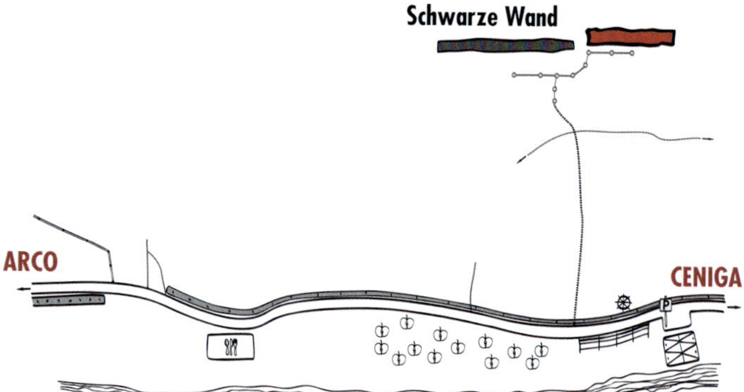

1 NOT ONLY APPLE		7a	30m	Einstiegsdach, dann schöne Platte mit Tropflöchern
2 PARASSITI D'OLTRALPE		6c	30m	Einstiegsdach, dann schöne Platte mit Tropflöchern
3 COPACABANA	SL1	7a	15m	Einstiegsdach, dann schöne Platte mit Tropflöchern
	SL2	7b/c	18m	Ausdauer an überhängendem weißen Fels
4 PROGETTO PEDRO		?	30m	Projekt
5 L'ETICA DEL BA.RO		?	30m	Kratziger Boulder im Überhang, dann großer Sinter (8a+?)
6 TIBIA SILENZIOSA		7c	20m	Ausdauer im Überhang an großen Sintern
8 DUNE		7c+	22m	Athletische Route an Sintern im Überhang
9 SPIRITO LIBERO		8a	25m	Ausdauer an Sintern und Ausstieg an Leisten. Sehr schön.

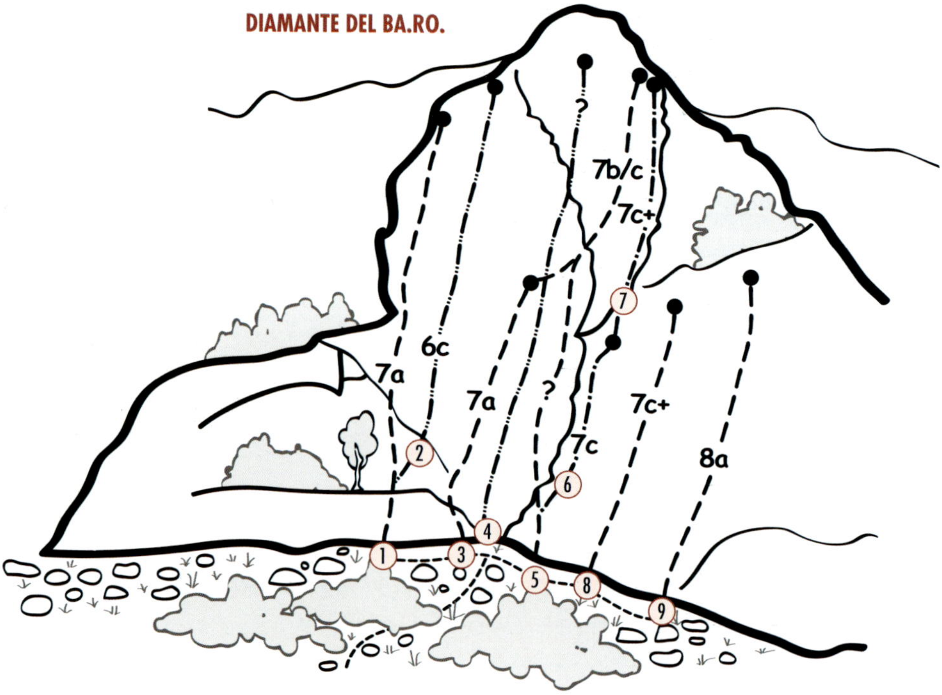

Luca Giupponi *(Mario Manica)*

23

EREMO

Klein, aber fein! Dies ist zwar eines der kleinsten Gebiete in Gebiet von Arco, aber mit den steilen Überhängen weist es die höchste Dichte an Schwierigkeitsgraden auf. Wer hier klettert, gehört sicherlich zur Kletterelite und kann sich z.B. in der Toproute 'Zauberfee' 8c+/9a von den Bindhammer Brüdern die Finger lang ziehen.

Erschließer: G. Hörhager, R. Larcher, G. Manica, R. Scherer.

ZUFAHRT/ZUGANG

Von Arco 3 km im Auto, dann 3 Min. Fußweg.

Von der Sarcabrücke in Richtung Prabi/ Campingplätze/ Schwimmbad und am Ristorante 'La Lanterna' vorbei. Ungefähr 800 m nach dem Restaurant befindet sich links der Parkplatz beim Eremo (Einsiedelei) S. Paolo. Hier parken und auf beschildertem Weg direkt hoch zur kleinen Kirche und zu den Einstiegen.

1 OHNE NAMEN	6a	10m	Am Pfeiler, kurz und einfach
2 CATY MINI	8a	20m	Maximalkraft an künstlichen Griffen
3 ZAUBER FEE	8c+/9a	22m	Kraftausdauer und Technik im großem Überhang
4 OHNE NAMEN	8b+/8c	24m	Projekt
5 GRAVITY GAMES	8b/8b+	24m	Start im großen Überhang, Ausdauer an kleinen Löchern
6 OHNE NAMEN	7c+	20m	Aufwärmroute

EREMO

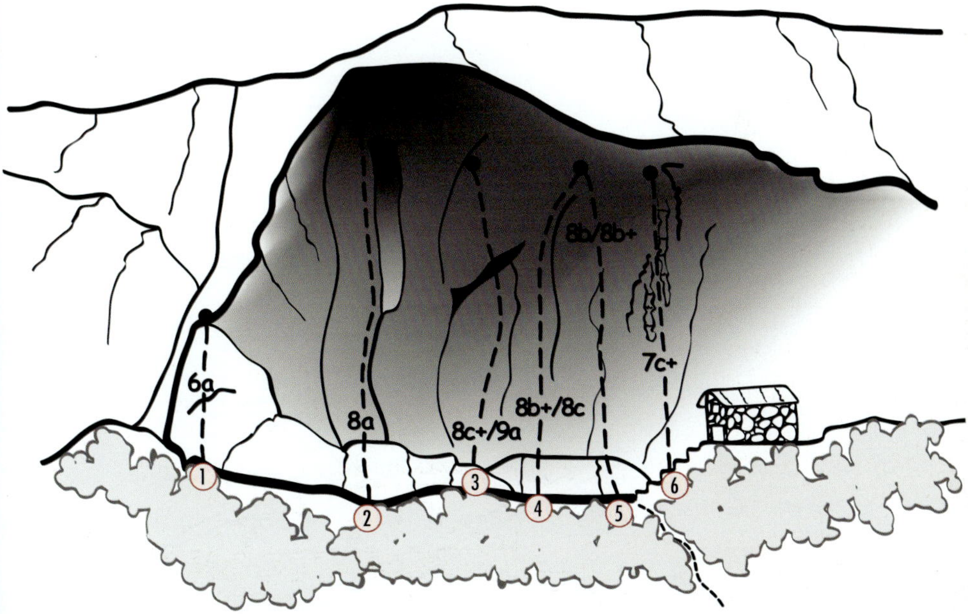

24

Dies ist eines der vielen kleinen Gebiete in der Umgebung von Arco, das nach seiner Erschließung kaum mehr Beachtung fand. Schade, denn die Routen in der interessanten Wand sind technisch anspruchsvoll und ausdauernd (einige Routen sind mit 8 mm Bohrhaken ausgestattet). Der Klettergarten liegt ruhig und etwas abgelegen.

Erschließer: C. Giovannini, A. Zanetti, und andere.

CENIGA

ZUFAHRT/ZUGANG

Von Arco 3,5 km im Auto, dann ca. 15 Min. Fußweg.

Von der Sarcabrücke in Arco in Richtung Trento/ Madonna di Campiglio. An der Agip-Tankstelle (1,8 km) und am Restaurant La Pergola (2,9 km) vorbei und nach 3,2 km nach links in Richtung Ceniga abbiegen. Nun geradeaus und beim Schild 'Agriturismo Maso Lizzone' auf der rechten Seite parken. Über die Straße und auf die 'Via al Ponte'. Nach 500 m über die alte (römische) Brücke und auf den gegenüber liegenden Schotterweg. Den rotweiß markierten und nach rechts führenden Weg, auf den man nach ca 5 Min. trifft, lässt man rechts liegen und geht weitere 100 m aufwärts. Ein Steinmännchen markiert den Beginn eines nach rechts führenden Pfads (ein weiterer Weg führt kurz darauf zum Klettergebiet 'L'Ottava Meraviglia'). Auf diesem Pfad jetzt weiter, an den Resten eines alten Zaunes und an einer Geröllhalde vorbei. Die Felswand ist etwas im Dickicht des Waldes versteckt, man erreicht sie über kaum sichtbare Pfadspuren, die eben nach rechts führen (5 Minuten von der Forststraße).

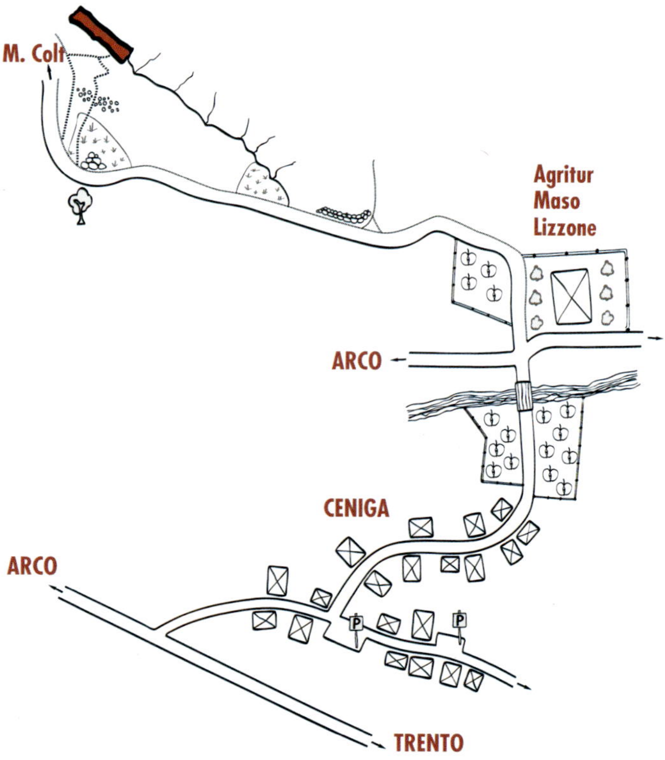

1 TIRAMOLLA	7a	25m	Ausdauernde Wandkletterei
2 PIOGGIA DI CORALLI	7a+	25m	Sehr schön, mit Korallenkonkretionen
3 IL TRONO DI OSIRIDE	7a	18m	Ausdauer, mit Sinterpassage
4 DASY LOU	7a+	23m	Längenzug bei Dachausstieg, im Schlussteil ebenfalls sehr anstrengend
5 BERMUDA	6b+/c	18m	Ausdauerkletterei
6 MISSISIPI BLUES	6c	18m	Senkrechte, dann überhängende Kletterei, athletisch
7 SFIDA ALL'IGNOTO	7a+/b	18m	Leicht überhängende, ausdauernde Wandkletterei, athletisch
8 OHNE NAMEN	?	23m	Projekt
9 LA SETTA DEI MEDIUM	?		
10 OHNE NAMEN	?		Projekt

CENIGA

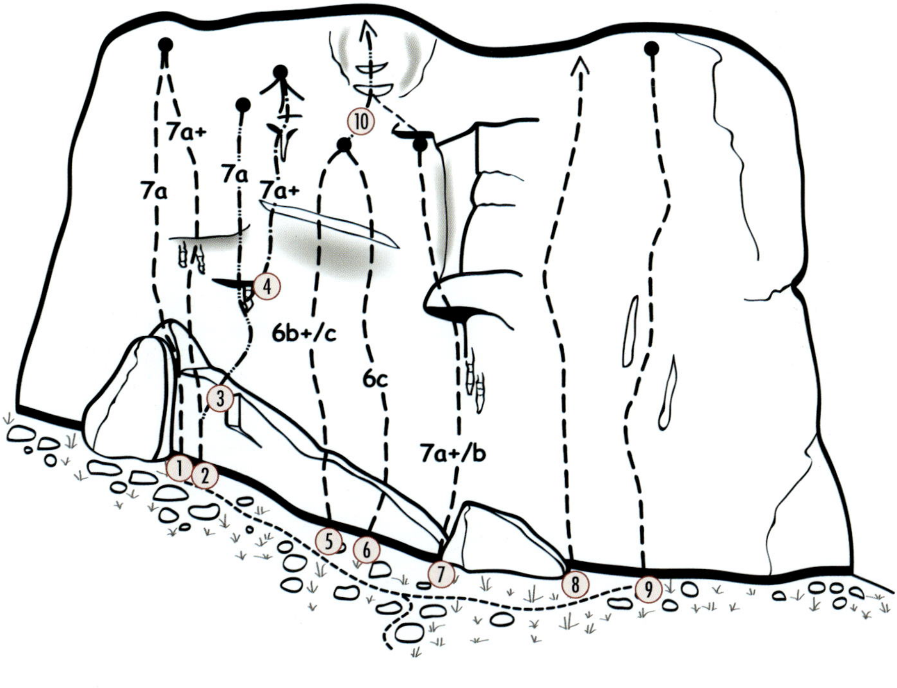

25

OTTAVA MERAVIGLIA

Der Name könnte nicht zutreffender sein. Ein Kleinod von einem Felsen, abgelegen und ruhig, mit sehr abwechslungsreichen, interessanten Routen mit Löchern, Sintern, Platten und Dächern. Ein Besuch ist absolut lohnenswert. In diesem Klettergarten gibt es noch genügend Möglichkeiten für die Erschließung weiterer Routen. Der im Vergleich zu anderen Gebieten etwas lange Zustieg von 20 Minuten wird durch die Schönheit der Wand leicht wett gemacht.

Erschließer: Sauro Merighi und Igor Micheletti.

ZUFAHRT/ZUGANG
Von Arco 3,5 km im Auto, dann 20 Min. Fußweg.

Von der Sarcabrücke in Arco in Richtung Trento/ Madonna di Campiglio. An der Agip Tankstelle (1,8 km) und am Restaurant La Pergola (2,9 km) vorbei und nach 3,2 km nach links in Richtung Ceniga abbiegen. Nun geradeaus und beim Schild 'Agriturismo Maso Lizzone' auf der rechten Seite parken. Über die Straße und auf die 'Via al Ponte'. Nach 500 m über die alte (römische) Brücke und auf den gegenüber liegenden Schotterweg. Den rotweiß markierten und nach rechts führenden Weg, auf den man nach ca 5 Min. trifft, lässt man rechts liegen und geht weitere 100 m aufwärts. Ein Steinmännchen markiert den Beginn eines nach rechts führenden Pfads (Richtung Ceniga), man steigt aber noch etwas weiter hoch bis zu einem nach rechts führenden Wanderweg. Auf diesem ca. 15 Minuten aufwärts, bis zu einem Steinmännchen und Farbmarkierungen an den Bäumen. Hier führt eine Pfadspur nach rechts weg. Nach 3 Minuten erreicht man den Klettergarten.

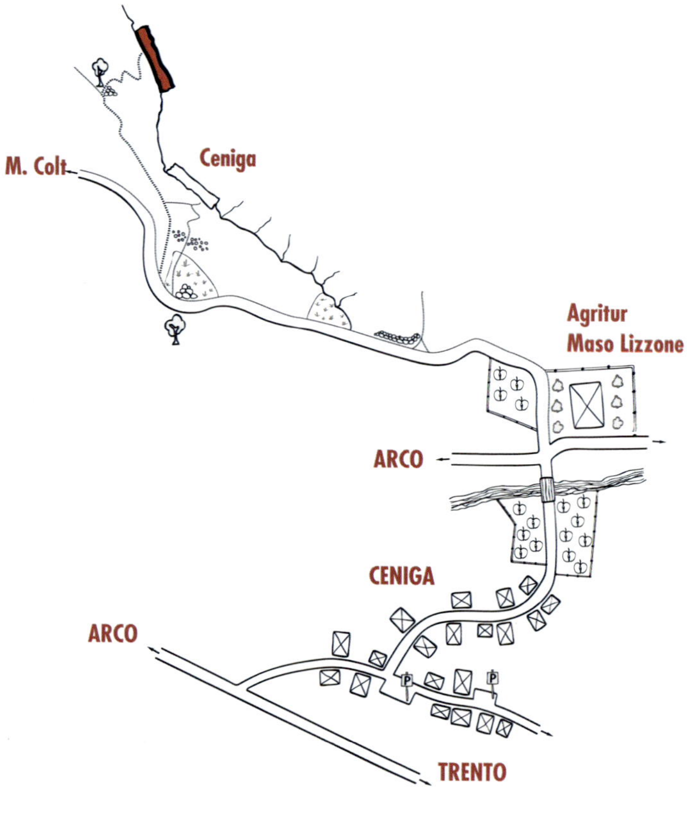

1 OHNE NAMEN	7a	20m	Ausdauernd, schöne Folge von Löchern und Sintern, leichte Ausstiegsplatte
2 OHNE NAMEN	?		Projekt. Anstrengender Einstieg, dann Rastposition.. Schwieriger Bauch im Mittelteil
3 DIAOLO CAN!	?	25m	Projekt. Schöner Beginn an Sintern; athletisches Dach und Schlusskante
4 CHANDRA FULL	7c	25m	Längenzug an Sintern, dann technisch schwierig bis unter das Dach
5 AMMAZZA CAMMELLI	7c+	32m	Fingerkraft an kleinen Löchern,
6 LA CRUX	7c	35m	Längenzug an Aufleger und Ausgleichspendelbewegung
7 OCEANO STELLARE	8a	35m	Plattiger Beginn und Ausstieg aus Dach sehr schwierig, dann vier technisch schwierige Fingerboulder, zum Schluss Aufleger
8 SURIA NEMASTE'	?	35m	Projekt. Mehrere kleine Überhänge und ein zentrales Dach
9 AUANNAGANNAMMERICA	7b+	30m	

OTTAVA MERAVIGLIA

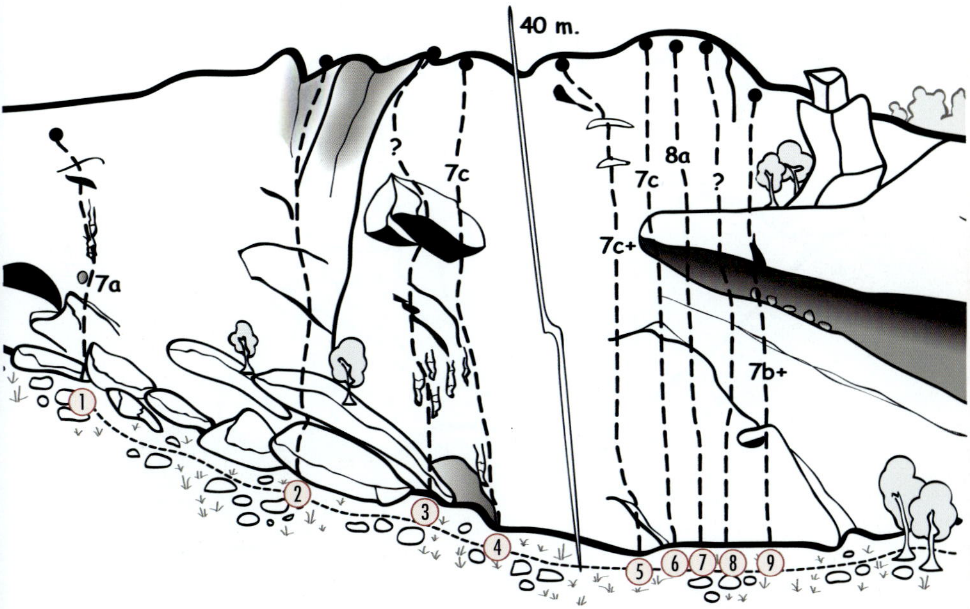

10 GRANDE GIGA	6c+	30m	Einstieg an überhängenden Sintern, dann Power an Minileisten, Ausstieg an Leisten
11 GORILLA LILLA	7b	30m	Technisch anspruchsvoll, an Sintern über das Dach
12 IL COONTE DDRACULA	7a+	30m	
13 CIAO CIBA	7a+	30m	Sehr schöne, senkrechte Wandkletterei, dann kurzer Überhang
14 ZOLLA BEPPONICA	7a+	30m	Senkrechte Wandkletterei, dann überhängend
15 NAME HUMESH	7a	25m	
16 GANGA INES	6b	25m	
17 MARINA TANDRILLA	6b+	22m	
18 BOM	6c	22m	Einzelstelle in ersten Metern
19 IL MIO PIEDE SINISTRO	6c+	25m	Fingerkraftstelle in ersten Metern
20 IL CAMALEONTE	6c+	25m	Fingerboulder in den ersten Metern. Plattiger Ausstieg

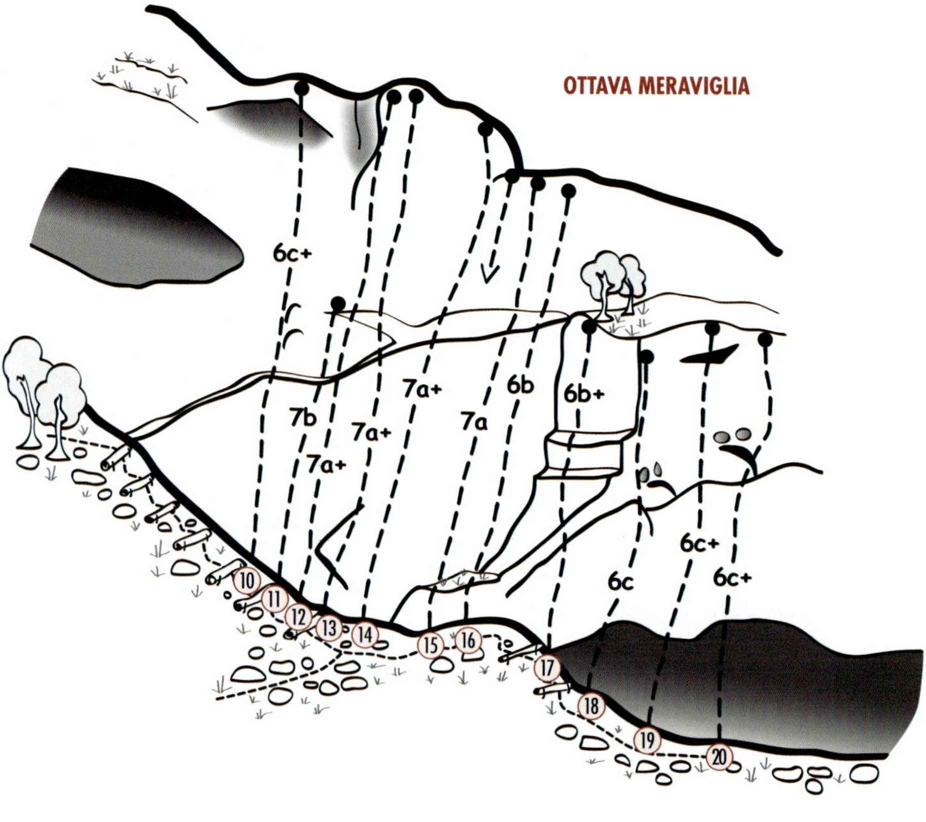

Loc.Prabi • 38062 Arco (TN)
Tel. (+39) 0464 517491 • Fax (+39) 0464 515525
E-mail: arco@arcoturistica.com
http://www.arcoturistica.com/Italiano/Campeggio_Arco/campeggio_arco.htm

ARCO CAMPINGPLATZ

Der Campingplatz befindet sich am Fuße des Colodriberg, direkt am Fluss Sarca gelegen.
Ein idealer Platz für Spaziergänge in der Natur und unzählige Touren mit dem Fahrrad und Mountainbike. In unmittelbarer Nähe natürliche Kletterwände die man gut zu Fuß erreichen kann.
Ist in ein Sport – Touristenzentrum eingefügt das über Tennisplatz, Tischtennis, Olympisches Freibad + Schwimmbecken für Kinder, Bocciaplatz, Kletterhalle, Beach-Volleyplatz, Multifunktionaler Sportplatz (Fußball – Basketball – Volleyball) und Kinderspielplatz verfügt. Liegt inmitten eines Naturparks mit mediterranen Baumwuchs und bietet jeden Komfort eines Qualitätscampingplatzes. Die Standplätze sind alle nummeriert und abgegrenzt (ca. 70 qm.) mit Grasgrund. Alle Plätze haben kostenlosen Lichtanschluss. Es steht ein Minimarkt, eine Bar mit Frühstücksservice und eine Auswahl warmer Speisen, Safe, Minikühlschränke mit Schlüssel, Waschraum mit Waschmaschinen + Trockner und ein Bügelraum zur Verfügung. Ein Grillplatz und ein Camperservice gehört zur Ausstattung. Verfügt über neugebaute Sanitäranlagen mit kostenlosem Warmwasser, Entsorgung für Chemietoiletten, behindertengerechte Ausstattung der Sanitäranlagen. Die Bungalows + Kleinwohnungen sind Komfortabel ausgestattet. Sie haben 4 Schlafplätze, reservierten Parkplatz für das Auto, Küche mit Kühlschrank und Gasherd, Bad mit Dusche, Licht und Warmwasser, alles was man zum Kochen benötigt, Decken, Heizung, Radio und Safe.

26

FATTORIA DEGLI STRUZZI

Während des Aufstiegs zum Klettergarten könnt ihr das herrliche Panorama genießen: das kleine Dorf Ceniga mit den roten Hausdächern, die Wein- und Obstgärten und die Sarca. Dieses Gebiet wurde 1997 im Rahmen einer Bergführerausbildung erschlossen und ist wegen seiner ruhigen Lage und der schönen, wenig begangenen Routen nur zu empfehlen.

ZUFAHRT/ZUGANG

Von Arco 3,5 km im Auto, dann 20 Min. Fußweg.

Von der Sarcabrücke in Arco in Richtung Trento/ Madonna di Campiglio. An der Agip Tankstelle (1,8km) und am Restaurant La Pergola (2,9 km) vorbei und nach 3,2 km nach links in Richtung Ceniga abbiegen. Nun geradeaus und beim Schild 'Agriturismo Maso Lizzone' auf der rechten Seite parken. Über die Straße und auf die 'Via al Ponte'. Nach 500 m über die alte (römische) Brücke und rechts auf die Via Lizzone in Richtung Agriturismo Maso Lizzone (600m). Beim Maso links (rot-weiße Markierung), an einer Steinmauer entlang und dann auf den Wanderweg 428. Nach 3-4 Minuten links: bei einer kleinen Mauer ist auf einer Stufe eine rotweiße Markierung (es ist die dritte Markierung nach der ersten an einem Baumstamm). Durch die terrassenertig angelegten Olivenhaine (Privatgrund, bitte keine Abfälle hinterlassen) aufwärts und kurz darauf zur Felswand.Am Wandfuß ist ebenes Gelände.

1 CENTOCINQUANTA	7b	20m	Kleiner, anstrengender Überhang
2 OHNE NAMEN		20m	Projekt
3 BACINUM	7a	18m	Kraftraubender Überhang
4 IL GEOLOGO	?	18m	Startboulder an Auflegern, dann Ausdauer an kleinen Tropflöchern
5 AMBIENCE	6c	18m	Schöne, abwechslungsreiche, senkrechte Wandkletterei
6 SEI BI DOC	6c	18m	Schwieriger Mittelteil, Einzelstelle mit Seitgriff
7 MELINDA	6a	15m	Schön strukturierte Wand mit Ausstieg an Tropflöchern
8 EMOTION	6a+	16m	Schwieriger Einstieg an Seitgriffen

LA FATTORIA DEGLI STRUZZI

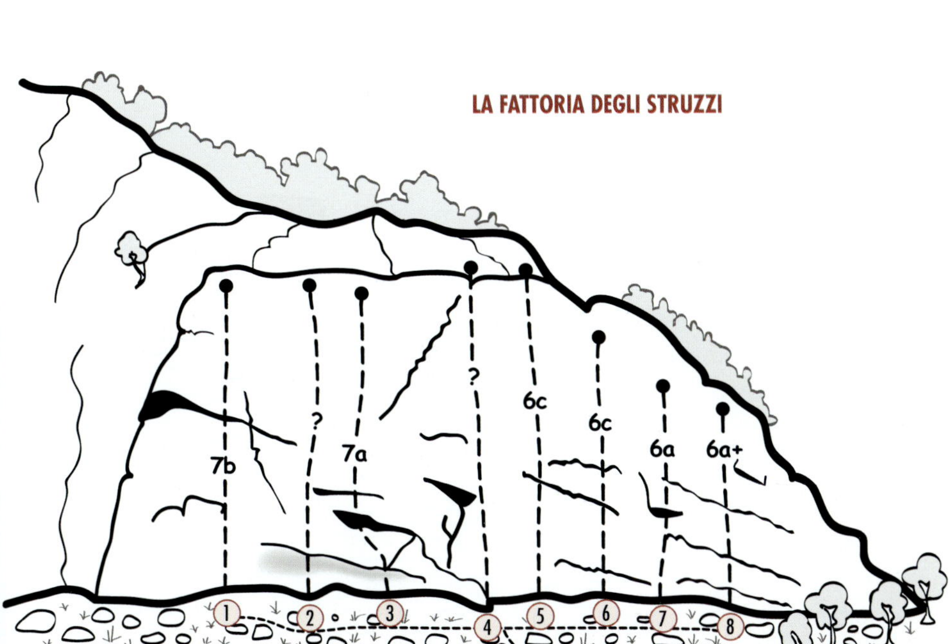

27

LA PIZZERIA

Die gelb-graue Felswand ist von der Staatsstraße aus gut zu erkennen. Viele Jahre lang lag sie im Blickfeld aller Kletterer, bis sich Lino Celva und Gianguido Dalfovo an ihre Erschließung machten. Die Routen sind ausnahmslos sehr schön, aber die Hakenabstände auch nicht gerade plaisirmäßig. Hier ist Ausdauer an kleinen Leisten gefragt. Genießt die schöne Aussicht auf Dro und die umliegenden Obstgärten. Mindestseillänge 70m.

Erschließer: L. Celva, G. Dalfovo.

ZUFAHRT/ZUGANG

Von Arco 7 km im Auto, dann 10 Min. Fußweg, Fixseil.

Von der Sarcabrücke in Arco in Richtung Trento/ Madonna di Campiglio. An der Kreuzung nach Dro abbiegen und Richtung Zentrum. Am Kreisverkehr geradeaus in die Via Mazzini. Bei der Kirche nach rechts in Richtung 'Centro Sportivo' (Sportzentrum). Über die Sarcabrücke und auf der Hauptstraße weiter. In der Ortschaft Oltrà links ab, hoch zum Sportzentrum und parken. Nun links vom Sportzentrum auf den Schotterweg (Schild 'Percorso delle Cavre/Pineta Dro'). Der Klettergarten (gelb-grau gestreifte Wand) ist schon gut zu sehen (im linken Bereich der Felswand). Auf dem Schotterweg 100 m bis zu einem Kapitell weiter. Dann auf den Wanderweg Richtung San Giovanni. Nach 200 m verlässt man diesen nach links auf einen Pfad, der bis zum Klettergarten führt (Fixseil).

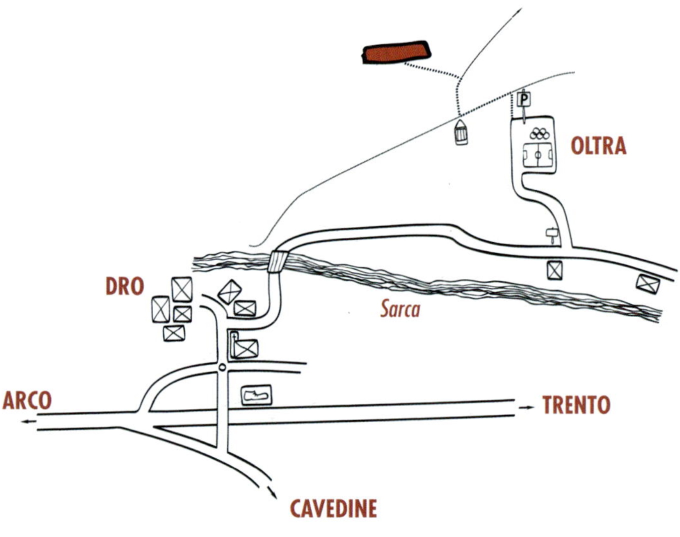

1 ZINGARA	7c	30m	Senkrechte, ausdauernde Wandkletterei an kleinen Leisten
2 CAPRICCIOSA	7c	32m	Senkrechte, ausdauernde Wandkletterei an kleinen Leisten
3 PROSCIUTTO E FUNGHI	7c	32m	Senkrechte, ausdauernde Wandkletterei an kleinen Leisten, Schlussboulder
4 RUCOLISSIMA	7b+	32m	Kraftausdauer an Leisten in senkrechter Wandkletterei
5 SALAMINO PICCANTE	7b+	32m	Kraftausdauer an Leisten in senkrechter Wandkletterei
6 MARINARA	6c+	34m	Kraftausdauer an Leisten in senkrechter Wandkletterei
7 MARGHERITA	7a	34m	Kraftausdauer an Leisten in senkrechter Wandkletterei
8PIOGGIA	7b+	15m	Kraftausdauer an Leisten in senkrechter Wandkletterei
9 DIAVOLA	7c+	32m	Boulder am Beginn des Überhangs, dann Fingerkraft
10 CALABRESE	7c+	32m	Boulder am Beginn des Überhangs, dann Fingerkraft
11 QUATTRO STAGIONI	7b/c	28m	Dynamo und Boulderzug am Beginn
12 CALZONE		28m	Projekt
13 SPINACI E RICOTTA	7b/c	25m	Überhang mit Boulderzug zu Beginn, dann Ausdauer
14 PATATONA	7b	25m	Überhang mit guten Griffen, dann Ausdauer. Weiter Hakenabstand!

28

TRANSATLANTICO

ZUFAHRT/ZUGANG

Von Arco 12,5 km im Auto, dann 25 Min. Fußweg.

Von der Sarcabrücke in Arco in Richtung Trento/ Madonna di Campiglio und bis nach Pietramurata (12,2 km). Fast am Ortsausgang liegt links die Bar "New Entry": hier parken. Hinter der Bar beginnt in Höhe des Eingangs zu einer weißen Villa eine Forststraße. Auf dieser weiter bis zu einer Kreuzung (Schranke, Stein mit rotem Kreuz). Nun links und nach ca. 200 m auf eine breite Schotterstraße. Jetzt rechts und weiter aufwärts. Nach insgesamt ca. 20 Min. Gehzeit (vom Parkplatz) bedeuten die zwei ehemals orangefarben markierte Baumstümpfe zur Linken und der deutlich sichtbare Pfeiler des 'Transatlantico', dass man das Ziel fast erreicht hat. Denn 50 m nach der Kehre zweigt man links ab auf den steil ansteigenden Pfad ab und ist nach ca. 5 Minuten am Wandfuß mit den Einseillängenrouten.

Die Felswand wirkt richtig beeindruckend, wenn man direkt vor ihr steht, auch wenn sie kaum mehr als hundert Meter hoch ist. Auch in den Mehrseillängenrouten geht es gleich 'zur Sache', und es ist genau diese senkrechte Ausgesetztheit, die die schöne Wand charakterisiert.

Schon von den ersten Standplätzen aus kann man die Größe des darunter liegenden Waldgebiets ermessen und die Aussicht auf das 'Tal der Seen' und auf den gegenüberliegenden Monte Bondone genießen. Aber schon bald wird die romantische Stimmung durch das Knattern der Motocrossmaschinen auf der darunter liegenden Piste gestört. Nur der schöne Fels und die Routen lenken vom monotonen Hintergrundgeräusch ab.

Der Sektor Potiomkin, im unteren linken Teil der Wand, bietet eine Reihe von sehr schönen Einseillängenrouten. Tropflöcher und positive Leisten verlangen einen technisch guten Kletterstil, aber wenn man den Umlenker erreicht hat, ist man umso glücklicher. Alle Routen wurden vom stets aktiven Rolly Galvani eingebohrt (wie übrigens auch viele der Mehrseillängenrouten am 'Transatlantico').

Erschließer: R. Galvagni.

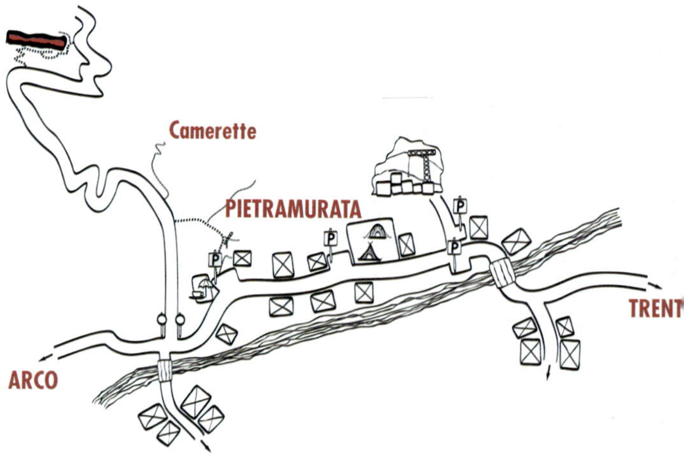

Giuseppe Smaniotto *(Mario Manica)*

SEKTOR POTIOMKIN

1 ARBEIT MACHT FREI		6c	28m	Piazschuppe, dann technisch anspruchsvolle Platte
2 ULTIMA TULE		7a+	27m	Kletterei an Leisten und viele Gleichgewichtsprobleme
3 AQUILA DELLA NOTTE	SL1	6b	25m	Große Griffe, dann Einzelzug mit verstecktem Griff
	SL2	5c	20m	Uninteressant
4 AL TONNO DI CORSA		7b	27m	Schwierig beim Ausstieg aus der senkrechten Wand
5 PRELUDIO		7a+	27m	Abwechslungsreiche, schwer erkennbare Züge
6 POTIOMKIN		7a	28m	Abwechslungsreiche, schwer erkennbare Züge
7 FRUIT AND VEGETABLE	SL1	6c	28m	Schön mit scharfkantigen Leisten, zwei Blockierer im Ausstieg (Mehrseillängenroute)
8 PERIGEO		6c	24m	Blockierer zu Beginn, dann technisch
9 ESTASIA		6b+	22m	Schwieriger Start mit Blockierer an Leisten
10 MURUROA	SL1	6b	30m	Abwechslungsreich, etwas schmutzig (Mehrseillängenroute)
11 IL DELTA DI VENERE	SL1	6a+	25m	Schön mit positiven Griffen, technisch anspruchsvoller Quergang

MEHRSEILLÄNGENROUTEN (ohne Skizze, siehe den Kletterführer „Pareti del Sarca", von Diego Filippi, Versante Sud)

von links nach rechts

1 FRUIT AND VEGETABLE SL1 6c, SL2 6b, SL3 3a, SL4 7a, SL5 6c, SL6 6b+, 100m

2 ONANATOR SL1 6b gemeinsam mit Mururoa, SL2 6a, SL3 7b/c, SL4 7a, SL5 6b, 100m

3 MURUROA SL1 6b, SL2 6b, SL3 7b, SL4 7a, SL5 6b+, 100m

4 IL DELTA DI VENERE SL1 6a+, SL2 6b, SL3 6c, SL4 6b, SL5 6b+, 80m

5 VOLO FELICE 7b+, 80m

6 LA FATTORIA DEGLI ANIMALI SL1 6c, SL2 6b, SL3 7a, SL4 6c, 80m

7 LAND ART SL1 7a, SL2 7c, SL3 7b, 7b, 80m

8 CONTROVENTO SL1 7c, SL2 7c+, SL3 7c+, 80m

9 QUARTO POTERE SL1 6b+, SL2 6a, SL3 6c, 60m

10 PANGEA SL1 6c+, SL2 6a+, 60m

TRANSATLANTICO SEKTOR POTIOMKIN

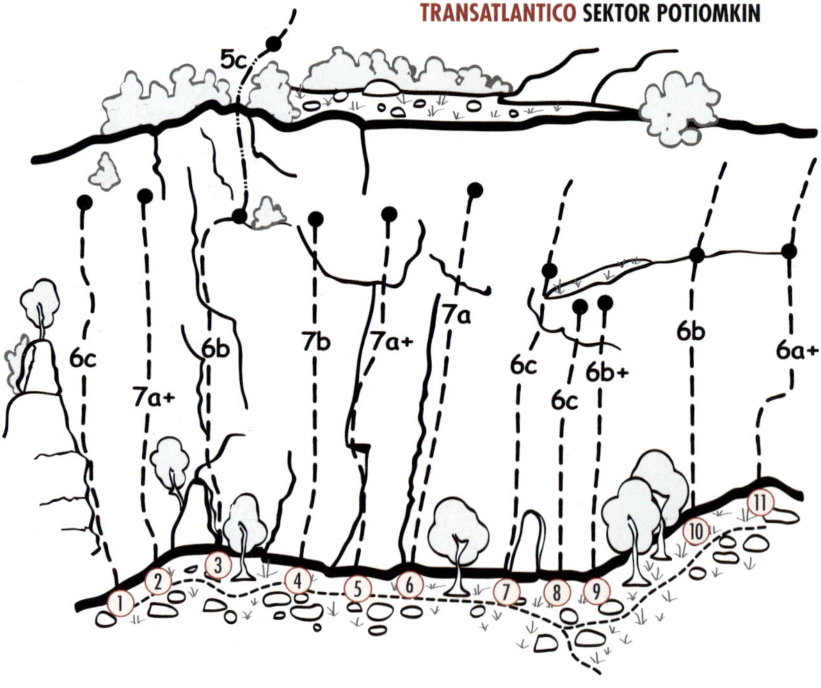

Cristian Brenna *(Simon Carter)*

29

CAMERETTE

Über 30 Routen sind hier in bestem Kalkfels entstanden. Die Wege im linken Wandteil sind senkrecht, die restlichen beginnen mit einem Überhang und enden mit technischer Ausdauerkletterei. Zu Unrecht genießt dieses Gebiet eher ein Schattendasein. Die 'Gruppe Sisyphos' erschloss dieses Gebiet Ende der Neunziger Jahre. Am interessantesten und auch bekanntesten ist der Sektor A. Dies hier ist wie alle Klettergebiete in der Umgebung von Pietramurata ein sehr ruhiges Gebiet und bei der Rückkehr belohnt ein guter Imbiss im New Entry jegliche Anstrengung!
Mindestseillänge 60 Meter!

Erschließer: D. Bonvecchio, M. Cagol, F. Leoni, R. Larcher und andere.

ZUFAHRT/ZUGANG
Von Arco 12,5 km mit dem Auto, dann 15 Min. Fußweg.

Von der Sarcabrücke in Arco in Richtung Trento/ Madonna di Campiglio, bis nach Pietramurata (12,2 km). Fast am Ortsausgang liegt links die Bar "New Entry": hier parken. Hinter der Bar beginnt in Höhe des Eingangs zu einer weißen Villa eine Forststraße. Auf dieser weiter bis zu einer Kreuzung (Schranke, Stein mit rotem Kreuz).
Nach links abbiegen und ungefähr 200 m weiter bis zu einer breiten Schotterstraße. Nun rechts und 50 m aufwärts bis zueiner Kurve, hier wiederum nach rechts auf den ausgetretenen Steig und steil den Wald hinauf. Beim Waldrand dann auf gut sichtbarem Pfad nach rechts, aus dem Wald heraus und sofort nach links direkt hoch zum Klettergarten (Einstiege von 'Initiator' und 'La tampada').

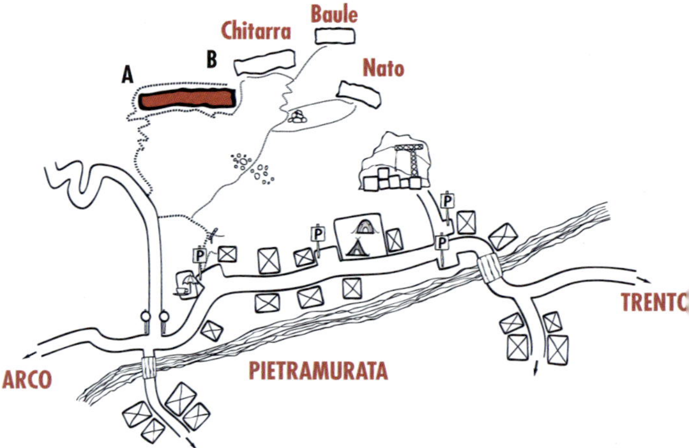

SEKTOR A

1 INITIATOR	6a	25m	Technisch anspruchsvolle Plattenkletterei
2 LA TAMBATA	6b+	25m	Plattenkletterei mit technisch schwieriger Passage
3 SPAZIO 1999	6c	25m	Technische Plattenkletterei mit schwierigem Ausstieg in leichtem Überhang
4 NUTELLA	6b	25m	Sehr schöne Ausdauerkletterei mit Gleichgewichtspassagen
5 TUTTI I GIORNI	6c	27m	Boulderzug in der Mitte der Route, schwieriger Ausstieg
6 IL TOPO	7a	28m	Einfacher Beginn mit schwieriger Stelle im Ausstiegsdach
7 FICCANASO	6a+	25m	Schöne Verschneidung im klassischen Stil
8 TANTUM	7a/b	25m	Leisten im mittleren Teil verlangen Fingerkraft
9 JACK	6c	22m	Heikle Bewegungen, sehr technischer Ausstieg: an der Kante klettern
10 BENNY	6a	22m	Nette Route, an abgerundeten Griffen
11 AUSTRIA	5c	22m	Brüchig, lose Blöcke
12 SHHIT	7c+	28m	Kraftraubender Einstieg, dann senkrechte Ausdauerkletterei; sehr schöne Route
13 UNA MANZANA AL GIORNO	7c+	28m	Kraftraubender Einstieg, dann technische, ausdauernde Wandkletterei
14 LA BAMPA	7c	27m	Längenzug, sehr schöne Route
15 LA CLASSICA	7c	28m	Schöne, äußerst technische und onsight schwer lesbare Wandkletterei
16 IKEBANA	8a	28m	Sehr viel Ausdauer, Blockierer am Dach und Gewichtsverlagerung; herrliche Route
17 LIBIA	7c+	28m	Schwieriger Boulderzug in der Mitte und langer Hakenabstand
18 DX SX	7c	28m	Einzelzug im Überhang
19 RASTAFAR	7c+	28m	Athletischer Einstieg, Rastposition, dann sehr technische Plattenkletterei
20 PIN E PUK	8a	27m	Harte Route mit künstlichen Griffen, Fingerboulder
21 EL NINO	7c	27m	Schwierige Einzelstelle im oberen Wanddrittel
22 MANI DI FATA	6c+	25m	Einstieg an Seitgriffen, Ausdauerkletterei, technisch anspruchsvolle Ausstiegsplatte
23 RAMPADOS	7b	25m	Einstieg mit Einzelstelle, dann heikle Bewegungen mit Reibungstritten; Ausstieg mit weitem Hakenabstand
24 SCORPION	7a	25m	Schwierige Gleichgewichtspassage beim Dachausstieg
25 OCIO CHE SLIMPEGO	7b	25m	Einstiegsdynamo, schwieriger Zug in der Platte vor Umlenker, sehr schöne Route

CAMERETTE
SEKTOR A

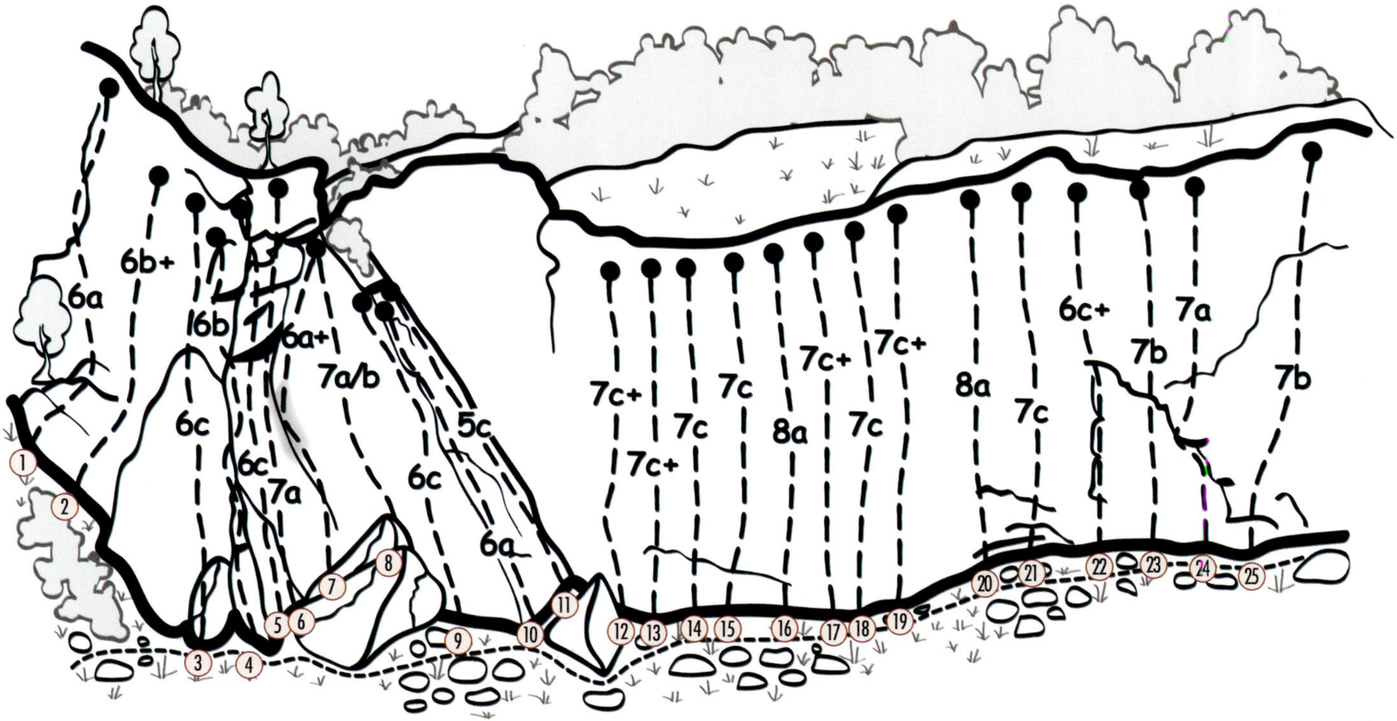

SEKTOR B

26 LA RIVINCITA	?	20m	Projekt. Technische Plattenkletterei in bestem Fels
27 SOGNO	?	20m	Projekt. Technische Plattenkletterei in bestem Fels, Fußtechnik
28 TUTTI PAZZI	?	20m	Projekt. Technische Plattenkletterei in bestem Fels, Fußtechnik
29 TORNATENE	?	20m	Projekt. Technische Plattenkletterei in bestem Fels, Fußtechnik
30 OVVIAMENTE	6b+	30m	Schwierige Einzelstelle
31 DIEDRICAMENTE	6b	30m	Schöne Verschneidung, leider oft nass
32 OHNE NAMEN	?	30m	Projekt
33 NIDO DI FALCO	6b	100m	Klassische Route mit vier Seillängen, mit Bohrhaken saniert, aber jedoch zusätzlich selbst abzusichern. Zweite SL teilweise dreckig
34 SORELLA LUNA	7a	30m	Schöne senkrechte Wandkletterei
35 FRATELLO SOLE	7b	30m	Große Ausdauer an kleinen Leisten
36 DOVERI	7a+	30m	Anspruchsvolle Wandklettere

CAMERETTE
SEKTOR B

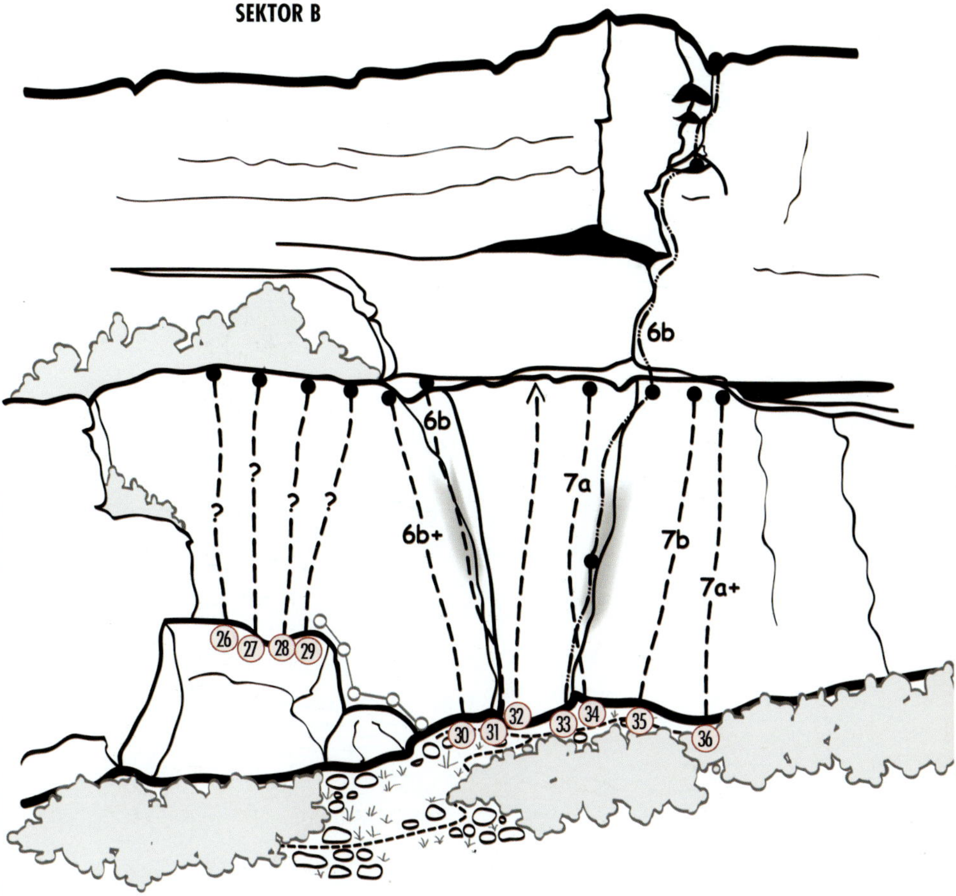

30

MURO DI CHITARRA

Mitten in einem kühlen Buchenwald und fern ab der Straße liegt dieses Gebiet mit bislang 13 Routen in bester Felsqualität. Sieben dieser Routen sind immer noch Projekte, die aber alle freigegeben sind: also nur zu! Am Anfang wurde diese Wand nur von den Erschließern selbst frequentiert, kaum jemand ist seither hier zu sehen. Zu Unrecht, denn einige Routen wie 'Prete Lesso' sind wirklich wunderschön. Die Routen sind zwar kurz, aber schwierig und anstrengend.

Erschließer: D. Bonvecchio, F. Leoni.

ZUFAHRT/ZUGANG

Von Arco 12,5 km mit dem Auto, dann 20 Min. Fußweg

Von der Sarcabrücke in Arco in Richtung Trento/ Madonna di Campiglio, bis nach Pietramurata (12,2 km). Fast am Ortsausgang liegt links die Bar "New Entry": hier parken. Hinter der Bar beginnt in Höhe des Eingangs zu einer weißen Villa eine Forststraße. Auf dieser weiter bis zu einer Kreuzung (Schranke, Stein mit rotem Kreuz).

Nun links und ungefähr 100 m weiter. Dann auf den ersten, gut ersichtlichen Weg, der rechts hoch in den Wald geht. Immer auf diesem bleiben, bis der Wald sich lichtet. Über ein kleines Geröllfeld und weiter auf dem Weg, der jetzt wieder in den Wald hinein führt. Dann links auf einen steilen, mit Steinmännchen markierten steinigen Pfad. Anhaltspunkt für den weiteren Zustieg ist der zentrale Turmpfeiler mit einem gelben Fleck. Nach ca. 10 Minuten erreicht man über diesen steilen Anstieg den Klettergarten 'Muro di Chitarra' auf der linken Seite .

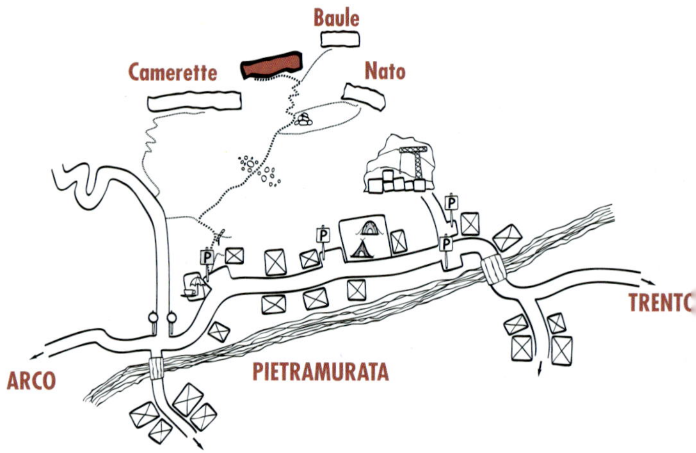

Fabio Leoni *(Mario Manica)*

1 PRETE LESSO	7b+	15m	Schöne senkrechte Wandkletterei
2 SPACE BOY		15m	Projekt
3 OHNE NAMEN		15m	Projekt
4 OHNE NAMEN		12m	Projekt
5 OHNE NAMEN		12m	Projekt
6 OHNE NAMEN		12m	Projekt
7 OHNE NAMEN		12m	Projekt
8 TROVA LA CHIAVE	7b	12m	Überhängende Wandkletterei
9 LO SVASO	7a+	12m	Fußtechnik
10 OHNE NAMEN		12m	Projekt
11 L'ACCORDO	7b	15m	Senkrechte Wandkletterei mit Verschneidung
12 OHNE NAMEN	7c+	15m	Technische Wandkletterei
13 SBREC	6b	15m	Technisch anspruchsvoller Riss

MURO DI CHITARRA

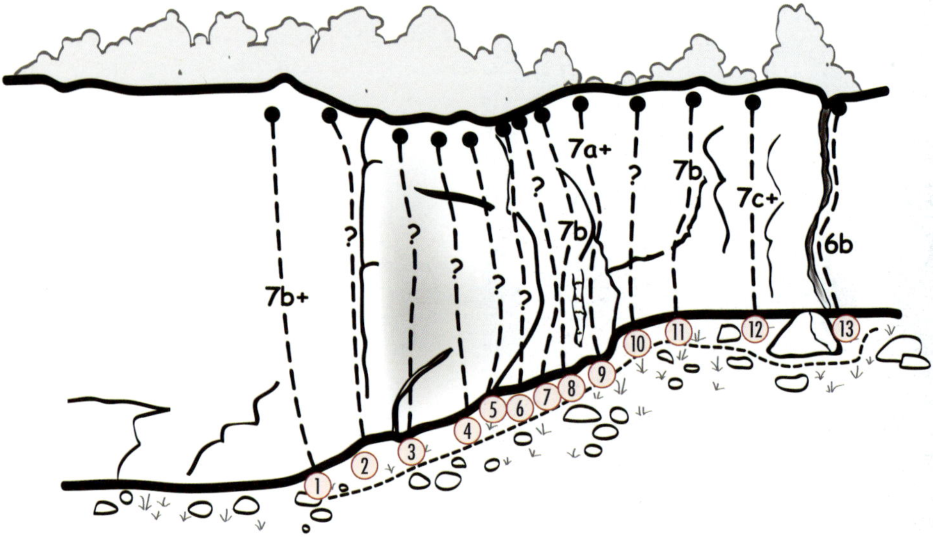

31

BAULE

Kleines Klettergebiet oberhalb von 'Il Giardino di Nato' und rechts von 'Il Muro di Chitarra'. Obwohl die Routen sich auf einem schönen Felspfeiler mit festem grauem Gestein befinden, wurden nie viele Kletterer auf dieses Gebiet aufmerksam.

Erschließer: D. Bonvecchio, M. Cagol, F. Leoni.

ZUFAHRT/ZUGANG

Von Arco 12,5 km mit dem Auto, dann 20 Min. Fußweg

Von der Sarcabrücke in Arco in Richtung Trento/ Madonna di Campiglio, bis nach Pietramurata (12,2 km). Fast am Ortsausgang liegt links die Bar "New Entry": hier parken. Hinter der Bar beginnt in Höhe des Eingangs zu einer weißen Villa eine Forststraße. Auf dieser weiter bis zu einer Kreuzung (Schranke, Stein mit rotem Kreuz).

Nun links und ungefähr 100 m weiter. Dann auf den ersten ersichtlichen Weg, der rechts hoch in den Wald geht. Immer auf diesem bleiben, bis der Wald sich lichtet. Über ein kleines Geröllfeld und weiter auf dem Weg, der jetzt wieder in den Wald hinein führt. Dann links auf einen steilen, mit Steinmännchen markierten steinigen Pfad. Anhaltspunkt für den weiteren Zustieg ist der zentrale Turmpfeiler mit einem gelben Fleck. Nach ca. 10 Minuten erreicht man über diesen steilen Anstieg den Klettergarten auf der rechten Seite.

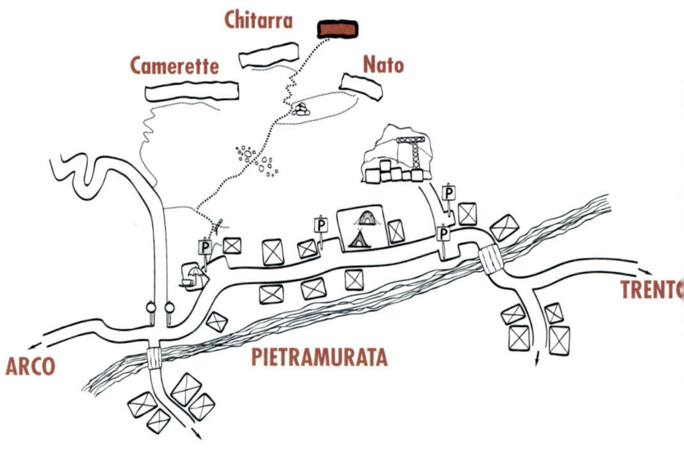

1 MONSTER	7a+	20m
2 ARAKNE	7b+	20m
3 FINALFANTASY	7a	25m
4 TEKKEN 4	7a+	25m
5 SPYROMEN	7b+	25m
6 MISSION XXX	7b	25m

BAULE

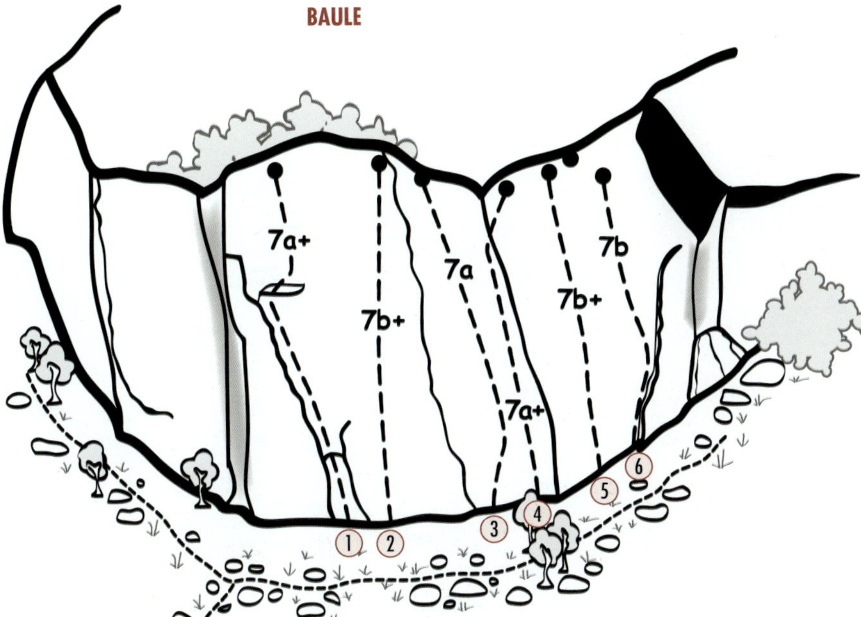

32

GIARDINO DI NATO

Mitten im kühlen Eichen- und Buchenwald gelegen, hat dieses Gebiet einiges zu bieten: beste Felsqualität mit senkrechten Wandkletterein an Leisten, Auflegern und kleinen Überhängen. Wie fast alle Gebiete um Pietramurata wurde dieser Klettergarten von der Gruppe 'Sisyphos' eingerichtet.

Erschließer: D. Bonvecchio, M. Cagol, M. Curti, R. Larcher, F. Leoni.

ZUFAHRT/ZUGANG

Von Arco 12,5 km mit dem Auto, dann 15 Min. Fußweg

Von der Sarcabrücke in Arco in Richtung Trento/ Madonna di Campiglio, bis nach Pietramurata (12,2 km). Fast am Ortsausgang liegt links die Bar "New Entry": hier parken. Hinter der Bar beginnt in Höhe des Eingangs zu einer weißen Villa eine Forststraße. Auf dieser weiter bis zu einer Kreuzung (Schranke, Stein mit rotem Kreuz).
Nun links und ungefähr 100 m weiter. Dann auf den ersten ersichtlichen Weg, der rechts hoch in den Wald geht. Immer auf diesem bleiben, bis der Wald sich lichtet. Über ein kleines Geröllfeld und weiter auf dem Weg, der jetzt wieder in den Wald hinein führt. Nirgends abzweigen, bis nach 5 Minuten der Klettergarten, der im Wald versteckt liegt, erreicht ist.

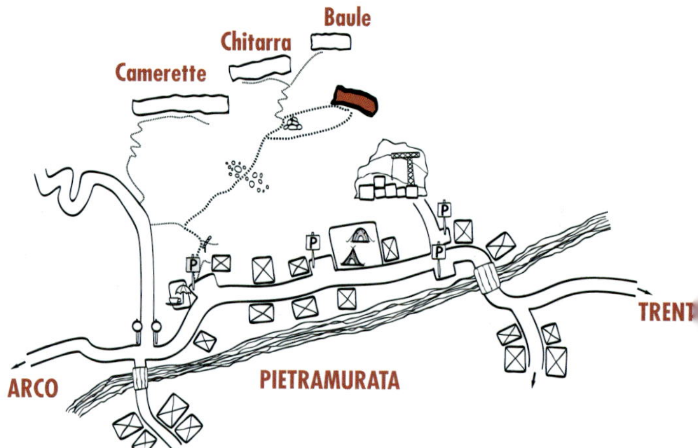

1 GERRY	6a	18m	Technische Wandkletterei
2 STRUCCALUCCA	6b	18m	Glatter Fels, dennoch lohnenswert
3 MAMMALUCCA	6c	18m	Versteckte Griffe
4 DON PEDRO	6c+	20m	Blockierer
5 POLVEROM	7a+	20m	Schwierigkeitsgrad definiert: ohne rechte Schuppe
6 CRAXI CRACK	6a+	22m	Leicht abgespeckter Riss
7 MR. OBALOBA	7a+	23m	Blockierer, dann Ausdauer, schöner Fels
8 ZIO E LA TIBIA	6c+	23m	Die schönste Route der Wand
9 BERTOLI	7b+	23m	Einzelstelle mit Boulder
10 OHNE NAMEN	23m	Projekt	
11 NON È UN 6C	7b	23m	Überhängende athletische Kante
12 IL CELVINO	7b	25m	Seltsame Passage, uninteressant
13 LA SFESURA	5c	20m	Einfach bis zum ersten Stand
14 GIRO D'ARIA		10m	Erste Seillänge von 'La Sfesura', dann links
15 MISTER CASTAGNA	6c	10m	Erste Seillänge von 'La Sfesura', dann gerade über gelben Überhang, athletischer Zug
16 GIPELOSA	5c	20m	Gutgriffige Platte
17 MANICUZ E PREPUZIO	6b	26m	Kurze Einstiegsverschneidung mit Dach, technischer Boulderzug, dann beim Stand gerade im Riss an Untergriffen hoch
18 IL GIARDINO DI NATO	6a+	25m	Athletischer Riss, gerade hoch, vor dem Standplatz technisch schwierig
19 KILLER SISTERS	6b+	25m	Einstieg kleingriffig, schwer ersichtliche Passage in der Ausstiegsplatte
20 SGEVE D'AUTORE	7a	20m	Schöne Route mit Längenzug
21 EHI FRATELLO	7b	18m	Kurz und schwer
22 B.B.	7b	18m	Fingerkraft
23 LO SLANCIO	7a+	15m	Komplizierte Passage
24 DIESEL	6b	15m	Kraftausdauer

GIARDINI DI NATO

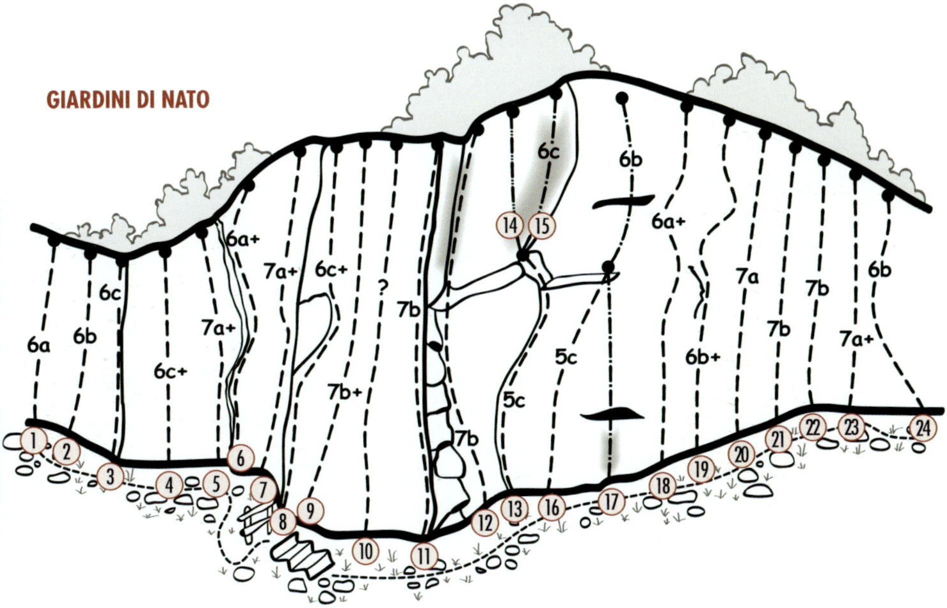

33

SISYPHOS

Wer abwechslungsreiche Routen sucht, wird hier viel Spaß haben. In der senkrechten, mit einigen Dächern gespickten Wand finden sich auch kleine Sinter, Leisten und Tropflöcher. Vielseitige Klettertechnik ist hier gefragt! In den zwei Sektoren gibt es insgesamt 43 Routen.

Das Gebiet ist der Gruppe Sisyphos gewidmet. Diese Gruppe entstand in den neunziger Jahren, als sich einheimische Kletterer zusammenfanden, um die bestehenden Gebiete im Sarcatal zu sanieren und neue zu erschließen. Und dieses Gebiet, das nach ihnen benannt ist, ist eine ihrer schönsten Kreationen.

Zu den eifrigsten Erschließern der Gruppe gehören Fabio Leoni, Danilo Bonvecchio, Rolando Larcher, Roland Galvagni, Marco Curti, Michele Cagol.

Erschließer: Gruppe Sisyphos.

ZUFAHRT/ZUGANG

Von Arco 17 km mit dem Auto, dann 15 Min. Fußweg

Von der Sarcabrücke in Arco in Richtung Trento/ Madonna di Campiglio/ Sarche. An Pietramurata (12,2 km) vorbei und weiter Richtung Madonna di Campiglio. Am Kreisverkehr geradeaus, am Einkaufszentrum vorbei und am Outlet Vertical Sportgeschäft scharf links in Richtung Madonna di Campiglio/ Tione abbiegen. Gleich nach der Brücke bei einem auffälligen roten Briefkasten nach links in die 'Via Rauten', geradeaus bis zu einem kleinen Platz und auf der Schotterstraße weiter, der rot-weißen Markierung 427 (Ponte del Gobbo/Pietramurata) 500 m durch die Weingärten hindurch folgend. Links führt eine schmale Straße Richtung Flussbett, hier gleich parken! Nun auf dem Schotterweg 400 m weiter und in Höhe eines großen Steines (links) auf den deutlich sichtbaren, steilen und steinigen Pfad, der rechts im Zickzack in 10 Minuten zu den Felsen führt.

1 SARNER MAUS	5a	10m	Kurze Platte, uninteressant
2 DON JUAN	5b	12m	Kurze Platte, uninteressant
3 CARLOS	6a	15m	Graue, kleine Wand
4 SOLERO	6a	15m	Schöne Ausdauerroute
5 COOKIE SNACK	6b	15m	Ausdauer an großen Griffen
6 ICE TEA	6b+	15m	Technisch anspruchsvoll, auch fußtechnisch
7 LIUK	6b	15m	Onsight schwierig
8 CALIPPO	6a	18m	Verschneidung mit technisch schwierigem Einstieg
9 FREDDOLONE	6b+	15m	Fingerkraft
10 CREMINO	6b	20m	Technisch, Abschlussdach
11 CAMILLINO	6b+	20m	Sehr technisch
12 CORNETTO	6c	23m	Einfach zu Beginn, vor dem Umlenker Fußtechnik gefragt
13 MAGNUM	7a	23m	Technisch sehr anspruchsvoll
14 CUCCIOLONE	7b	24m	Sehr technisch und heikle Züge
15 OHNE NAMEN			Projekt
16 BIKINI	7b+?	24m	Sehr technisch und heikle Züge
17 BLOB	7b+	12m	Boulder im Überhang, dann weiter in der Route 'Bikini'
18 WINNER	7b	24m	Sinterkletterei, dann schöne graue Platte
19 CROCCANTE	5c	15m	Einfacher Quergang
20 COPPA DEL NONNO	6c+	24m	Sehr schöne Route, Clippen am 2. Haken schwierig, Schlussüberraschung
21 ELDORADO	6b+	12m	Kurz, sehr rauher Fels
22 IL PROFETA	7b+	25m	Ausgezeichneter Fels
23 TIMOTY LEARY	7b	25m	Schwierige senkrechte Wandkletterei, viele Griffe müssen ertastet werden
24 BOOM	7a+	25m	Sehr schöne Route, die Züge vor dem Umlenker bestimmen den Grad
25 ESTRE RIMEDI	6c+	25m	Sehr schöne Route

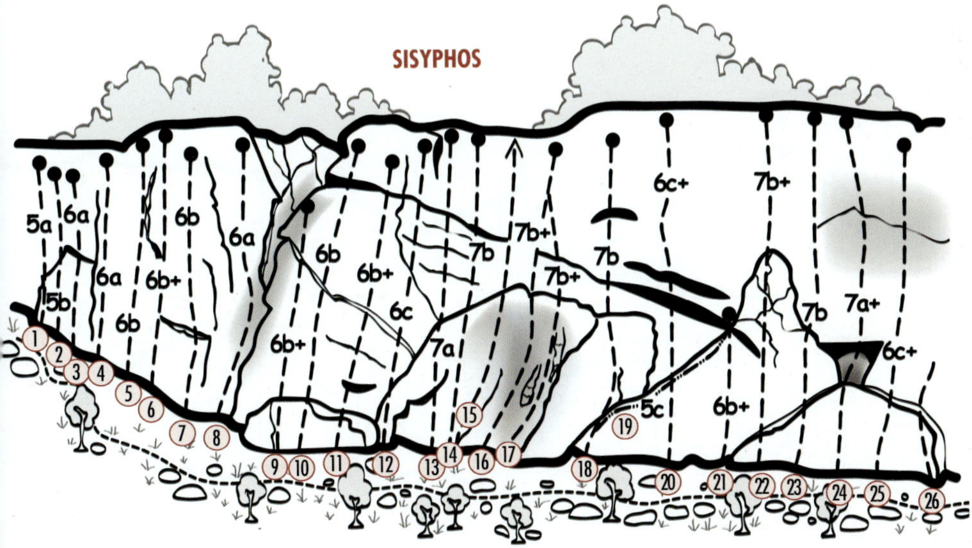

26 GOO	7a	25m	Nicht gerade einladender Fels, mit künstlich verbesserten Griffen
27 CORRIERA BARALLINA	7a+	25m	Fingerboulder nach dem Dach, dann technische Platte
28 OGNI LIMITE HA UNA PAZIENZA	6c+	25m	Einstieg wie 'Lampo di Fulmine', dann links
29 LAMPO DI FULMINE	6b+	25m	Sehr schöne Route
30 UCCIDI I TUOI IDOLI	7c	22m	Wenn du meinst, du hast es schon gepackt, dann ist es noch immer nicht vorbei..... exakte Fußtechnik und sehr heikle Züge
31 BY PASS	7b	22m	Ausdauor mit technischen Zügen
32 CIÒ L'SOFFIO	7a+	22m	Ausdauer
33 SEVERANCE	7a	20m	Sehr schöne Route
34 NON MI CONTA IL TORNO	7b	18m	Sehr schön, sehr harte Einzelstelle
35 MAESTRO TAPPO	7a/b	20m	Gelber Fels, einige Löcher, dann Dach und Längenzüge
36 VITA DA CORRIDOIO	6c+	20m	Schöne Züge, sehr technisch
37 SPAVALDO	6b+	18m	Supertechnisch
38 PIUME DI STRUZZO	6a	20m	Einfach, aber technisch anspruchsvoll
39 VASELINA	6a	22m	Einfach, aber technisch anspruchsvoll
40 IL TERZO SESSO	6b	16m	Technisch schwierige Platte
41 LA COMMEDIA UMANA	6c+	25m	Komplizierte Stelle im Überhang
42 TU MI PUNGI	5c	13m	Kurz, scharfer Fels
43 IGEL	6a+	13m	Platte
44 IL RUGGITO DEL LEONE	7a	25m	Blockierer

SISYPHOS

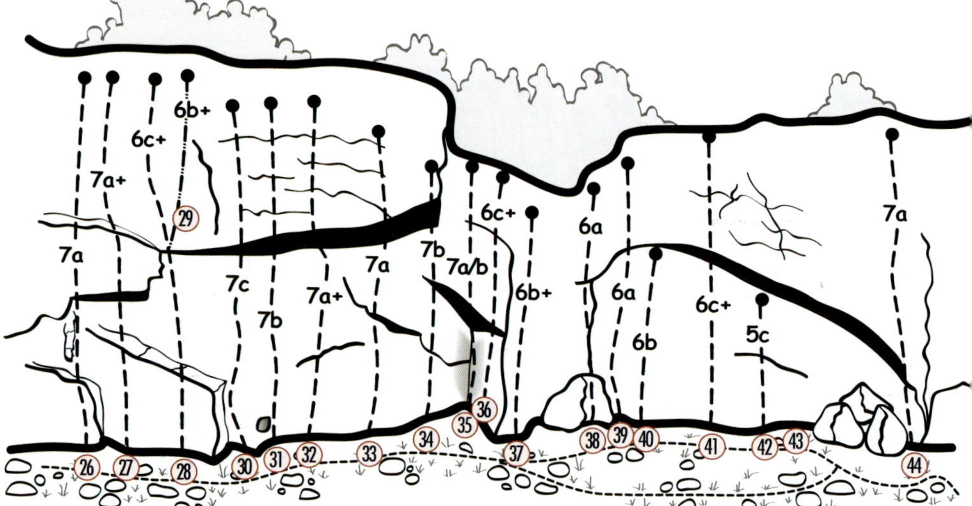

il Gelatiere
Caffè
Gelateria Artigianale
piazza III Novembre
38062 Arco (TN)
tel. 0464.531541
ampio patio esterno

34

SARCHE

Passionierten Klettererern und Erschließern wie Mario Curti haben wir einige der zuletzt entstandenen Klettergebiete im Sarcatal sowie viele Routen in den Schwierigkeitsgraden bis 6c zu verdanken. Auch dieses Gebiet trägt seine Handschrift, unterstützt wurde er dabei von Giordano Di Matteo.

Die drei Sektoren liegen nur ca. 50 m voneinander entfernt. Im Sektor A gibt es viele einfache, aber interessante Routen. Den Sektor C erreicht man nur über die Route 'Avvicinamento'. Auf einem Band beginnen dann die Routen (Absicherung an Stahlseil möglich). Wegen der ruhigen Lage und der schönen Routen ein durchweg empfehlenswertes Klettergebiet.

Erschließer: M. Curti, G. Di Matteo.

ZUFAHRT/ZUGANG

Von Arco 17 km mit dem Auto, dann 5 Min. Fußweg

Von der Sarcabrücke in Arco in Richtung Trento/ Madonna di Campiglio/ Sarche. An Pietramurata (12,2 km) vorbei und weiter Richtung Madonna di Campiglio. Am Kreisverkehr geradeaus, am Einkaufszentrum vorbei und am Outlet Vertical Sportgeschäft scharf links in Richtung Madonna di Campiglio/ Tione abbiegen. Gleich nach der Brücke bei einem auffälligen roten Briefkasten links in die 'Via Rauten', geradeaus bis zu einem kleinen Platz und auf der Straße weiter, der rot-weißen Markierung 427 (Ponte del Gobbo/Pietramurata) 500 m durch die Weingärten folgend. Links führt eine schmale Straße Richtung Flussbett, hier gleich parken! Nun auf dem Schotterweg 20 m weiter und rechts auf einen steilen Pfad. An einer Verzweigung zum Sektor A nach rechts und zu den Sektoren B und C nach links.

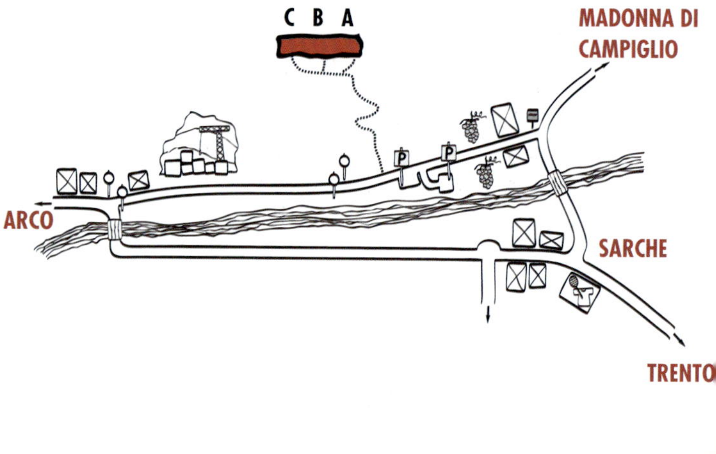

SEKTOR A

1 PAPPA E CICCIA	7b	12m	Einzelstelle mit sehr kleinen Griffen
2 SONSTUFO	6b+	12m	Wunderschöne schöne gelbe Wand mit Leisten
3 SONSTANCO	6b/c	13m	Wand mit runden Griffen
4 CCÀ N'SCIUN' È FESS	6b	13m	Kleiner Überhang mit kleinen Griffen
5 TOTÒ CAMEN	6b+	15m	Technischer Einstieg, dann gute Griffe, aber wenig logische Grifffolge
6 ZOMBIE LE CHUCK	6a	15m	Ausdauerkletterei an Seitgriffen
7 MONKEY ISLAND	6a	18m	Gutgriffiger Fels
8 PEDRO PAPÀ	6a+	20m	Schön, kompakter grauem Fels

SEKTOR B

9 SPENDI SPANDI OFFENDI	6b	18m	Heikler Einstieg mit runden Griffen, dann schöne Wand mit Leisten
10 NUNTEREGGAE PIÙ	7a	30m	Zu Beginn Leisten, mit schwierigem Dachausstieg
11 COLLAUDATORE DI VIAGRA	7a+	30m	Zu Beginn Leisten, mit schwierigem Ausstieg aus Dach
12 FALETTI IN LOVE	7b+	27m	Ausdauernd, an sehr kleinen Griffen, mit schwierigem Dachausstieg
13 PARLI COME BADI	6c	20m	ausdauernd, sehr kleine Griffe, technisch anspruchsvoll
14 TREMENDISSIMA MULATTA	6c	20m	Intensiv an sehr kleinen Griffen, technisch anspruchsvoll

SEKTOR C

15 AVVICINAMENTO	5c	18m	Nicht gerade leichter Beginn, etwas schmutzig
16 VACUUM	6a+	25m	Schöne Route, Beginn an Schuppen, heikler Ausstieg
17 PSEUDOMONAS	?	25m	Projekt. Fingerkraftausdauer, heikle Passagen
18 GINETTO E CESARINO	7a+	25m	Fingerkraftausdauer
19 BIGOI CON CECI	?	25m	Projekt. Fingerkraftausdauer und heikle Passagen
20 MATRIX 6b+	?	25m	Schöne, technisch schwierige Wand mit Leisten
21 HOLI MAN	6b	18m	Schöne, technisch schwierige Wand mit Leisten

SARCHE

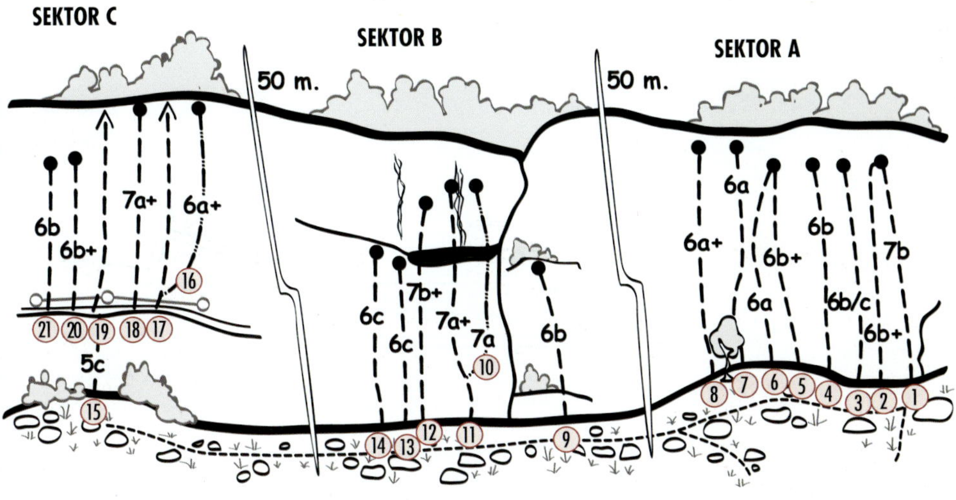

35

LA PANORAMICA

Eines der neuesten Schmuckstücke im Sarcatal. Diese wunderschöne, ruhig gelegene Wand wurde vom unermüdlichen Erschließer Fabio Leoni und von Michele Cagol vom Sportgeschäft Vertical Sport erschlossen. Alle Routen sind sehr schön und lang, mit toller Aussicht auf das 'Tal der Seen' und den Lago di Toblino.

Erschließer: M. Cagol, F. Leoni.

ZUFAHRT/ZUGANG

Von Arco 17 km mit dem Auto, dann 10 Minuten Fußweg (Fixseile)

Von der Brücke über die Sarca in Richtung Trento/ Madonna di Campiglio/ Sarche. An Pietramurata (12,2 km) vorbei und weiter Richtung Madonna di Campiglio. Am Kreisverkehr geradeaus, am Einkaufszentrum vorbei und am Outlet Vertical Sportgeschäft links in Richtung Madonna di Campiglio/ Tione abbiegen. Gleich nach der Brücke bei einem auffälligen roten Briefkasten nach links in die 'Via Rauten' und geradeaus bis zu einem kleinen Platz und auf der Schotterstraße weiter, der rot-weißen Markierung 427 (Ponte del Gobbo/Pietramurata) 500m durch die Weingärten folgend. Links führt eine schmale Straße Richtung Flussbett, hier gleich parken! Auf dem Schotterweg nun 100m zurück, dann links auf den steilen Pfad, der zuerst in einer Rinne und dann im Zickzack verläuft. Über kleine Felsen 10 m bis zu den ersten Fixseilen, dann wieder auf dem Pfad weiter bis zu den nächsten Fixseilen, die direkt zur Wand führen.

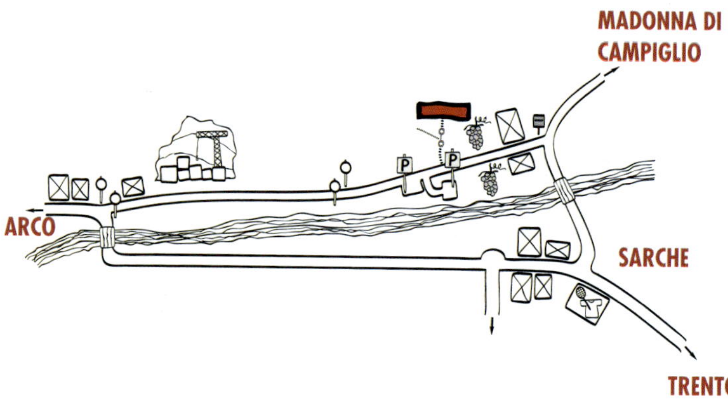

1 MESSA A FUOCO	6a/+	23m	Leicht brüchig und schmutzig
2 OVETTO XA2	6b+	28m	Gute Griffe mit Abschlussplatte
3 FOTOCOLOR	6b+	28m	Zwei heikle Stellen
4 DIAFRAMMA	6b	28m	Einzelstelle an Leisten, dann leichter
5 INFINITO	7a+	30m	Technisch anspruchsvoll im mittleren, senkrechten Wandteil
6 OBIETTIVO	6c+	30m	Ausdauer im grauen kompaktem Fels
7 ZOOM	7a	34m	Zwei schwierige Passagen bei den kleinen Dächern
8 GRANDANGOLO	6c+	34m	Heikler Beginn, Seitgriffe in leichtem Überhang
9 FLASH	6c	34m	Ausdauer in leichtem Überhang
10 PROFONDITÀ DI CAMPO	7a	34m	Technisch anspruchsvoll im mittleren, senkrechten Wandteil
11 CONTROLUCE	?		Projekt
12 AUTOSCATTO	6a+	25m	Technische Verschneidung
13 ESPOSIMETRO	6a+	25m	Schöne Aufwärmroute
14 OTTICHE	6c	18m	Technsch anspruchsvoll, Einzelstelle mit kleinen Leisten
15 PRISMA	7b+	24m	Schwierige Einzelstelle am Schluss
16 FILTRI	7b?	24m	Ausdauerwand, sehr schwere Passagen
17 FISHEYE	7a	24m	Sehr schöne Route, ein Muss
18 POLARIZZATORE	7a	24m	Senkrechte Wandkletterei an kleinen Leisten
19 50mm	7a	24m	Kurze Boulderstelle, dann Rastposition, ausdauernd und sehr technisch

LA PANORAMICA

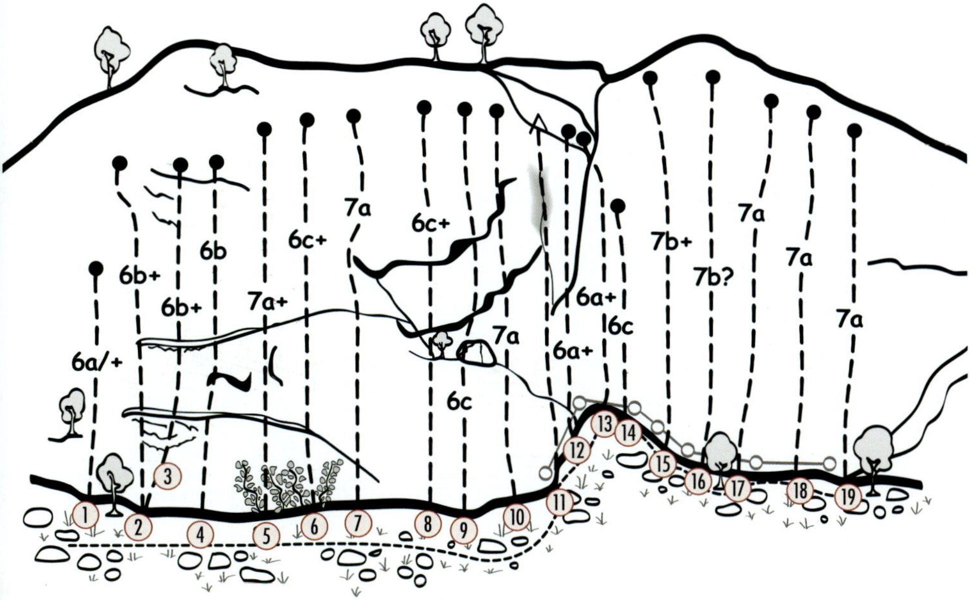

36

MURO DEI MERIDIANI

Das Gebiet wurde Ende 2005 erschlossen und war bei Drucklegung das neueste Gebiet im Sarcatal. Die Mehrseillängenrouten hier gehören zu den schönsten im Tal und dürfen deshalb in diesem Führer kurzer Routen nicht unerwähnt bleiben.
Ein schöner und imposanter Felsen, der von einem kuriosen Risssystem durchzogen ist, das schräg nach oben zieht und die Neigung des Bergkammes widerspiegelt. Zonen mit festem, rot-grauen Gestein und Zonen mit ziemlich viel "Schotter" wechseln einander ab. Aber alle Routen liegen im sehr kompakten und abwechslungsreichen Plattenbereich.
An Material werden nur Expressschlingen und ein 60-Meter-Doppelseil benötigt.
Trotz der guten Absicherung ist für die Routen im rechten Wandteil alpine Erfahrung nötig.
Abstieg: bei den linken Routen abseilen. Bei den rechten Routen zu Fuß absteigen. Der Abstiegspfad ist mit Steinmännern markiert und führt direkt zurück nach Sarche zum Parkplatz (15 Min.).

Erschließer: D. Filippi, R. Galvagni.

ZUFAHRT/ZUGANG
Von Arco 17 km mit dem Auto, dann 5 Min. Fußweg

Von der Brücke über die Sarca in Richtung Trento/ Madonna di Campiglio/ Sarche. An Pietramurata (12,2 km) vorbei und weiter Richtung Madonna di Campiglio. Am Kreisverkehr geradeaus, am Einkaufszentrum vorbei und am Outlet Vertical Sportgeschäft scharf links in Richtung Madonna di Campiglio/ Tione abbiegen. Gleich nach der Brücke bei einem auffälligen roten Briefkasten nach links in die 'Via Rauten', geradeaus bis zu einem kleinen Platz und auf der Schotterstraße weiter, der rot-weißen Markierung 427 (Ponte del Gobbo/Pietramurata) 500 m durch die Weingärten folgend. Links führt eine schmale Straße Richtung Flussbett, hier gleich parken! Auf dem Schotterweg nun 100 m zurück, dann links auf den steilen Pfad, der zuerst in einer Rinne und dann im Zickzack verläuft. Mit Hilfe der Fixseile auf der linken Seite höher und auf dem mit roten Punkten und Steinmännern markierten Pfad zum Wandfuß. Ein zweites Fixseil erleichtert den Aufstieg zum schräg verlaufenden Band.

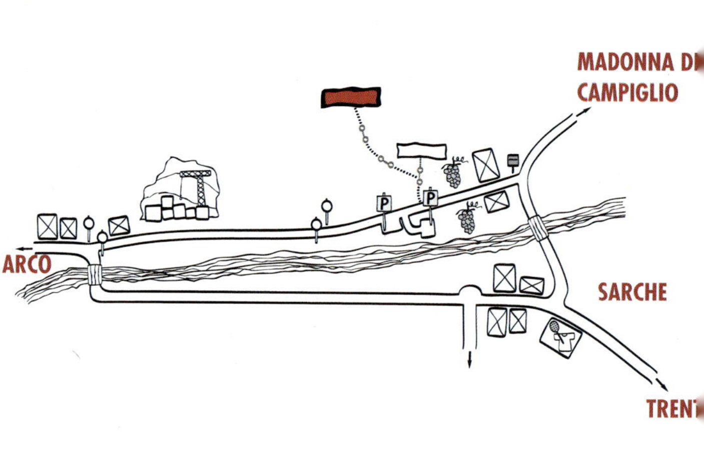

1 NEW ENTRY	5c/6a	70m	Schöne, einfache Route mit Schuppen und Verschneidungen, drei Seillängen
2 HOMO SAPIENS	6b+	30m	Herrliche Route in grauem, strukturiertem Fels. Technische Ausdauerkletterei. Verbunden mit der dritten SL von 'Popol vuh' sicherlich die schönste Linie dieser Wand.
3 POPOL VUH	6b+	70m	Schöne Dreiseillängenroute. Die 3. SL ist ein Meisterwerk an technisch anspruchsvoller Kletterei. Die 1. und 2. SL können auch in einem Stück geklettert werden
4 EUPHORYA	6c	70m	Nach der ersten, kurzen SL Wandkletterei an scharfkantigen Leisten und kleinen Rissen. Sehr ausgesetzt.
5 LE FATE IGNORANTI	6c	120m	5 SL an Schuppen und Querrissen, im Zickzack durch die schönsten Wandbereiche
6 L'EQUINOZIO DELLE BANANE	6c	120m	Abwechslungsreiche 5 SL an Schuppen und scharfkantigen Tropflöchern. Spektakulär ist die 4. SL, die rechts einen Überhang umgeht
7 HARI SHELDON	6c?	60m	2 SL. Nach der 1. SL von 'L'equinozio delle Banane' links über wunder schönen Riss und dann weiter über die stark strukturierte Wand

MURO DEI MERIDIANI

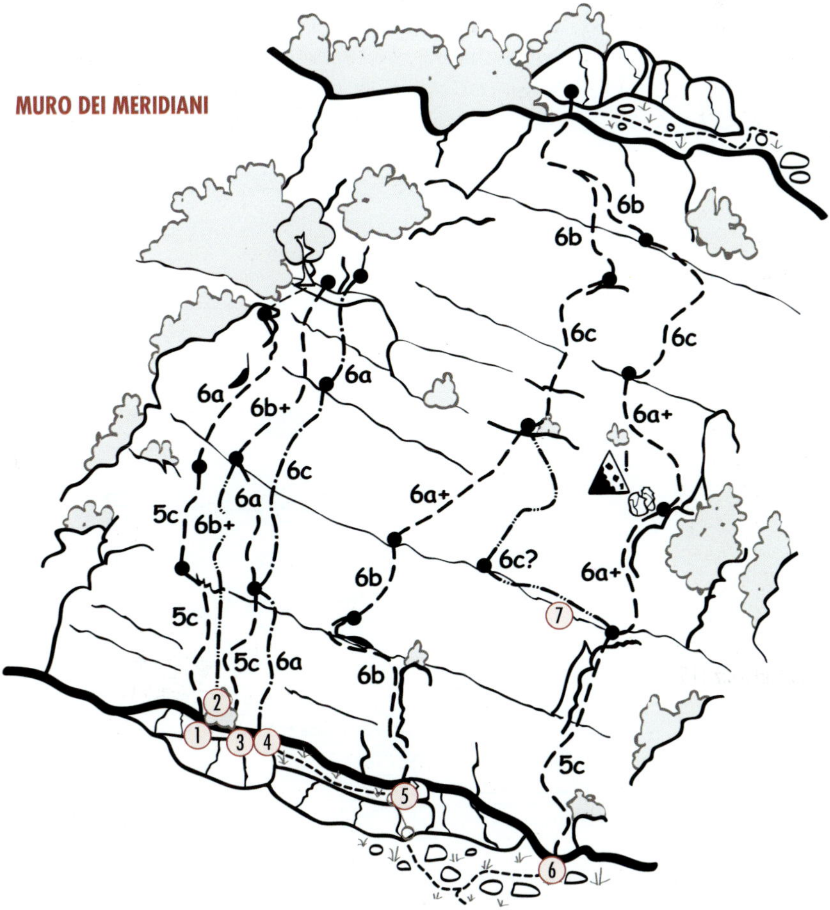

37

LIMARÒ

Kleiner und leicht erreichbarer Klettergarten, der fast immer im Schatten liegt (ideal im Hochsommer).
Die Aussicht auf die genau gegenüberliegende große Verschneidung des Piccolo Dain ist wunderschön.

Erschließer: G. Mantovani.

ZUFAHRT/ZUGANG

Von Arco 19 km mit dem Auto, dann 5 Min. Fußweg

Von der Brücke über die Sarca in Richtung Trento/ Madonna di Campiglio/ Sarche. An Pietramurata (12,2 km) vorbei und weiter Richtung Madonna di Campiglio. Am Kreisverkehr geradeaus, am Einkaufszentrum vorbei und am Outlet Vertical Sportgeschäft scharf links in Richtung Madonna di Campiglio/ Tione abbiegen und 2 km weiter hochfahren. Bei Kehre No. 2 parken und zu Fuß auf der alten Straße nach Limarò (geschlossene Schranke) 200 m weiter bis unter die Wand.

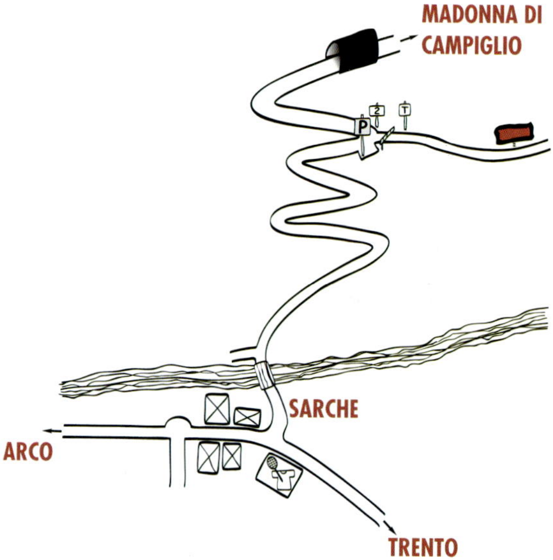

1 ROCCO	6c	15m	Leicht überhängender Start, dann einfacher
2 BAROCCO	6a+	15m	Graue Verschneidung
3 TAROCCO	6b/+	15m	Graue Wand mit Leisten
4 ARROCCO	6a/+	26m	Graue Wand mit Leisten
5 SCIROCCO	6a/+	26m	Graue Wand mit Leisten
6 SCIROCCO BIS	7a+	26m	Einstieg wie 'Scirocco', dann leicht rechts, technisch anspruchsvolle Platte

LIMARÒ

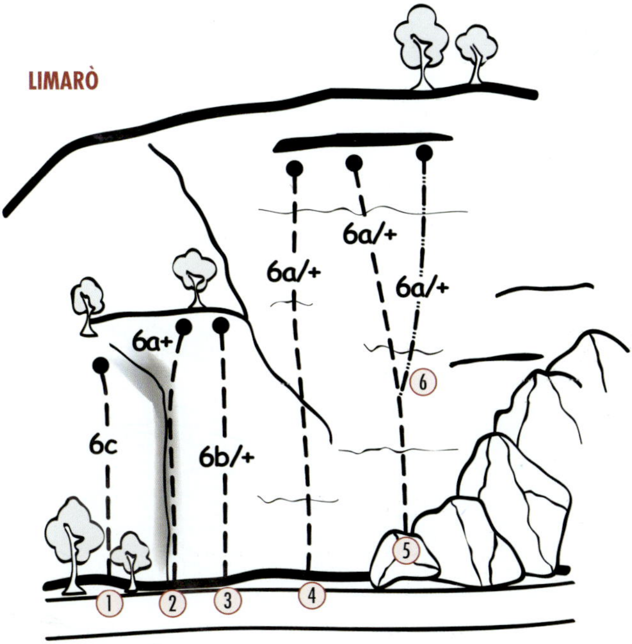

38

LIMAROCK

Kleiner und leicht erreichbarer Sektor an der alten Straße nach Limarò. Die Routen weisen fast durchgehend hohe Schwierigkeitsgrade auf: einige verlaufen in Rissverschneidungen, andere in leicht überhängenden, plattigen Wandbereichen. Das Gebiet liegt ruhig mit schöner Aussicht, aber fast immer im Schatten und ist deshalb im Sommer ideal. Im Winter ist es dagegen meist zu kalt.

Erschließer: S. Banal, D. Bonvecchio.

ZUFAHRT/ZUGANG

Von Arco 22 km mit dem Auto, dann 5 Min. Fußweg

Von der Brücke über die Sarca in Richtung Trento/ Madonna di Campiglio/ Sarche. An Pietramurata (12,2 km) vorbei und weiter Richtung Madonna di Campiglio. Am Kreisverkehr geradeaus, am Einkaufszentrum vorbei und am Outlet Vertical Sportgeschäft scharf links in Richtung Madonna di Campiglio/ Tione abbiegen und 5,2 km weiter fahren. Man passiert drei Tunnels und parkt vor dem 4. Tunnel (Balandin) auf der rechten Seite. Nun zu Fuß auf der alten Straße ca. 300 m weiter bis zur Wand. Die Routen starten direkt von der Straße. Achtung auf Radfahrer!

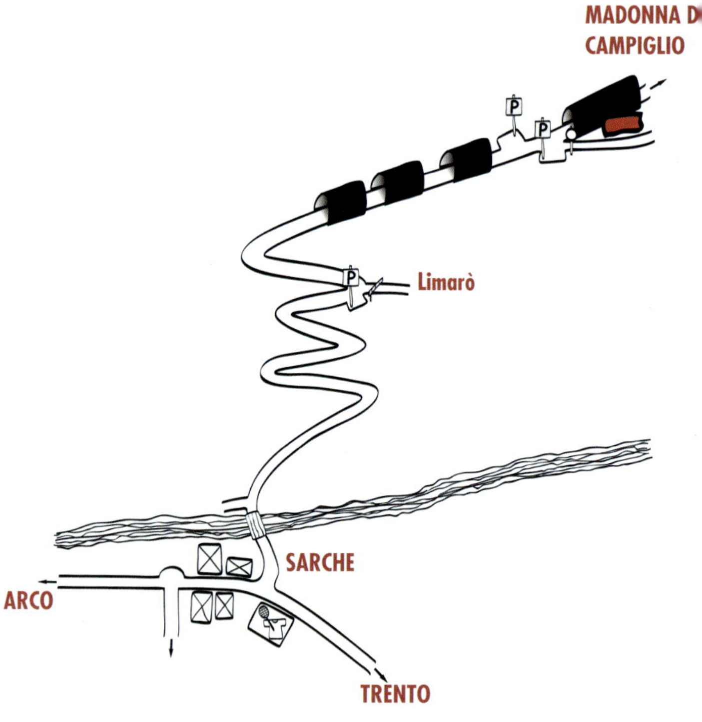

1 CREN	8a	20m	Zu Beginn Längenzüge, dann Ausdauer an guten Griffen
2 OMAR	6c+	25m	Schwieriger Start bis zum Riss
3 POP QUIZ	7c/8a	25m	Kleine Griffe beim Ausstieg aus dem ersten Wandbereich, größenabhängige Boulderstelle im Mittelteil. Weite Hakenabstände.
4 BELLA MOSSA	7b/c	28m	Kurzer,schwerer Boulderzug am Dach, dann technisch schwierige Platte
5 ACACIA	6a+	25m	Riss
6 MOKA	7a/b	25m	Ausdauer und abwechslungsreiche Bewegungen, Klebehaken
7 HELTER SKELTER	7b+	25m	Ausdauer in Verschneidungen und an breiten Schuppen
8 MOBBING	7c	20m	An den ersten vier Haken wie 'Helter Skelter', dann nach rechts. Gleichgewichtspassage im Mittelteil

LIMAROCK

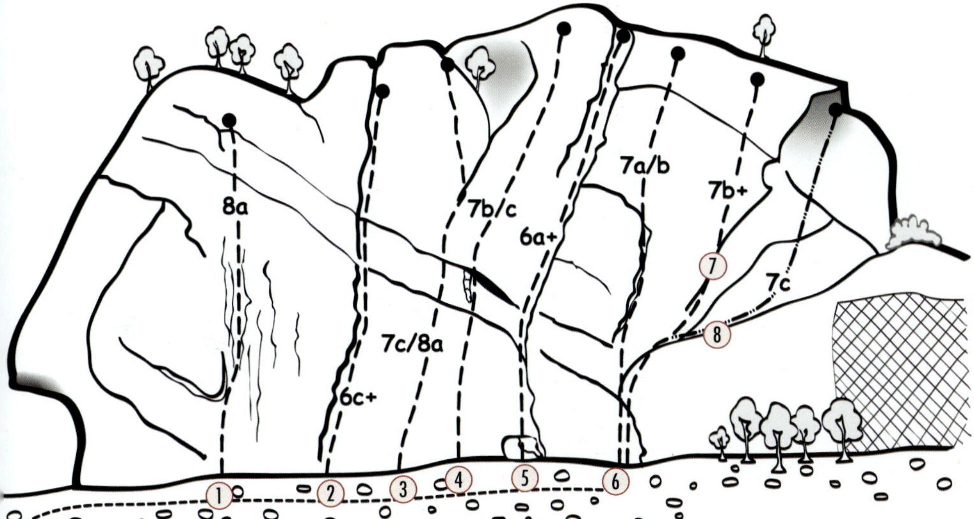

39

BASSILANDIA

Das Klettergebiet ist dem Andenken an Roberto Bassi gewidmet.Es liegt oberhalb des Tobliner Sees und bietet ein herrliches Panorama. Die Felsqualität dieser wunderschönen Wand ist hervorragend. Im grauen Kalk gibt es technisch höchst anspruchsvolle Klettereien an Leisten und schönen Sintern. Von den 45 Routen im Bereich 6a bis 8b+ überwiegen die Wege von 7a aufwärts. Im Winter lässt es sich bei Sonnenschein vom Vormittag bis in den frühen Nachmittag klettern; in den übrigen Jahreszeiten, wenn es nicht zu heiß ist. Das Klettergebiet liegt in einem Biotop, Naturschutz ist hier absolute Pflicht!

Erschließer: M. Cagol, L. Celva, M. Curti, G. Dalfovo, R. Larcher, F. Leoni.

ZUFAHRT/ZUGANG

Von Arco 18,5 km mit dem Auto, dann 15 Min. Fußweg

Von der Brücke über die Sarca in Richtung Trento/ Madonna di Campiglio/ Sarche. An Pietramurata (12,2 km) vorbei und weiter Richtung Madonna di Campiglio. Am Kreisverkehr geradeaus, am Einkaufszentrum vorbei, am Outlet Vertical Sportgeschäft rechts in Richtung Trento und weiter am See entlang. Auf ungefähr halber Höhe des Sees (1,2 km von Sarche), 500 m vor dem Schloss von Toblino, auf der linken Straßenseite in Falllinie unter der Wand parken. Viele Pfade führen gerade hinauf zu den Felsen, die von der Straße aus gut ersichtlich sind.

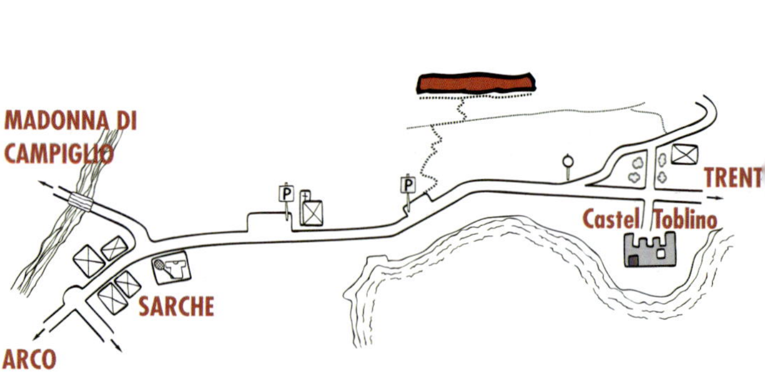

1 CROTALO WALL	7a	15m	Blockierer zu Beginn
2 NOVECENTO	7a	18m	Ausdauer in senkrechter Wand
3 BRILLANTINA	7a	18m	Ausdauer in senkrechter Wand
4 GONG HO	7b		Boulder im Mittelteil
5 TIM	7a+	18m	Ausdauer
6 GIAMAICA	7a/b	20m	Ausdauer in senkrechter Wand, Abschlussboulder
7 TRUTTA BIANCA BLU	7b+	22m	Ausdauer in senkrechter Wand, abschließende Boulderpassage
8 MAD WADL	7c+	22m	Heftige Boulderpassage an kleinen Löchern
9 IL MARE CALMO	7a	22m	Zuerst einfach, dann immer schwieriger
10 CUCCIOLO D'UOMO	7a	25m	Zunehmende Ausdauer
11 GUIDO SUL MUSCHIO	8a	25m	Boulder an Zweifingerlöchern, Aufleger
12 MESSICO E NUVOLE	7a	27m	Abschließendes Dach
13 DIEDRIN VOLL	7b+	25m	Verschneidung mit abschließendem Überhang
14 QUO VADIS	7b	18m	Boulder an kleinen Leisten vor Umlenker
15 QUI RESTIN	7c+	20m	Schwieriger Ausstieg an Untergriffen und Auflegern
16 IL SIGNOR G.	7c	26m	Einstiegsboulder, kniffliger Ausstieg
17 GOGANGGA	7c/7c+	26m	Senkrechte Wand mit Fingerkraft
18 BOD PA	7c	25m	Ausdauer
19 PKK	8b+	27m	Ausdauer an kleinsten Unter- und Seitgriffen, exakte Fußtechnik
20 DA ZANCA A ZANCA	7c	27m	Ausdauer an positiven Leisten mit anstrengenden Längenzügen
21 WILL COYOTE	7a	20m	Sehr schöne Sintersäule mit Aussicht auf Tobliner See
22 EXTRATERRESTRE	7a	20m	Kurzer Einstiegsboulder an schmerzhaften Griffen, dann wunderschöner Sinter
22a EXTRATERRESTRE PLUS	8a	28m	Oberer Teil von 'Extraterrestre', Fingerkraft
23 L'ANDALOPITECO	8b	28m	Fußtechnik, viele Seit- und Untergriffe

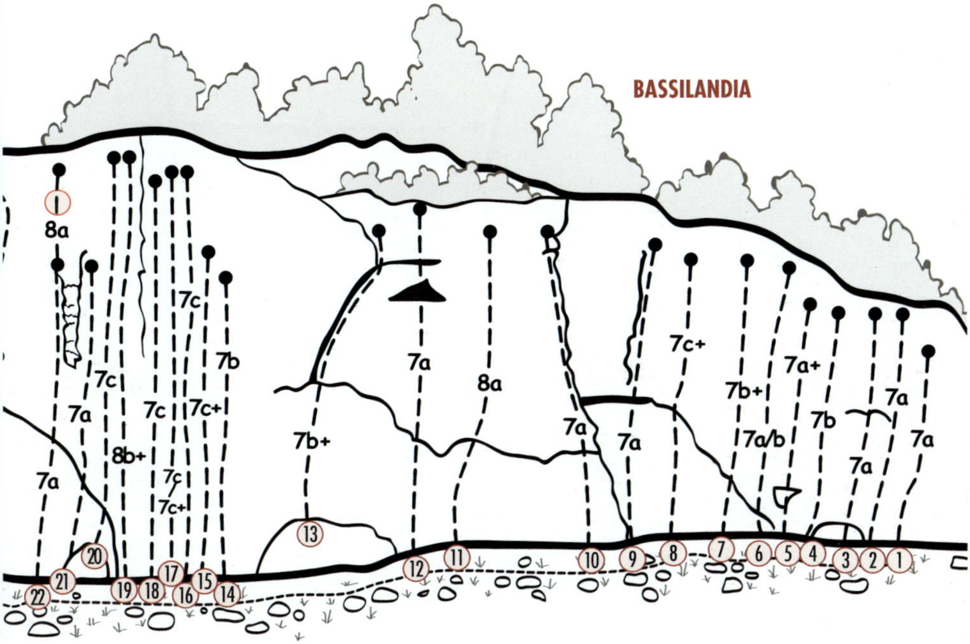

BASSILANDIA

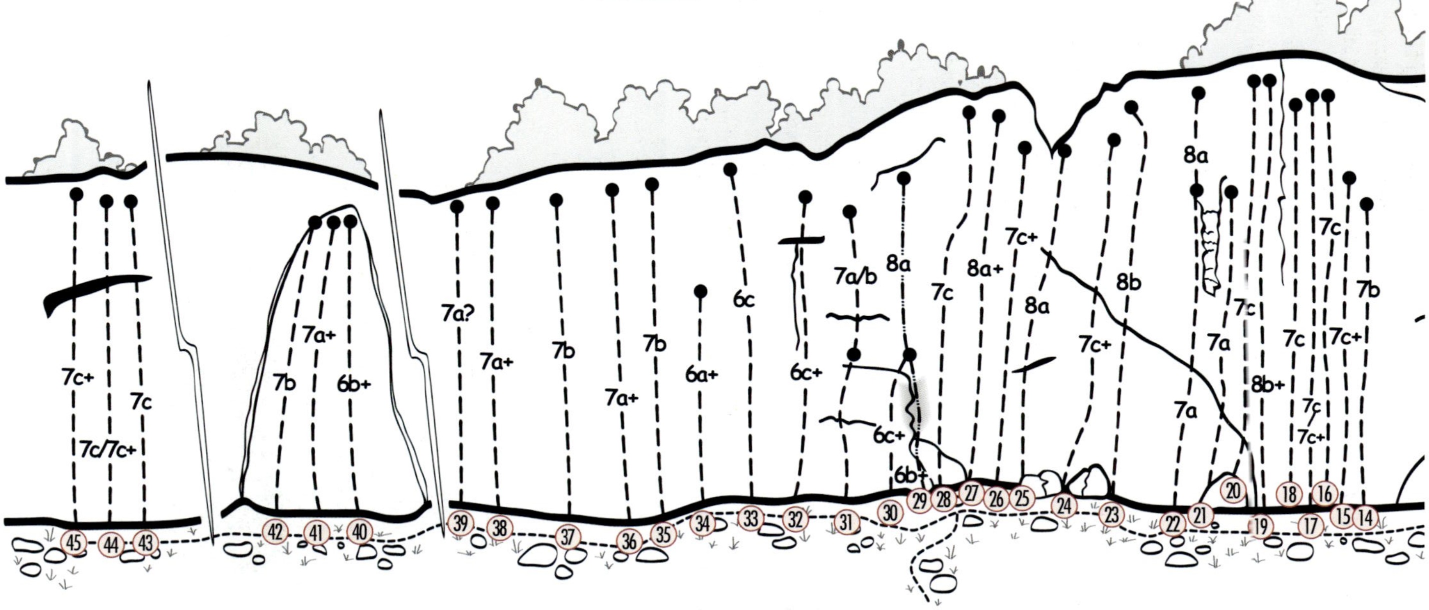

24 E CHIOVE		7c+	28m	Im ersten Teil harter Boulder, dann Rastposition; im zweiten Teil Ausdauer mit Längenzug
25 MOHAMMED KALIFFA		8a	28m	Start an Sintern, dann Seit- und Untergriffe, Fingerkraft, ausdauernd
26 TSUNAMI		7c+	28m	Ausdauer mit Einstiegsboulder
27 CERRUTI GINO		8a+	30m	Extreme Kraftausdauer
28 FRISCO		7c	32m	Fingerkraftausdauer, glatte Abschlusswand
29 NIX IST NICHT	SL1	6b+	15m	Verschneidung
	SL2	8a	30m	Boulder an Leisten
30 IL PATTO		6c+	15m	Fingerkraftausdauer
31 SU E GIU'		7a/b	28m	Einzelstelle vor dem Umlenker
32 SAPORI DI LAGOLO		6c+	25m	Sinterkletterei
33 ADALPINA		6c	25m	Heikler Beginn, dann Sinterverschneidung
34 6 MARZO		6a+	18m	Gutgriffige kurze Wand
35 X PILE		7b	25m	Technisch anspruchsvolle Platte, dann Kraftausdauer
36 PHOENIX		7a+	25m	Technisch anspruchsvolle Platte, dann Boulderpassage
37 ANATHEMA		7b	25m	abschließende Boulderpassage
38 I GAG MEN		7a+	25m	abschließende Boulderpassage
39 KIRKUK		7a?	25m	
40 NEBRASKA		6b+	20m	Gutgriffige kurze Wand, Einzelstelle am Beginn
41 MARKOS		7a+	20m	Sehr schön, verlangt Technik
42 OPHELIA		7b	20m	Boulderstelle im Mittelteil
43 L'ABUELITO		7c	22m	Senkrechte Wand, Abschlussboulder im Überhang
44 EL FLACO		7c/7c+	22m	Senkrechte Wand, Abschlussboulder im Überhang
45 EL GORDO		7c+	22m	Senkrechte Wand, Abschlussboulder im Überhang

Luca Giupponi *(Mario Manica)*

40

LA GOLA

ZUFAHRT/ZUGANG
Von Arco ca. 9 km mit dem Auto, dann 5 Min. Fußweg

Von der Brücke über die Sarca in Richtung Trento/ Madonna di Campiglio/ Sarche. An Pietramurata (12,2 km) vorbei und weiter Richtung Madonna di Campiglio. Am Kreisverkehr geradeaus, am Einkaufszentrum vorbei, am Outlet Vertical Sportgeschäft rechts in Richtung Trento und weiter am See entlang. Auf halber Höhe des Sees befindet sich das Schloss von Toblino. Genau gegenüber vom Schlosseingang beginnt eine Schotterstraße, die zuerst durch die Felder führt und dann ansteigt. An der ersten Kehre parkt man für den Zustieg zu den Sektoren Arcadioland und Pezzent Area. Der Straße entlang befinden sich immer wieder kleine Parkplätze für die weiteren Sektoren, die dann alle in wenigen Minuten Fußweg erreicht werden.

La Gola ist ein richtiges kleines Paradies für Kletterer, weil es alles bietet: von der supertechnischen Platte über steile Überhänge bis hin zur gutgriffigen, einfachen Route. Das klettertechnisch geschichtsträchtige Gebiet befindet sich in einer engen Schlucht ganz in der Nähe des Tobliner Sees. In den letzten Jahren wird es weniger besucht, als es eigentlich angebracht wäre. Vielleicht liegt das auch an der strengen Bewertung der Routen ab 7a aufwärts.
Nur mit viel Technik, Bewegungsgefühl und/oder der entsprechenden Fußtechnik ist in den Routen der Sektoren Pezzent Area, Il Guardrail, Il Castello etwas zu holen. Hier sind vor allem die Klassiker Futura 8a+ (ein Meisterwerk von Roberto Bassi), Tursen 7c und La Sfinge 7c+ zu erwähnen. In den neueren Sektoren wie Il Tornante und Arcadioland kommen auch 6a-Kletterer zu ihrem Vergnügen.
Die Ausrichtung der Sektoren ist unterschiedlich, daher ist Klettern das ganze Jahr möglich. Im kleinen Sektor La Casa del Piacere kann auch bei Regen geklettert werden.
Es zahlt sich sicherlich aus, diesem Klettergarten einen Besuch abzustatten und dort sein Können zu testen.
Die gesamte Gebiet befindet sich in einem Biotop, deshalb ist Naturschutz oberstes Gebot!

Erschließer: R. Bassi, H. Mariacher (die klassischen Erschließer), die Gruppe Sisyphos, und andere.

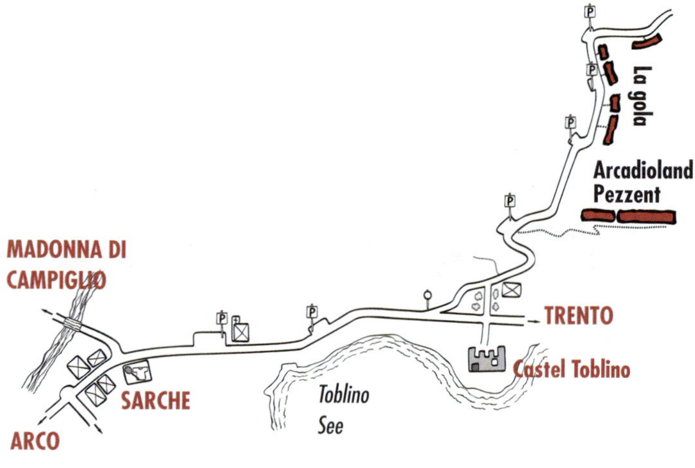

SEKTOR IL TORNANTE

1 DIEDRO TURRI	6b	15m	Verschneidungskletterei
2 SHIRA	7c	13m	Senkrechte Wand mit Zügen an Auflegern
3 BAGIGI	5c	18m	Platte, durchzogen von einer Reihe von Rissen
4 GAMBA DI LEGNO	5c/6a	21m	Gutgriffige Platte mit heikler Einzelstelle
5 ZIO TIBIA	6c	18m	Gutgriffige Platte mit Gleichgewichtspassage an Auflegern
6 DILETTANTI ALLO SBARAGLIO	7a	18m	Schöne, technisch anstrengende und anspruchsvolle Platte
7 PLEASE	6b	20m	Einfacher Einstieg, dann Ausdauer an Leisten
8 ENFANT PRODIGE	4a	5m	Für Kinderkurse
9 GIANNI E PINOLI	6a	20m	Einfacher Einstieg, dann Ausdauer an Leisten
10 DOTT. LIVORE	6b+	20m	Einfacher Einstieg, dann Ausdauer an Leisten
11 PACCOMAN	6a	22m	Leichter Beginn, Einzelstelle im Mittelteil
12 MENEFÒTTO	7b	20m	Schön, schwieriger Zug am Überhang
13 GLOBUS MUNDI	6a	24m	Verschneidung
14 INDIA	7a	24m	Technisch anspruchsvolle Platte
15 INDIA PLUS	7b	24m	Technisch anspruchsvolle Platte
16 PRAJNAPARAMITA	6b	24m	Ausdauerroute, technisch schwieriger Ausstieg an kleinen Leisten
17 OM	?	24m	

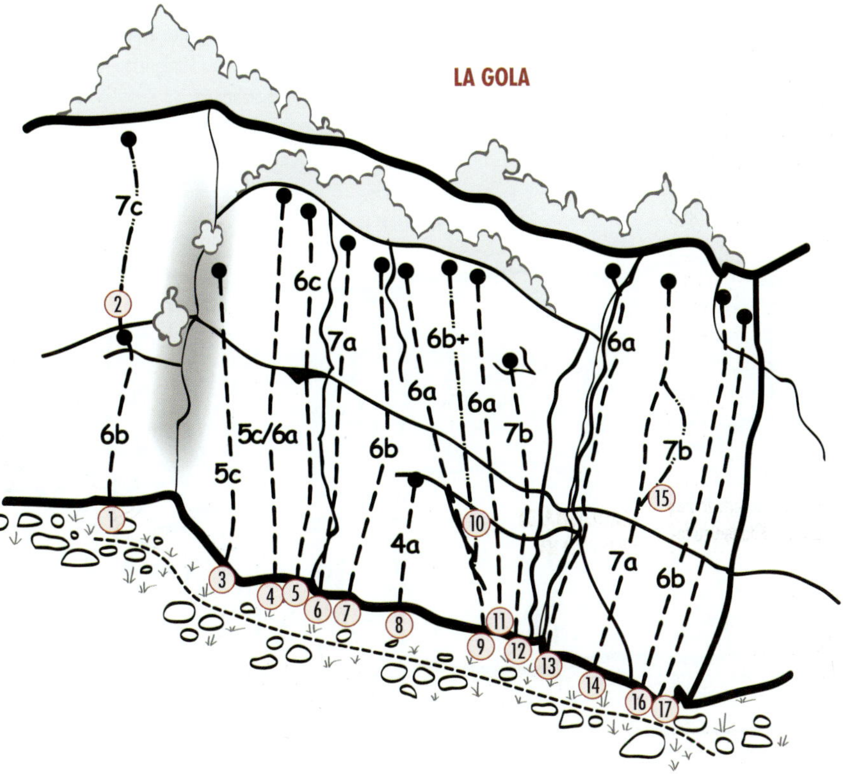

SEKTOR IL GUARDRAIL

18 DIEDRO ARMANI		5c/6a	24m	Rissverschneidung, klassische Kletterei
19 PEPPONE		6c+	22m	Einstieg wie 'Diedro Armani', dann Aufleger und technisch schwierige Kletterei
20 DON CAMILLO		7a+	23m	Schwere Einzelstelle zu Beginn, dann Ausdauer
21 TURSEN		7c	25m	Ausdauer mit schwierigem Zug im Mitteteil
22 007		7c	25m	Technisch sehr schwierige Einzelstelle
23 HÖLLENGANDA		6c+	25m	Zu Beginn abgespeckt, dann schön ausdauernd
24 ZAPPATA		6c+	25m	Technischer Einstieg an Leisten, dann Ausdauer
25 HELLO DEBBY		7a	25m	Senkrechte Ausdauerwand mit heiklen Einzelstellen
26 LISCHE DI BANANA		7a+	25m	Schwere Einzelstelle am Einstieg, dann Ausdauer
27 CALIPSO		6a+	25m	Strukturierter Fels, schön
28 IMPEDITA		7c	20m	Sehr technisch, sehr ausdauernd
29 FUTURA		8a+	18m	Klassiker von Roberto Bassi. Mikroleisten
30 ROULETTE RUSSA		6c/7a	26m	Ausdauer, schön
31 ERCOLINO		6c+	26m	Schöne Wandkletterei, ausdauernd
32 GOULOISE		6c+	26m	Schöne Wandkletterei
33 TINTARELLA DI LUNA	SL1	6b		Einfach, große Griffe, leicht überhängend
	SL2	7b+		Technisch schwierige Leistenkletterei
34 BIJOUX		7b	25m	Schöne Route an Leisten, Ausdauer
35 GOTICA		6c+	25m	Schöne Route an Leisten, Ausdauer
36 MARMELLATA DI PERE		7b+	22m	Schöne Route an Leisten, Ausdauer
37 SUPERVECCHIA		7c	22m	Senkrechte, technische Route an Minigriffen, Fingerkraft und Bewegungsgefühl
38 ENGRAM		7b+	20m	Senkrechte, technische Route an Minigriffen, Bewegungsgefühl
39 ICNUSA		6c+	20m	Technisch schwierige Leistenroute
40 MORBILLIO		6b+	20m	Wunderschön an guten Griffen, viel Bewegungsgefühl

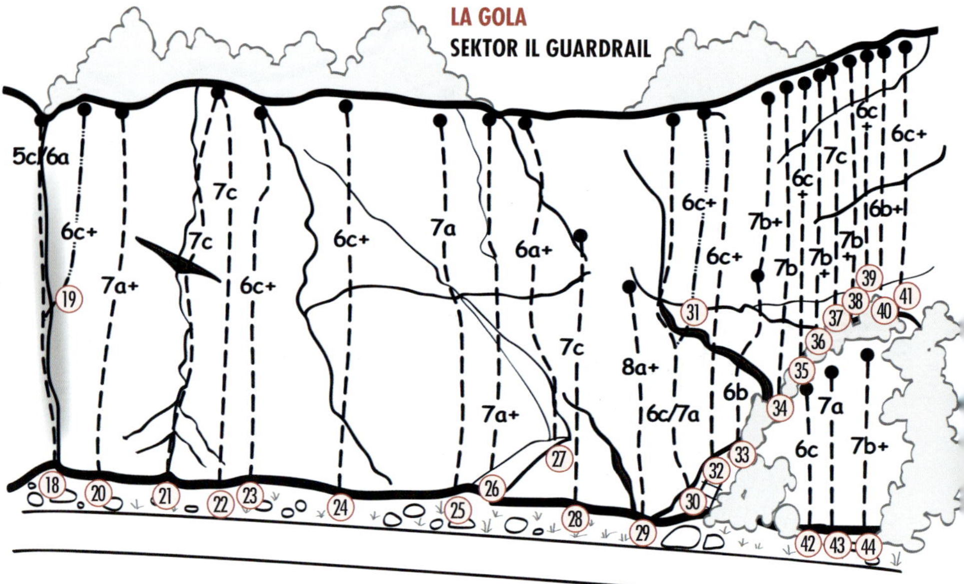

41 COLTELLO SELVAGGIO		6c+	20m	Wunderschön an guten Griffen, viel Bewegungsgefühl, Schlussüberraschung
42 ENTROPIA		6c	10m	Kurzer schwerer Boulder
43 OHNE NAMEN		7a	10m	Kurzer schwerer Boulder
44 OHNE NAMEN		7b+	10m	Kurzer schwerer Boulder

SEKTOR IL CASTELLO

45 RAPSODY IN BLUE	SL1	5c	18m	Schön mit guten Griffen
	SL2	7a/b	20m	Senkrechte Platte mit kleinen Griffen
46 TENDINITE	SL1	6c	20m	Einzelstelle mit Einfingerloch
	SL2	6c+	20m	Ausdauerroute
47 DOLLARI E PAPERI	SL1	6a+	20m	Schwierige Reibungsplatte mit seltsamen Bewegungen
	SL2	7a+	20m	Technisch schwierig, nicht leicht ersichtlich
48 SEX CLIMBER		6c+	18m	Abgespeckte Stelle am Einstieg
49 CALAMITY JANE		7b	20m	Technisch an kleinen Griffen
50 CAPITAN CLIFF		7b+	20m	Athletischer Ausdauerpfeiler
51 MUJADO		8b/b+	40m	Einfache Einstiegsplatte, dann Überhang mit Boulderzug. Schwierige Querung und technisch superschwere Platte
52 LA SFINGE	SL1	6c+	15m	Technisch anspruchsvoll
	SL2	7c+	24m	Technisch anspruchsvoll, ausdauernd. Schwierige Stelle an Auflegern
53 AFRICAN REGGAE	SL1	7a+	18m	Technisch schwierige Passage
	SL2	8a+	20m	Schwieriger Boulder. Wenig begangen, aber interessant und schön
54 RESTA WAY		6b+	16m	Schwieriger Überhang, nur gut durchdachte Züge bringen Erfolg
55 CHE PEPERINO!	SL1	6c	25m	Längenzug
	SL2	7a	22m	Technisch anspruchsvoll, kleine Griffe
56 BOB ROCK		6c+	20m	

LA GOLA
SEKTOR IL CASTELLO

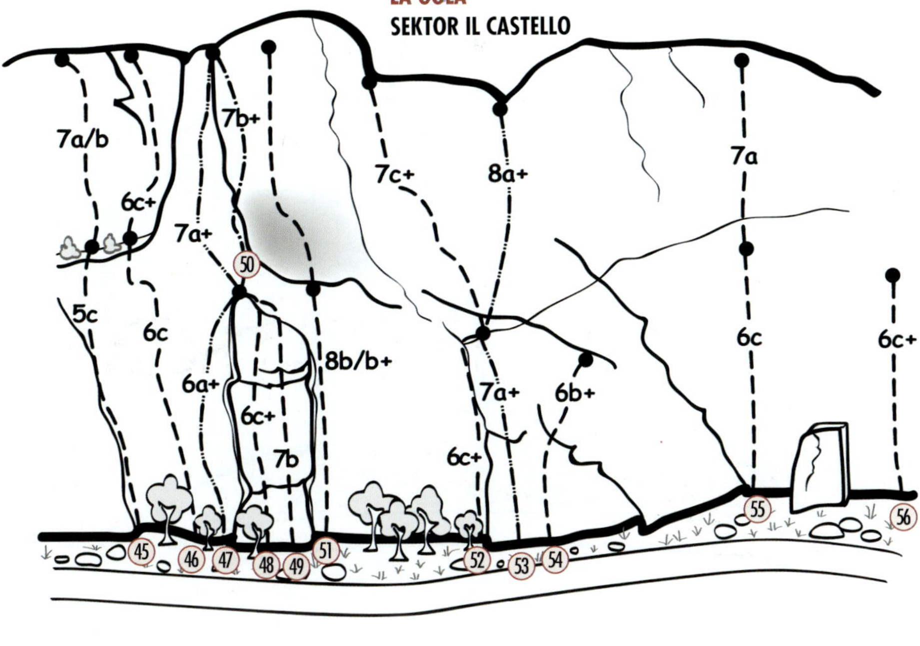

SEKTOR IL GIARDINO

57 LA VENDETTA DI ROBINSON	6c+	14m	Technisch anspruchsvoll, Aufleger, Ausdauer
58 HIGH WAY TO HELL	7a+	16m	Sehr schön, technisch sehr anspruchsvoll und ausdauernd mit runden Löchern
59 NEEDLESS AND PINS	6b	18m	Ausdauer am schönen Pfeiler
60 IL PANZONE	7a	20m	Einstieg mt Verschneidung, dann senkrechte Ausdauerwand
61 ALHOA	6b	20m	Schöne Risse, dann Ausstiegsplatte
62 IL MONOCICLISTA	6b	20m	Parallele Risse
63 CIUFFETTO MAGICO	7a	14m	Schwierige Platte, nicht mit Riss klettern...
64 SPIGOLO PENDENTE	7b+	14m	Passagen mit Gewichtsverlagerung, andauernde Gleichgewichtssuche
65 PASSEGGIATA NEL GIARDINO DI ROSA	6c	14m	Technisch anspruchsvolle Verschneidung
66 PEDRO ASSENTE	5c	14m	Einstieg gutgriffig, Ausstiegsriss

LA GOLA
SEKTOR IL GIARDINO

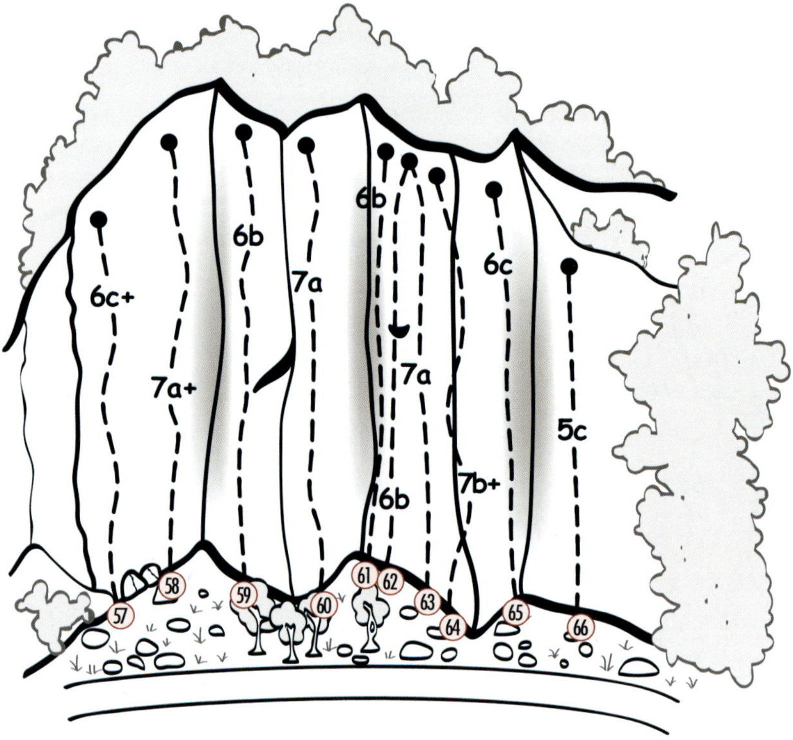

SEKTOR LA CASA DEL PIACERE

67 RESTING	7c+	25m	Einstiegsboulder, dann ausdauernd
67a RESTING DIRECT	7b+F.B.		Einstiegsvariante der 'Via Resting', harter Boulder
68 RAY MAN	8a+	40m	Schwieriger Einstiegsboulder, dann ausdauernd an Sintern. Sehr lang!
68a RAY MAN DIRECT	8a+		Variante von 'Ray Man', links der Originalroute
69 DESTINO FATALE	8a	20m	Schwere Abschnitte
70 NEUROTICA	7c	20m	Kurze überhängende Verschneidung
71 DANZA MACABRA	7a+	20m	Sinter und gute Griffe, klassische Aufwärmroute
72 HEY JOE	7a+	20m	Sinter und gute Griffe, klassische Aufwärmroute
73 NITE CLUB	7b	20m	Ausdauer an Sintern
74 MISTER MONKEY	6c+/7a	18m	Start im tiefsten Punkt der Grotte, an Stalaktiten
75 RELAX + MISTER MONKEY	7c+	32m	Athletische Ausdauerkletterei an Stalaktiten

SEKTOR L'UGOLA (keine Skizze)

76 IL MISTICO SENZA DIO	7c+		Projekt (alte Haken)
77 OHNE NAMEN			Projekt (alte Haken)

SEKTOR TERZO MILLENNIO (keine Skizze)

78 MARE D'INVERNO	7b	25m	(alte Haken)
79 ARGONAUTI DELL'IDEALE	7c?	23m	(alte Haken)
80 PUSKIN	?	25m	Projekt (alte Haken)
81 SPEED BALL	?	25m	Projekt (alte Haken)

LA GOLA
SEKTOR
LA CASA DEL PIACERE

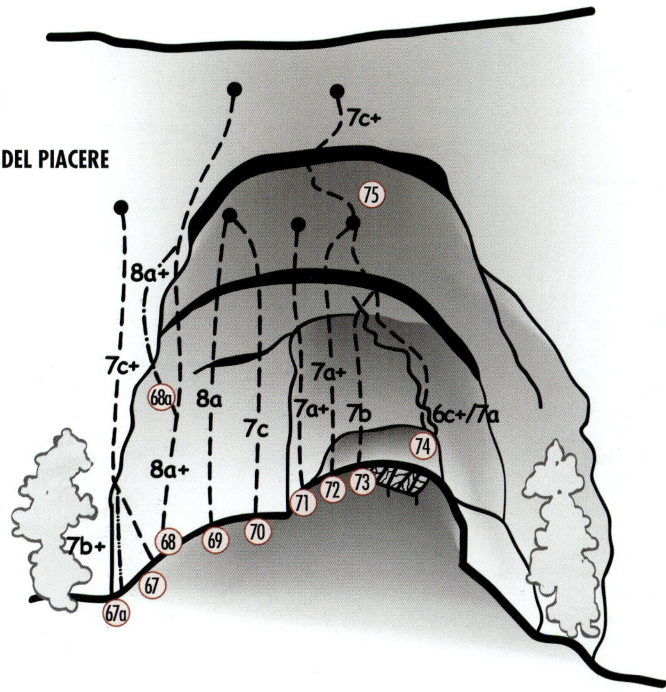

SEKTOR IL NASINO (keine Skizze)

82 CLEOPATRA	7b+	25m	Einzelstelle (alte Haken)
83 NUMERO BIS	7a	25m	Ausdauer (alte Haken)
84 BEND AIDS	6c+	25m	Schwierig beim Ausstieg (alte Haken)
85 SBRONZI BEAT	6c+	20m	(alte Haken)

SEKTOR ARCADIOLAND

1 SAND CREEK	5c	16m	Kleingriffiger Einstieg, ausdauernd
2 LADRI DI GRASSO	5c/6a	12m	Kleingriffiger Einstieg, ausdauernd
3 PANCE GROSSE	6a+	12m	Technisch schwierige Platte,kleine Griffe
4 BASLOC	5c	28m	Gut strukturierte Platte, sehr schön
5 MICLA	5c	30m	Gut strukturierte Platte, sehr schön
6 LAVAST'OVIGLIA	6a+	18m	Senkrechte Platte, Schlüsselstelle an Untergriffen im Mittelteil
7 CRITICATUTTO	7a+	18m	Technische Reibungsstelle an Auflegern
8 L'AFRICANO	7b	20m	Ausdauerwand an kleinen Griffen mit heiklem Gleichgewichtproblem
9 LA VARIANTE	5c/6a	23m	Leichte Route mit Einstiegsverschneidung
10 BRUNELLO MARINO	6a/b	23m	Schöne Ausdauerroute an Leisten
11 RED HANTS	6a	20m	Ausdauer mit anstrengendem Ausstieg
12 CELLULAR-DOG	6b	20m	Gut strukturierte Platte mit schwierigem Ausstieg
13 ARCADIOLAND	6a+	30m	Gut strukturierte Platte mit technisch schwierigen Ein- und Ausstiegszügen
14 SERPENTI VOLANTI	6a+	30m	Platte mit technisch schwierigem Ausstieg
15 VOTANTONIO	6a	28m	Sehr heikle Einzelstelle im Mittelteil

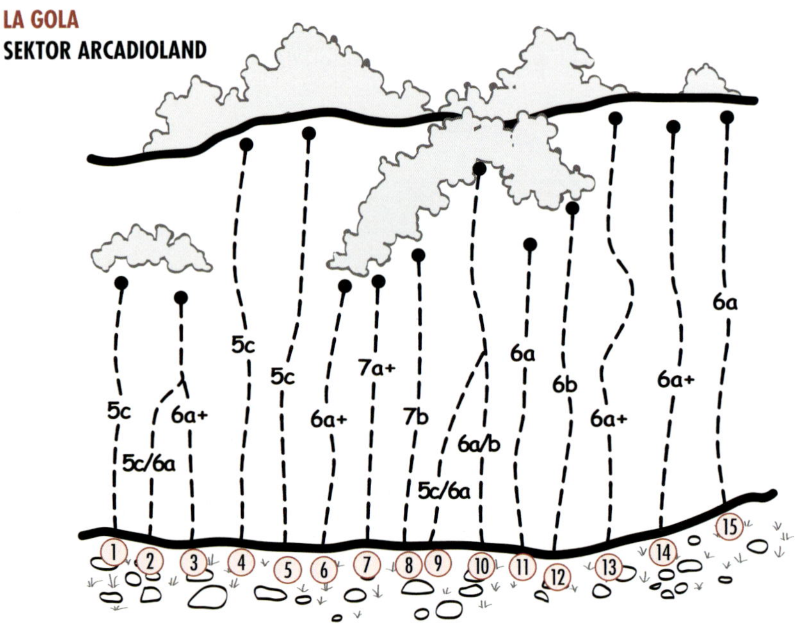

SEKTOR PEZZENT AREA

16 DOTTOR IMBRUGLIA	6b	17m	Senkrecht mit Boulderstellen
17 OLMO	6b	16m	Senkrecht mit Boulderstellen
18 LOLITA	6b/c	15m	Senkrecht mit heiklen Passagen
19 BUMBALINO	6a	18m	Einzelstelle bei Start
20 PANDA	6c/7a	18m	Außergewöhnliche Route mit heiklen Stellen
21 BABOLIN	6b+	18m	Seltsame Bewegungen in schöner Wand
22 THE SONG REMAINS	7b	20m	Onsight schwer lesbare Passagen in Ausdauerroute
23 MADAME DA MENT	6b/c	22m	Onsight schwer lesbare Passagen in Ausdauerroute
24 FABIUS	6c	20m	Technisch schwierig mit Seitgriffen und Auflegern
25 MADAME DOC		20m	Projekt
26 BABY KILLER		20m	Projekt
27 LE ORE	7b+	22m	Schöne Leisten in Ausdauerroute
28 MINNIMINOPRIO	6c+	22m	Heikle Stellen an Leisten und Seitgriffen
29 SPIT TERRORE	7a/b	24m	Einzelstelle am Einstieg, dann ausdauernd an Leisten
30 O IN AMORE	7a	24m	Schwere Einzelstellen, schön und ausdauernd
31 DISCOPETTOMANE	6c+	24m	Schöne Wand mit run-out im Ausstieg
32 LUPPERMAN	6a	26m	Immer den guten Löchern nach! Sehr schön!
33 COMMISSARIO CERVO	6c	26m	Einzelstellen an scharfkantigen Leisten
34 GUN CLUB	7a	24m	Kleinste Leisten, einfingrige Einzelzüge
35 TRIS DI DONNE	7a+	24m	Kleinste Leisten und Fußtechnik
36 MANO DI FATO	7a	24m	Schwieriger Beginn, dann Ausdauer in kompaktem Fels
37 VIA DEI SUMERI		26m	Projekt
38 W MESSICO	7a/b	24m	Schöne Leisten in Ausdauerroute
39 DARK SIDE OF MY LIFE	7b	20m	Gleichgewichtspassagen an kleinsten Griffen
40 QUELLI CHE...	6b+	18m	Senkrecht, dann Reibungsplatte
41...NON STRAPIOMBANO	6c/7a	20m	Senkrecht, dann Reibungsplatte

LA GOLA

SEKTOR PEZZENT AREA

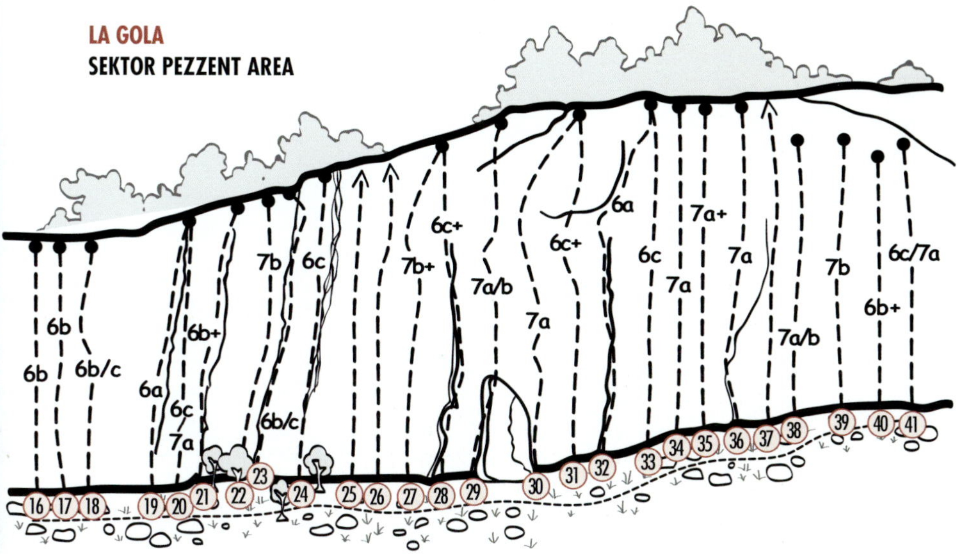

41

SANTA MASSENZA

ZUFAHRT/ZUGANG

Von Arco 20 km mit dem Auto, dann 10 Min. Fußweg.

Von der Brücke über die Sarca in Richtung Trento/ Madonna di Campiglio/ Sarche. An Pietramurata (12,2 km) vorbei und weiter Richtung Madonna di Campiglio. Am Kreisverkehr geradeaus, am Einkaufszentrum vorbei, am Outlet Vertical Sportgeschäft rechts in Richtung Trento und weiter am See entlang. Nach dem See und vor der Brücke nach links Richtung Santa Massenza. Nach einigen hundert Metern auf dem großen Parkplatz rechts parken. Ab hier nun auf der Straße 50 m weiter. Nach dem ersten Haus auf der linken Seite nach links (Hinweisschild 'Madruzzina'). Auf dem Weg 5 Min. weiter hoch und bei der zweiten Kreuzung nach rechts abbiegen. Die Kletterwand befindet sich nun gerade oberhalb des Wegs (sie ist auch schon vom Parkplatz gut ersichtlich).

Hundert Meter links der Wand befindet sich die Route 'Gilette', die Roberto Bassi eingebohrt hat und heute noch Projekt ist, d.h. keine freie Begehung aufweist.

Die Wand von Santa Massenza zählt sicherlich zu den schönsten in ganz Italien. Unglaublicherweise hat sie fast zwanzig Jahre lang keine Beachtung gefunden und wurde vernachlässigt. Aller Wahrscheinlichkeit nach liegt der Grund dafür im äußerst technischen Kletterstil. Absolut erforderlich ist hier eine große Portion Fingerkraft, viel Einfühlungsvermögen und Gleichgewichtsgefühl und in den längeren Routen zusätzlich sehr viel Kraftausdauer. Dank des unermüdlichen Einsatzes und der Geduld von Danilo Bonvecchio, Simone Banal und Fabio Leoni wurde die Wand komplett saniert. Sie ist, auch wegen des Ausblicks auf den See von S. Massenza, allemal einen Besuch wert. Die 35 Meter von 'Acid', 'Lucky Strike' oder 'Joy' sind eine unglaubliche Erfahrung in der Welt des Senkrechten.

Erschließer: R. Bassi, D. Bonvecchio, S. Banal, F. Leoni.

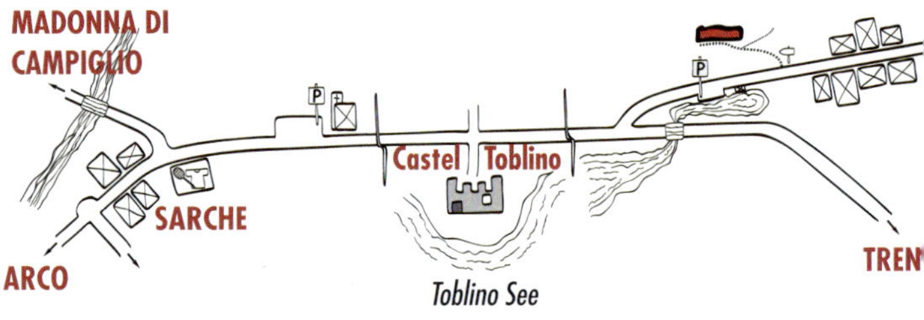

1 ALI’		6b	20m	Senkrechte Wand
2 VYPERA		7b	25m	Senkrechte Wand
3 OHNE NAMEN				Projekt
4 BANDA BASSOTTI	SL1	7a+	20m	Senkrechte Wand
	SL2		12m	Projekt
5 SADHANA		7b	24m	Senkrechte Wand
6 PSYCHE		7a	20m	Kniffliger Einstieg, verläuft bald zusammen mit 'Sadhana'
7 PSYCHE PLUS		7b/c	35m	Die 1.SL und 2. SL von 'Psyche' am Stück
8 JOY		7a+	18m	Senkrechte Wand
9 JOY PLUS		7c	35m	Die 1.SL und 2. SL von 'Joy' am Stück
10 LUCKY STRIKE		7c	20m	Senkrechte Wand
11 LUCKY STRIKE PLUS		8a	38m	Die 1.SL und 2. SL von 'Lucky Strike' am Stück
12 ACID		7b+	20m	Start leicht überhängend, schönste Wandkletterei
13 ACID PLUS		7c	38m	Die 1.SL und 2. SL von 'Acid' am Stück
14 NEMICO PUBBLICO		7c	32m	Senkrechte Wand
15 FAKKETE		7a+	28m	Verschneidung + Kante
16 QUATTRO GATTI		7b	20m	Platte + kleines Dach
17 MACUMBA		7b	15m	Platte an Mikroleisten
18 JOLLY JUMPER		7a	15m	Run out am Ende
19 TORO SEDATO		6c	15m	Platte
20 MANOLITO		6a+	15m	Verschneidung
21 RITI TRITI		6c	15m	Kleine Kante
22 AVVOLTOI		6b	15m	Platte
23 SHARON		7a	14m	Kurze, aber intensive Platte

SANTA MASSENZA

42

CLIMAX

Dieses Klettergebiet liegt am Beginn des langen Felsriegels oberhalb von S. Massenza. Die Felsqualität ist durchweg bestens und bietet abwechslungsreiche Klettereien.

Die Zweiseillängenrouten sind sehr schön, werden aber wenig begangen. Das kühlste Klettergebiet im Sarcatal eignet sich für Übergangszeiten und natürlich für die Sommermonate, zumal wenn der Nachmittagswind den Schweiß an den Fingern trocknet. Der Fleißarbeit von Danilo Bonvecchi, einem sehr guten Kletterer und beinahe unersättlichen Erschließer, verdanken wir auch diesen Klettergarten.

Erschließer: D. Bonvecchio, D. Lira, A. Lucchi.

ZUFAHRT/ZUGANG

Von Arco 21 km mit dem Auto, dann 15 Min. Fußweg

Von der Brücke über die Sarca in Richtung Trento/ Madonna di Campiglio/ Sarche. An Pietramurata (12,2 km) vorbei und weiter Richtung Madonna di Campiglio. Am Kreisverkehr geradeaus, am Einkaufszentrum vorbei, am Outlet Vertical Sportgeschäft rechts in Richtung Trento und weiter am See entlang. Nach dem See und vor der Brücke nach links Richtung Santa Massenza. Durch das Dorf, unter einem Torbogen hindurch und noch 300 m weiter geradeaus. Am Dorfende, links neben dem Friedhof parken. Nun zu Fuß ins Dorf zurück und gleich nach der Schnapsbrennerei Casimiro-Poli rechts ab. Zwischen den Häusern auf der Straße (leichte Linkskurve) hoch und bis zur Kreuzung. Dort rechts auf die Schotterstraße, die an einem Stromhäuschen vorbei führt. Hier beginnt der Pfad, der im Zickzack in den Wald hinauf führt. Wenn der Pfad einen ebenen Weg kreuzt, nach links und weiter bis zum Wandfuß (10 Min. von der Schnapsbrennerei Poli).

1 SKEGA	6c	22m	Nicht einfacher Bauch und Verschneidung
2 VIXEN	7c+	22m	Schwieriger Boulder und Kante
3 MAMA BLU	8a+	22m	Leicht überhängende Ausdauerroute, sehr schön
4 COL CUL	8a	25m	Onsight schwer, sehr schön
5 COL BLU	8b	25m	Erster Teil wie 'Mamma Blu', dann nach rechts und Ausstieg in 'Col Cul'
6 OHNE NAMEN			Projekt
7 TROMBETTA	7a	30m	Technische Platte und Verschneidung. Empfehlenswert!
8 STRISCIA BIANCA	7b	22m	Onsight schwer, technisch anspruchsvoll
9 MEMORIA LAVABILE	7a+	22m	Einzelstelle an kleinsten Griffen
10 FUFFIGO	6c+	22m	Kurze Einzelstelle
11 AMICI MIEI	6c+	20m	Stopp bei der ersten Umlenkung
11a AMICI MIEI ALLUNGATA	7c	35m	Lange Route, schwer zu 'lesen'

CLIMAX

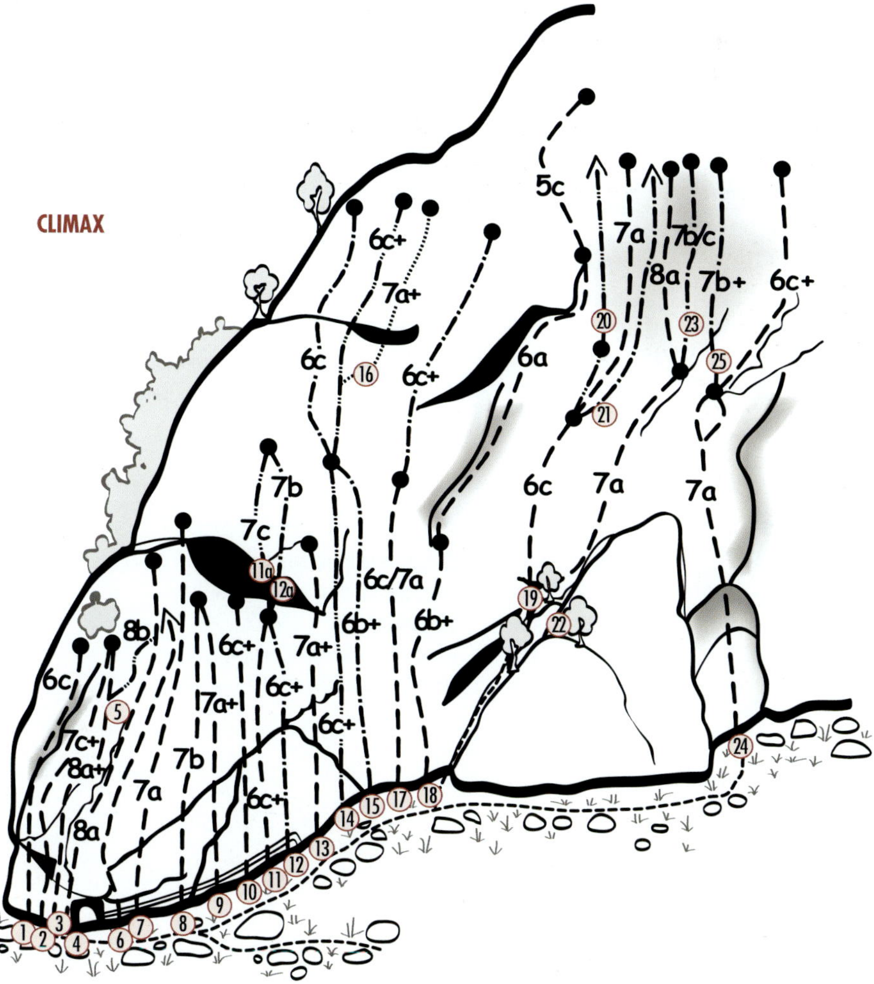

12 VIA DEL TUBO		6c+	20m	Stopp bei der ersten Umlenkung
12a VIA DEL TUBO ALLUNGATA		7b	35m	Ausdauerroute
13 L'ARTE DELLA FUGA		7a+	28m	Unhomogen, nach schwierigen Einzelstellen Rastpositionen
14 EH	SL1	6c+	25m	Verschneidung, Ausdauer
	SL2	6c+	20m	Wenig wiederholt, überhängend
15 LUCCHI STRAC	SL1	6b+	25m	Ausdauer an Tropflöchern
	SL2	6c	20m	Route in rotem Fels, wenig wiederholt
16 PIRANHAS		7a+	20m	Einstieg wie zweite SL von 'Lucchi Strac', dann nach rechts über Überhang und Platte
17 SCHIAVA DEL LUCIANO	SL1	6c/7a	25m	Technisch schwieriger Beginn
	SL2	6c+	25m	Dach und Verschneidung
18 OCCHI BLU	SL1	6b+	20m	Platte, langer runout, aber einfach
	SL2	6a	30m	Verschneidungskletterei. Nur die Stände sind eingebohrt. Friends und Normalhaken nötig.
	SL3	5c	30m	Verschneidungskletterei. Nur die Stände sind eingebohrt. Friends und Normalhaken nötig.
19 LA LEGGE DELL'ORTICA	SL1	6c	20m	Ausdauer an Tropflöchern
	SL2	7a	25m	Einzelstellen mit guten Rastpositionen
20 OHNE NAMEN			25m	Projekt
21 OHNE NAMEN			25m	Projekt
22 SAVANAROLA	SL1	7a	25m	Einzelzug an Auflegern, zum Ende Ausdauer
	SL2	8a	20m	Technik und Fingerkraft
23 ECLETTICA		7b/c	20m	Beginnt bei erster Umlenkung von 'Savanarola'. Der Überhang wird in der Platte umgangen
24 SENSIBILE ALLE RONDINI	SL1	7a	25m	Rechter Ausstieg ist 7c
	SL2	6c+	25m	Vom Stand nach rechts, Ausdauerkletterei
25 D.B.		7b+	28m	Vom Stand von 'Sensibile alle Rondini' geradeaus, Überhang mit Leisten, dann senkrechtePlatte

NEUER SEKTOR 200m rechts vom Klimax sind Bonvecchio und Banal dabei, neue Routen einzurichten. Einige gibt es schon! Von links nach rechts:

1 VESCOVO DE MATAREL	6a+	15m	Kurz, aber nicht zu unterschätzen
2 PRINCIPINO GIORGE	6c	15m	Kurz, aber nicht zu unterschätzen
3 MERLO DA L'UA	6b	15m	Kurz, aber nicht zu unterschätzen
4 CLONE CLOONEY	7a+	15m	Längenzug
5 ERMANNO SBANFA	6c	15m	Ausdauer in leichtem Überhang
6 RENEL	6c+	35m	Weite Hakenabstände

43

IL GIARDINO DELLE OCCASIONI PERDUTE

Schöne Wand aus fantastischem, grauem, kompakten Kalkgestein. Auch in den einfacheren Routen ist Fußtechnik und und ein gutes Auge für das Erkennen von kniffligen Stellen gefragt. Fast alle Routen im Bereich 6a bis 6c sind schön und lang.

Das Gebiet wurde fast komplett von Mauro Bertolasi und seiner Frau erschlossen, nur die ersten kurzen Routen auf der linken Seite nicht. Als erste Route wurde 1995 'Giardino Delle Occasioni Perdute' eingebohrt. Der Kettergarten liegt ruhig mit schönem Ausblick auf den See von S. Massenza.

Erschließer: M. Bertolasi, F. Garbari, P. Marchetti.

ZUFAHRT/ZUGANG

Von Arco 21 km mit dem Auto, dann 15 Min. Fußweg.

Von der Brücke über die Sarca in Richtung Trento/ Madonna di Campiglio/ Sarche. An Pietramurata (12,2 km) vorbei und weiter Richtung Madonna di Campiglio. Am Kreisverkehr geradeaus, am Einkaufszentrum vorbei, am Outlet Vertical Sportgeschäft rechts in Richtung Trento und weiter am See entlang. Nach dem See und vor der Brücke nach links Richtung Santa Massenza. Durch das Dorf, unter einem Torbogen hindurch und noch 300 m weiter geradeaus. Am Dorfende, links neben dem Friedhof parken. Nun zu Fuß ins Dorf zurück und auf der ersten kleinen Straße nach rechts. Nach einigen Häusern führt ein Wanderweg schräg rechts hoch. An der Kreuzung mit einem eben verlaufenden Weg nach links und nach 10 m rechts auf einer Pfadspur zu den Felsen hinauf.

1 LINFOMANE	?	10m	Platte mit Boulder
2 TOP GUN	?	10m	Platte mit Boulder
3 È MEGLIO USARE L'ATTACK	?	8m	Platte mit Boulder
4 DULCIS IN FUNDO	6a	16m	Einstiegskamin, dann Platte mit Einzelstelle
5 LA DANZA IMMOBILE	7a	16m	Glatte Einstiegsreibungsplatte, dann schöne Tropflochplatte
6 LA POZIONE DI MA	6b	18m	Schwer erkennbare Einstiegspassage, dann schöne, steile Rissverschneidung und kleiner Überhang
7 ASCELLE DELIRANTI	6c+	18m	Die Anfangspassage gerade hoch ist vielleicht 7a+. Dann Platte und Sintersäule
8 IMPATTO FATALE	7a+	18m	Ursprünglich war Route 6c+, jetzt schwieriger, da am 2. Haken ein Griff ausgebrach
9 CONSAPEVOLEZZA	6c+	18m	Immer schwieriger werdende Platte, leicht überhängende Wand
10 LA FEBBRE DEL RAGNO ROSSO	7b	15m	Platte in rotem, leicht überhängende Fels, Einstiegsboulder
11 IL BOSCO DELLE NUVOLE	6c+	25m	Schöne Platte mit Tropflöchern, Schuppen und kleinen Leisten
12 PAPA WAS A ROLLING STONE	6c+	25m	Schöne Platte mit Tropflöchern, Schuppen und kleinen Leisten
13 IL GIARDINO DELLE OCCASIONI PERDUTE	6b	27m	Leichter Überhang, sehr schöne Kletterei
14 POLI SPIRITOSI	6b	27m	Strukturierte Platte, nicht einfach erkennbarer Ausstieg
15 DEAD CAN DANCE	6c	27m	Kleines Einstiegsdach, dann Platte
16 QUARANTAVIERZIG	6a+	27m	Technisch anspruchsvolle Platte mit schwierigem Beginn
17 RITMI SOLARI	6a+	12m	Technisch anspruchsvolle Platte mit schwierigem Beginn, schön aber zu kurz!
18 ODE AI BARBARI	6b	15m	Nicht einfache Platte, mit schwer lesbaren Reibungspassagen
19 POCIMANIA	6a	18m	Strukturierte Platte, nur zu Beginn schwer
20 SSENZA MA	6b+	18m	Schöne Einstiegsplatte, Boulder in der Mitte, dann einfach

IL GIARDINO DELLE OCCASIONI PERDUTE

44

LA FINESTRA

Kleine, überhängende Wand mit 15 Routen im Bereich über 7a. Hier ist vor allem Fingerkraft und große Ausdauer nötig. Zu den Einstiegen der rechten Routen gelangt man nur über den kleinen Vorbau. Den Namen hat das Gebiet vom großen Fenster am Stollen des Wasserkraftwerkes auf der linken Seite. Herrliche Aussicht auf den See von S. Massenza.

Erschließer: M. Bertolasi, D. Lira, und andere.

ZUFAHRT / ZUGANG

Von Arco 21 km mit dem Auto, dann 15 Min. Fußweg.

Von der Brücke über die Sarca in Richtung Trento/ Madonna di Campiglio/ Sarche. An Pietramurata (12,2 km) vorbei und weiter Richtung Madonna di Campiglio. Am Kreisverkehr geradeaus, am Einkaufszentrum vorbei, am Outlet Vertical Sportgeschäft rechts in Richtung Trento und weiter am See entlang. Nach dem See und vor der Brücke nach links Richtung Santa Massenza. Durch das Dorf, unter einem Torbogen hindurch und noch 300 m weiter geradeaus. Am Dorfende, links neben dem Friedhof parken. Nun zu Fuß ins Dorf zurück und auf der ersten kleinen Straße nach rechts. Nach einigen Häusern führt ein Wanderweg schräg rechts hoch. An der Kreuzung mit einem eben verlaufenden Weg nach rechts, bis man nach 3 Minuten einee weitere Kreuzung mit der Hinweisschild 'Margone-Scal' erreicht. Auf diesem Weg nun ansteigend ca. 200 m weiter bis zu einer Felsplatte mit rotem Punkt und alten Haken. Hier den markierten Weg verlassen und linkshaltend auf ebenem Pfad in Kürze zur Wand.

1 OHNE NAMEN		15m	Projekt
2 VERDE SGRONDO	7b+	15m	Technik und Fingerkraft in leicht überhängender Wand
3 ULAN BATOR	7a+	15m	Technik und Fingerkraft in leicht überhängender Wand
4 TOUCH AND GO	7c+	20m	Ausdauernd, technisch anspruchsvoll, Fingerkraft
5 EGOMANIAC KID	8a	22m	Technisch anspruchsvoll an Leisten in leicht überhängender Wand, ausdauernd
6 UN ATTIMO	7b+	25m	Harte Einzelzüge im Mittelteil, Ausstieg in leicht überhängender Wand
7 SUPER BARRIO	7c	25m	Leicht überhängende Wand, schön, ausdauernd, technisch mit Fingerkraft
8 MARZIANO TI AMO	7c	25m	Leicht überhängende Wand, schön, ausdauernd, technisch mit Fingerkraft
9 POTATO CRISPIES	7b	30m	Leisten in leicht überhängender Wand
10 TRASLOCO FORZATO	7a	30m	
11 DALLA TERRA ALLA LUNA	7a	30m	
12 TRA ZERO E 8000	6c+	30m	Gelbe überhängende Wand, dann graue strukturierte Platte
13 CONQUISTATORI DELL'INUTILE	7a	30m	Gelbe überhängende Wand, dann strukturierte Platte
14 E' BUIO SUL GHIACCIAIO	7a+	30m	Gelbe überhängende Wand, dann strukturierte Platte

LA FINESTRA

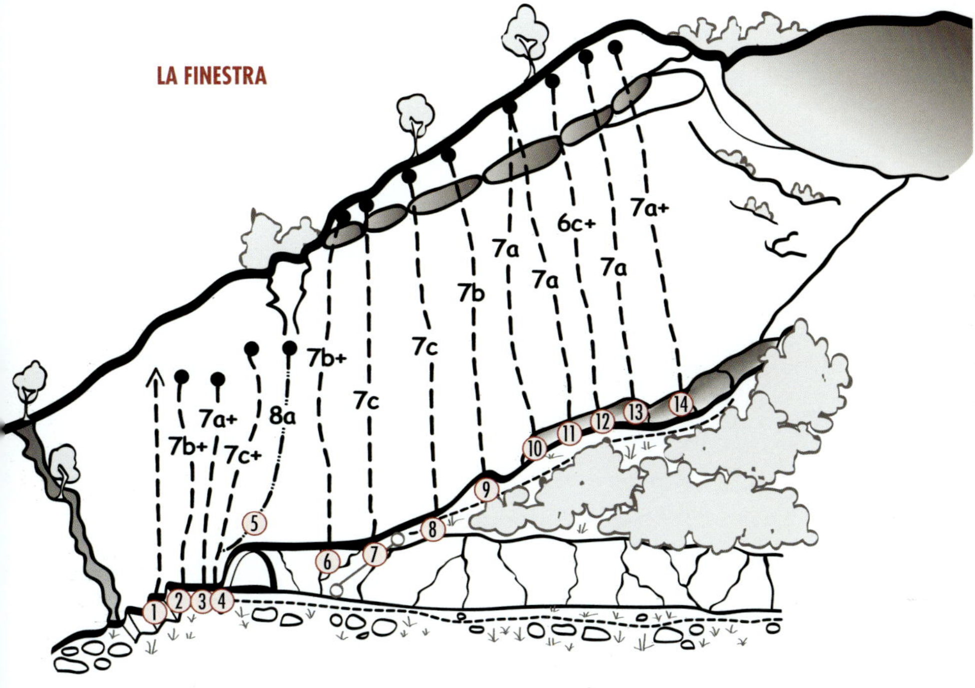

45

LON

ZUFAHRT/ZUGANG

Von Arco 26 km mit dem Auto, dann 10 Min. Fußweg.

Von der Sarcabrücke in Richtung Trento / Madonna di Campiglio. Nach Sarche erreicht man Vezzano (22,4 km), bei der Esso-Tankstelle nach rechts und in das Dorf hinein. Nach dem Dorfplatz nach links in Richtung Margone-Ranzo abbiegen und weiter aufwärts in Richtung Ranzo. 3 km nach dem Ortszentrum von Vezzano genau am Beginn der Steinschlagnetze auf der linken Seite parken. Nun 150 m auf der Straße zu Fuß weiter und bei einer Felsnische mit Madonnenstatue über die Leitplanken steigen. Leicht absteigend, der Felswand folgend, erreicht man den Sektor B (10 Minuten), nach weiteren 5 Minuten Sektor A.

Zu Unrecht wird dieses Gebiet wird sehr wenig besucht. Es wird in zwei Sektoren unterteilt und hat eine große Anzahl schöner und technisch anspruchsvoller Routen zu bieten. Am ersten Teil des Zustiegsweges wurde leider unsachgemäß Bauschutt entsorgt.

Ausrichtung: Ost, Nord-Ost.

Erschließer: D. Bonvecchio, A. Lucchi.

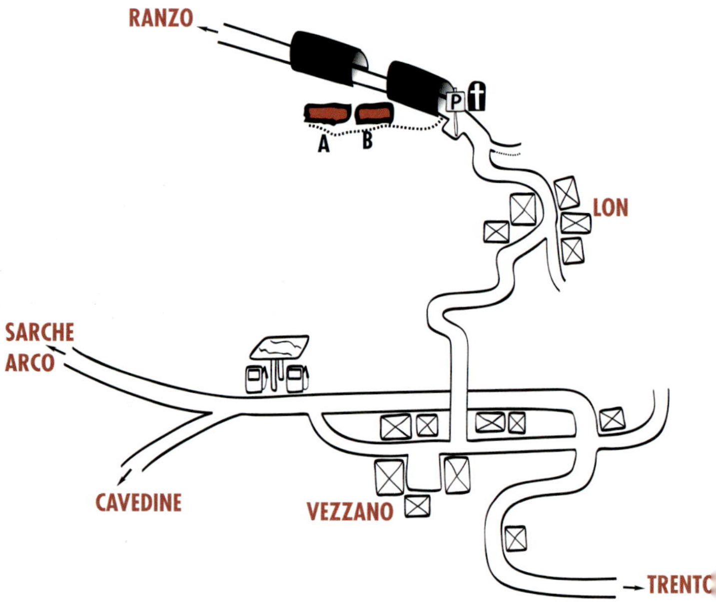

SEKTOR A

1 CIOP		6b	15m	
2 CIP		6b	15m	
3 PECCATO		7a	20m	Einstieg auf Band
4 BIONDINA		7a+	20m	Einstieg auf Band
5 LE CHIAVI DEL PRESENTE		7c	20m	Einstieg auf Band
6 MACACO		6c	15m	Einzelstelle am Dach
7 SPARISCI		7a	15m	Einzelstelle am Dach
8 TOURING CLUB		7a+	30m	Schwieriger Einstieg, immer wieder Rastpunkte zwischen den Einzelstellen
9 EVA	SL1	6a	18m	Scharfe Griffe in schöner Platte
	SL2	7b+	7m	Kurzer Überhang
10 CHIEDI CHIEDI	SL1	6b+	18m	Scharfe Griffe in schöner Platte
	SL2	7b+	7m	Kurzer Überhang
11 BOH		7a	15m	Einzelstelle am Dachausstieg
12 SENZA ZUCCHERO	SL1	6c	18m	Schwerer Dachausstieg
	SL2	7c	8m	Kurze Wand an Auflegern
13 SANGRE CALDO		6b	16m	
14 PRIMI BACI		5c	16m	
15 JAMES		6c	15m	Athletischer Ausstieg
16 MEG		6c/7a	15m	Kleine Griffe und Technik

LON
SEKTOR A

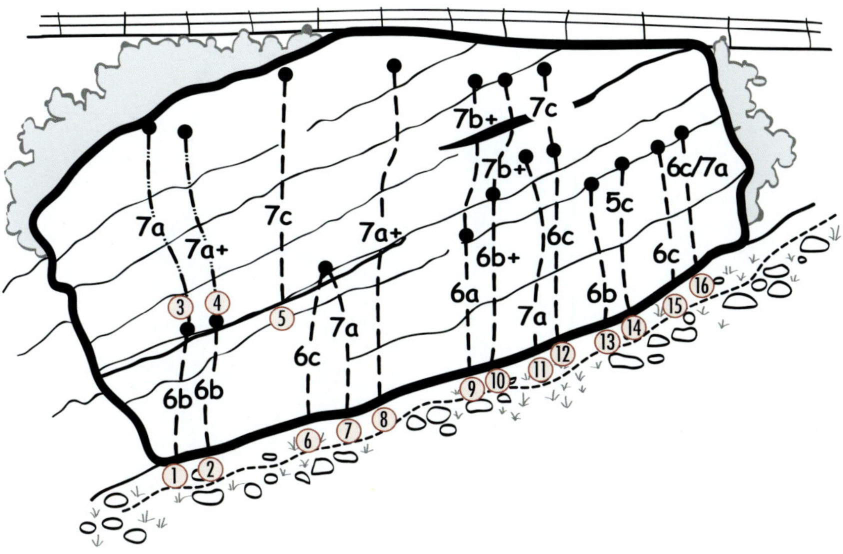

SEKTOR B

17 ALÈ CHE BALE		6a+	25m	Schöne Route in kompaktem Fels
18 MUCHO FIFFAO	SL1	6c	20m	Schöne Route in kompaktem Fels
	SL2	6c+	15m	Schöne Route in kompaktem Fels
19 BRAZZIZA		7a+	25m	Perfekter, grauer Fels, Ausdauer
20 CICCIO SELVAGGIO		7a+	25m	Perfekter, grauer Fels, Ausdauer
21 FUFFI MI STUFI		7c	25m	Perfekter, grauer Fels, Ausdauer
22 LEFT NEST		7b	25m	Perfekter, grauer Fels, Ausdauer
23 RUA		?	25m	Projekt. Perfekter, grauer Fels

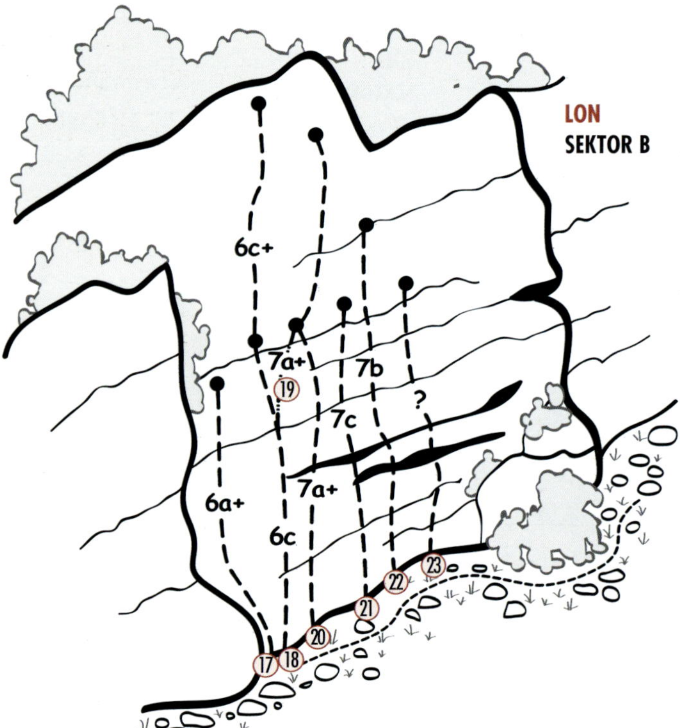

LON
SEKTOR B

46

MARGONE

Klettergarten mit abwechslungsreicher Kletterei in perfektem Fels und mit herrlichem Panorama. Die zwei nahe beieinander liegenden Sektoren weisen verschiedene Charakteristiken auf. In der grauen Platte des linken Sektors ist eine gute Fußtechnik das Ein und Alles. Im rechten Sektor mit seinen zwei kleinen Grotten ist ein gehörige Portion Kraft nötig. Reine Ausdauerrouten fehlen. Ideale ist es hier in den Übergangszeiten oder an Wintervormittagen.

Erschließer: D. Bonvecchio, M. Curti, D.J. Hall, D. Lira, und andere.

ZUFAHRT/ZUGANG

Von Arco 30 km mit dem Auto, dann 10 Min. Fußweg.

Von der Sarcabrücke in Richtung Trento / Madonna di Campiglio. Nach Sarche erreicht man Vezzano (22,4 km), bei der Esso-Tankstelle nach rechts und in das Dorf hinein. Nach dem Dorfplatz nach links in Richtung Margone-Ranzo abbiegen und weiter aufwärts immer in Richtung Ranzo. Bei einem Wanderwegschild (Nr°627, Margone Ciago) und einer gemauerten Steintafel (beides rechts) auf der linken Seite parken (12,7 km vom Zentrum von Vezzano). Vorsicht beim Parken. Nun auf den Wanderweg Nr°627, nach ca. 5 Minuten bei einer Linkskurve rechts auf einen guten Pfad und kurz darauf zum Klettergarten.

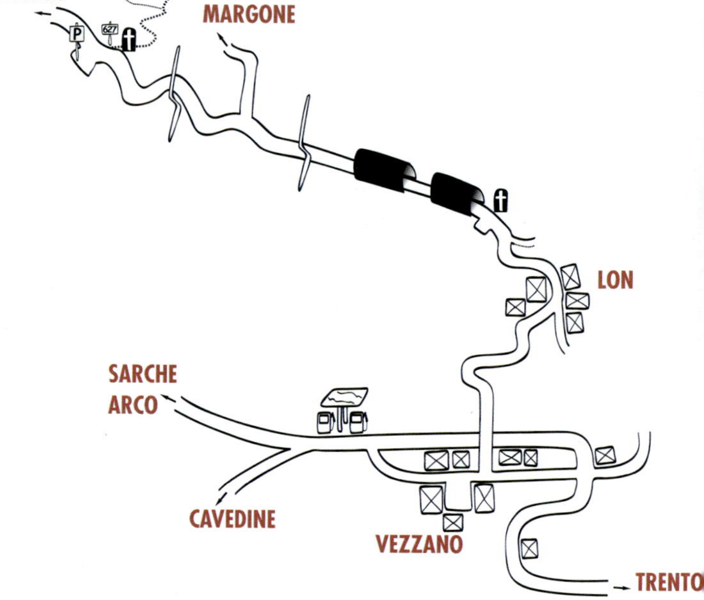

MODERNE ZEITEN
Ivo Rabanser
Orietta Bonaldo
VIE E VICENDE IN DOLOMITI
50 itinerari scelti e raccontati
ERSANTE SUD

1 BAMBINO NEL TOMBINO	SL1	6c	22m	Leicht geneigte, graue Platte mit Schlussboulder
	SL2	6a+	22m	Leicht geneigte, graue Platte mit Ausstieg rechts in 'Colombre'
2 COLOMBRE		6b+	22m	Leicht geneigte, graue Platte mit Schlussboulder
3 STIMOLICCHIO		6c+	18m	Einzelstelle bei Dachausstieg
4 FRENO IL TRENO		6b+	18m	Einzelstelle bei Dachausstieg
5 PERCHÉ TANTO ODIO		6c+	22m	Am Einstieg senkrechte, dann geneigte Platte
6 RIGOTTI BROTHERS		6b+	22m	Graue Platte
7 GUARDIA DEL PORCO		6c	22m	Graue Platte
8 OHNE NAMEN				Projekt
9 VENUS		6c	20m	
10 RINCO TV		7b/c	15m	Schlussüberraschung
11 BERLUSCOIONI		7b/c	15m	Einzelstelle bei Dachausstieg
12 PANORAMIX	SL1	7a	25m	Einstieg onsight schwer
	SL2	7b+	15m	Luftiger Überhang
13 ADESSO	SL1	7a+	25m	Einzelstelle im Mittelteil
	SL2	7c	15m	Luftiger Überhang
14 VIA DEL PESCE		6c+	20m	
15 FREGO MENE		6c	20m	Harte Einzelstelle, Fingerkraft
16 BEL MONA		7a+	25m	Luftiger Überhang zum Schluss
17 ONE		6c+	25m	Einstieg gemeinsam mit 'Bel Mona' nach rechts, 8a (?) gerade hoch
18 CASA APERTA		8a	25m	Schwieriges Dach mit künstlichen Griffen
19 DOPO		7c+/8a	25m	Schwieriges Dach mit künstlichen Griffen
20 BELZEBÙ		7c	23m	Boulder am Dach
21 E LE TESTE		7c+	22m	Boulder am Dach
22 HALP PIPE			30m	Projekt
23 ZIO CANE		7a	30m	Heikler Überhang, dann lange Platte
24 ROCK E ROCK		7a+	30m	Heikler Überhang, dann lange Platte
25 BAR PARISI		7c	30m	Fingerkraft im Überhang
26 FAMIGLIA NUMEROSA		7b+	24m	Blockierer beim Dachausstieg
27 STRANI GIORNI		7c	20m	
28 LA STRANA COPPIA		6c+	26m	

MARGONE

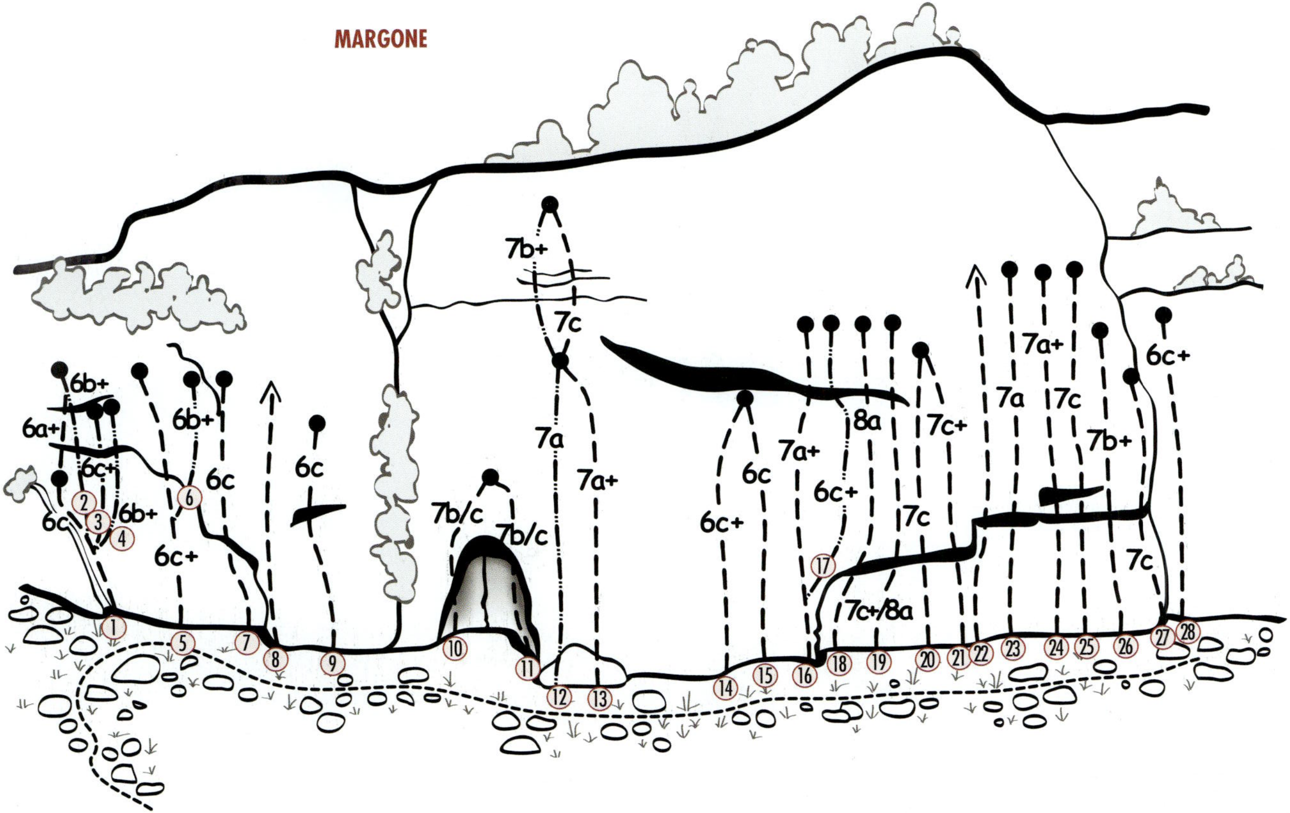
6a+
6b+
6c
6c+
6b+
6b+
6c
6c+
6c
7b/c
7b/c
7b+
7c
7a
7a+
6c+
6c
7a+
8a
6c+
7c
7c+/8a
7c+
7a
7a+
7c
7b+
7c
6c+
1
2
3
4
5
6
7
8
9
10
11
12
13
14
15
16
17
18
19
20
21
22
23
24
25
26
27
28

47

VAL DELA PORTA

750

Der Klettergarten besteht eigentlich aus einer großen Grotte mit einem innen liegenden Wandteil, der fast immer im Schatten liegt und einem äußeren linken Wandbereich, der nach Südosten ausgerichtet ist. Die Routen sind lang und ausdauernd, der Fels ist aus bestem Kalk. Der innere Wandbereich weist viele Konkretionen auf und ist regensicher.

Erschließer: D.J.Hall, L. Goller, A. Stenico, E. Bettega, R. Larcher, D. Bonvecchio.

ZUFAHRT/ZUGANG

Von Arco 30 km mit dem Auto, dann 10 Min. Fußweg.

Von der Sarcabrücke in Richtung Trento / Madonna di Campiglio. Nach Sarche erreicht man Vezzano (22,4 km), bei der Esso-Tankstelle nach rechts und in das Dorf hinein. Nach dem Dorfplatz nach links in Richtung Margone-Ranzo abbiegen und weiter aufwärts immer in Richtung Ranzo. Bei einem Wanderwegschild (Nr°627, Margone Ciago) und einer gemauerten Steintafel (beides rechts) auf der linken Seite parken (12,7 km vom Zentrum von Vezzano). Vorsicht beim Parken. Auf der Straße in Richtung Ranzo weiter, nach ca. 100m ist die Grotte oberhalb der Straße gut zu sehen. Ein Pfad führt in Falllinie an zwei Steinschutzvorrichtungen vorbei durch den Wald direkt hoch zur Wand.

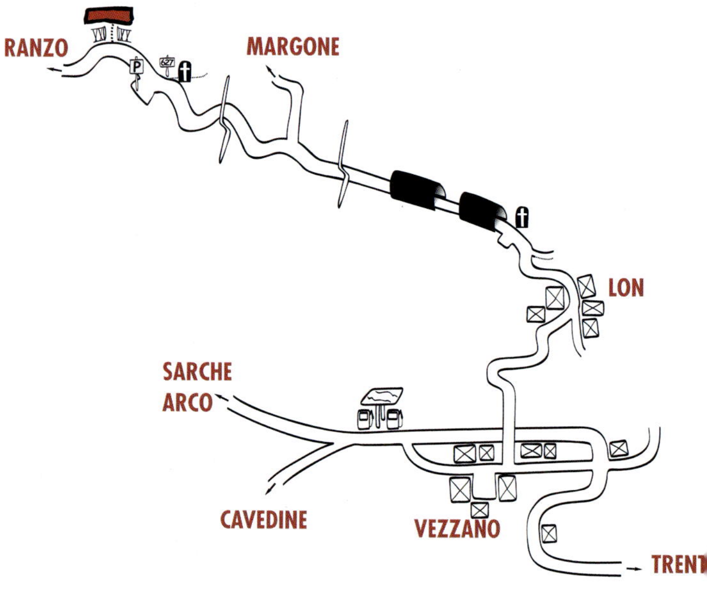

1 CALYPSO	7a+	28m	Ausdauer auf Platten
2 HELIOS	7a	30m	Einige schwierige Einzelstellen im Zentralteil
3 AMEN	8a+	35m	Kante mit verkehrter Verschneidung und schöner Platte
4 PATAGONIA	8b+/c	40m	1. SL Sampei dann athletischer Überhang. Technik, Courage und Feingefühl sind von Nöten
5 SAMPEI	7b+	20m	Schwierige Blockierer am Bombé
5a SAMPEI	7c	35m	Zusammenschluss der beiden SL von Sampei: schwere Blockierer am Bombé, ungewöhnlicher überhängender Kamin
6 USHER	7c	30m	Schwieriger Überhang, überhängende Platte
7 CAVALCA IL SERPENTE	7c	30m	Sehr schöne Sinter
8 LUCAS	7c	30m	Ausdauer mit Boulder am Ende
9 CANNA BIANCA	8a	30m	Wenn man bei Biculo abbiegt, ist sie 7a
10 BICULO	7a+	25m	Ausdauer an Konkretionen

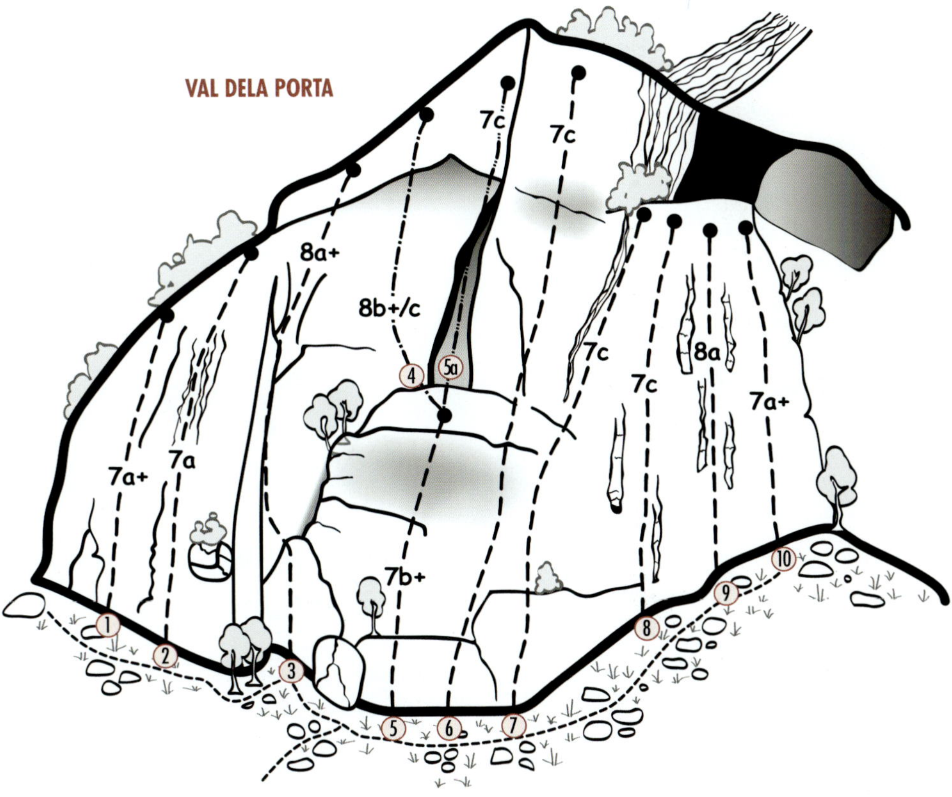

48

RANZO

ZUFAHRT/ZUGANG

Von Arco 33 km mit dem Auto, dann 5-15 Minuten Fußweg.

Von der Sarcabrücke in Richtung Trento / Madonna di Campiglio. Nach Sarche erreicht man Vezzano (22,4 km), bei der Esso-Tankstelle nach rechts und in das Dorf hinein. Nach dem Dorfplatz nach links in Richtung Margone-Ranzo abbiegen und weiter aufwärts nach Ranzo. Die schöne Panoramastraße wurde zum Teil in Fels gehauen. 300m nach Ranzo rechts auf eine breite, asfaltierter Straße abbiegen, die gleich nach der ersten Kehre eine Schotterstraße übergeht. Weiter aufwärts, durch einen Tunnel, bis zu einer Art 'Canyon' im Fels und 20 m danach rechts parken (2 km von Ranzo). Genau gegenüber, hinter der Leitplanke, beginnt der Zustieg. Zunächst ca. 7-8 m in leichter Kletterei an Felsen abwärts und dann auf einem Pfad in das Wäldchen. Nach 3 Minuten erreicht man den oberen Sektor und weiter, dann rechtshaltend, die anderen Sektoren. Zum Neuen Sektor steigt man unterhalb des Sektors A weiter gerade ab.

Von Trient, Ausfahrt A22 Trento Centro, Richtung Madonnna di Campiglio SS 45bis, bis nach Vezzano. Dann wie oben.

Ein großes Klettergebiet, in mehrere Sektoren unterteilt und mit schönster Aussicht auf den gegenüber liegenden Gipfel des Dain und Forra del Limarò.
Hier findet man unzählige Seillängen mit diversen Schwierigkeitsgraden und wirklich interessanten Klettertechniken in senkrechten bis überhängendn Wänden. Aber leider variiert auch die Felsqualität von sehr gut bis befriedigend.
Auch hier (wie in den meisten anderen Gebiete im nördlichen Sarcatal) zeigt sich Danilo Bonvecchio für die Erschließung verantwortlich. Dieses Gebiet hatte er schon vor einigen Jahren erschlossen, doch erst jetzt rückte er damit an die Öffentlichkeit. Das Gebiet eignet sich bestens für das Klettern in den Wintermonaten. Nicht selten passiert es, dass man(n) trotz der Kälte im Talgrund hier schon mit nacktem Oberkörper 'unterwegs' sein kann.

Erschließer: R. Bassi, S. Banal, D. Bonvecchio, A. Stenico, M. Turri.

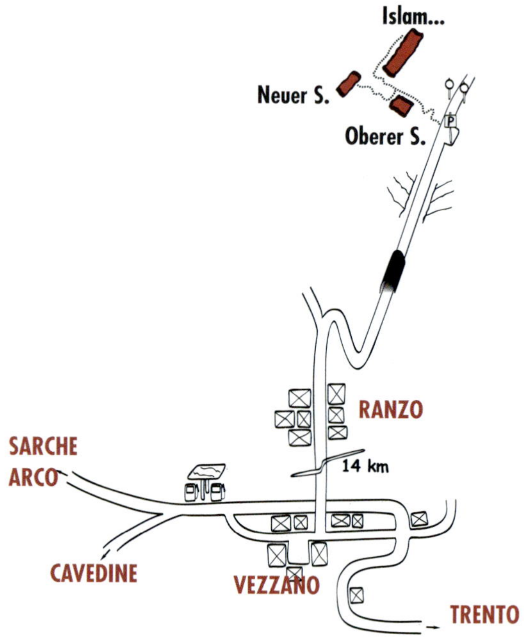

OBERER SEKTOR

1 BASSICCHIO			Projekt
2 ISA DI GHISA	6b	25m	Platte mit Tropflöchern
3 BARBAGIANNI	6b+	20m	Platte mit Tropflöchern

SEKTOR ISLAM

4 CANE SCIOLTO	7c+	20m	Kleingriffige Einzelstelle im Mittelteil, knackiger Ausstieg
5 DOGMATICA	8a	25m	Sikagriffe
6 L'ALBA DEL PIANETA	7c+	25m	Ausdauer im Überhang bis zum ersten Stand. Die 2. kurze SL ist noch Projekt
7 ALI AGCA	8a+	25m	Boulder an Leisten, Untergriffe im Überhang, schwieriger Ausstieg
8 GIHAD	7c	25m	Ausdauer im Überhang. Noch keine freie Begehung

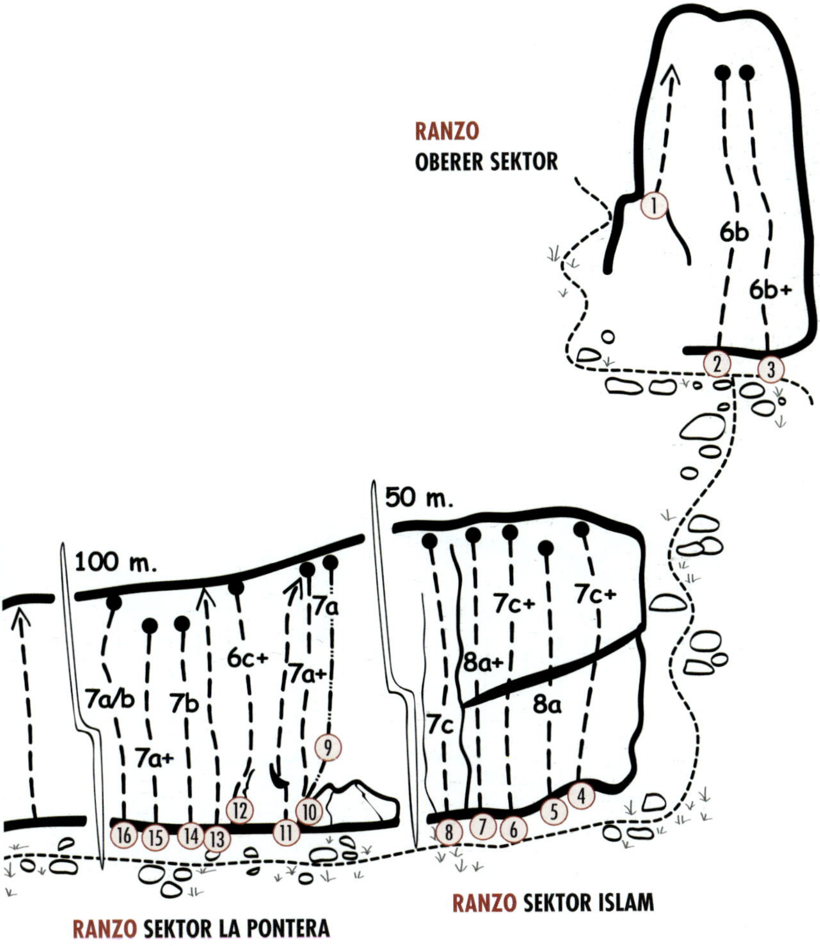

SEKTOR LA PONTERA

9 NO ANGEL		7a	29m	Überhang mit schmalen Rissen
10 LINEA BLU		7a+	29m	Schöne, leicht überhängende Platte
11 VIA IL CORMORANO…			30m	Projekt. Boulder am Dach
12 VENTO DEL NORD		6c+	26m	Ausdauer an Untergriffen im Überhang
13 PONTERA			20m	Projekt. Boulder in Verschneidung
14 NIVIS		7b	20m	Technisch schwierige Platte
15 VERGINE STOLTO		7a+	25m	Athletischer Boulder
16 TSUNAMI		7a/b	25m	Ausdauer an Leisten

SEKTOR LA PLAYA

17 CICCIO			20m	Projekt
18 PEDRO			20m	Projekt
19 L'ARTISTA DEL C.		7b/b+	30m	Athletische Platte, dann Boulder
20 PETER PUNK		7a/b	30m	Ausdauer in Überhang, dann technische und fantasievolle Platte
21 LA GARA	SL1	6c	18m	Überhang an Sintern
	SL2	7b+	10m	Kurze aber schwere Platte, Leisten
22 L'ALLUNGATA		7b/c	30m	Zwischen zwei Boulderzügen gute Rastposition
23 LA BISTECCA		7c	25m	Harter Ausstiegsboulder

SEKTOR COEL NEGHER

24 TZARA		7b/c	20m	Überhang an Sintern
25 L'AUTISTA			20m	Projekt
26 MEDUSA		8a	25m	Ausdauer in steilem Überhang, gutgriffig
27 STILE LIBERO		7c/8a	25m	Lange Züge an Untergriffen
28 CINDY		7c+	25m	Ausdauer an Mikroleisten
29 ZUC TIROL		7c	25m	Asudauer

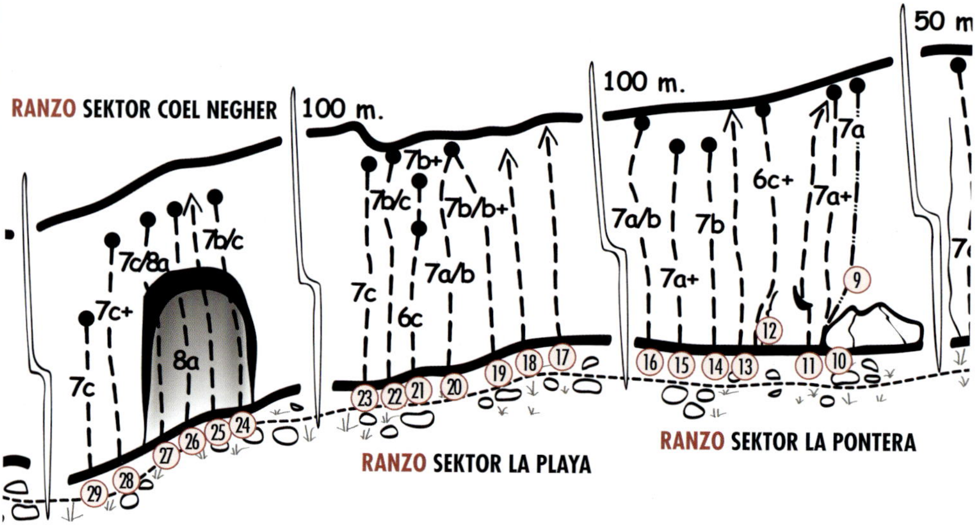

SEKTOR LA FONTANA

30 OHNE NAMEN			Projekt
31 DOLCE MISERIA	8a	15m	Untergriffe in steilem Überhang
32 MALA VIDA	7a+	15m	Zwei Griffe geklebt
33 MOANIGLIA	7c	15m	Harter Zug an Kante
34 IPPOPACCIO	7a/b	15m	Offener Riss, Spreiztechnik
35 CABRON	7a/b	15m	Versteckte Griffe

SEKTOR PATCHANKA

36 LA DURA LEGGE DEL GOL	8a	30m	Geschlagene Griffe
37 PUERCO ESCONDIDO	8a/b	30m	Viel Ausdauer im 2.Teil
38 ERGONOMICA	8a	30m	6c bis zum Schrauber, dann Mikroleisten
39 PATCHANKA	7c+	30m	6b+ bis Mitte, dann Ausdauer mit Einzelstelle im Schlussteil
40 UCCEL DI BOSCO	8b	15m	Vom ersten Stand von 'La Befana' gerade hoch
41 LA BEFANA	6b+	30m	Kurzer Boulder im Überhang, schwarze Verschneidung, Kette nach der Hälfte
42 META OSCURA	7a	28m	Senkrechte Platte mit Aufrichter im Mittelteil
43 ISOLITUDINE	7a+	28m	Abwechslungsreich an Leisten und Sintern
44 RADIO SODOMITI	7b	32m	Schnell klettern! Athletisch
45 IL DUCA DELLE PRUGNE	7c+	30m	
46 RIPOSO FORZATO	7b+	25m	Einzelstelle in der Mitte und zum Schluss
47 LA MINACCIA ALCOLICA	7c/8a	30m	Schwarze, technisch sehr anspruchsvolle Wand
48 SUPERCIUK	7c	20m	Ausdauer im Überhang, Einzelstelle im Ausstieg

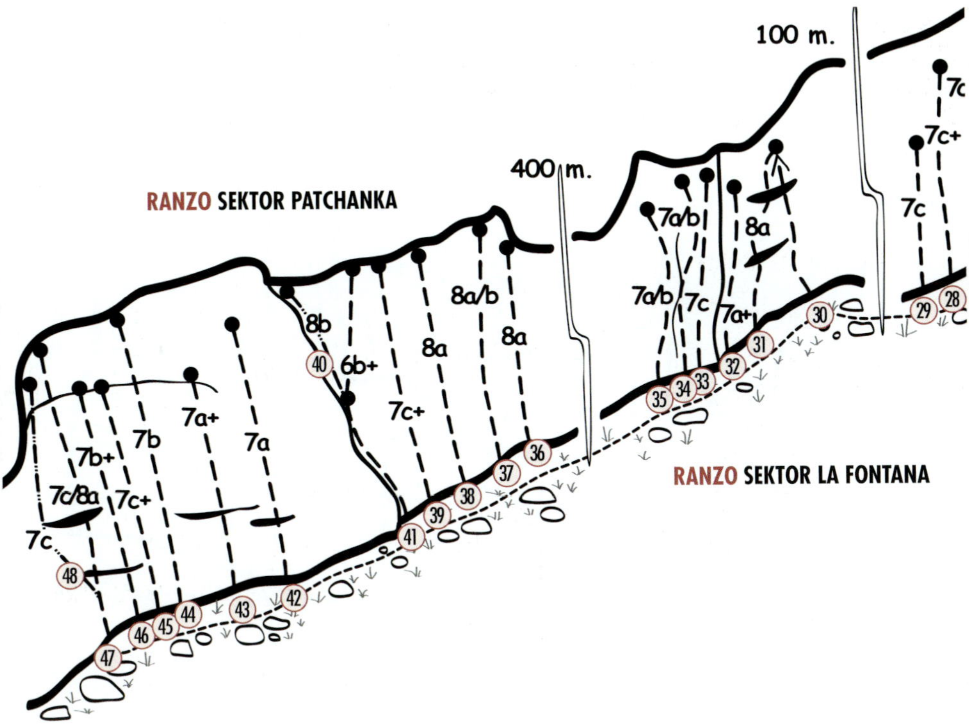

SEKTOR NEU

49 PERMA LOSO	7b+	15m	Ausdauer an überhängendem Pfeiler, leichter, wenn links an Spit vorbei
50 OHNE NAMEN			Projekt
51 OHNE NAMEN			Projekt
52 CIAO FUCIO	7a	30m	Einzelstelle zum mittleren Band hin
53 MUCCA E POLLO	7c/8a	28m	Technisch und kraftig an erstem Bauch
54 MANIFESTO	8a	28m	Ausdauer in Überhang mit Boulder über Dach
55 GANDHI	7c	28m	Leicht überhängende ockerfarbene Platte, mit Einzelzug in Ausstieg
56 L'INTESTINO	6c+	28m	Stemmen und Klemmen
57 OHNE NAMEN			Projekt
58 LIVANOS	7b	40m	Lang und bunt. Schlingen verlängern. Achtung 70m Seil beim Abseilen!
59 TU MENTI	7b+	25m	Bis zum ersten Stand 7b+, zum 2. Stand noch Projekt
60 SINDROME DA SINGOLO	7a/b	25m	Bis Mitte 7a/b, dann unerbärmliche Platte. Die SL ist noch nicht begangen worden.
61 UN POSTO AL SOLE	7a/b	30m	Idealer Fels mit Einzelstelle
62 NEOCLASSICA	7b	30m	Riss am Anfang ist abzusichern
63 SOGGETTI SMARRITI	7b	30m	Bis zu Dach 6b+
64 PAPERINO	6c+	30m	Genußklettereian Löchern und Leisten

RANZO
NEUER S.

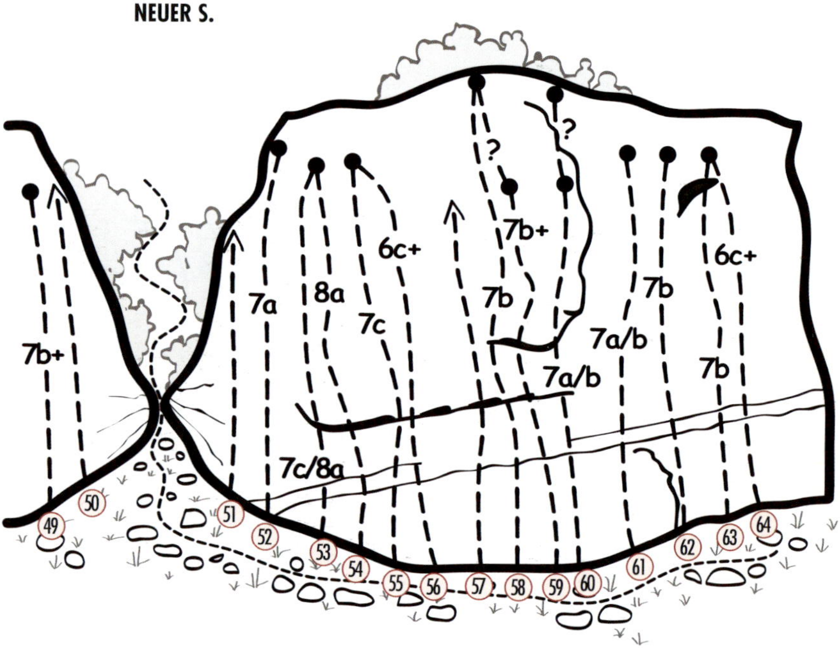

49

DRAGO ZONE

650

SLURP

Der kleine Klettergarten liegt ruhig, aber etwas in der Wildnis und wurde 2003 eingerichtet. Die Einstiege der Routen sind athletisch und oft überhängend. Ideal für Vormittage im späten Herbst und Winter.

Erschließer: S. Banal, E. Banal, S. Beatrici.

ZUFAHRT/ZUGANG

Von Arco 33 km mit dem Auto, dann 5-15 Min. Fußweg.

Von der Sarcabrücke in Richtung Trento / Madonna di Campiglio. Nach Sarche erreicht man Vezzano (22,4 km), bei der Esso-Tankstelle nach rechts und in das Dorf hinein. Nach dem Dorfplatz nach links in Richtung Margone-Ranzo abbiegen, immer weiter aufwärts und durch Ranzo durchfahren. Nach einigen hundert Metern geht die Straße abwärts. Nach der Kehre sofort rechts auf eine kleine Straße, die durch Wiesen führt. Immer geradeaus weiter, an einem Kapitell (rechts) vorbei, bis die Straße wieder ansteigt. Man passiert ein 'Agritur' (Pension), 10 m danach auf die steil abwärts führende Straße, die zum Tobliner See führt. An einer Kreuzung mit Sitzbank vorbei und 500 m auf der zementierten und gepflasterten Straße weiter (von Ranzo 5 km). Dann parken! Links zweigt ein gut ersichtlicher, ebener Weg in den Wald ab. An seiner Seite stehen Lichtmasten. Beim dritten Masten (bzw. dem ersten auf der linken Seite) auf einen Pfad, der durch den Wald hoch zu den Felsen führt.

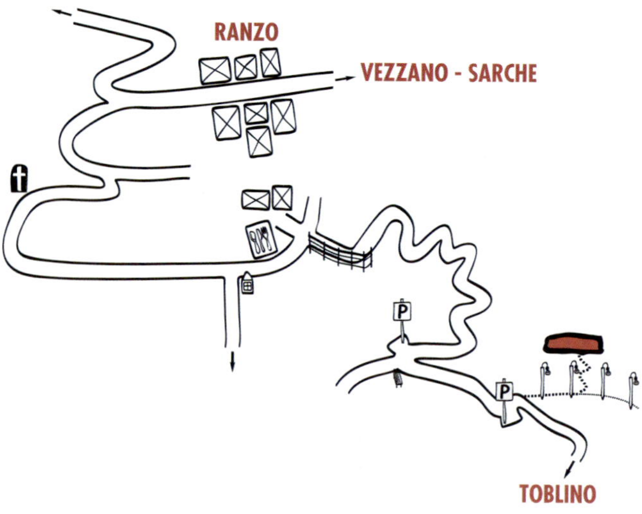

1 SPACCACHIOCCHE	6a+	18m	Einstiegsboulder
2 BO…	6c	26m	Ausdauer
3 STRAZABOSKI	6b	20m	Einstiegsboulder
4 MIMALIBIS	6b	20m	Überhängender Einstieg
5 LACIO DROM	6b+	21m	Einstiegsboulder
6 MI GHE VOI MASA BEN….	6b+	21m	Einstiegsboulder
7 SKI ALP	6b	22m	Senkrechte Platte
8 PITOST CHE EN TOST	5c/6a	20m	Verschneidung
9 PACHAMAMA	7b	22m	Boulder in Platte
10 NAMASTÈ	7a/b	20m	Ausdauer in Platte
11 GIOCHETTO MALSANO	7a+	20m	
12 CHE PACHIA	7a	20m	Ausdauer
13 GUERRIERI DELLA LUCE	7a	22m	Ausdauer an Sintern
14 OHNE NAMEN	?		Projekt
15 ESSERE DI LUCE	?		Projekt

DRAGO ZONE

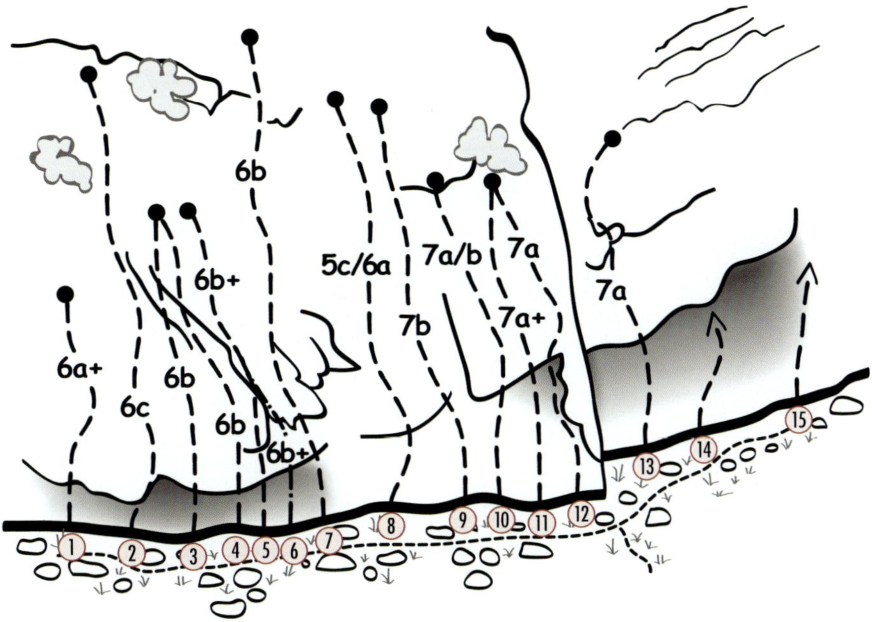

50

TERLAGO

Der Klettergarten von Terlago ist in zwei Felswände aufgeteilt, die wahre Meisterwerke der Natur und wie zum Klettern geschaffen sind: vertikale Tafeln aus fantastischem Kalk, mit kleinen und kleinsten Leisten gespickt. Fingerkraft ist hier unerlässlich und auch eine sehr gute Fußtechnik sollte beherrscht werden.
Dieses Gebiet ist sicherlich ein Higlight und ein absolutes Muss für alle, die das Sarcatal und das Gebiet um Arco zum Klettern besuchen.
Alle Routen wurden saniert: zum Teil wurden sie neu eingebohrt, zum Teil wurden die Plättchen ausgetauscht. Fast müßig zu erwähnen, dass auch hier der unermüdliche Danilo Bonvecchio zu Gange war.
Die Aussicht auf den Talkessel von Terlago, den gleichnamigen See und den Monte Bondone ist wunderschön.

Erschließer: E. Bettega, D. Bonvecchio, O. Celva, R. Larcher.

ZUFAHRT/ZUGANG

Von Arco 31 km mit dem Auto, dann 15 Minuten Fußweg.

Von der Sarcabrücke in Arco in Richtung Trento/ Sarche. Ca 1 km nach Vigolo Baselga zweigt man links nach Terlago/ Laghi di Lamar ab. Nach der Kirche dann sofort nach rechts und greadeaus weiter bis zur Piazza di Torchio. Hier parken.
Nun rechts auf eine kleine Straße, unter einem Torbogen durch und ca. 300 m weiter, bis man fast zum Ortsende bzw. den letzten Häusern. Jetzt links auf ein steiles, gepflastertes Sträßchen, das bald zu einer Schotterstraße wird. An einigen Privatgrundstücken vorbei immer Richtung Wand, die man schon sehr gut erkennen kann. In Falllinie des Sektors A hochsteigen führt dann ein Pfad im Zickzack direkt zu diesem Sektor. Der Sektor B liegt ca. 200m weiter rechts davon und ist leicht in 5 Minuten zu erreichen.

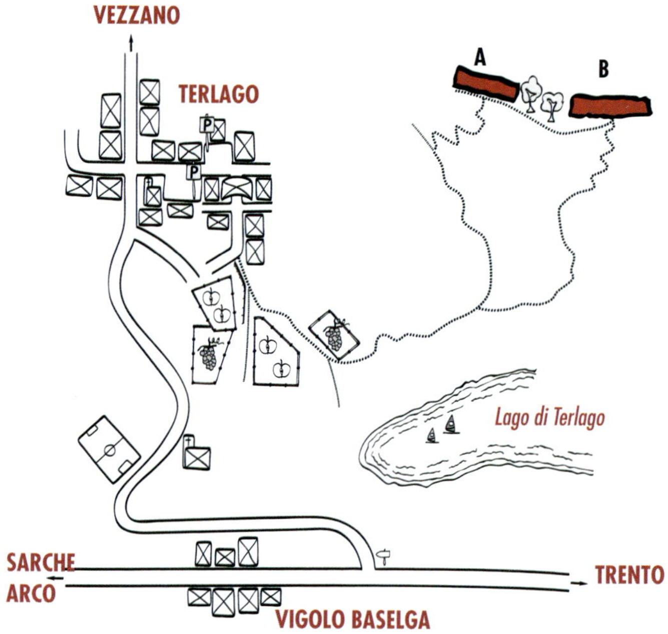

SEKTOR A

1 MACCHIA NERA	5b	15m	Einfache Rissverschneidung (70m links von 'L'Orso Buono')
2 FICUS BENJAMIN	6b	18m	Risskletterei (70m links von 'L'Orso Buono')
3 PAGANELLA	7b	18m	Senkrechte Wand mit guter Rastposition in der Mitte (40m links von 'L'Orso Buono')
4 L'ORSO BUONO	7a	15m	Fingertechnik
5 FICUS	7b	15m	Boulder
6 ELIOGABALO	6b	20m	Technische Verschneidung
7 ALVARO VITALI	8a	20m	Boulder in der Mitte und zum Schluss
8 OHNE NAMEN		20m	Projekt Roberto Bassi
9 OHNE NAMEN		20m	Projekt Larcher/Bonvecchio
10 L'ALTRA VITA		20m	Einstiegs- und Schlussboulder mit guter Rastposition dazwischen
11 SISYPOST	8a	20m	Ausdauer an leicht überhängender Wand
12 MALEDETTA FORTUNA	8a	20m	Sehr schön, Boulder im Mittelteil, ausdauernd
13 NON TI REGGE PIÙ LA POMPA	7c+/8a	20m	Ausdauer an kleinen Leisten in leicht überhängender Wand
14 GOLDEN BOY	7c+	20m	Ausdauer an kleinen Leisten in leicht überhängender Wand
15 IL CONTADINO OSVALDO	6c+	18m	Eine klassische Aufwärmroute mit Schlussboulder
16 ENRICO LA TALPA	7a+	18m	Schräger Riss mit Finalboulder
17 GOLDEN CONTADINO	7b/c	20m	Einstieg wie 'Il Contadino Osvaldo' und Ausstieg wie 'Golden Boy'
18 ALDO B.	4a	13m	Geneigte, schräge Verschneidung
19 GATTO SPUGNA	5c	18m	Platte, den Stand von 'Aldo B.' überklettern

TERLAGO
SEKTOR A

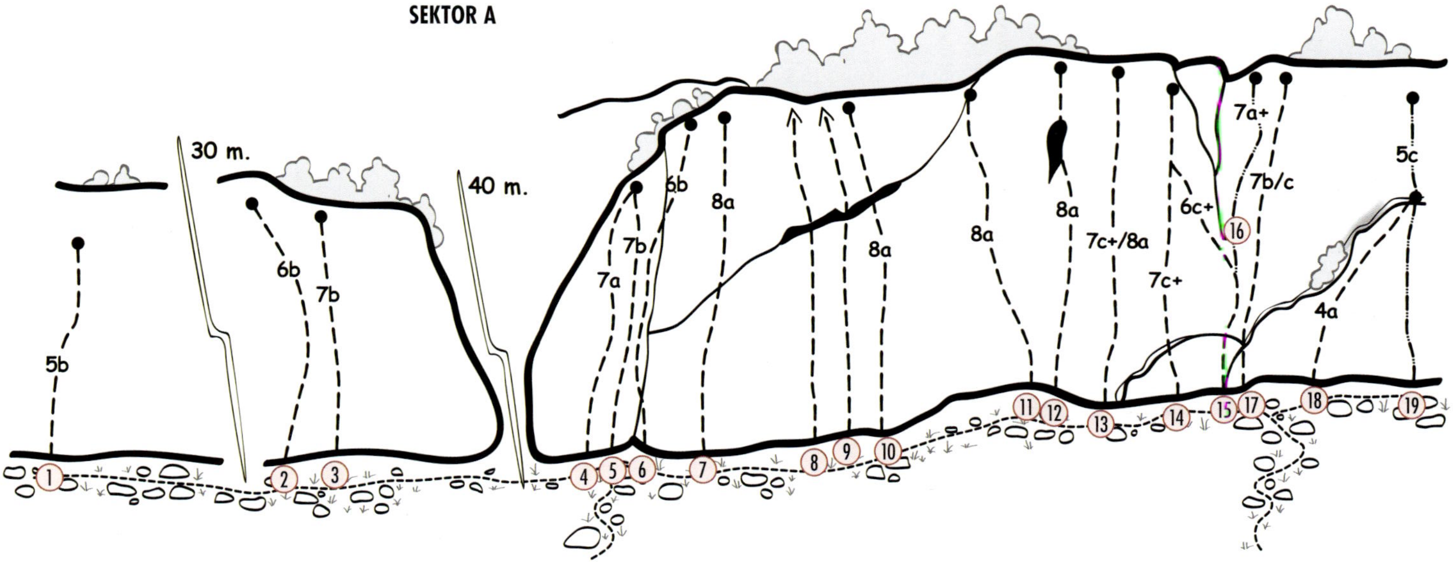

SEKTOR B

20 DEPENSE	6b	18m	Klassische Aufwärmroute im Riss
21 GAY	7b+	18m	Kleine Leisten in senkrechtem Fels
22 TAMARINDO	7b+	18m	Kleine Leisten in gelb-grauem, senkrechtem Fels
23 LA VEDOVA ALLEGRA	7c	20m	Fingerkraft an kleinsten Leisten in grauem Fels
24 NO REACTION	7b+	21m	Wunderschöne Ausdauerroute, Ausdauer, ein Meisterwerk der Natur
25 HONGA HONGA	7c/8a	20m	Ausdauer an Leisten und Löchern
26 IL SUSSURRO	7c	20m	Boulder im Mittelteil
27 ROLAMBO	7c	20m	Scharfkantiger Fels zu Beginn, Rippen zum Schluss
28 PATAFISICA	7b+	22m	Ausdauer
29 TERZA ETÀ	7c	22m	Ausdauer in senkrechter Wand
30 FRENKY	7c	22m	Ausdauer
31 ÖTZI	7c	23m	Ausdauer in senkrechter Wand
32 TAT TUAM ASI	7b+	23m	Kurze Einstiegswand, Quergang und Schlussboulder
33 OHNE NAMEN		25m	

TERLAGO
SEKTOR B

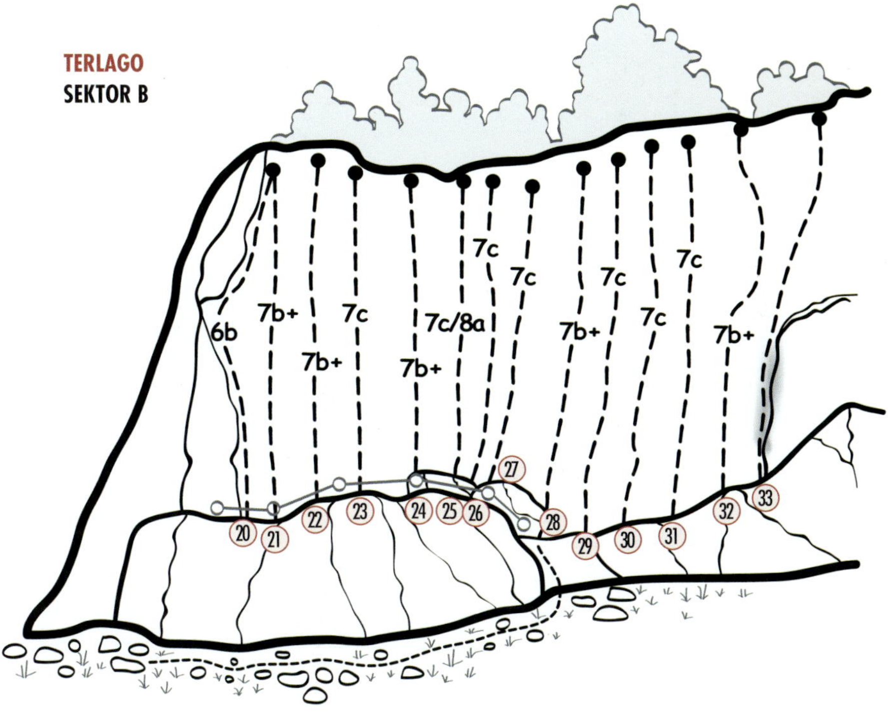

51

CAVEDINE

Beim Anblick dieser Wand scheint alles auf das klettertechnisch Wesentliche reduziert: sehr saubere und klare Linien durchziehen den Fels. Es ist gleichsam von vornherein ersichtlich, dass hier nur mit Technik und Bewegungsgefühl etwas zu holen ist. Schon in den einfachen Routen ist es notwendig, die Kletterbewegungen sehr gezielt einzusetzen, um Erfolg zu haben. Die Routen der oberen Grade haben generell mittellange, schwierigere Abschnitte, aber das Adjektiv "ausdauernd" wird hier nur selten gebraucht.

Erschließer: D. Bonvecchio, R. Galvagni.

ZUFAHRT/ZUGANG

Von Arco 19 km mit dem Auto, dann 3 Min. Fußweg.

Von der Sarcabrücke in Arco in Richtung Trento/ Madonna di Campiglio. Nach 5 km, bei der Kreuzung von Dro, rechts nach Valle di Cavedine und beim Dorfausgang (50 m nach der IP-Tankstelle) nach links in Richtung Lago di Cavedine abbiegen. Nach einigen Kehren wird die Straße flacher und gibt den Ausblick auf den See frei. Man fährt links an einem Kapitell vorbei (gegenüber ist eine schmale asphaltierte Straße) und 300-400 m weiter geradeaus. Der kurze Zustieg zur Wand beginnt in der Mitte der ersten Leitplanke. Parken kann man entlang der Straße, an der es einige Einbuchtungen gibt (schwierig!).

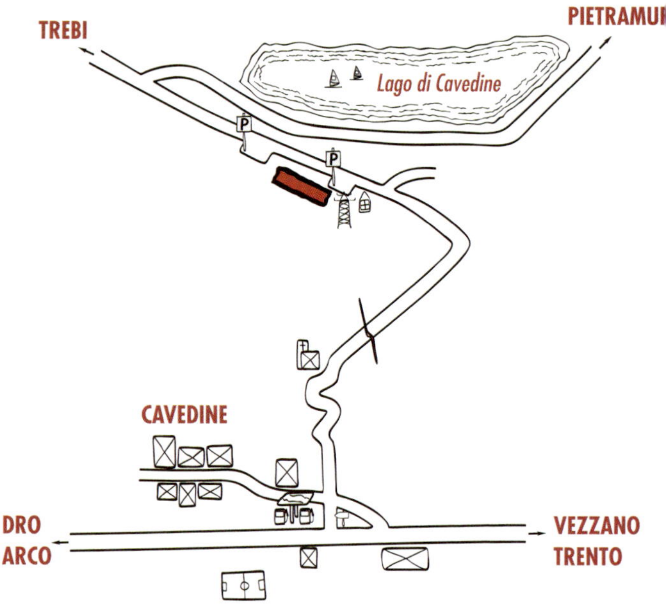

1 LATTE PIU'	6c	15m	Gleichgewichtsbewegungen
2 SBARBIE E PREPUZIO	6c	15m	Schöne Züge, Koordination
3 POPOLO BUE	6c+	15m	Schwieriger Einstieg, Wand mit Leisten
4 ORO NERO	6c	15m	Längenzüge am Einstieg, leichter Überhang mit Leisten
5 OIBÒ	6b+	15m	Platte mit Löchern und Leisten
6 OIBÒ PLUS	7c	10m	Verlängerung von 'Oibò': schwieriger Boulder
7 ALTA TENSIONE	6a+	15m	Versteckte Griffe. Nicht einfach!
8 ALTA TENSIONE PLUS	7b+	10m	Verlängerung von 'Alta tensione': schwieriger Boulder
9 GIOIA E RIVOLUZIONE	7a	18m	Seitliche Längenzüge in der Mitte, dann schwere Passage
10 GIOIA E RIVOLUZIONE PLUS	7c	8m	Verlängerung von 'Gioia e Rivoluzione': schwieriger Boulder
11 ALIBI	7a	25m	Zuerst technisch, dann an künstlichen Leisten
12 ORGASMATIC	6c+/7a	16m	Serie von Auflegern
13 ORGASMATIC PLUS	7b+	8m	Komplexer Boulder an Leisten
14 PALPITO TENUE	7b+	20m	Zuerst einfach, dann Längenzug an kleinen Griffen/ Slopern
15 TOTÒ D'ARABIA	7b	20m	Komplexe Serie von Zügen
16 INGENUE UTOPIE	6c	20m	Schöne Züge an Löchern und Leisten
17 PLACEBO	6c+	20m	Seitengriffe und Aufleger, onsight schwer
18 MISERY NON DEVE MORIRE	7b	20m	Zuerst Aufleger, dann Blockierer an Einzelstelle
19 3° MESE		20m	Einstieg wie 'Misery', dann gerade hoch
20 ABE'S		10m	
21 GANJA	7b	20m	Wand mit kleinen Leisten
22 MAGMA	6c	20m	Viel Koordination und Gleichgewicht
23 SESSO E NUTELLA	6b+	20m	Strukturierte Wand mit kleinem Überhang
24 VOX POPULI	7a	20m	Kraft fordernder Einstieg, dann Boulder im Überhang
25 DIAFRAMMA	6c+/7a	18m	Einstieg an Leisten, dann Überhang
26 OHNE NAMEN		18m	
27 OHNE NAMEN		18m	

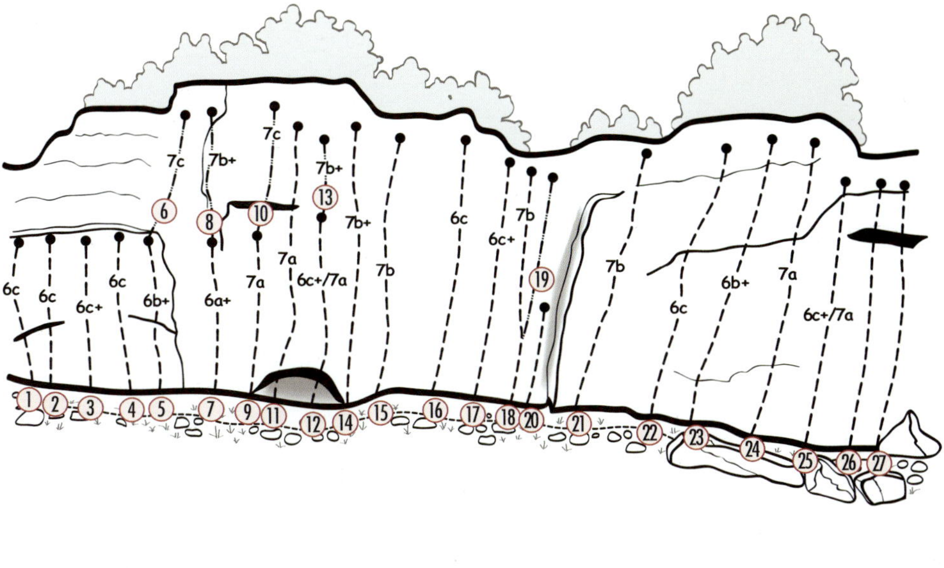

52

SAN SIRO

Neben den Gebieten von La Gola, Massone und Nago ist das Klettergebiet von San Siro sicherlich eines der größten in der Umgebung von Arco. Seit vielen Jahren wird hier schon geklettert, denn die Routen haben für alle etwas zu bieten: Überhänge, Dächer, Platten...

Anfang der Neunziger Jahre hat die Provinz Trient die vollständige Sanierung des Gebietes finanziert: ein schönes Beispiel für den Erhalt und die Aufwertung von Klettergebieten. Leider gab es bisher nur noch bei den Klettergebieten Massone, Nago und Spiaggia delle Lucertole eine finanzielle Unterstützung.

In San Siro kann man das ganze Jahr über klettern, auch in den Sommermonaten (dann vormittags). Am Wandfuß gibt es immer ausreichend Schatten. Das Gebiet mit der schönen Aussicht auf das Sarcatal ist auch für Familien geeignet.

Erschließer: R. Bassi, D. Bonvecchio, O. Celva, R. Larcher, und andere.

500

ZUFAHRT/ZUGANG

Von Arco 19 km mit dem Auto, dann 3 Min. Fußweg.

Von der Sarcabrücke in Arco in Richtung Trento/ Madonna di Campiglio. Nach 5 km, bei der Kreuzung von Dro, rechts nach Valle di Cavedine und weiter bis Lasino (19 km von Arco). Rechts an der Straße liegen eine 'Total'-Tankstelle und die Pizzeria '4 Stagioni'. Jetzt links auf die schmale Straße, die genau gegenüber beginnt. Man passiert die kleine Kirche S. Siro und parkt dann am höchsten Punkt des Sträßchens rechts auf einem großer Parkplatz (1 km von der Pizzeria). Von hier auf der Straße 10 m abwärts und rechts auf den breiten Weg, der direkt zu den einzelnen Sektoren führt.

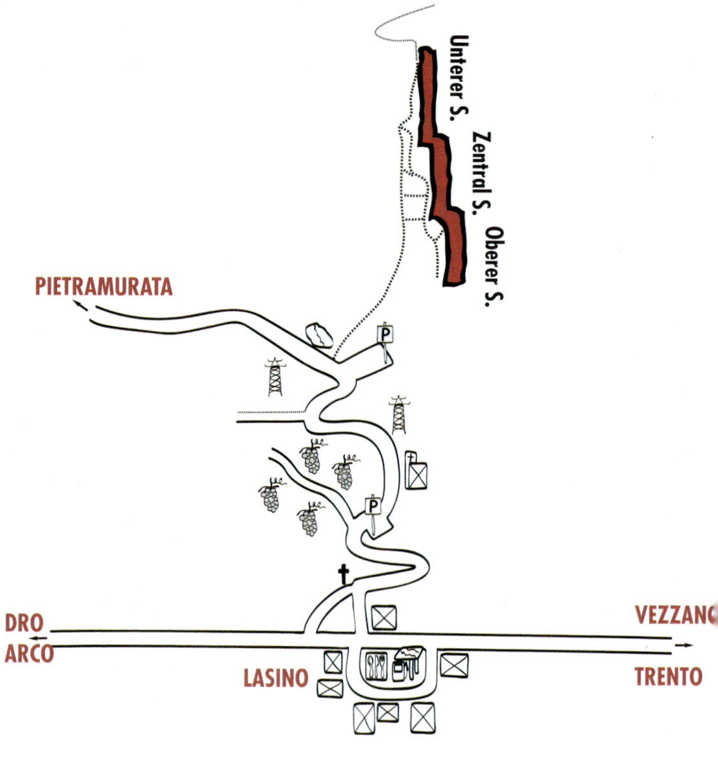

UNTERER SEKTOR

1 CHIARA MA INDECISA	7a+	15m	Kurzer maximalkräftiger Boulder
2 IATIFAH	7b	10m	Technische senkrechte Wand
3 VENDETTA	7b+	20m	Technische senkrechte Wand
4 OHNE NAMEN			Projekt
5 MAFIA BIANCA	7a	15m	Technische senkrechte Wand
6 PEPPINO	7c/+	8m	Gelb-graue Wand, Längenzug (7b für Große?)
7 PEPPINA	7c+	8m	Kurz und heftig
8 CHARLOT	7b+	16m	Senkrechte Wand, Fingerkraft
9 LUISIANA	7b	18m	Fast senkrechte, graue Wand; kurze, onsight schwierige Passage
10 OHNE NAMEN	6a	18m	Gutgriffiges Wändchen
11 ALEPH	6a	18m	Gutgriffiges Wändchen
12 SCANSATI	7a+	20m	Schwere Einzelstelle am Dach
13 SALAY	7a+	20m	Schwieriger Dachausstieg
14 JEROME	7b	20m	Schwierige Sequenz im Mittelteil
15 È INUTILE SOGNARE	8a	20m	Schwierige Sequenz mit runden Seitgriffen und Reibungstritten
16 JEREZ	7c+	20m	Einstiegsboulder an Auflegern
17 MISS LOLITA	7a+	25m	Passage mit heiklen Bewegungen
18 MELARINFANFUNFINFLA	8a+	20m	Technisch schwierige Route an Auflegern
19 QUIVI IL TEMPO	7b	25m	Schwere Einzelstelle am Dach, dann Ausdauer an guten Griffen
20 D.D.T.	7c+	25m	Ausdauer und Boulderzug
21 ATLANTIC CITY	7c+	25m	
22 OHNE NAMEN	7a+	25m	Boulder am Dach
23 REGAN BOIA	6b+	25m	Technische Platte, etwas abgespeckt, aber schön
24 OHNE NAMEN	6c	25m	Schöne Bewegungen in grauer Platte

ZENTRALER SEKTOR

25 OHNE NAMEN		28m	Projekt
26 OHNE NAMEN		28m	Projekt
27 HAIKU	7c	25m	Ausdauer in schwarzem Fels
28 ZAGOR	7c	8m	Kurzer und harter Boulder
29 ICTU OCULI	7c+/8a	28m	Einstiegsboulder und Ausdauer an positiven Leisten
30 DIAVOLINO	8a+	10m	Schmerzhafter, kurzer Boulder (10 Züge)
31 LA MONELLA	6c+	20m	Route mit Untergriffen und runden Griffen
32 OHNE NAMEN	12m		Altes Projekt von Roberto Bassi
33 THE MENINBLAK	8a	28m	Erster Teil athletisch, Ausstieg sehr technisch und schön
34 MEMBORACCIO	6b+	20m	Gute Griffe, Traverse am Dach an Untergriffen
35 BLOW	7b+	20m	Senkrechte technische Route, mit Längenzug beim Ausstieg
36 XANADU	8a+	20m	Boulder am Dach
37 ELETRIC BUDDA	8a	28m	Ausdauer an guten Griffen, schwieriger Einzelzug am Ausstieg
38 PIANI MOLTEPLICI ASCENDENTI...	7c	28m	Serie von kleinen Überhängen, Ausdauer mit Einzelstelle
39 L'ETERNO PRESENTE	7b	28m	Ausdauer an zum Teil abgespeckten Griffen
40 IL VERGINE	7b	28m	Ausdauerroute, nicht zu unterschätzen
41 NUVOLE	7a	30m	Einzelstelle an kleinen Auflegern, dann Ausdauer im Schlussteil
42 DEDI	6c	20m	

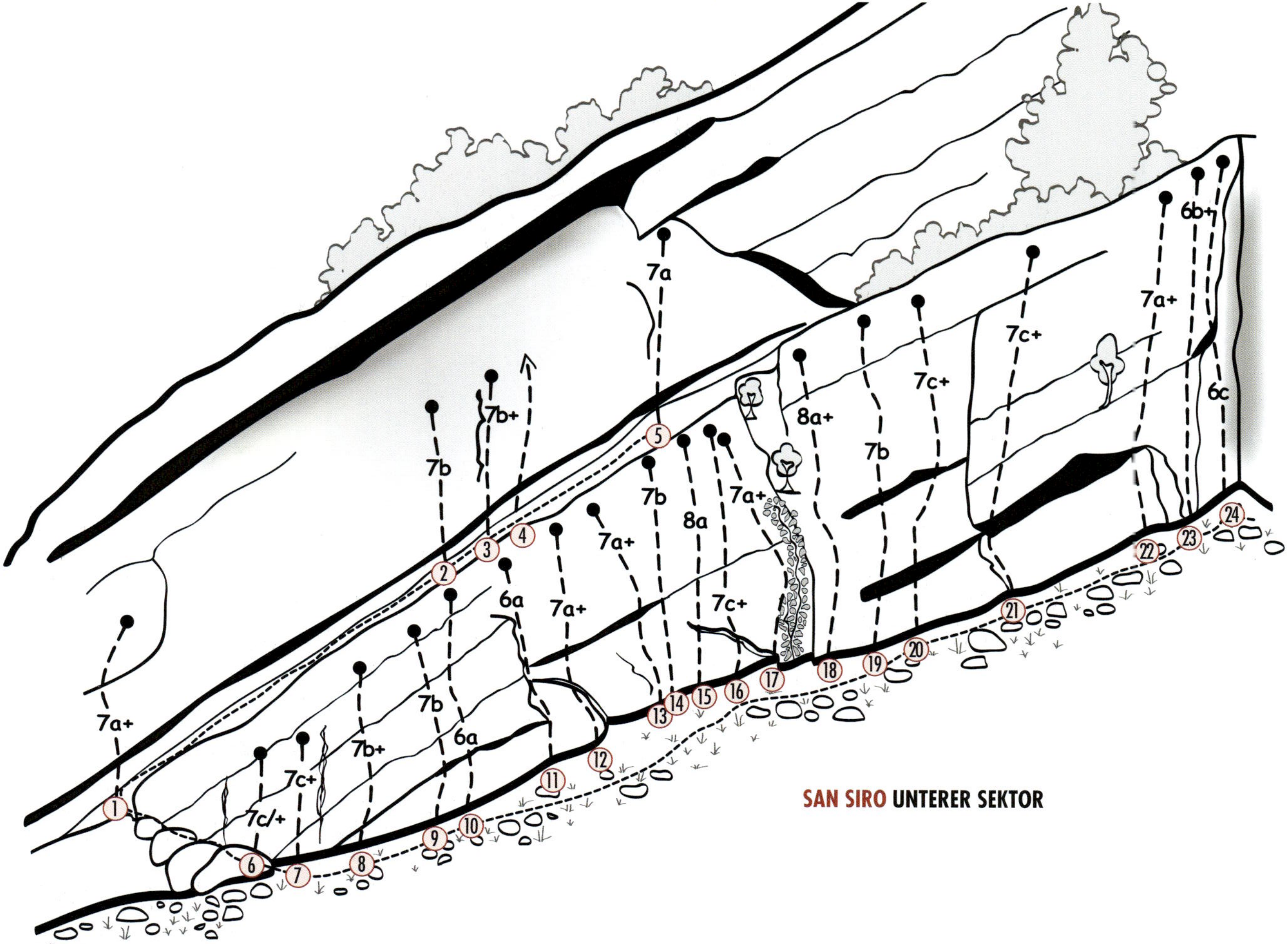

SAN SIRO UNTERER SEKTOR

SAN SIRO ZENTRALSEKTOR

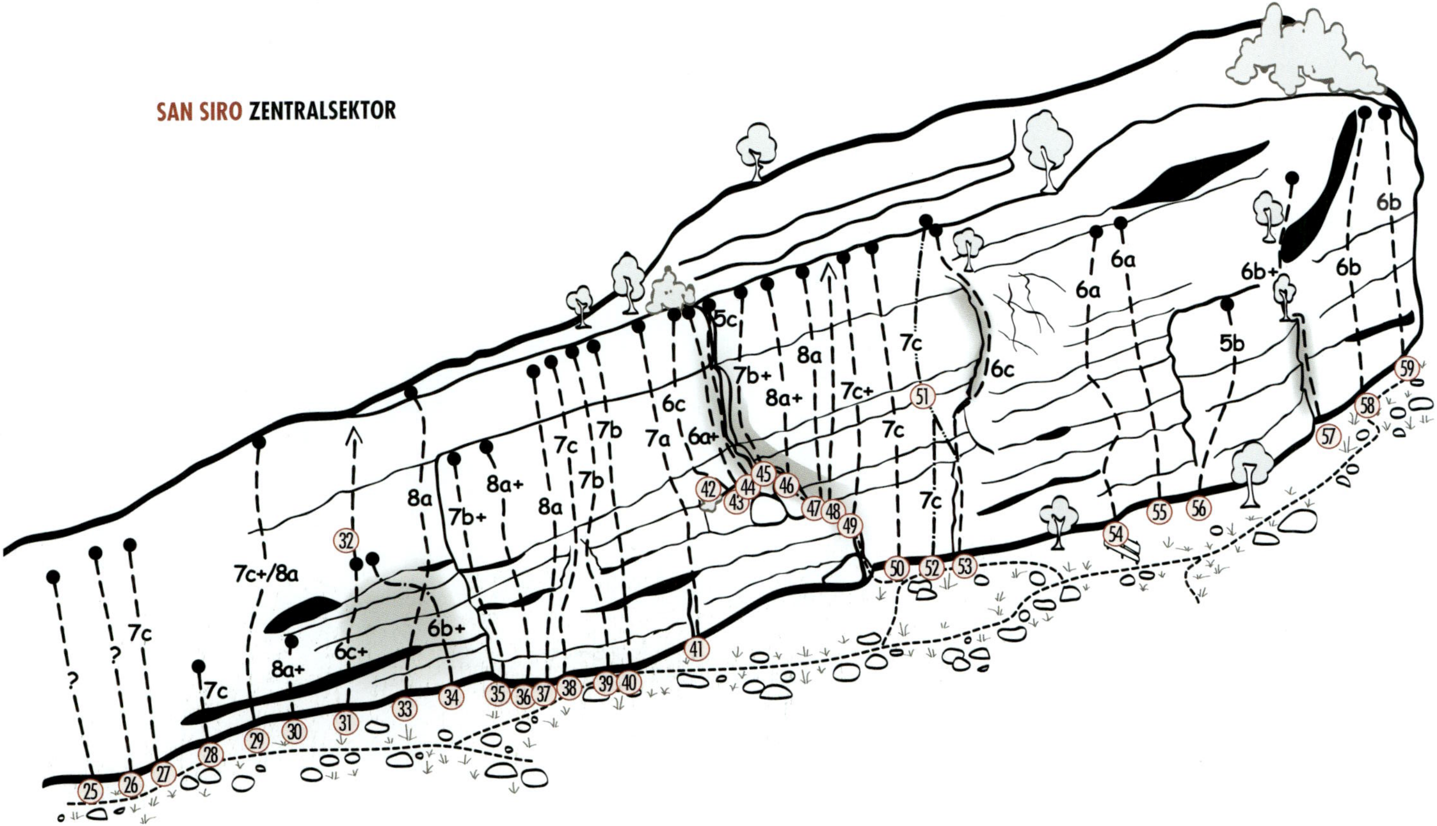

43 BUSH DEL CUL		6a+	20m	Nette Platte in grauem Fels mit guten Griffen
44 MAGIC BIEST		5c	20m	Einfache Rissverschneidung
45 MIRÒ		7b+	20m	Kurze Sequenz an kleinen Griffen in senkrechter Wand
46 L'ESSENZIALE		8a+	23m	Senkrecht mit kleinsten Griffen, sehr schön
47 TEMPESTA DEL DESERTO		8a	25m	Schwierige Folge von kleinsten Griffen in leicht überhängender Wand
48 OHNE NAMEN				Projekt von Danilo Bonvecchio
49 TOPOLINO		7c+	25m	Boulder in senkrechter grauer Wand
50 SQUALO GIALLO		7c	25m	Einstieg sehr schwer an Sintern, dann technisch schwierige Verschneidung
51 VENTO		7c	25m	Variante von 'Aria' (im oberen Teil), kleinste Leisten
52 STRAVENTO		7c	25m	Direkte Variante von 'Vento'
53 ARIA		6c	30m	Schwieriger Einstieg, dann schöne Verschneidung und graue Schlusswand
54 TUXEDO		6a	25m	Leicht geneigte Ausdauerplatte
55 GEDEONE		6a	25m	Kompakte Platte, etwas abgespeckter Fingerboulder zum Schluss
56 THE KID		5b	18m	Einfache Route an guten Griffen
57 PIC-NIC AD		6b+	25m	Einfach bis zum Dach
58 NUOVI GIORNI		6b	28m	Technische Passagen in Platte
59 IL RISVEGLIO DEGLI EROI		6b	20m	Einstiegsüberhang, dann nette Platte

OBERER SEKTOR

60 HOUDINI		7a	20m	Senkrechte Route, onsight schwere Passagen
61 NAZKA		7b+	20m	Kleingriffig in kompakter, senkrechter Wand
62 SEDERINI PARLANTI		7b	20m	Pasagen mit Seitgriffen
63 FRED FALLO		7a+	27m	Ausdauerroute, mit markantem Dach
64 ZIO ULCERA		7c	28m	Ausdauer mit schwieriger Einzelstelle
65 OHNE NAMEN		7b+	28m	Boulder am Dach
66 MAD PROFESSOR		7b+	28m	Lange Ausdauerroute mit Längenzug und zwingender Passage
67 FLIPPER	SL1	6c+	25m	Dach mit Henkel
	SL2	6a+	25m	Technische Platte
68 ALEXANDER PLAZ	SL1	7b	25m	Boulder an kleingriffigem Dach
	SL2	6a	25m	Platte mit Tropflöchern
69 ZIZOMAT	SL1	6b+	20m	Kleiner Boulder am Dach
	SL2	6b+	20m	Technische Platte mit Tropflöchern
	SL3	6a+	20m	Mehrere kleine Überhänge im Ausstieg
70 ROCK STORY	SL1	6b+	20m	Einzelstelle am kleinen Dach
	SL2	6a	25m	Technische Platte mit Tropflöchern und Leisten
	SL3	6b	18m	Kleine, gelbe Überhänge
71 FIESTA		7a	15m	Gleichgewichtsproblem
72 W MESSICO		6c	15m	Kleiner Boulder am Dach
73 IL FAGIANO		6a+	15m	Gut strukturierte Platte
74 UNA FOOLTA		6a	18m	Gut strukturierte Wand
75 CASTAGLIA		6a	20m	Nette graue Wand

76 MAGICO ALBERMANN	6b+	20m	Eine heikle Passage
77 THYCO B	6b	20m	Leisten und Löcher in grauem Fels

SAN SIRO OBERER SEKTOR

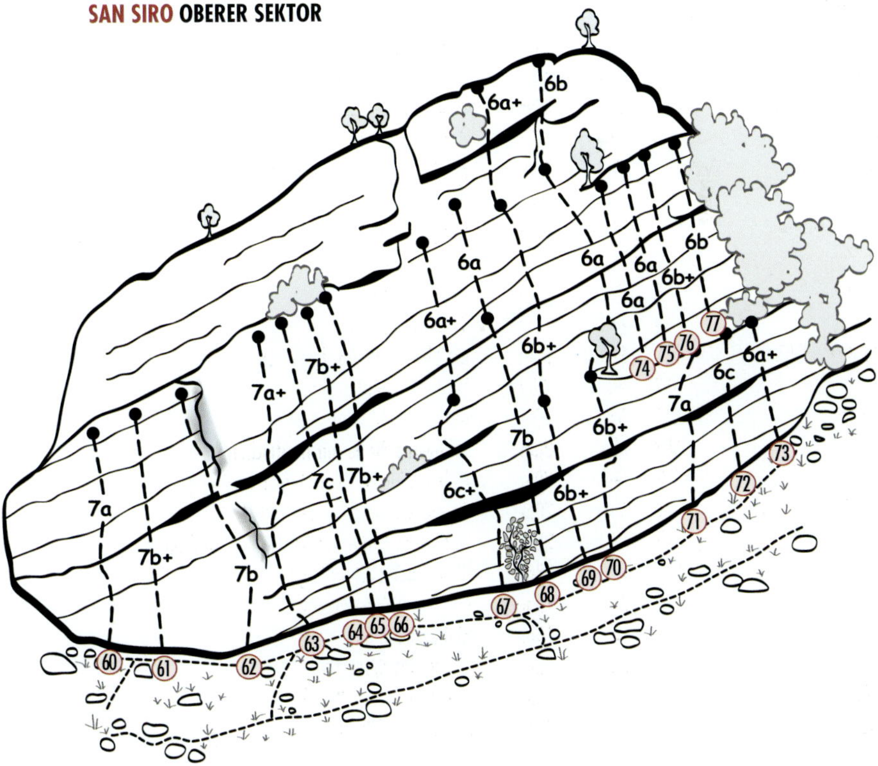

53

LAGOLO

Das Klettergebiet liegt ruhig und abgelegen an den Westhängen des Monte Bondone. Die wenigen Routen sind zuerst überhängend und haben dann technisch äußerst anspruchsvolle Ausstiege. Wegen der Ausrichtung nach Westen sind die Reibungsverhältnisse im Sommer vor allem am Vormittag ideal, solange die Wand noch im Schatten liegt. Genießt die herrliche Aussicht auf die Brentagruppe und vergesst (im Sommer) nicht die Badesachen, denn nach einem anstrengenden Klettertag lädt der nahe See von Lagolo zu einer Abkühlung ein!

Erschließer: D. Bonvecchio.

ZUFAHRT/ZUGANG

Von Arco 26 km mit dem Auto, dann 10 Min. Fußweg.

Von der Sarcabrücke in Arco in Richtung Trento/ Madonna di Campiglio. Nach 5 km, bei der Kreuzung von Dro, rechts nach Valle di Cavedine. An einer Kreuzung 2 km nach dem Ort rechts Richtung Monte Bondone und ca. 7,5 km höher fahren. Kurz vor dem Ortsschild 'Località di Lagolo' ist die graue Wand von der Straße aus gut zu sehen. Man parkt in den seitlichen Straßeneinbuchtungen vor oder nach der Wand. Der Weg zu den Felsen beginnt direkt unterhalb der Wand.

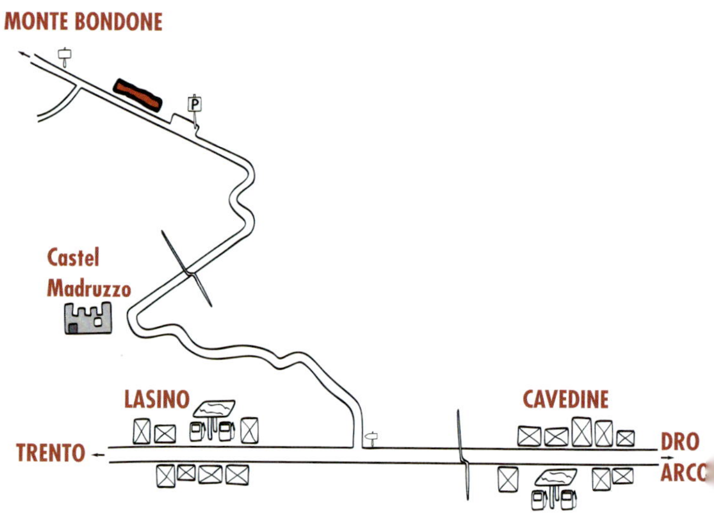

1 TRASCH	8a	25m	Ausdauerroute mit kurzer, onsight schwieriger Verschneidung
2 PERELA'	8a+	20m	Ausdauer mit einer kniffligen Stelle am Schluss
3 OHNE NAMEN			Projekt
4 IO LA TENGO	7c/8a	20m	Längenzüge und schwieriger Dachausstieg
5 VIBRAM	7b/c	17m	Überhang, einfaches Dach, Ausstieg bleibt etwas dem Zufall überlassen.
6 INES	7a	15m	Zuerst Fingerkraft, dann leicht Wand
7 ORA ET LABORA	7a+	15m	Zuerst Fingerkraft, dann leicht geneigte Wand
8 GRANCHIO	7b	15m	Zuerst harter Boulder, dann leicht geneigte Wand

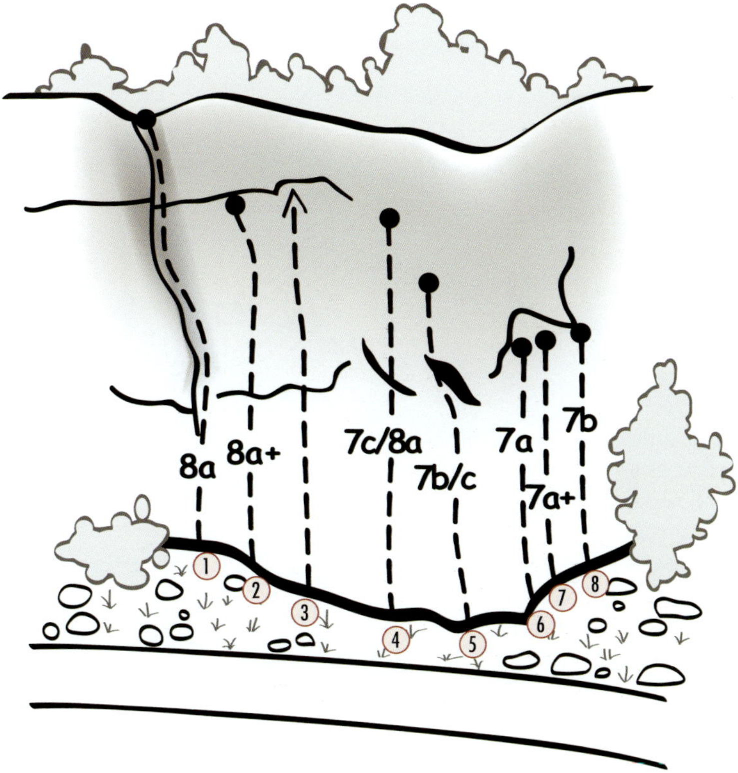

54

COMANO

Die wunderschöne, nur manchmal leicht überhängende Wand liegt mitten in einem traumhaften Lärchenwald. Die Brüdern Paolo und Luca Malesardi bohrten die erste Route hier in den frühen Achtzigern ein. Sie erschlossen dann später auch alle weiteren Routen.

Durch die Ausrichtung nach Nordwesten ist Comano ein ausgezeichnetes Sommerklettergebiet, denn die Sonne scheint erst spät nachmittags in die Wand. Der kurze Zustieg und die schöne Umgebung machen es zu einem der interessantesten Gebiete in diesem Führer, besonders für diejenigen, die technische Kletterei lieben. Ein ausgezeichneter Stützpunkt ist das Hotel Panoramica, das am Dorfausgang von Comano liegt. Wer mal einen Tag nicht Klettern möchte, sollte nicht versäumen, zu Fuß oder mit dem Rad eine Tour auf den Monte Casale zu machen. Belohnt wird die Anstrengung nämlich mit eine wunderschönen Aussicht auf die sieben Seen, die Brenta- und Adamellogruppe und einer herrlichen Flora, vor allem zu Sommerbeginn!

Erschließer: L. und P. Malesardi.

ZUFAHRT/ZUGANG

Von Sarche 14 km mit dem Auto in, dann 2 Min. Fußweg.

Von Arco in Richtung Trento und bis nach Sarche. Dort links in Richtung Madonna di Campiglio. Auf der ansteigenden Straße weiter, an den Thermen von Comano vorbei, und durch Ponte Arche. Am Dorfende, kurz vor der Brücke über den Duinabach, in Richtung Godenzo – Comano links abbiegen. Weiter nach Godenzo und fast am Dorfende wieder links abbiegen nach Comano. In Nähe der Kirche rechts abbiegen (links ist eine Trattoria) und auf der Straße in den Wald hineinfahren. Nach drei Kehren, 250-300 m weiter, trifft man auf einige Parkplätze. Die Felsen schimmern leicht durch den Wald hindurch. Ein Steinmännchen weist auf den Zustiegsweg (2 Min.) hin.

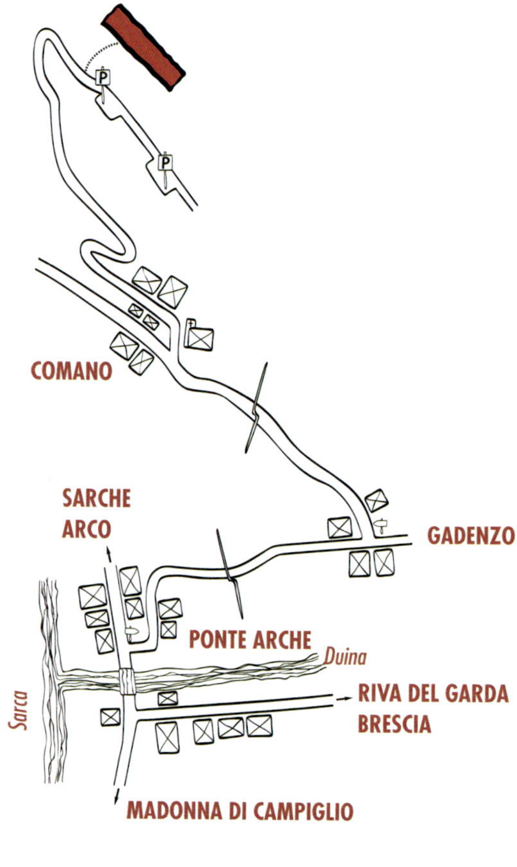

ZWISCHEN DEN DOLOMITEN UND DEM GARDASEE

EIN BERG DER EMOTIONEN UND DES WOHLBEFINDENS
DAS TRENTINO IN SEINEN URSPRÜNGEN:
ALLES IST ZU ENTDECKEN

Das vielseitige Gebiet im Tourismuskonsortium Terme di Comano- Dolomiti di Brenta, bietet auch jenen interessante Gelegenheiten, die in einem anregenden Vergleich mit der Natur einen aktiven Urlaub suchen, den sie auf zahllosen Wanderungen, zwischen ansprechenden ländlichen Weilern, auf Almen- und Schutzhütten oder auf dem Weg zu den Gipfeln der Brentagruppe entdecken können, Das Wasser und die Wohlfühl-Behandlungen der Thermen von Comano sind für die Sportlichen ein zusätzliches Plus zur Entspannung nach der freudvollen Mühe und eignen sich auch für die Körper- und Formbewussten bestens.
Die Biker finden mit sieben eingezeichneten und untereinander verbundenen Radwegen, geradezu ein Netz von Radwegen, abgesehen von den unzähligen Kilometern, die sie auf den Forststrassen abstrampeln können und sie man nur nach Interesse und eigener Fitness zu wählen brauchen.
Die Kletterer können ihrer Phantasie freien Lauf lassen; an den über 400 Routen, die auf 11 verschiedene Gebiete verteilt sind und Schwierigkeitsgrade zwischen2a und 8c aufwiesen.
Besonders hervorzuheben sind die 110 Routen die sich im Parco degli Scoiattoli (Eichhörnchenpark) in San Lorenzo in Banale und auf den Wänden des Val Lamasone befinden. Letzteres bietet auch Anfängern und den Kleinsten vollkommene Sicherheit und erlaubt ihnen, diese Erfahrung als Spiel zu erleben.
Dank der bevorzugten und geschützten Lage ist das Gebiet vom Frühjahr bis zum späten Herbst zugänglich.
Während die Begeisterten des Klassischen Alpinismus Gipfel erstürmen können, von denen einige schon Alpingeschichte geschrieben haben - wie z.B. der Campanil Basso, der berühmteste Gipfel der Brentagruppe, der von der 3173 Meter Cima Tosa überragt wird. Oder sie können die eindrucksvollen Forra del Limarò durchqueren, die ca. 10 Km lang ist und im Laufe von Jahrhunderten vom Sarca-Fluss ausgewaschen wurde.
Das Gebiet des APT Terme di Comano-Dolomiti di Brenta bietet seinen Gästen darüber hinaus verschiedene Sporteinrichtungen und spezielle Aufenthaltsmöglichkeiten für climber & biker an (Aufbewahrungsmöglichkeiten und Möglichkeiten für kleinere Reparaturen).
Im Tourismusbüro stehen Kataloge, Kletterführer, Radwegkarten und Spazierwegkarten zur Verfügung, sie erhalten auch alle Informationen, um einen schönen Urlaub in der Natur mit der ganzen Familie zu planen.
Für weitere Informationen:

Azienda per il Turismo TERME DI COMANO DOLOMITI DI BRENTA
Via Cesare Battisti, 38/d – 38077 Ponte delle Arche (TN)
Tel: +39 0465 702626 – www.comano.to - info@comano.to

1 LE FAZIL 1	4b	14m	Leichte Kletterei an geneigter Platte
2 LE FAZIL 2	4b	14m	Verläuft parallel zu 1, ähnlich
3 ENPROVA	4c	14m	Einfache Verschneidungskletterei, etwas brüchig, aber geputzt
4 GILIOLA	6a	15m	Ausdauer an großen Griffen
5 POLPASTRELLI	6c	15m	Kompakter Fels mit abschüssigen Löchern, dann überhängend
6 GRONDA	6c+	15m	Den schwierigen Abschlussbauch genau in der Mitte überklettern
7 DRITDREICIODI	6a	16m	Sehr schöne Ausdauerroute
8 SFIGA	6a+	16m	Einfache Abschnitte bis zum Überhang
9 CRODO	6c	17m	Schwierige Züge mit Auflegern und Zangengriffen. Über den Bauch in ausdauernder Kletterei
10 VIA SASS	6b	17m	Athletischer Ausstieg aus Nische
11 GNOC	6b	17m	Athletische Einzelstelle zu den Schuppen beim letztem Haken
12 SCAIA	7c+	17m	Einstiegsboulder an Leisten, Rastposition und Einzelstelle unter dem Ausstieg
13 CUBA LIBRE	7b+	20m	Harte Sequenz an Leisten, dann wunderschöne Ausdauerkletterei
14 GOCCIA	6c	19m	Gute Leisten, dann schwierig an den letzten Haken
15 DELTA	6b+	19m	Schöne Route an Leisten mit Schüsselstelle in der Mitte
16 TANGENZIALE	7b	19m	Ausdauer, vor der Einzelstelle im Ausstieg sind die Unterarme schon richtig dick..
17 FRANCESCA	7b	17m	Wie 'Ignota', aber zu eingezwängt zwischen 16 und 18
18 SPINACI	7a+	18m	Ausdauer mit harter Sequenz im Mittelteil und Einzelstelle vor dem Umlenker
19 IGNOTA	7b	19m	Harte Sequenz an abschüssigen Leisten im Mittelteil. Zu eingezwängt zwischen 18 und 20
20 MADUR	6c+	20m	Ausdauer mit Genuss an Leisten
21 PANORAMICA	7a+	18m	Harter Einstieg mit Gewichtsverlagerung nach rechts zu Kante hin, dann einfacher
22 TOPO GIGIO	7a+	19m	Ausdauernd, Kraft und Gleichgewicht im oberen Wandteil
23 FRAGOLE	8a	19m	Einzelstelle, dann Ausdauer an guten Griffen
24 FRAGOLE CON PANNA	7b+	19m	Umgeht den Einstiegsboulder von 23 in weniger gutem Fels, Schluss wieder gemeinsam
25 BERNARDI	7b	17m	Die erste erschlossene Route der Wand; Stand an altem Bohrhaken mit Karabiner oder am Baum (Schlingen!)
26 L'ADERENZA	7b	16m	Kleinste Leisten und Aufleger, dann Kante mit Gleichgewichtsverla gerungen
27 LA CAREGA	?	12m	
28 IL BUCO	?	12m	
29 OHNE NAMEN		10m	Projekt

COMANO

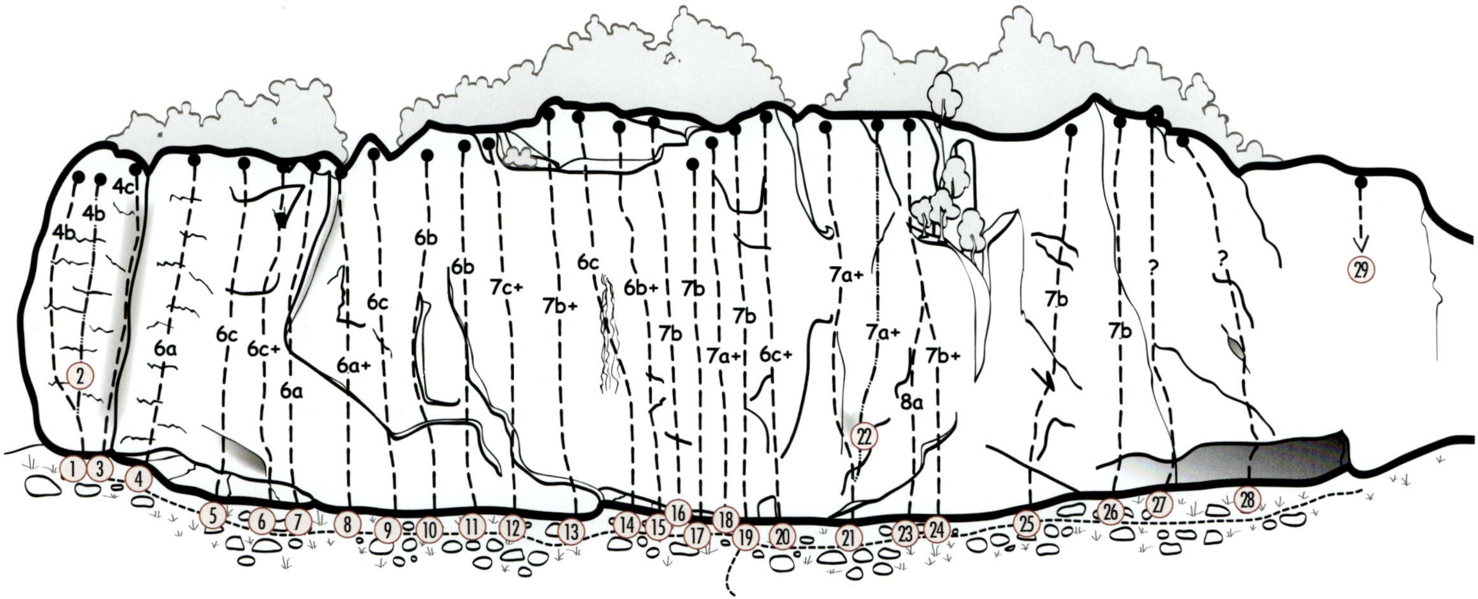

1
2
3
4
4b
4b
4c
5
6
7
6a
6c
6c+
6a
8
9
10
11
12
13
6a+
6c
6b
6b
7c+
7b+
6c
6b+
7b
7b
7b
7a+
6c+
14
15
16
17
18
19
20
21
22
23
24
7a+
7a+
7b+
8a
25
26
27
28
29
7b
7b
?
?

55

VAL LOMASONE

Schon in den Neunziger Jahren entdeckten die Brüder Paolo und Luca Malesardi das Gebiet. Erschlossen wurde es dann aber hauptsächlich von Ruggero Carli und später von Marco Donati, Rudy Filippi und Danilo Bonvecchio. Zur Zeit wird das Gebiet von der Gruppe „Rocciatori Del Lomaso" in Stand gehalten und erweitert.

Die Wand sieht aus wie ein riesiger, terrassenartiger Kalkblock, ist nach Westen ausgerichtet und deshalb von Frühjahr bis Spätherbst perfekt zum Klettern. Es gibt über 80 gut eingerichtete Routen, hauptsächlich in Reibungsplatten, die von kleinen Dächern durchzogen sind und das Klettern abwechslungsreich gestalten. Die Aussicht auf die Gipfel der Brentagruppe ist wunderschön. Ungefähr 300 m nach dem beschriebenen Parkplatz gibt es eine große Picknickzone mit Tischen, Toiletten, Trinkwasser, Grillplätzen und Schutzdächern aus Holz.

Wer seinen Fingern einmal eine Pause gönnen möchte, sollte unbedingt mit dem Bike das Tal bis über den Pass und Richtung Gardasee erkunden.

Erschließer: D. Bonvecchio, R. Carli, M. Donati, R. Filippi. L. e P. Malesardi, Gruppo Rocciatori del Lomaso.

ZUFAHRT/ZUGANG

Von Sarche 17 km mit dem Auto, dann 10 Min. Fußweg.

Von Arco in Richtung Trento und bis nach Sarche. Dort links in Richtung Madonna di Campiglio. Auf der ansteigenden Straße weiter, an den Thermen von Comano vorbei, und durch Ponte Arche. Am Dorfende, kurz nach der Brücke über den Duinabach, links in Richtung Riva del Garda und Lomaso (11 km von Sarche). Nach wenigen Kehren erreicht man das Hochplateau von Fiavè. An Campo Lomaso und Vigo Lomaso vorbei und bis nach Dasindo. Bei einem Kreuz und dem Hinweisschild 'Via Lomasone' auf das enge Sträßchen, das an der Kirche vorbei durch das Dorf führt. Zwischen Feldern und Wiesen an einer Fischzucht vorbei, aus der Asphalt- wird eine Schotterstraße und man erreicht den Parkplatz (Schild 'Palestra di Roccia'). Von hier in 10 Minuten zu den Felsen.

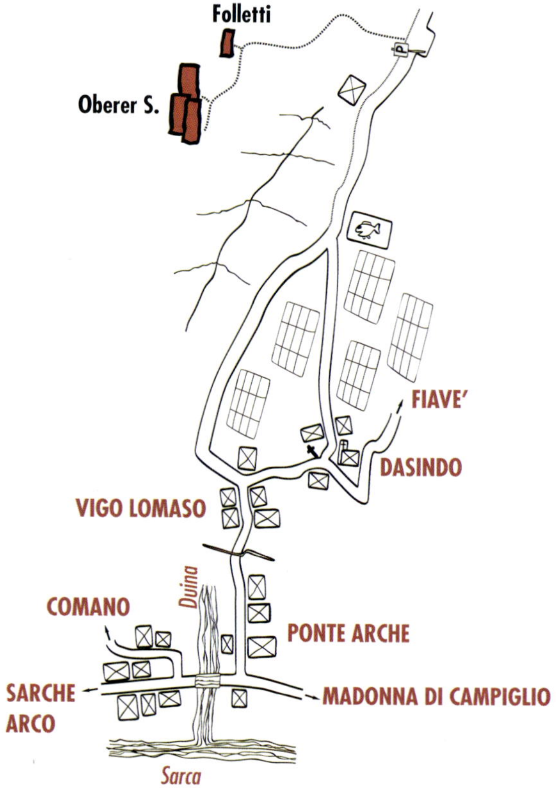

VALLI GIUDICARIE
Parco Naturale Adamello Brenta
Comuni delle Giudicarie Centrali
TRENTINO
Bolbeno
Breguzzo
Montagne
Preore
Ragoli
Tione di Trento
Zuclo
PARCO NATURALE ADAMELLO BRENTA
FREE
climbing
info@valligiudicarie.it
www.valligiudicarie.it
cio Turistico Giudicarie Centrali
amiano Chiesa, 3 38079 TIONE TN
465.323090 - Fax 0465.324140
TIONE
TRENTO
ROVERETO
Ufficio informazioni stagionale
Via Roma, 228 38081 BREGUZZO TN
Tel./Fax 0465.901417

UNTERER SEKTOR, LINKS

1 CICLAMINO	5c	15m	Einfach an Henkeln
2 DERUBATA	6a+	15m	Reibungsschlüsselstelle, dann gute Griffe
3 BUS DEL GNAO	6a	15m	Gute Griffe, Crux mit Einfingerloch
4 AICHEMAL	5b	18m	Einzelstelle gleich am Einstieg
5 VIA DEL COMITATO	6a+	18m	Schöne, reine Reibungsplatte
6 SANTA LUCIA	5c	20m	Eine der schönsten Routen hier, perfekte Leisten, dann an Untergriffen über kleines Dach
7 MAIALINO FATATO	6a+	20m	Schwieriger Piazriss, kleine Tritte im Ausstieg
8 VIA DEI SANTI	7b	23m	Einstieg einfach, dann schwieriger über das Dach und Schlussüberhang
9 MUCCA PAZZA	7b+	20m	Boulder an kleinen Griffen
10 HÄNSEL	7a	20m	Ausdauer, Züge an Auflegern und Löchern im Mittelteil, dann einfacher

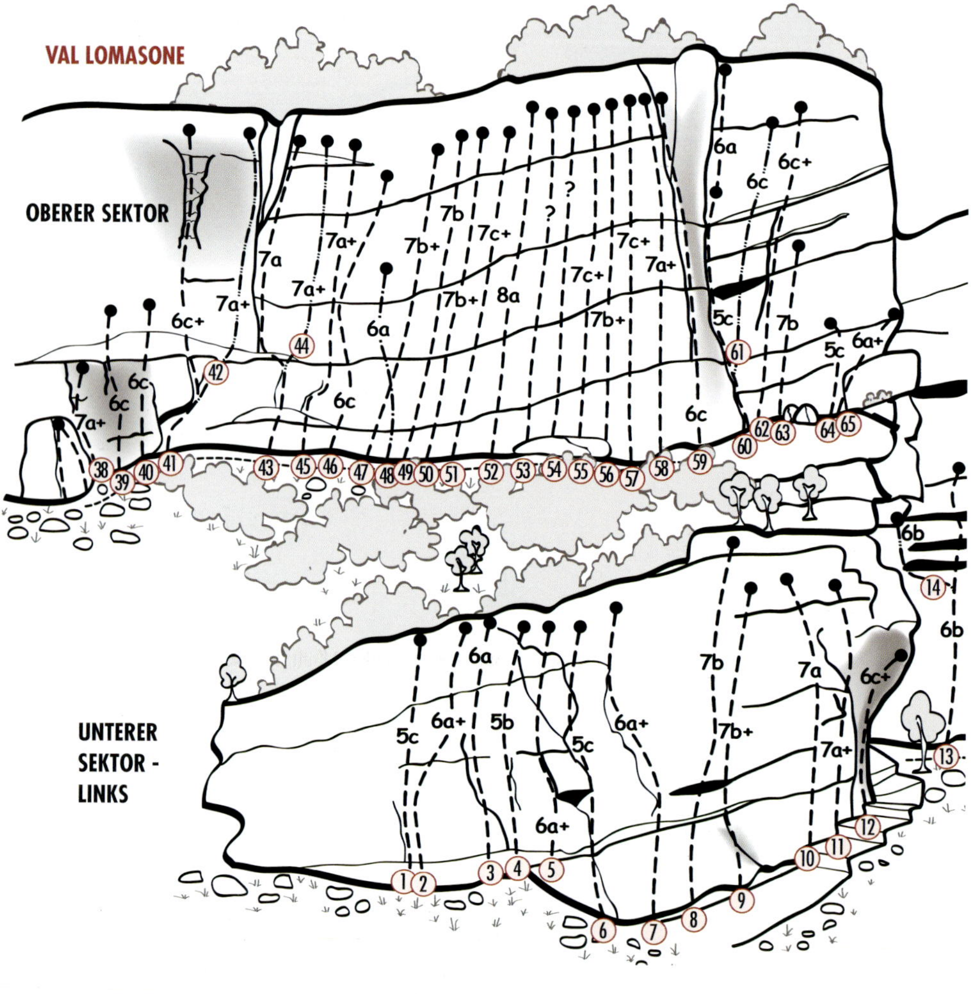

11 GRETEL	7a+	20m	Athletisch an guten Griffen, auch nach dem Dach anstrengend
12 NAS	6c+	15m	Kraft fordernder Überhang

OBERER SEKTOR

38 TOSTO	7a+	12m	Schlüsselstelle im Mittelteil mit Längenzug an kleinen Griffen
39 DIVORZIO	6c	12m	Aufrichter im Ausstieg
40 LAMPO	6c	12m	Schwieriger Aufrichter im Ausstieg
41 PANORAMA	6c+	25m	Umgeht ein Dach, kleiner Überhang mit wenigen Griffen im oberen Teil
42 MONTE BRENTO	7a+	25m	Einstieg wie 'Panorama', dann auf Terrasse und schwere Reibungsstelle in der Platte
43 SIGNORINA	7a	20m	Einstieg wie 'Disonesta', dann Riss
44 DISONESTA	7a+	25m	Kleine Griffe und kleinste Zangen
45 LINDA	7a+	25m	Kleine Griffe und kleinste Zangen
46 SIMONE	6c	25m	Zuerst Reibung, dann schöne Griffe
47 DRUM LIGHT	7b+	25m	Kreuzt 'Berta', Mikroleisten
48 BERTA	6a	15m	Unterteilt die Route 'Drum Light', heikel an Auflegern
49 SENZA CODICE	7b	28m	Ausdauer an kleinen Griffen
50 RAMBLA	7b+	28m	Ausdauer an kleinen Griffen
51 LUCIGNOLO	7c+	28m	Ausdauer an kleinen Griffen
52 TE 'NCULO	8a	28m	Mikroleisten und harte Einzelstelle
53 TENSIONE VERTICALE			Projekt
54 AKALASHNIKOV		29m	Projekt
55 JINX	7c+	28m	Einstiegsvariante von 'Wiphala'
56 WIPHALA	7b+	28m	Einzelstelle im Mittelteil
57 KILLINGZOE	7c+	29m	
58 GRAVI-DANZA ISTERICA	7a+	27m	
59 RE DE COPE	6c	27m	Schlüsselstelle im Riss zu Beginn
60 ALPINISTIC	6a	26m	Abschließende Rissverschneidung, 5c bis zur ersten Kette
61 LA SQUERTA	6c	27m	Zangen und scharfe Kanten, Längenzug über dasDach, dann einfacher
62 CAPOEIRA	6c+	27m	Nach Einzelstelle Riss mit runden Kanten
63 DISTURBO	7b	20m	Heikle Reibungskletterei
64 SACRIPANTE 1	5c	15m	In einer Rinne unterhalb der Überhänge, gutgriffig
65 SACRIPANTE 2	6a+	18m	In einer Rinne unterhalb der Überhänge, gutgriffig

UNTERER SEKTOR, RECHTS

13 4 STAGIONI		6b	27m	Schöne Route, verlangt Kraft, Technik und Intuition
14 VARIANTE		6b	25m	Einzelstelle unter dem gutgriffigen Dach
15 ELEFANTE		7a	25m	Kleine Griffe im Überhang
16 CAMINO REAL	SL1	5c	20m	Durch evidenten Kamin
	SL2	6a	20m	Schöne Platte
17 MEMORIE ALCOLICHE		7c+	25m	
18 DEMONI E FATE		7c+	18m	Schwieriger Zangengriff an Sinter
19 BABY		5c+	10m	Kurze Route, die über das Band führt
20 PAOLETA		6b	10m	Alle Schwierigkeiten im Einstieg
21 SGHIT		6b	18m	Reibungskletterei mit wenigen Griffen

22 CAMPANIL NORD		5a	15m	Zugang zu Route 25
23 CAMPANIL OVEST		6a	15m	Gutgriffig
24 CAMPANIL SUD		6a	15m	Zwei kleine Reibungsstellen
25 CASTELLO DELLA RANA VERDE		7b+	12m	Startet oben am Pfeiler, mit schwierigem Zug
26 TOCAIA		7a	15m	Ausdauer an kleinen Griffen
27 DIEDRO ROTTO	SL1	6b	25m	Verschneidung mit bröckeligem Fels, zuerst Reibungskletterei
	SL2	7c	15m	
28 GANDALF		7a	20m	Überhang mit Längenzügen
29 LUCE NUOVA	SL1	6a+	23m	Reibung,
	SL2	6a+	20m	schöne Verschneidung
30 MARIPOPPINS	SL1	6c	20m	Anstrengend nach dem Riss, linker Variante
	SL2	6b	20m	Über Felsvorsprünge, rechte Variante ähnlich
31 TUPAMAROS	SL1	7a	25m	Sehr schön mit komplexen Zügen und viel Intuition
	SL2		20m	Projekt
32 DIAGONALE		6b	20m	Gutgriffiger, schräger Riss
33 CANDOMBLÈ	SL1	6c	25m	Einstieg wie 'Diagonale', dann schwierige Platte
	SL2	6a+	15m	Geneigte Verschneidung
34 ICARO		7a	25m	Komplexe Züge an kleinen Griffen
35 ACHAB		7b	22m	Über dem Dach schwierige Reibungskletterei

VAL LOMASONE
UNTERER SEKTOR - RECHTS

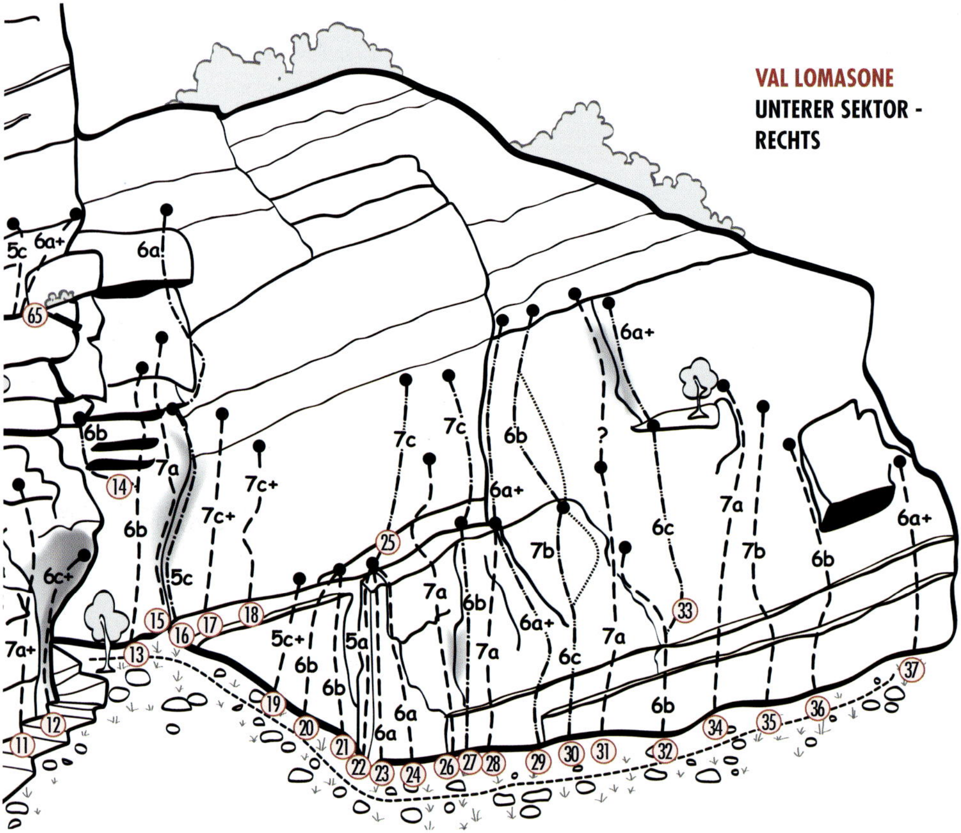

36 VIA DEL CUBO	6b	20m	Schöne Route, Kraft und Technik
37 SPIGOLO SUD	6a+	20m	Anstrengend im ersten Teil

SEKTOR FOLLETTI

66 VIA DEL LUMAC	5c	15m	Geneigte Platte
67 GAZZA LADRA	6a+	15m	Geneigte Platte
68 VIA DEL SKILAT	5c	15m	Geneigte Platte
69 GATTO SILVESTRO	5c	15m	Geneigte Platte
70 VIA DEI TOPOLINI	4a	15m	Geneigte Platte
71 LE LUCERTOLE	4b	15m	Geneigte Platte
72 MARTORA	4a	15m	Geneigte Platte
73 VIA DEL CAMOSCIO	3c	12m	Geneigte Platte
74 TOM & GERRY	3c	12m	Geneigte Platte
75 IL CORSARO	3a	12m	Geneigte Platte
76 PETER PAN	3a	12m	Geneigte Platte
77 WILLY IL COYOTE	5c	15m	Im oberen Teil senkrechte Platte
78 LA SALAMANDRA	6a	15m	Oben leicht überhängende Platte
79 DIABOLIK	6c+	15m	Oben leicht überhängende Platte
80 VIA DELLA SIGFI	6c	15m	Oben leicht überhängende Platte
81 SANDOKAN	6c+	18m	Oben leicht überhängende Platte
82 WINNIE THE POOH	5b+	18m	Oben leicht überhängende Platte

VAL LOMASONE
SEKTOR
ROCCIA DEI FOLLETTI

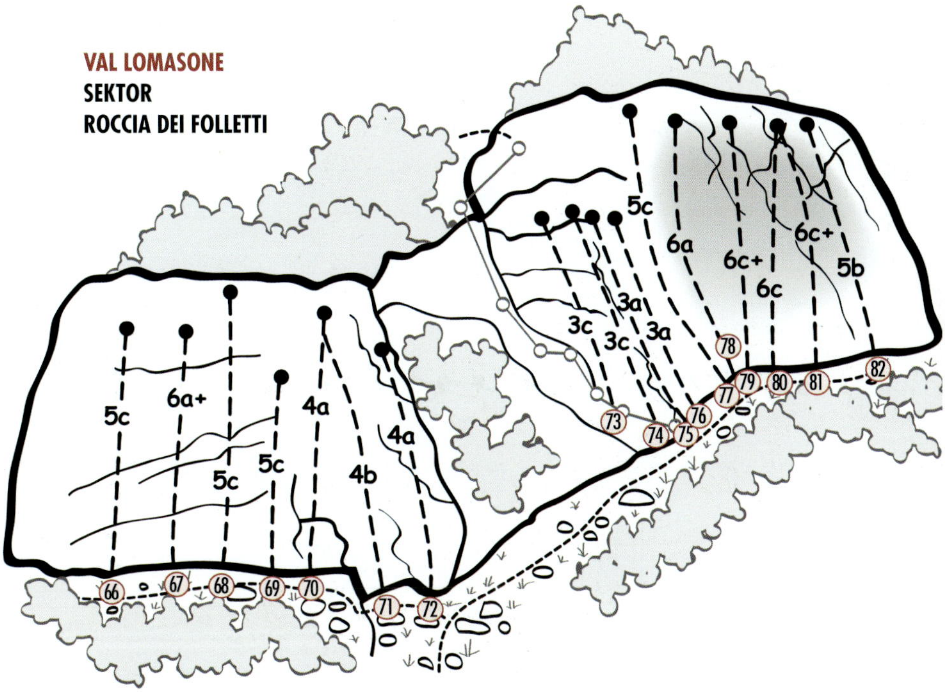

56 SUNNY PLACE

Eine große Verschneidung kennzeichnet diese schöne Wand, die ausgezeichnete Felsqualität lässt bald die Schweißperlen vom Zustieg vergessen.
Die Routen sind bestens mit Bohrhaken abgesichert. Wegen der südöstlichen Ausrichtung scheint nach ca 15.00 Uhr die Sonne hier nicht mehr herein.
Auch ein kultureller Abstecher zum Schloss von Stenico lohnt sich. Es beherbergt heute das Trentiner Landesmuseums für Kunst und bietet unter anderem auch eine Dauerausstellung über archäologische Funde und über die Holzbearbeitung.

Erschließer: F. Cavallaro, M. Faletti, F. Scandolari.

ZUFAHRT/ZUGANG
Von Sarche 14 km mit dem Auto, dann 20 Min. Fußweg.

Von Arco in Richtung Trento und bis nach Sarche. Dort links in Richtung Madonna di Campiglio. Über die Sarca und auf der ansteigenden Straße ca. 8 km weiter. Am Ende des Anstieges bei einer Kreuzung nach rechts, über eine Brücke, in Richtung S. Lorenzo in Banale – Molveno und nach Villa in Banale (1,3 km von der Kreuzung). Hier links weiter nach Stenico (4 km). Im Ortszentrum von Stenico rechts Richtung Molveno und am Ende der Häuser (in Höhe einer Bushaltestelle und Müllcontainern) links auf die 'Via Doss Marin'. Am Ende der Steigung beim Schild 'Strada di Coleo' rechts und ca. 100 m weiter, bis die Straße aufhört. Hier gibt es
vor Beginn der Schotterstraße verschiedene Parkmöglichkeiten.
Nun zu Fuß auf der Forststraße leicht aufsteigend weiter. Die Kletterfelsen sind schon oberhalb des Waldes zu sehen. Am Ende einer kleinen Trockenmauer geht eine Abkürzung in den Wald und führt steil bald wieder auf die Forststraße. Auf dieser wieder links weiter und nach einigen Metern bei einer Abzweigung nach rechts auf einen Weg. Nach ungefähr 20 m geht von diesem wieder rechts ein Pfad (durch Steinmännchen gekennzeichnet) weg und führt in 10 Min. steil hoch zum Klettergarten.

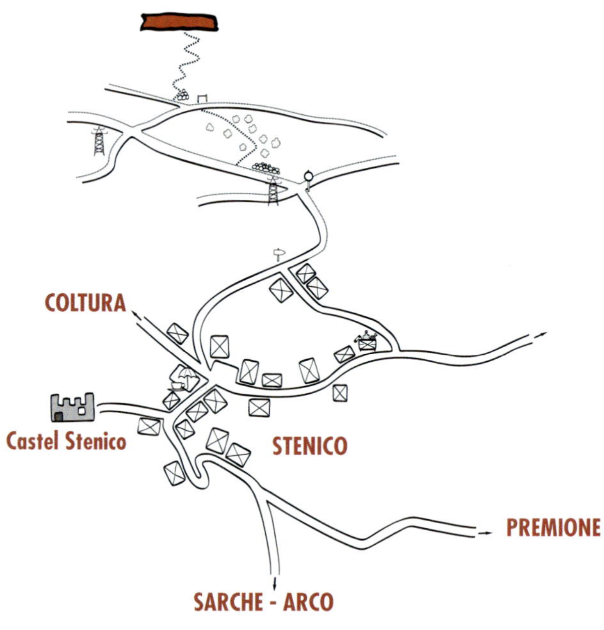

1 DA LIBBERA'		8a	20m	Leicht überhängende Platte mit Löchern und Auflegern
2 ENDEMISTICO		7c	25m	Anstrengend im überhängenden schwarzen Wasserstreifen, dann Sinter vor dem Schlussteil
3 LES GARCION		4a	12 m	
4 OHNE NAMEN				Projekt
5 REVOLUTION		7a	15m	Athletisch an Sintern und Längenzug zum Schluss, 6a bis zur ersten Kette
6 ROCCANDO ROLLANDO		8a+	30m	Schöne, anstrengende Grifffolge über den ersten Überhang; 6a+ bis zur ersten Kette
7 LA PIPPANDA		7c	30m	Einstieg wie 'Anarchia Alpestre', herrliche Ausdauerroute an der leicht überhängenden Kante
8 ANARCHIA ALPESTRE	SL1	5c	12m	Über die Platte unter der Verschneidung
	SL2	6c+	18m	Über die große Verschneidung
9 IL BALLO DEI BABBEI		6a	18m	Schöne, ganz leicht geneigte Platte mit Tropflöchern und kleinen Löchern
10 ALFA		6b	19m	Wie 9, einige Einzelstellen an Schuppen und Tropflöchern
11 BOROBUDUR		6c	20m	Schwieriger Bewegungsablauf im Ausstieg
12 KAMASUTRA		7c	13m	Bouldersequenz an kleinen Griffen
13 OHNE NAMEN				Projekt
14 OHNE NAMEN		?	18m	Projekt. Technisch an Auflegern, dann athletisch, nach dem Band einfacher. Vermutlich 8a
15 LOGGIA		6c	18m	Komplexe Verschneidungskletterei
16 MUTANDA STANCA		7a	18m	Über gutgriffiges Dach, dann einfache Platte
17 VATIC ANO		6b+	15m	Plattenkletterei
18 SANDALA		6b+	18m	Plattenkletterei bis zum Band
19 A-CESSO		5a	13m	Grauenhaft, auf rutschigem Moos
20 MORCHEEBA		7a+	12m	Herrlich, wenn als Fortsetzung von 'Il Ballo Dei Babei' geklettert; heikle Kletterei mit kleinen Griffen und Auflegern, schlechte Tritte
21 ALFA-ALFA		6c+	16m	Herrlich, wenn als Fortsetzung von 'Alfa' geklettert; Gleichgewicht sboulder kurz über der Kette
22 SOLARIA		7b	20m	Einstieg über 'Mutanda Stanca'; Ausdauer an gutenGriffen, empfehlenswert
23 ZOE		7c	20m	Einstieg über 'Vatic Ano'
24 SHITTING MONEY		7b	15m	Einstieg über 'Sandala'
25 PAN		6a	20m	Unter einer Verschneidung um einen großen Block herum
26 LUM		7a	15m	Kurze Platte mit Löchern, mit Einzelstelle im Überhang

SUNNY PLACE

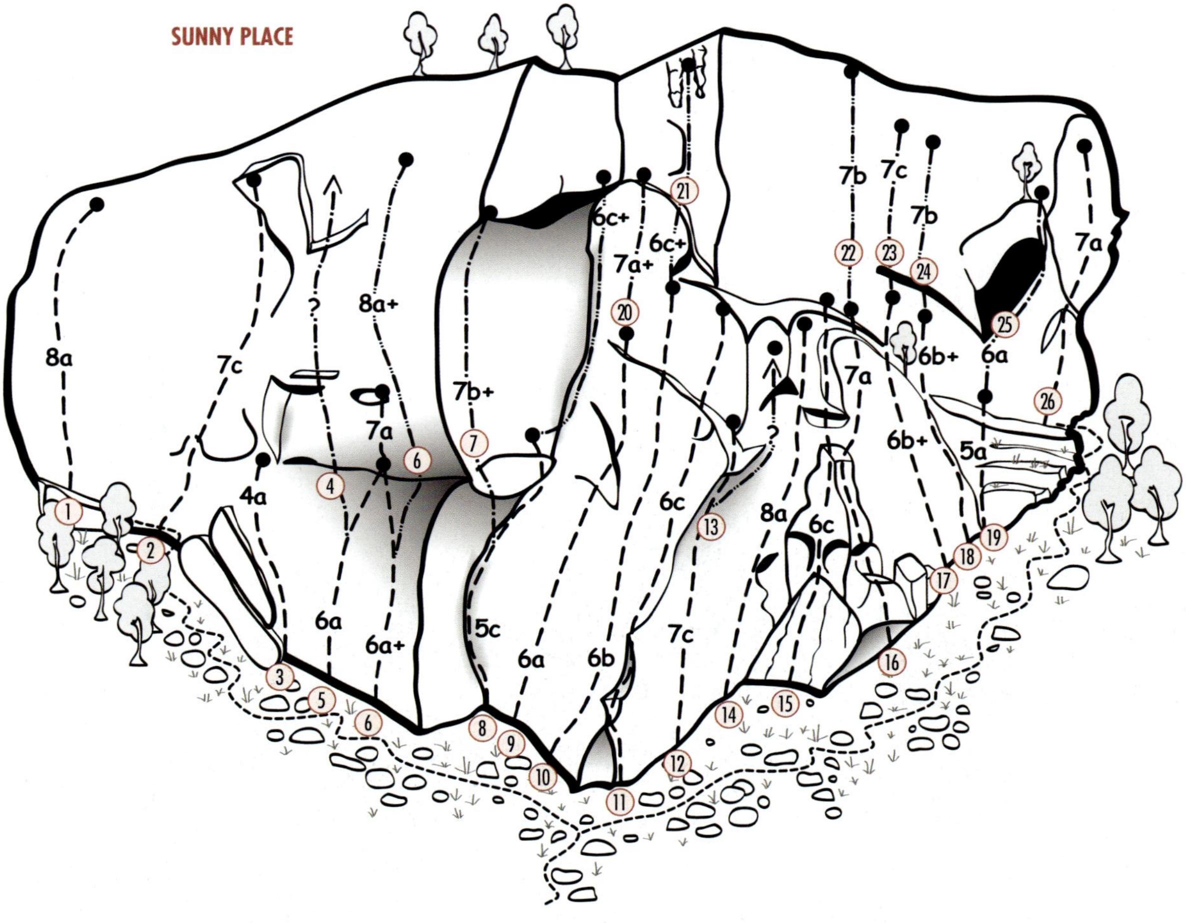
8a
7c
?
8a+
7a
4a
6a
6a+
7b+
5c
6a
6b
6c+
6c+
7a+
6c
7c
8a
6c
7a
6b+
6b+
7b
7c
7b
6a
5a
7a

UP
published
each
march
ANNUAL CLIMBING REPORT • THE BEST OF THE YEAR IN MOUNTAINEERING ROCKS BOULDERING AND ICECLIMBING
website www.up-climbing.com
shop on-line www.versantesud.it
ph. Fred Moix

57

RIOBIANCO

Das Klettergebiet liegt in einem schönen Buchenwald direkt über der Straße und der Zustieg ist wie bei vielen anderen Klettergärten entlang der Provinzsstraße SP 34 sehr kurz. Leider ist es am Wandfuß aber nicht sehr bequem, da dieser steil abfällt und der Weg zur nächsten Route oft schwierig ist.
Die Wand, die Franco Scandolari entdeckt und eingerichtet hat, hängt fast zur Gänze über und ist mit Kalkkonkretionen übersät. Der daraus resultierende Kletterstil an runden Löchern und Sintersäulen verlangt viel Fingerkraft und eine gute athletische Vorbereitung.
Ausflugstipp: in der Nähe kann man den botanischen Garten von Rio Bianco mit einer Reihe von Wasserfällen besichtigen. Ein Besucherzentrum gibt Einblick über die Flora des Naturparks Adamello-Brenta.

Erschließer: F. Scandolari.

ZUFAHRT/ZUGANG
Von Sarche 15 km mit dem Auto, dann 5 Min. Fußweg.

Von Arco in Richtung Trento und bis nach Sarche. Dort links in Richtung Madonna di Campiglio. Über die Sarca und auf der ansteigenden Straße ca. 8 km weiter. Am Ende des Anstieges bei einer Kreuzung nach rechts, über eine Brücke, in Richtung S. Lorenzo in Banale – Molveno und nach Villa in Banale (1,3 km von der Kreuzung). Hier links weiter nach Stenico (4 km). Im Ortszentrum von Stenico links Richtung Tione, vorbei an den Wasserfällen von Rio Bianco und 200 m weiter links auf einem großen Parkplatz parken (1 km nach Stenico). Nun auf der Straße 100 m weiter (Achtung, viel Verkehr), die Straße überqueren und auf einen Pfad, der über die letzten Blöcke eines Felsriegels führt. Linkshaltend an Steinschlagnetzen vorbei und kurz darauf zum Wandfuß.

1 OHNE NAMEN	6c+	15m	Kleinste Griffe
2 OHNE NAMEN	6b+	15m	Zuerst gute Leisten, dann athletischer Ausstieg
3 OHNE NAMEN	7a	15m	Zangengriffe und abschüssige Löcher
4 OHNE NAMEN	?	20m	Projekt. Senkrechte Kletterei an kleinsten Zangengriffen und Konkretionen, schwieriger Zug unterm Dach
5 OHNE NAMEN	?	20m	Projekt. Glatte Wand mit runden Konkretionen
6 OHNE NAMEN	7b	25m	Schöne Lochkletterei mit Längenzügen
7 OHNE NAMEN	?	25m	Projekt. Passage an oft nassen Konkretionen, dann Bauch mit Leisten
8 OHNE NAMEN	7b+	32m	Einstieg mit Konkretionen, Löchern und Auflegern, dann an sehr schmalem Riss entlang
9 OHNE NAMEN	7a+	30m	Ausstieg zwischen den zwei Schlussdächern
10 OHNE NAMEN	7b	30m	Kurze Platte mit Auflegern, dann athletische Züge im Überhang
11 OHNE NAMEN	?	26m	Projekt. Platte mit sehr glatten Konkretionen
12 OHNE NAMEN	7c	26m	Aufleger und Löcher, sehr schwieriger Einstieg
13 OHNE NAMEN	7a+	25m	Athletischer Start, Abschlussverschneidung einfach
14 IL TAGLIACORDE	6b+	28m	Ausdauer an Löchern und bröckeligem Fels
15 OHNE NAMEN	6c	28m	
16 OHNE NAMEN	?	28m	

RIOBIANCO

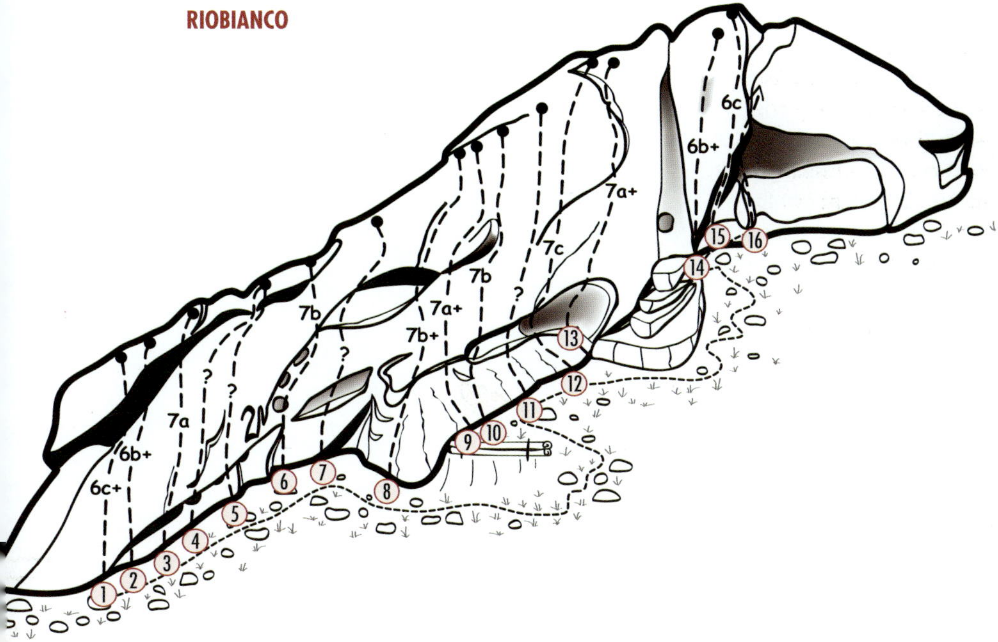

58

VAL D'ALGONE

ZUFAHRT/ZUGANG

Von Sarche 19 km mit dem Auto, dann 1 Min. Fußweg.

Von Arco in Richtung Trento und bis nach Sarche. Dort links in Richtung Madonna di Campiglio. Über die Sarca und auf der ansteigenden Straße ca. 8 km weiter. Am Ende des Anstieges bei einer Kreuzung nach rechts, über eine Brücke, in Richtung S. Lorenzo in Banale – Molveno und nach Villa in Banale (1,3 km von der Kreuzung). Hier links weiter nach Stenico (4 km). Im Ortszentrum von Stenico links Richtung Tione, vorbei an den Wasserfällen von Rio Bianco und bis zur Ponte (Brücke) del Lisagn (fast 4 km von Stenico). Kurz vor der Brücke zweigt die Straße in das Val d'Algone rechts ab. Auf dieser 2,2 km aufwärts bis zu zwei Parkplätzen auf der rechten Seite unter einer Felswand. Hier parken, über den Bach und in einer Minute zur Wand.

Die Straße im Val d'Algone schlängelt sich unter steilen Felswänden und Wäldern entlang und führt zu den herrlichen, weiten Almwiesen, die sicherlich einen Besuch wert sind. Wer möchte, kann hier auch im Gasthaus oder in der Hütte übernachten.

Das Klettergebiet liegt auf 700 m Meereshöhe am Taleingang und dank der Lage neben dem Bach und im Wald ist es hier schön kühl. Die Felswand besteht aus kompaktem Kalk, ist leicht geneigt bis überhängend und sehr strukturiert, mit großen Löchern, Dächern, Kanten und Verschneidungen. Ab 6a aufwärts kommt man hier sicherlich auf seine Kosten, einige der Routen zwischen 7a-7b sind wunderschön.

Für die Mountainbiker unter den Kletterern ist das Val Algone wie geschaffen: eine Forststraße führt bis auf die Malga Movlina (1746 m) zu Füßen der gezackten Dolomitengipfel. Die Aussicht auf die Granitberge des Adamello-Gebietes gegenüber ist herrlich.

Erschließer: F. Scandolari.

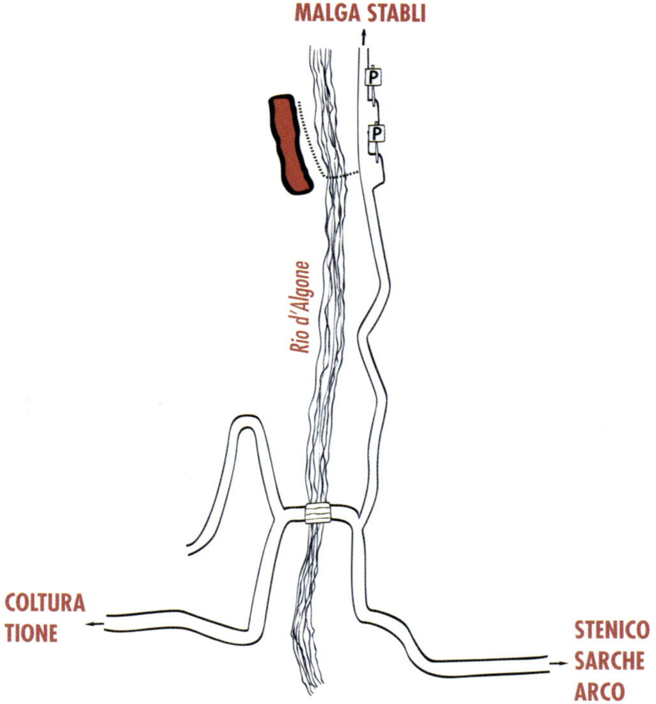

1 PICCOLE PESTI	4c	10m	Über ein Band, dann senkrechtes Wändchen
2 RIEN VA PLUS	6c	15m	Schwieriger Dachausstieg
3 TRANSGENICA	7a	20m	Die ersten 8m schwierig, dann leichter
4 TALN	7b	18m	Boulder unter dem Dach
5 L'UNICO VIZIO DE ME FIOL	6b	15m	Technischer Ausstieg aus der Nische am Anfang, dann Reibung
6 TUC TUC	6a	15m	Piaztechnik an kleinem Pfeiler
7 IL NIDO DEL RAGNO	6b+	25m	Reine Ausdauer an guten Griffen
8 TOLLERANZA ZERO	7a	25m	Schöne Grifffolge an Schuppen, Längenzug bei Ausstieg im Überhang
9 NEE	6c	25m	Wenige Rastpositionen in der Ausdauer fordernden Verschneidung
10 AYUTTHAYA	6b+	25m	Ausdauer, nicht in ein großes Loch
11 SNOOPY BAR BONDO	6b	25m	Ausdauer, dann schlechte Rastposition an großem Loch
12 DAMELA TOMELA	6b	20m	Unter dem Band steile Wandkletterei, dann einfacher
13 IL FAGGIO	6a+	20m	Einstieg neben einer Verschneidung
14 BATTI IL TUO TEMPO	6a	20m	Zuerst steile Wandkletterei, dann einfacher
15 PER FOTTERE IL POTERE	6b	20m	An zwei Löchern vorbei, bis zu Schuppe im oberen Teil
16 TEST	5c	20m	
17 ARBEIT MACHT STRAC	5b	20m	
18 TIRO MANCINO	6a+	15m	Geneigte Platte
19 ERUZIONE CUTANEA	6b+	20m	Schlüsselstelle im oberen Teil an kleinen Griffen
20 DÉJA VU	6b+	20m	

VAL ALGONE

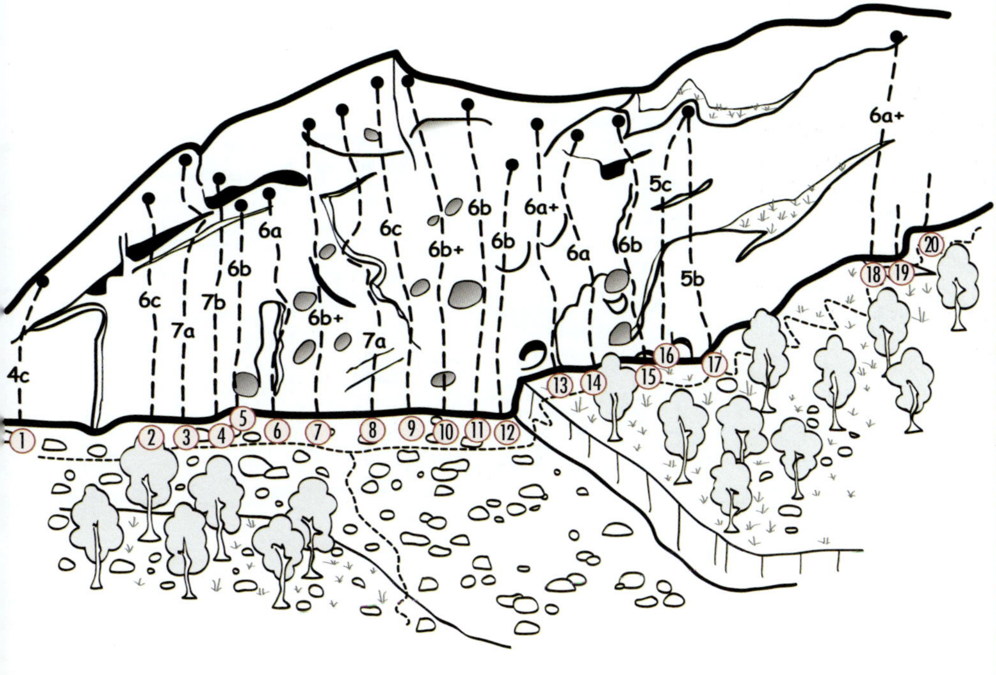

21 LO SCORPIONE	6c	20m	
22 STIR IT UP	6c	20m	
23 BKK	6c+	20m	Kurze Leistenpassagen, immer wieder Rastpositionen
24 VIA DEI TALEBANI	6a+	18m	Schöne Querung an Leisten unter einem großen Loch
25 DOLPHINGER	7a+	18m	Anstrengende steile Wandkletterei im oberen Teil
26 NEFERTITI	7a	18m	Schöner Dachausstieg
27 JAH	6c+	20m	Über das Dach, dann anstrengende steile Wandkletterei bis unter Umlenker
28 RAPERONZOLO	6b	20m	Athletisch mit Seitgriffen, dann an Henkeln am Dach vorbei
29 DIEDROLO	6c+	20m	
30 LUNA	6b	20m	
31 RAY LEY RAY LEY	7a	20m	Ausdauer an Leisten und Auflegern
32 PATPONG	6c	20m	Einzelstelle
33 KO NOK	7a+	23m	Ausdauer
34 ALGONICA	6c	23m	Schwieriger Ausstieg aus dem Dach
35 GODURIA	6b+	25m	Schöne Kletterei, athletisch im oberen Teil

VAL ALGONE

36 SHINGA	6b	25m	Technischer Überhang, athletischer Überhang
37 CLEXYDRA	6b	28m	Zwei überhängende Abschnitte im oberen Teil
38 PUTREFAX	6b	20m	Überhängende Platte, dann um die Kante herum
39 ASBALZ	7c	18m	Kontinuierlich schwerer, dann harte Sequenz an Leisten im Überhang
40 CANNA SONANTE	7a+	18m	
41 WAT ARUN	6c+	30m	Sehr schöne Verschneidung, unterbrochen von großen Löchern und kleinen Absätzen
42 IMPERVERSANDRO	6c+	20m	Ausdauersequenzen mit Rastpositionen
43 ASIA	7a	20m	Sehr schöne Ausdauerroute mit langem Zug unter dem Loch
44 NANÀ	7a	18m	Ausdauerroute mit technischen Zügen unter dem Loch
45 ALCOOLIC PASSENGER	6c+	18m	
46 PSYCHEDELIC FLY	7a	18m	
47 SCANDALOSA MARY	7a	25m	
48 ELIAS	6c+	22m	Harte Einzelstelle zu Beginn
49 BEZ HOLOSTJ	6c+	22m	
50 TORQUEMADA	6c	15m	
51 TURGIDA	6c	15m	Mittelteil mit Seitgriffen, dann leichter
52 ORANGE BAT	7a	15m	
53 THE PUSHER	6a+	20m	Bis zum ersten Band technisch anspruchsvoll, dann zwei athletische Stellen
54 LA LU	6a+	20m	Unterbrochen von einem breiten Band
55 LAST WALTZ	7a	18m	Schwierige Züge beim Umklettern des Daches, dann Schlussriss

VAL ALGONE

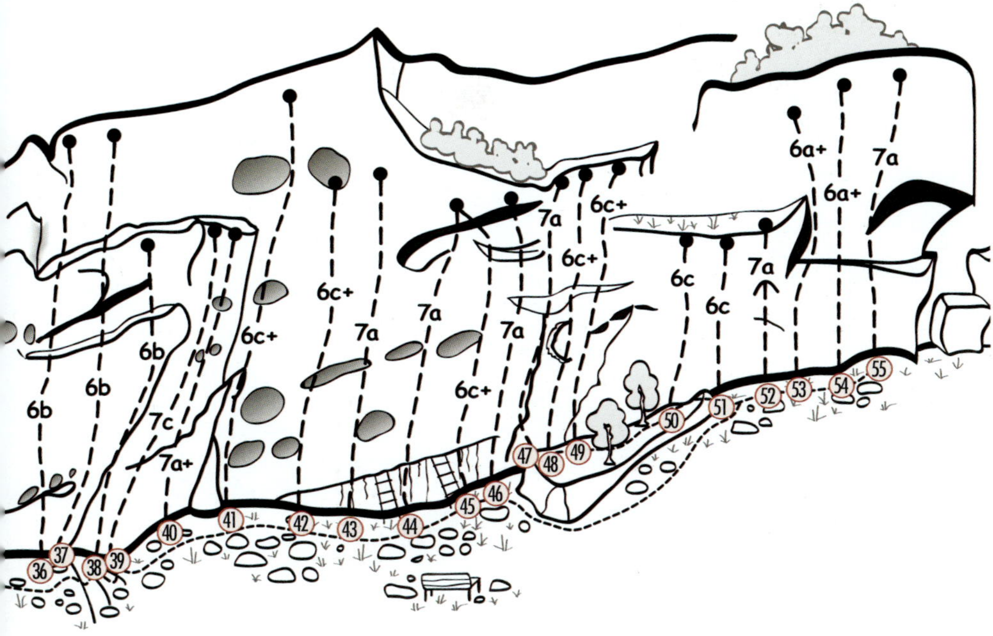

59

COLTURA

Der Klettergarten wurde schon in den Siebziger Jahren von der Bergwacht der Finanzpolizei aus Tione erschlossen. Anschließend machten sich auch der Bergführer Ermanno Salvaterra und Franco Cavallaro ans Werk. Letzterem sind die meisten der neuen Routen zu verdanken, sowohl hier als auch in den großen Wänden der Brentagruppe.
Wie bei den anderen traditionellen Klettergebieten um Arco, hat sich auch in Coltura das Sportklettern aus dem klassischen Alpinismus heraus entwickelt. Routen, die technisch (z.B. IV/A1) bewertet wurden, verwandelten sich deshalb auch hier zu Sportkletterrouten mit modernen Schwierigkeitsgraden. Der große Alpinist Marino Stenico, der sich hier für seine großen alpinen Unternehmungen vorbereitete, hätte eine freie Begehung dieser Routen (fast ausschließlich durch Rolando Larcher) sicherlich nie für möglich gehalten.
In bestem, senkrechtem oder leicht überhängendem Kalkfels gibt es viele schöne Routen vor allem in den mittleren und oberen Schwierigkeitsgraden. Da die Ausrichtung der Felsen variiert, ist das Klettern zu verschiedenen Tageszeiten und Jahreszeiten möglich. Der Parkplatz ist gleichzeitig ein schön gelegener und bequemer Picknickbereich und trotz der Nähe der Straße ist es hier ziemlich ruhig.
Ausflugtipp: wer mal vom Klettern genug hat, sollte einen Abstecher nach Iron machen. Das Dorf wurde nach einer Pestepidemie im Jahr 1630 komplett von den Einwohnern verlassen. Seine ursprüngliche architektonische Struktur blieb aber völlig erhalten und ist somit auch heute noch ein perfektes Beispiel für eine typische alpine Ansiedlung im Mittelalter.

ZUFAHRT/ZUGANG
Von Sarche 19 km mit dem Auto.

Von Arco in Richtung Trento und bis nach Sarche. Dort links in Richtung Madonna di Campiglio. Über die Sarca und auf der ansteigenden Straße ca. 8 km weiter. Am Ende des Anstieges bei einer Kreuzung nach rechts, über eine Brücke, in Richtung S. Lorenzo in Banale – Molveno und nach Villa in Banale (1,3 km von der Kreuzung). Hier links weiter nach Stenico (4 km). Im Ortszentrum von Stenico links Richtung Tione. Nach 5,5 km erreicht man kurz vor der Ortschaft Coltura den Parkplatz bzw. den Klettergarten.

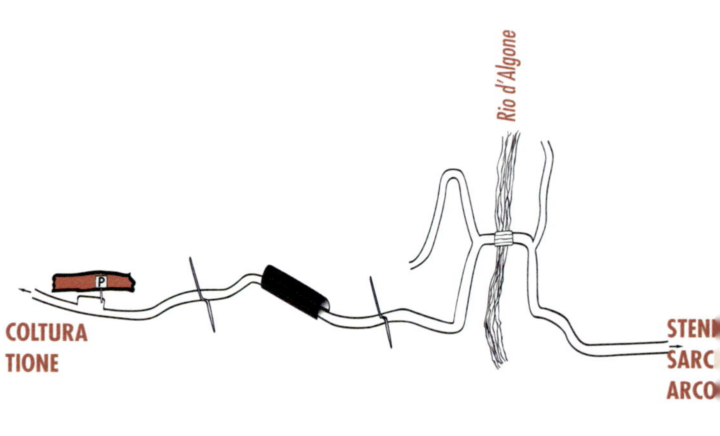

SEKTOR PATAGONIA

1 GIORNI LIQUIDI	7c	20m	Schlüsselstelle ist der Ausstieg aus dem Dach; nicht mit Verschneidung klettern!
2 ROAD TO NOWHERE	8a	20m	Komplizierte Züge und Ausdauer an kleinen Griffen
3 ODISSEA	8a	20m	Harte Einstiegspassage, dann etwas einfacher, zwei Schlüsselstellen, wobei die erste schwieriger ist; sehr schön
4 LA BALENOTTERA	7c+	20m	Schwierige Ausdauerroute
5 LUPUS IN FABULA	7c+	20m	Ausdauer, Überhang und schräg verlaufende Verschneidung, super schön!
6 TRANS CULTURALE	8a	35m	Einstieg mit Einzelzug an kleinsten Leisten, dann Ausdauer
7 DELIRIO TREMENS	8a	26m	Sehr schwierige Einzelstelle beim Dach zu Beginn, dann einfacher
8 MEFISTO	7b	25m	Einzelstelle im Mittelteil und Ausdauer
9 ATTILA	7c	30m	Intensive Sequenz an kleinsten Leisten im Mittelteil
10 ROCKERDUCK	7a+	22m	Zwei Ausdauerpassagen
11 PAPILLON	7b	25m	Die Schwierigkeit steckt in den athletischen Zügen zu Beginn
12 L'ALLOCCO	8b	20m	Ausdauer im Überhang
13 ODISSEA PLUS	7b+	20m	Ausdauer, schöne Züge im Überhang

COLTURA
SEKTOR PATAGONIA

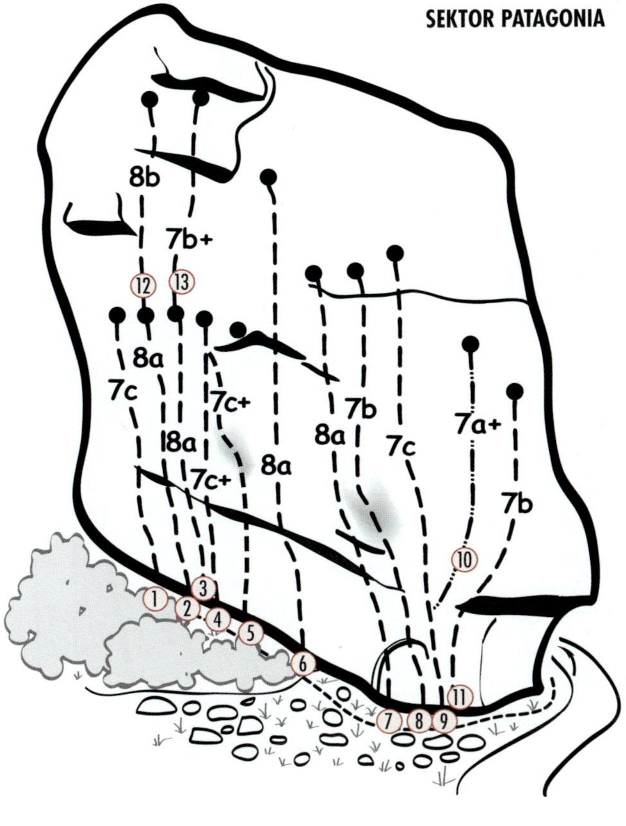

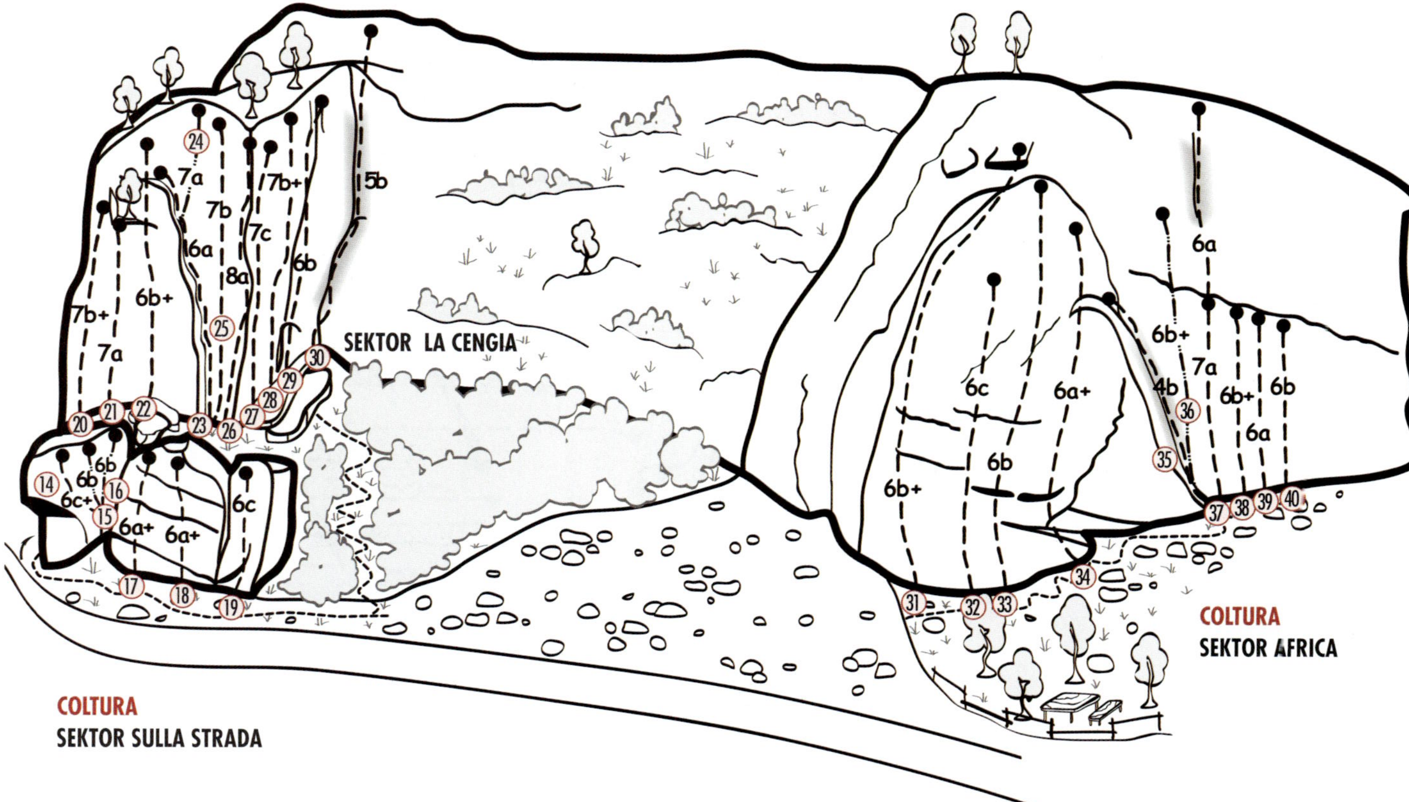

COLTURA
SEKTOR SULLA STRADA

COLTURA
SEKTOR AFRICA

SEKTOR SULLA STRADA

14 DREAM		6c+	10m	Drei schwierige Klettermeter vor dem Umlenker
15 OHNE NAMEN		6b	10m	Kleine Leisten und Gleichgewichtsproblem am gelben Streifen
16 GIOVANNA TUTTA PANNA		6b	10m	Ohne Verschneidung!
17 OHNE NAMEN		6a+	10m	Querung an Leisten
18 FRISH FRESH		6a+	10m	Schwieriger Einstieg an abgespeckten Leisten
19 WOODSTOCK		6c	10m	Intensiv an abschüssigen Leisten

SEKTOR LA CENGIA

20 GOBLIN		7b+	15m	Schwierige und komplizierte Züge im 2. Teil
21 TARZAN		7a	12m	Überhang im Mittelteil mit runden Zangengriffen und Konkretionen
22 EASY WAY		6b+	25m	Schöne Ausdauerroute, 1.Teil schwieriger
23 DIEDRO ERMANNO		6a	20m	Herrliche Rissverschneidung
24 VARIANTE		7a	27m	Technisch schwierige 5-Meter-Platte im oberen Teil
25 L'IDRAULICO		7b	26m	Ausdauer in leichtem Überhang; sehr schön, auch wenn der Fels leicht staubig ist; Ausstieg an Sintern ist oft nass
26 L'UOMO AZZURRO		8a	24m	Schöne Kante mit Auflegern und Reibungstritten an Konkretionen
27 MORTO CHE CAMMINA		7c	18m	Ausdauer an Leisten mit schwierigen Gewichtsverlagerungen
28 CALVARIO		7b+	20m	Gleichgewichtprobleme an Leisten mit heikler Linksverlagerung; empfehlenswert!
29 FESSURA		6b	22m	Verläuft 15m im Riss
30 DIEDRO DIDATTICO		5b	30m	Nette Kaminverschneidung

SEKTOR AFRICA

31 I ME NONI		6b+	30m	Athletischer Einstieg, dann von Bändern unterbrochen
32 LA BUENA ESTRELLA		6c	20m	Einzelstelle im oberen Teil
33 REGINA DELLA NOTTE		6b	28m	Genusskletterei an großen Leisten, Rastposition in der Mitte
34 OHNE NAMEN		6a+	25m	Einfach bis zur letzten Platte, Einzelstelle an Leisten
35 OHNE NAMEN		4b	15m	Nicht besonders schöne Verschneidung
36 BLOCCO MENTALE		6b+	18m	Schöne Reihe von Rissen und Schuppen
37 BREAK FINGER	SL1	7a	13m	Riss, dann Leisten; anhaltend intensiv
	SL2	6a	15m	Schöne Ausdauerkletterei mit steiler Schlusswand
38 FALCHETTI		6b+	12m	Schwierigkeit nach 6m an abschüssigen Leisten
39 BAZA		6a	11m	Nach der ersten Hälfte leichter
40 BELLA GITA		6b	10m	Leisten neben Riss

60

CROZ DE LE NIERE - PREORE

Preore liegt landschaftlich wunderschön, zu Füßen der Judikarischen Alpen. Die Zufahrt mit dem Auto führt lange Zeit an der Sarca und an schönen Bergwiesen entlang.
Hier überwiegen Routen in den unteren Schwierigkeitsgraden und deshalb ist dieses Gebiet eines der meistbesuchten der Umgebung. Aber auch Routen in den oberen Schwierigkeitsgraden fehlen nicht: bis 8a reichen die Schwierigkeiten in den überhängenden Sektoren. Sehr schön sind die mittelschweren Routen im Sektor El Cos dei Croz, schön und einfacher die im Sektor Formica und im Sektor Lavarda. Im Sektor La Fata wurden Steinschlagnetze angebracht, nur noch wenige Routen sind hier übrig geblieben und deshalb lohnt ein Besuch kaum noch.
Vom Aussichtspunkt aus lässt sich die Skulptur bewundern, die dem Sektor ihren Namen gab und der man Ähnlichkeit mit dem Model Megane Gale nachsagt!
Gianluigi und Giovanni Leonard schufen nicht nur die meisten Routen, sondern auch alle Holzskulpturen, die in den Nischen und auf den Bändern der Wand angebracht wurden. Verschiedene Sektoren wurden nach einigen der über zehn Figuren benannt.
Fast ein Muss ist ein Ausflug zur Rocca Bastìa. Hoch über Preore können hier Überreste der römischen Besiedlung besichtigt werden (Gehzeit ca. 1 Stunde).

Erschließer: G. und G. Leonardi, und andere.

ZUFAHRT/ZUGANG
Von Sarche 22 km mit dem Auto.

Von Arco in Richtung Trento und bis nach Sarche. Dort links in Richtung Madonna di Campiglio. Über die Sarca und auf der ansteigenden Straße ca. 8 km weiter. An einer Kreuzung rechts nach Preore-Ragoli, durch den Ort Preore und auf die ansteigende Straße nach Montagne. Kurz nach der ersten Kehre parkt man auf einem Rastplatz mit Tischen und Bänken, genau unter dem Sektor Formica.

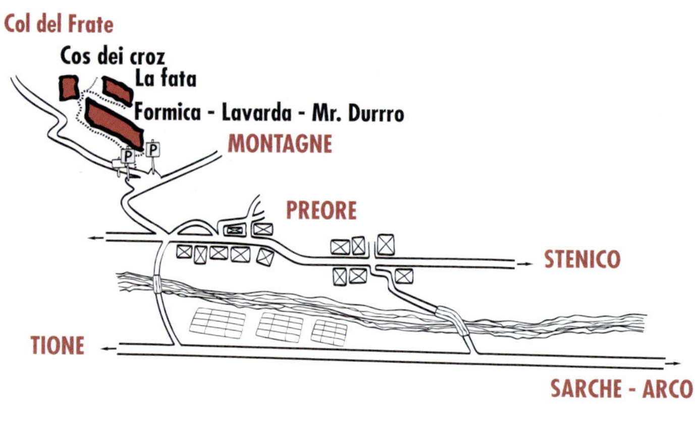

SEKTOR FORMICA

1 LA RISCOSSA DEL CODARDO	5c	18m	Zuerst geneigte Platte, dann athletischer
2 VIA DELLA DOMENICA	5a	25m	Über Verschneidung und Wand
3 GREEN	5a	25m	Serie von Schuppen, Ausdauer an guten Griffen
4 SALI O SCENDI	5b	25m	Aus- und Einstieg schwierig, alte Haken
5 CAVALCANDO L'ASINO	4c	18m	Kurze, aber schöne Platte
6 GIGI PROBLEM	5a	8m	Schöne ästhetische Kante
7 LA VOLPE	4c	26m	Gutgriffige Platte bis unter das Dach
8 DIEDRO 84	4b	25m	Über große Verschneidung
9 IL PIGRO	5b	20m	Kleines Einstiegsdach, Schlussteil wie 'Diedro 84'
10 PILASTRO MOANA	6a	20m	Geneigte Platte ganz links vom Dach
11 EMENTAL	4a	17m	Einfache Platte an großen Löchern
12 GIARDINO NASCOSTO	5b	17m	Griffige Platte
13 SABATO	4b	17m	Folgt einem schmalem Riss
14 NANNINGA	5b	17m	Kurze Plattenstellen, von Bändern durchzogen
15 VOLIN CURVA	6b	15m	Platte mit kleinen Griffen
16 DOLCI CREATURE	6a	15m	Technische Platte
17 SEMAFORO ROSSO	6a	15m	Platte mit kleinen Griffen
18 VIA DELLA DOMENICA 2	5b	15m	Einfache Platte
19 TEN YEARS AFTER	6a+	20m	Heikle Züge an glattem und kompaktem Fels
20 GREEN2	4c	20m	Griffige Platte mit Abschlussdach
21 UN POSTO AL SOLE	6a	15m	Senkrechte Platte
22 LA VOLPE2	4b	20m	Rechts am Dach vorbei
23 STI DU BRACI	6b+	12m	Direkt über das Dach; kurz

SEKTOR LAVARDA

24 LUKY LUKE	SL1	6a	20m	Fast in der Rinne
	SL2	5c	18m	Griffige Platte
25 POCO SALE	SL1	6b+	20m	Senkrechte Platte
	SL2	6b	18m	Ausdauer an kleinen Griffen
26 VIA PREORE	SL1	6a	20m	Senkrechte Platte
	SL2	5b	18m	In homogenem Fels
27 CARIE		6a+	25m	Einzelstelle über den Überhang und schwerer Ausstieg
28 GARABOMBO	SL1	6a+	25m	Einzelstelle über den Überhang
	SL2	6a+	18m	Technische Platte
29 AVANAGANA		6c	15m	Über kleines Dach rechts von 'Via delle Ivane'
30 VIA DELLE IVANE	SL1	6a+	20m	Mögliche Einstiegsvariante rechts
	SL2	6b	15m	Platte links der Steinschlagnetze
31 L'EQUIVOCO	SL1	5c		Über große Verschneidung
	SL2	5c		Ausdauer am schrägen Riss
32 VIA DEI NO BO	SL1	4c	25m	Klassische Risskletterei
	SL2	5a	22m	
33 NO STOP		6b+	12m	Einzelstelle bei Dachausstieg
34 LA FINE DEL SOCIALISTA		7b+	12m	Am Dach vorbei, Boulder zur Kante
35 SINDROME DA COFANO		6b	15m	

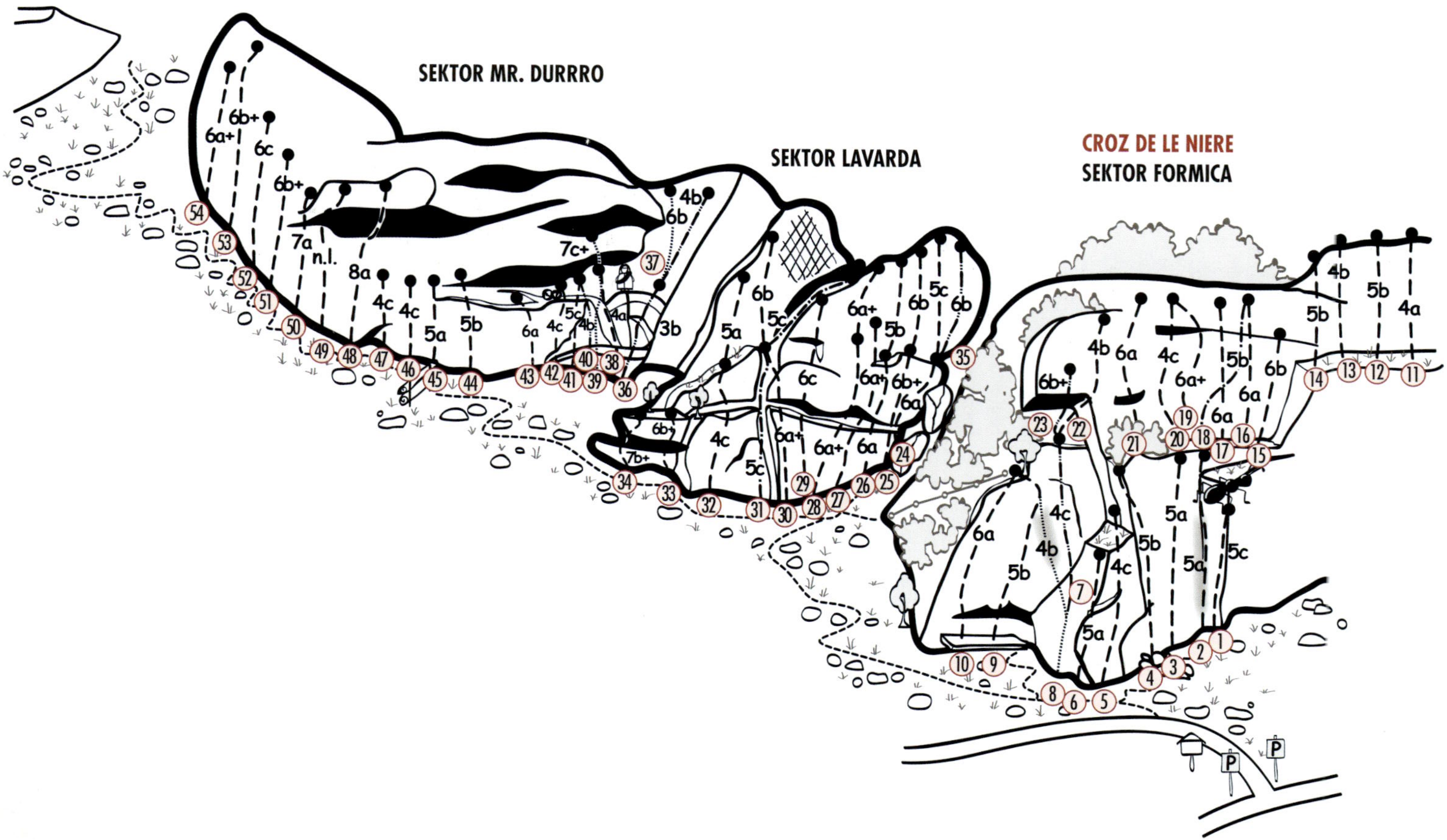
SEKTOR MR. DURRRO
SEKTOR LAVARDA
CROZ DE LE NIERE
SEKTOR FORMICA

SEKTOR MR. DURRRO

36 ANNI 60	SL1	3b	15m	Einfache Stufen
	SL2	4b	20m	Schöne Route rechts der Verschneidung
37 MAFALDA		6b	35m	Erste Meter gemeinsam mit 'Anni 60'
38 LA RAZA		4a	12m	Einfache Rampe, endet neben der Holzskulptur von Mr. Durrro
39 BUOKER T.		4b	12m	Einfache Einstiegsplatte, wie vorhergehende Routen
40 5/11/1986	SL1	5a	12m	Gemeinsamer Stand mit 'I titoni'
	SL2	7c+	28m	Athletische, spektakuläre Züge unter dem Dach
41 TITONI		5c	12m	Stand unter dem Dach
42 I COIONI		4c	12m	Stand an zwei großen Felskugeln
43 PANCETTA		6a	12m	Über Bauch am Anfang
44 COS		5b	15m	Schwieriger Einstieg
45 LA CERTOSINA		5a	15m	Geneigte Platte
46 NO SMOKING		4c	15m	Einstieg senkrecht
47 IL SIMPATICO FUNARI		4c	15m	Einstieg überhängend
48 JUST FOR ONE DAY		8a	25m	Einfach bis unter das Dach, dann Einzelstelle mit Längenzug
49 I PINOCCHI		?	15m	Projekt. Über das Dach
50 PEPA		7a	15m	Überhang mit Schlüsselstelle am kleinen Dach im Ausstieg
51 SUPERDILDO		6b+	15m	Ausdauer an leicht überhängenden Leisten
52 EL DILDO		6c	18m	Ausdauer an leicht überhängenden Leisten
53 I SEGUGI		6b+	20m	Ausdauer an leicht überhängenden Leisten
54 BOTANICA		6a+	18m	Ausdauer in senkrechter und leicht überhängender Wand an Leisten

SEKTOR EL COS DEI CROZ

55 GUARDIAN DE LE NIERE	7a+	20m	Über zwei kleine Dächer, Ausdauer im Überhang
56 LA FATA	7b+	20m	Herrliche Ausdauerroute an Leisten
57 GLOBULO	6b+	23m	Ausdauer an leicht überhängenden Leisten
58 SCANNAMENTO	7a	23m	Ausdauer an Leisten, verläuft rechts der Holzskulptur vom Holzwurm
59 MR. DURRRO	7c	25m	Ausdauer an leicht überhängenden Leisten, verläuft links der Holzskulptur vom Holzwurm
60 L'OCIO DEI SENTER	6c+	25m	Ausdauer

CROZ DE LE NIERE
SEKTOR EL COS DEI CROZ

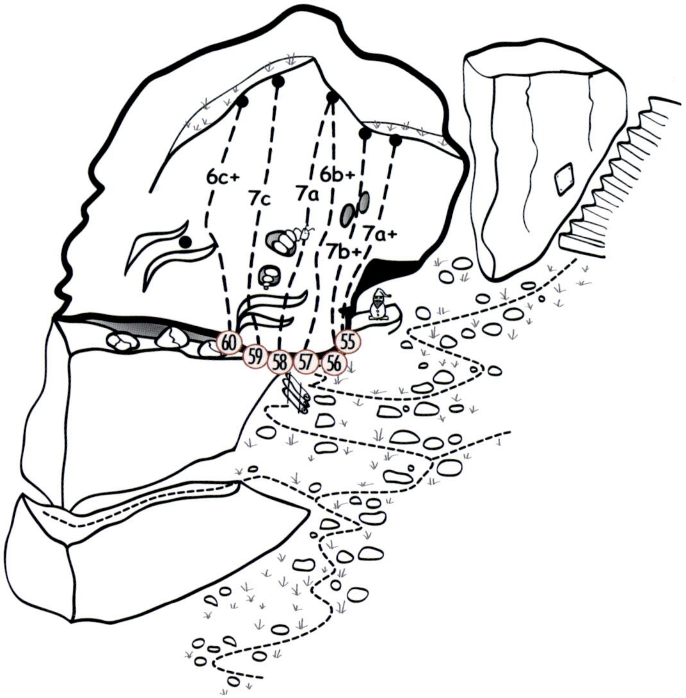

SEKTOR LA FATA

61 SUONI GIALLI	6a+	25m	Gelbe Verschneidung, dann Platte mit Überhängen
62 BACINI	6b	18m	Anstrengender Einstieg, dann einfacher
63 TECNOLOGICA	4b	26m	Platte mit senkrechten Schuppen
64 SPIGOLO MARCIO	5b	28m	Einstieg links der Kante, dann einfacher
65 GNOMO 2	6a	12m	Einzelstelle bei Dachausstieg
66 GNOMO 1	6a+	12m	Einzelstelle bei Dachausstieg
67 CAPORAL LISTES	6c	12m	Boulder bei Dachausstieg
68 PIETRA SU	5b	15m	Verschneidungen

CROZ DE LE NIERE
SEKTOR LA FATA

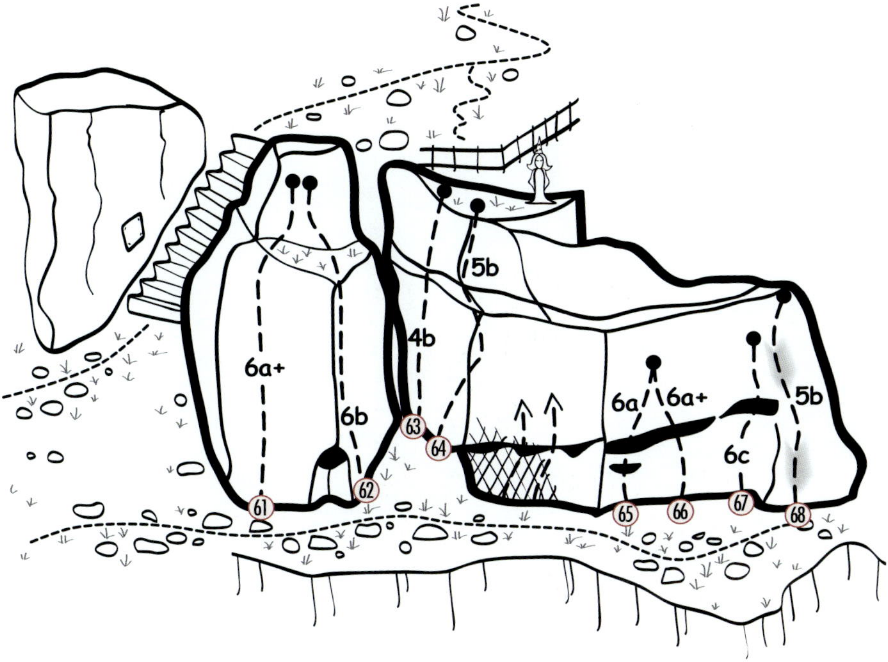

61

COL DEL FRATE - PREORE

700

Dieses Gebiet wurde erst nach Croz de le Niére entdeckt und erschlossen und ist heute ein fixer Bestandteil und Bezugspunkt für die hiesige Kletterszene.

ZUFAHRT/ZUGANG

Von Sarche 23 km mit dem Auto, dann 15 Min. Fußweg.

Von Arco in Richtung Trento und bis nach Sarche. Dort links in Richtung Madonna di Campiglio. Über die Sarca und auf der ansteigenden Straße ca. 8 km weiter. An einer Kreuzung rechts nach Preore-Ragoli, durch den Ort Preore und dann Richtung Montagne. Nach der ersten Kehre nach links abbiegen, am Klettergebiet von Croz de le Niére vorbeifahren und ca. 600 m weiter auf einem Parkplatz links parken. Gegenüber beginnt der Pfad, der zu den Felsen hoch führt (15 Min.).

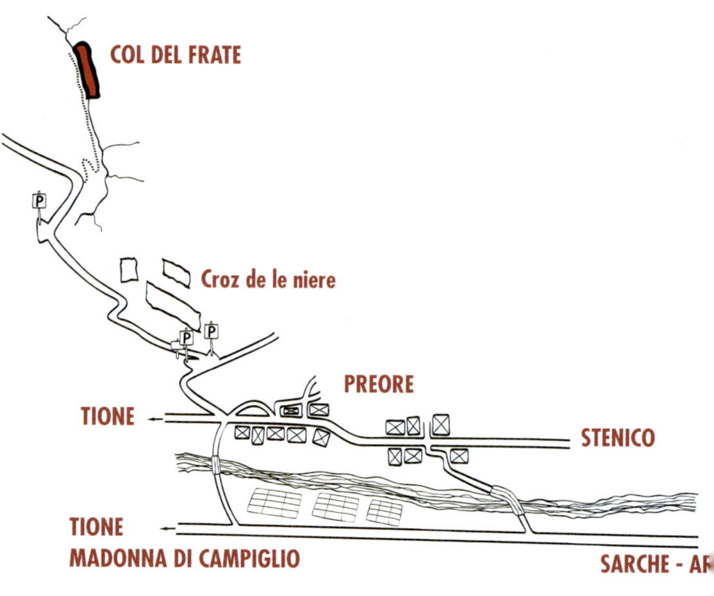

1 FRICÒ	6a+	10m	Gutgriffige Platte
2 DIEDRO DEI CAPACI	6b	10m	Platte mit positiven Leisten
3 CORNA DI SATANASSO	6b+	10m	Schwierige Platte
4 CAMPANÒ	6a+	10m	Einzelstelle am Einstieg, dann athletisch bis zum Stand
5 TANTI AUGURI	7a	10m	Einzelstelle am Einstieg
6 WOLFY	6c	10m	Kurze Route, aber durchweg anstrengend
7 SPIT PARADE	6c	10m	
8 DON TOBIA	6a+	10m	
9 PATUC	5c	10m	
10 SERENO	5c	12m	Schöne Plattenroute
11 VARIABILE	6a	12m	Fußtechnik gefragt
12 ICARO	7b	12m	Hinter dem anliegenden Block; Ausdauer in leichtem Überhang
13 CAZZI ACIDI	?	12m	Projekt. Siehe 'Icaro'
14 LENGUA GROSA	6b+	25m	Schöne Plattenroute
15 IL VIZIO DI JANE	?	12m	Projekt. Ausdauer in steilem Überhang
16 GIOVENTU' SONICA	?	12m	Projekt
17 VIA VIGO	7c+	12m	Reine Kraftausdauer
18 IL GIARDINO DEL SUONO	?	12m	Projekt. Ausdauer in steilem Überhang
19 TESTE PARLANTI	?	12m	Projekt. Ausdauer in steilem Überhang
20 LE ZUCCHE CHE SI SPACCANO	?	12m	Projekt. Ausdauer in steilem Überhang
21 MATRILINEARE	7a+	20m	Fußtechnik im Ausstieg
22 ESTREMA SINISTRA	7b+	20m	Leicht überhängende Platte
23 ASSALTI FRONTALI	7c	20m	Leicht überhängende Platte
24 LOFAR	7b	20m	Schmaler Riss
25 FRANCESCA	7b+	20m	Plattig und Ausdauer auf Leisten
26 VIVABORDIN	7c+	20m	Platte mit schwierigen Zügen; Einzelstelle am Einstieg
27 IL PINGUINO	7c+	20m	Technische Platte mit kleinsten Griffen und Auflegern
28 L'ETERNO PERDENTE	7b	25m	Ersten 10 Meter wie 'Stati di agitazione'
29 STATI DI AGITAZIONE	7b+	30m	Die ersten 10m sind 6c, dann technisch sehr anspruchsvoll, sauberes Antreten wichtig
30 OHNE NAMEN	?		
31 ANGUS YUNG	7b	30m	Technische Plattenroute, Einstieg einfach
32 POLVERE DI SPIT	6a	25m	
33 VECCHI AGRICOLI	6a	15m	Senkrechte Platte
34 LO HOBBIT	6a+	25m	Senkrechte Platte
35 OHNE NAMEN	?		Alte Haken
36 VIVA MARX	6c+		Alte Haken
37 MATTINATA NO	5c		Alte Haken
38 BROMURATO	6b		Alte Haken
39 CAVALLARIA	6c		Alte Haken

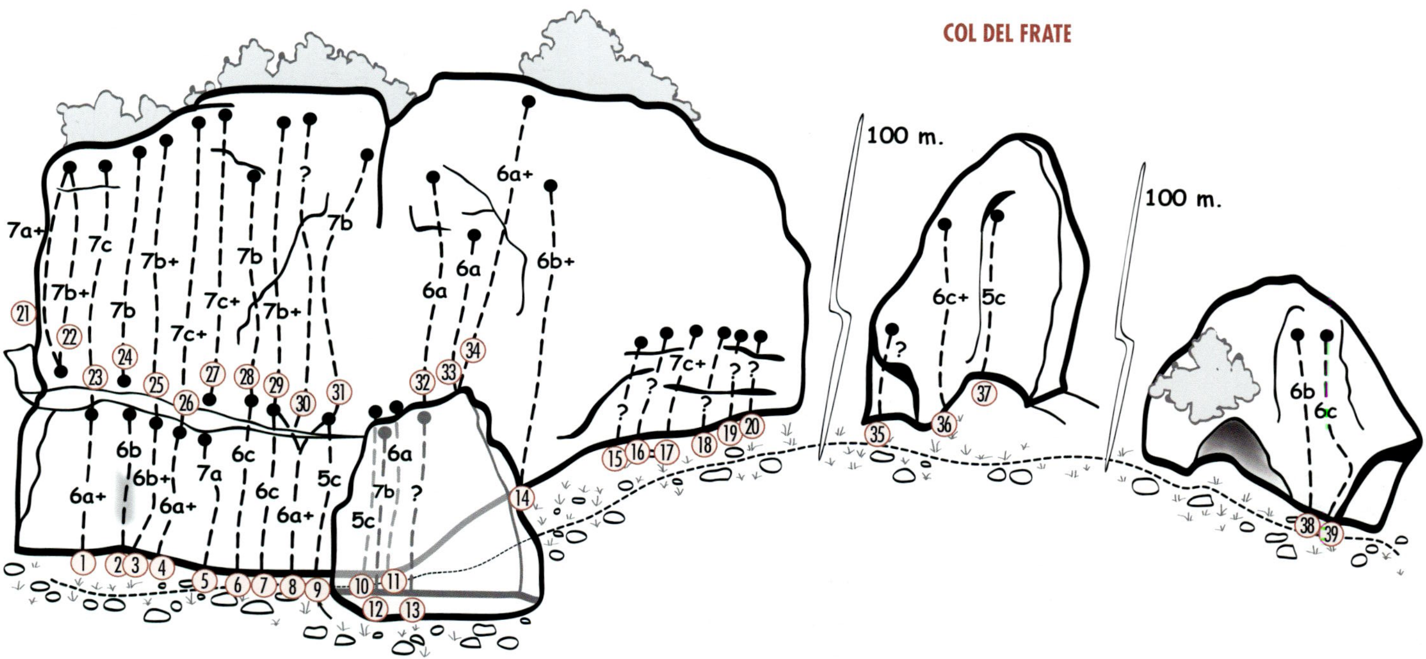
COL DEL FRATE
100 m.
100 m.
7a+ 7b+ 7c 7b 7b+ 7c+ 7c+ 7b 7b+ ? 7b
6a+ 6b 6b+ 6a+ 7a 6c 6c 6a+ 5c 5c 7b 6a ?
6a 6a 6a+ 6b+
? ? 7c+ ? ? ? ?
? 6c+ 5c
6b 6c
1 2 3 4 5 6 7 8 9 10 11 12 13 14 15 16 17 18 19 20 21 22 23 24 25 26 27 28 29 30 31 32 33 34 35 36 37 38 39

IFMGA UIAGM IVBV
DolomitiOutdoor
mountains for fun
L'Anima del Telemark
Dolomites Climbing
Climbing school
Trekking in Dolomites
Vie ferrate
Telemark ski
Off piste
Ski mountaineering/school
Ski trips
Ice Climbing/school
www.dolomitioutdoor.it simone@dolomitioutdoor.it +39 340 2507108

62

TIONE

Das klassische Gebiet wurde vom CAI Tione eingerichtet und eignet sich bestens für Einsteiger und Kletterer, die auch in einfachen Routen Spaß haben.
Die Absicherung ist gut, hier klettert man vorwiegend in Platten, auch wenn Kanten, Verschneidungen, kleine Dächer und kurze Überhänge nicht fehlen. Der Wandfuß liegt voll in der Sonne, es ist deshalb besser, die heißen Sommervormittage zu meiden.

Erschließer: Alpenverein Tione

ZUFAHRT/ZUGANG
Von Sarche 25 km im Auto, dann 3 Min. Fußweg.

Von Arco in Richtung Trient bis nach Sarche. Dort nach links in Richtung Madonna di Campiglio. Über die Sarca und an den Thermen von Comano vorbei. Nach ca. 8 km erreicht man Ponte Arche und nach weiteren 10 km Tione. Hier im Kreisverkehr bei der Ortseinfahrt (rechts nach Madonna di Campiglio, links nach Brescia) geradeaus in Richtung Busbahnhof und bei der Kreuzung mit der Via del Foro nach links. Weiter bis zur Piazza Guido Boni (Caffè Brevine) und dort auf einem großen Parkplatz parken. Auf der rechten Seite des Platzes führt ein Weg in den oberen Teil des Orts. Nach ca. 80m nach links auf den (beschilderten) Alpenvereinsweg 'Miravalle'. In 3 Minuten erreicht man den Klettergarten, der hinter den Häusern zu sehen ist.

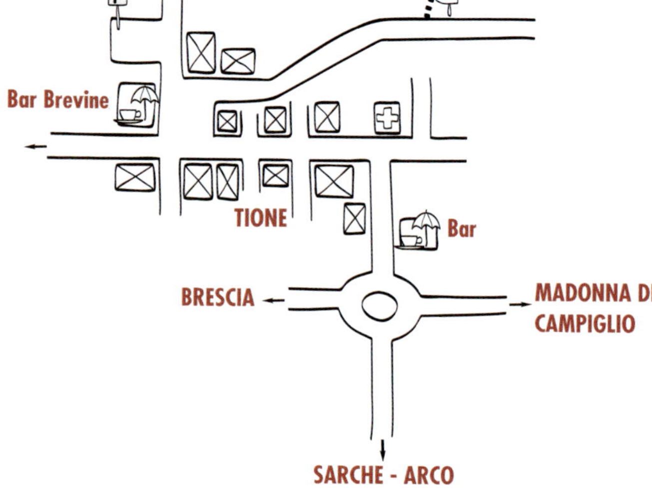

1 ALDEBARAN	5b	18m	
2 THE DOCTOR	5b	12m	Geneigte Platte, über angedeutete Verschneidung
3 ZIA MARIOTA	5b	12m	Platte und Aufleger
4 AVE CESARE	6a	18m	Einzelstelle über Dach und schöne Züge an Kante
5 CIP E CIOP	6a	18m	Über kleines Dach, zweiter Teil in brüchigem Fels
6 PAPEROGA	6c	18m	Grauer Bauch mit kleinen Leisten
7 YOGHI	6c	18m	Grauer Bauch, Ausstieg über grasige Bänder
8 BABU	6b+	20m	Schöne Linie rechts der oberen Bänder
9 THE BIKE	6a+	20m	Serie von leicht überhängenden Bäuchen
10 CADETO	6b	18m	Kreuzt alte, technische Route und biegt nach rechts in die Verschneidung
11 GUIDE ALPINE	6c+	16m	Harte Anfangsplatte, dann über zwei Dächer
12 OLIMPIA	6b+	16m	Schöne Linie an Leisten und Untergriffen
13 CHIARETTA	6b+	18m	2 Dächer nach Rastposition auf Band
14 SOL LEVANTE	6c	18m	An weißem Wasserstreifen, Einzelstelle vor letzter Nische
15 SPIKE E SPAN	5c	16m	Schöne Platte, dann sehr schöne und luftige Kante
16 FIAMME GIALLE	5c+	16m	In der grasigen Rinne
17 CAVRAROLE	6a	12m	Technisch anspruchsvolle Platte
18 ARCANGELO	6a+	15m	Technisch anspruchsvolle Platte
19 MAVERICK	6b	15m	Technisch anspruchsvolle Platte
20 TIZZI	6c	15m	Technisch anspruchsvolle Platte

TIONE

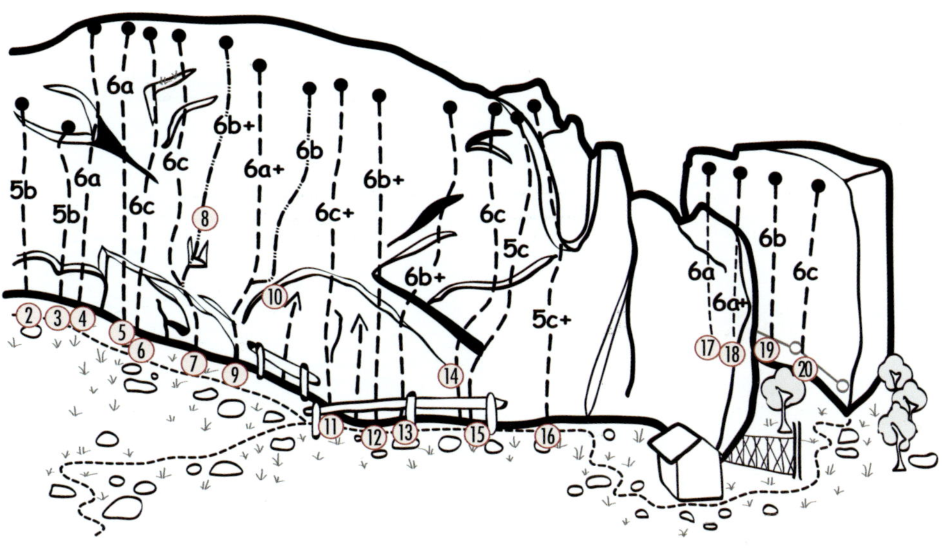

63

BREGUZZO

Breguzzo ist ein sehr schönes Gebiet mit einer stattlichen Anzahl von Routen in bestem Fels im mittleren und oberen Schwierigkeitsbereich. Der Kletterstil ist sehr abwechslungsreich: er reicht von heiklen Zügen in der Platte bis zu athletischer Kletterei in den Überhängen oder von maximalkräftigen Einzelzügen bis hin zu reiner Ausdauerkletterei.
Bruno Ferrari hat diesen Klettergarten perfekt erschlossen. Er ist nach Südosten ausgerichtet und die schönen Nadel- und Laubbäume spenden dem Wandfuß sehr viel Schatten.
An Rasttagen ist ein Ausflug zur Malga Trivena (Alm) im Val di Breguzzo sehr zu empfehlen.

Erschließer: B. Ferrari.

ZUFAHRT/ZUGANG
Von Sarche 29 km im Auto, dann 10 Min. Fußweg.

Von Arco in Richtung Trient bis nach Sarche. Dort nach links in Richtung Madonna di Campiglio. Über die Sarca und an den Thermen von Comano vorbei. Man erreicht erst Ponte Arche und dann Tione. Hier nun in Richtung Brescia weiter und bis nach Breguzzo (14 km von Ponte Arche). Am Dorfeingang, sofort hinter der kleinen Kirche, rechts in die Via Rocca abbiegen und nach 1,4 km kurz vor einem Elektrizitätswerk rechts parken.
Nun 50 m auf der Straße zurück und auf einen schönen Weg, der schräg nach rechts auf eine Schotterstraße führt (in der Nähe zweier Sendemasten). Jetzt auf der Straße rechtshaltend weiter und nach 50 m, bei einem Strommasten, wiederum rechts auf einen kleinen Weg. Nach 5 Minuten erreicht man den Klettergarten.

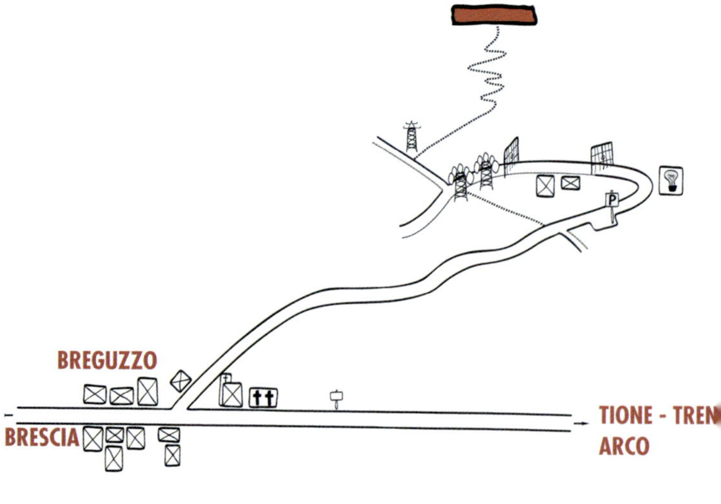

1 TASCHE	6a	10m	Rissverschneidung
2 CAGOLA	6a	10m	Bröckeliger Fels und grasige Bänder, die schlechteste Route hier
3 BORSÀC'	7b+	18m	
4 POLENTÌ	7c+	20m	
5 MONDÌ	?	20m	Projekt
6 GIOGI	7a+	26m	Schöne Passage beim Ausstieg aus der Verschneidung mit zwei Einzelstellen mit Längenzügen
7 SECHI	7b	30m	Kleine Ausdauerwand mit kleinen Löchern, dann henkelig mit großen Löchern; Ausstieg plattig
8 STRUZ	7c	30m	Schlüsselstelle am Ende einer langen Ausdauertour
9 RIMONEL	7c	30m	
10 PEROBALE	7b+	28m	Ausdauer mit Längenzügen an großen Griffen. Harte Einzelstelle beim Ausstieg
11 FORLÌ	8a	28m	Am grauen Wasserstreifen entlang
12 BARACHÌ	7a	27m	Technisch anspruchsvolle Platte, Dach und anstrengender Überhang; schön
13 BAGOI	6c	25m	Komplizierte Kaminverschneidung, schöner und einfacher Dachausstieg
14 PANCÌ	7a	23m	Quert nach rechts an Löchern; anstrengende, abschüssige Rissschuppe
15 PAGNATE	8a	23m	Ausdauer an Leisten, Schlüsselstelle an abschüssigen Griffen im Mittelteil
16 CASTÈI	7b+	23m	
17 PATAFI	7a	21m	Einzelstelle im Mittelteil
18 MITILDI	6b+	20m	Technische Querung im Mittelteil, athletischer Ausstieg im Dach
19 PIMPINEL	6c+	22m	
20 PRENZIP	6a+	17m	Rechts der schwach ausgeprägten Kante, ausdauernd und schön
21 POSTELARÌ	5c	16m	
22 FERACÌ	6a+	13m	An großen Löchern links der Haken, dann grauer Überhang
23 BARTÒI	5a	13m	

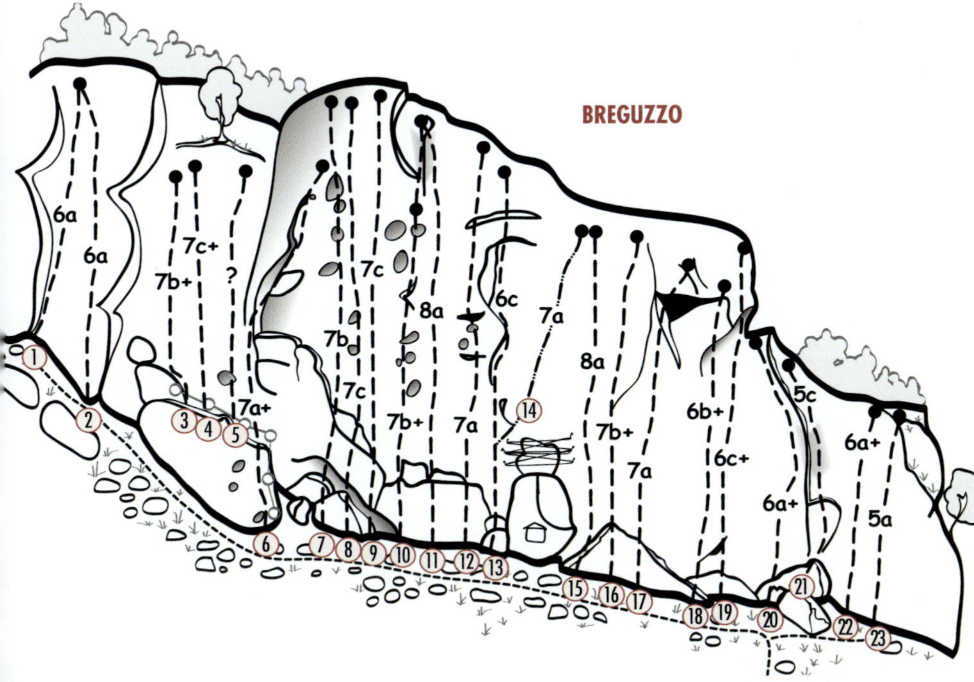

64

PROMEGHIN

ZUFAHRT/ZUGANG
Von Sarche 18 km mit dem Auto, dann 3 Min. Fußweg.

Von Arco in Richtung Trient bis nach Sarche. Dort nach links abbiegen in Richtung Madonna di Campiglio. Über die Sarca und auf der ansteigender Straße ca. 8 km weiterfahren. Am Ende des Anstieges an der Kreuzung nach rechts abbiegen und weiter nach S. Lorenzo in Banale. Hier dann nach rechts zum Campo Sportivo (Sportplatz) abzweigen. Man parkt am Rondell und steigt über die Wiese, am Zaun entlang, hinauf bis zu den ersten Felsen (3 Minuten).

Dieses interessante und besondere Gebiet aus Konglomeratgestein liegt bei S. Lorenzo in Banale, unterhalb des Sportplatzes. Die Routen wurden von Elio Orlandi, einem Bergführer, perfekt mit Klebehaken eingerichtet. Finanziert wurde das ganze Projekt durch die öffentliche Hand. In diesem idealen Sommerklettergebiet ist der Kletterstil manchmal etwas monoton: mehr oder weniger abschüssige Löcher wechseln mit herausstehenden Steinen in senkrechtem und leicht überhängendem Fels. Als Trainingsgebiet ist es dafür umso mehr geeignet.
Die Wand liegt in einem herrlichen Lärchenwald, es ist angenehm kühl, aber manchmal auch feucht. Nach Regen sind die Ausstiege der Routen oft nass. Der Wandfuß ist schön eben und deshalb auch für Familien und Freunde, die nicht klettern, ideal.
San Lorenzo ist auch das Dorf der 'Ciuiga', einer ausgezeichneten Wurst mit Rüben, die in Notzeiten entstanden ist. Das Dorffest im Spätherbst ist eine gute Gelegenheit, um auch andere kulinarische Köstlichkeiten kennen zu lernen. Im Sportzentrum Promeghin gibt es außerdem ein Hallenbad, ein Fußballfeld, Tischfußball, Tennis, Basket- und Volleyball, Minigolf, einen Picknickplatz, einen Fitnessparcours und eine Minibar. Wanderer finden unzählige Ausflugsziele im Naturpark Adamello/ Brenta, erreichbar durch das nahe gelegene und schöne Val d'Ambiez.

Erschließer: E. Orlandi.

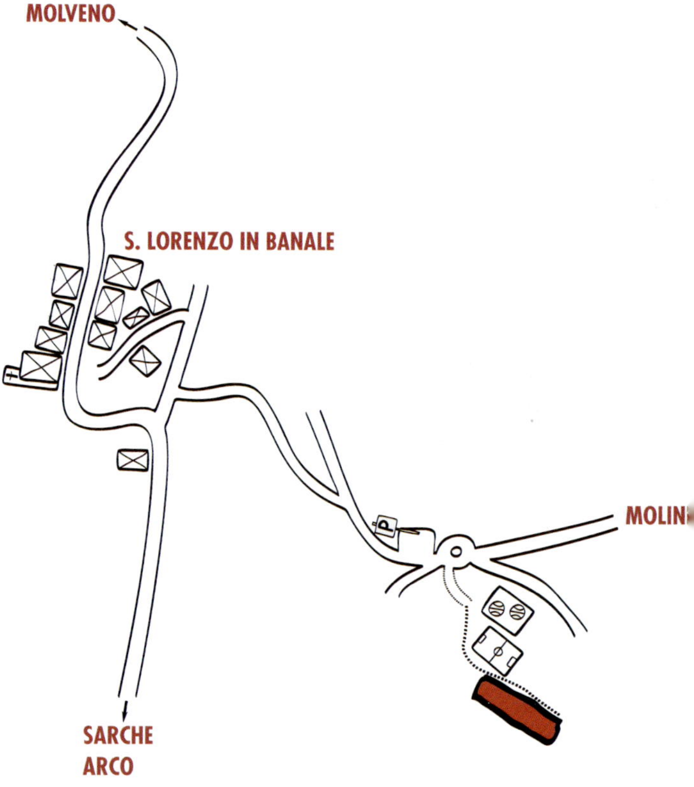

1 OHNE NAMEN	4a	10m	11 OHNE NAMEN		5m	21 OHNE NAMEN	5b	15m	31 OHNE NAMEN		18m	41 OHNE NAMEN	6a+	20m
2 OHNE NAMEN	3c	10m	12 OHNE NAMEN		5m	22 OHNE NAMEN		15m	32 OHNE NAMEN	6b	18m	42 OHNE NAMEN	6b	20m
3 OHNE NAMEN	5b	15m	13 OHNE NAMEN	6b	15m	23 OHNE NAMEN	6b	18m	33 OHNE NAMEN	6a	18m	43 OHNE NAMEN	6c	20m
4 OHNE NAMEN	5b	20m	14 OHNE NAMEN	6a	15m	24 OHNE NAMEN	6b/c	18m	34 OHNE NAMEN	6a	18m	44 OHNE NAMEN	8a	20m
5 OHNE NAMEN	5a	20m	15 OHNE NAMEN	6b	15m	25 OHNE NAMEN	6c	18m	35 OHNE NAMEN	6a	18m	45 OHNE NAMEN	8b/c	20m
6 OHNE NAMEN		20m	16 OHNE NAMEN	6b	15m	26 OHNE NAMEN	6c	18m	36 OHNE NAMEN	6a	18m	46 OHNE NAMEN	8a/b	20m
7 OHNE NAMEN	5b	20m	17 OHNE NAMEN		5m	27 OHNE NAMEN	6b/c	18m	37 OHNE NAMEN	5c	18m	47 OHNE NAMEN	7b/c	20m
8 OHNE NAMEN	6c	20m	18 OHNE NAMEN	5c	15m	28 OHNE NAMEN	6b	18m	38 OHNE NAMEN	6b	20m	48 OHNE NAMEN	7a/b	15m
9 OHNE NAMEN	6c	15m	19 OHNE NAMEN	5a	15m	29 OHNE NAMEN	6b/c	18m	39 OHNE NAMEN	6b/c	20m	49 OHNE NAMEN	6a	15m
10 OHNE NAMEN	6b/c	15m	20 OHNE NAMEN	5b	18m	30 OHNE NAMEN	6a /b	18m	40 OHNE NAMEN	6c	20m	50 OHNE NAMEN	6b	15m

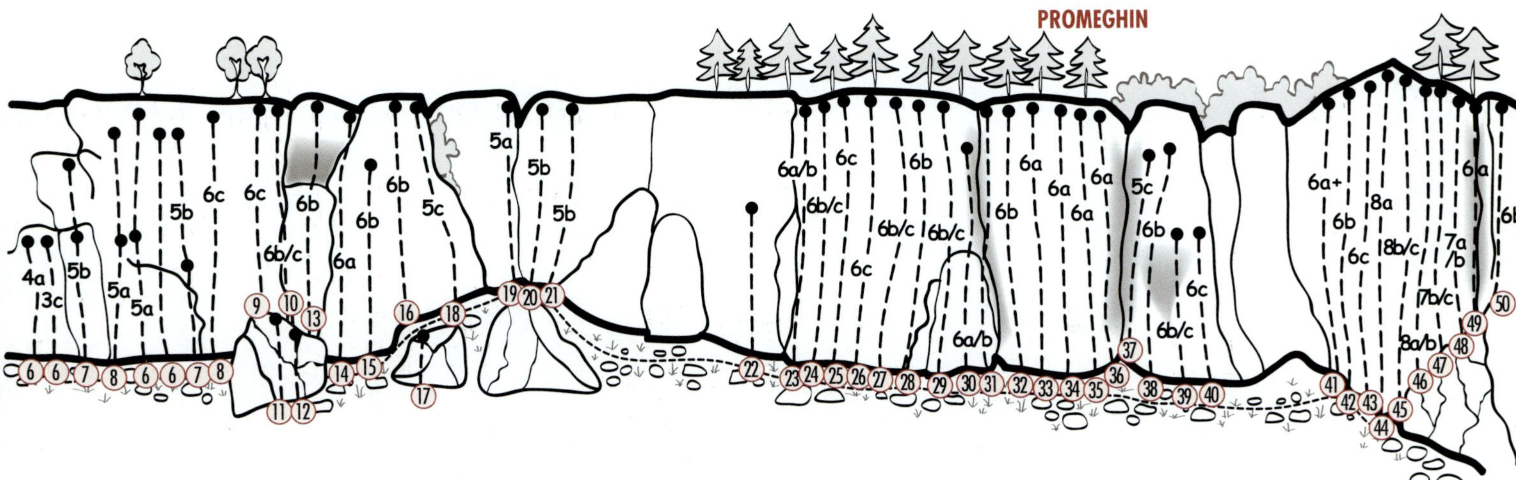

65

NEMBIA

Viele Jahre lang wurden die 8mm-Bohrhaken im Felsen an der Straße von S.Lorenzo nach Molveno nur flüchtig im Vorbeifahren wahrgenommen. Schließlich machte sich der Bergführer Simone Elmi zusammen mit Franco Cavallaro daran, dieses Gebiet zu sanieren. Er hatte zuvor in einem alten Kletterführer die noble Vaterschaft dieser Routen ausfindig machen können: bereits in den frühen 80er Jahren waren Roberto Bassi, Rolando Larcher und die Brüder Di Marino hier am Werk. Und so wurde ein altes Klettergebiet wiederbelebt, mit Rücksicht auf die alten, schönen Routen und deren Schwierigkeitsgrade, die man aber heute sicherlich einen Grad höher anzusetzen hat als in den Originalbewertungen.
Zu den sanierten und begradigten Wegen kamen natürlich auch neue Routen hinzu, alle im gleichen Kletterstil: viel Fußtechnik und Gleichgewichtssinn für die knackigen Plattenstellen. Einziger Wermutstropfen: des öfteren fallen kleine Steine in die Wand, die über den Ausstiegen vom Wind oder Kleintieren gelöst werden.

Tipp für Ruhetage: ein Spaziergang durch die Orte Deggia und Moline oder eine Mountainbiketour zum See von Baèl - Ranzo - Moline und S. Lorenzo in Banale.

Erschließer: R. Bassi, F. Cavallaro, S. Elmi, R. Larcher, Brüder Di Marino.

ZUFAHRT/ZUGANG
Von der Autobahnausfahrt S. Michele-Mezzocorona 32 km mit dem Auto.

Von der Ausfahrt in Richtung Madonna di Campiglio. Nach Mezzolombardo dann links ab nach Molveno und nach dem Ort weiter Richtung S. Lorenzo in Banale. Man fährt am See entlang, passiert die Trattoria Nembia und parkt dann 600 m weiter auf der linken Straßenseite bei einem Schotterwerk. Der Kletterfelsen liegt genau gegenüber.

Von Sarche 21 km mit dem Auto.

Von Arco in Richtung Trient bis nach Sarche. Dort nach links abbiegen in Richtung Madonna di Campiglio. Über die Sarca und auf der ansteigender Straße ca. 8 km weiterfahren. Am Ende des Anstieges an der Kreuzung nach rechts abbiegen und weiter nach S. Lorenzo in Banale. Durch S. Lorenzo hindurch, weiter Richtung Molveno und nach dem Tunnel, bei einem gut sichtbaren Schotterwerk, auf der rechten Seite parken (600m vor der Trattoria Nembia). Der Klettergarten liegt genau gegenüber.

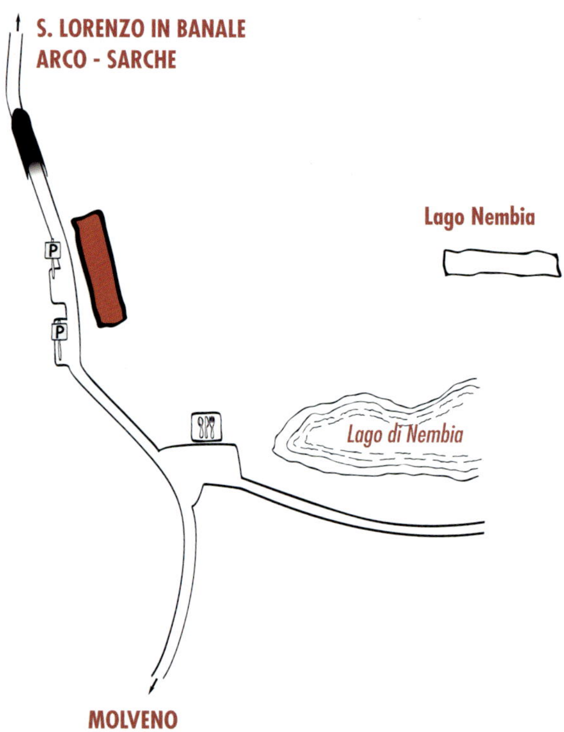

1 FRÜHSTÜCK	6a	15m	Aufwärmplatte mit nicht leichtem Schluss
2 YANGHIZZATI	7a	28m	Überhängender Einstieg, dann spektakuläre Platte mit heikler Gleichgewichtspassage
3 MIND BOMB	7b	28m	Einstieg wie 'Yanghizzati', danach rechts über technisch anspruchsvolle Platten und kleine Überhänge. Sehr zu empfehlen!
4 OHNE NAMEN	?	28m	Ähnlich wie 'Mind Bomb', Einstieg aber schwieriger und seltsamer
5 SCASAZZA	7b+	28m	Wunderschöne Route in der schön strukturierten Platte, onsight schwer lesbare Passage in der Mitte, Ausstieg nicht zu unterschätzen
6 TOFU'	7c+?	25m	Einstiegsboulder an Untergriffen, dann ausdauernde Platte
7 CICCO D'OCCHESTRA	6c+	30m	Senkrechte Platte, wunderschöne und abwechslungsreiche Kletterei
8 SIOCCANN	6c+	23m	Senkrechte Platte mit Überhängen und artistischem Ausstieg
9 LA GUIDE DU MONDE	?	26m	Senkrechte Ausdauerwand, sehr technische Passagen
10 L'ANIMA DEL TELEMARK	?	25m	Senkrechte Wand mit Einstiegsüberhang

NEMBIA

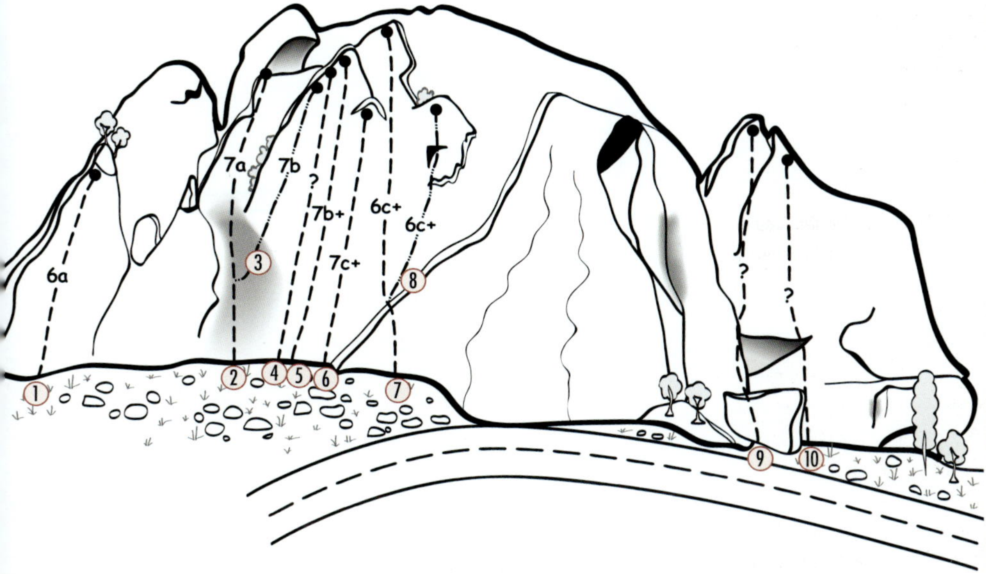

66

LAGO NEMBIA

Dieses ruhige und abgeschiedene Gebiet liegt wenige hundert Meter entfernt vom Klettergarten von Nembia und weist ein noch hohes Erschließungspotential auf. Der Fels ist sehr strukturiert und die Baseclimbs sind kurz und schön. In den Mehrseillängenrouten trifft man oft auf hohe Schwierigkeitsgrade, sie sind insgesamt aber leider nicht sehr homogen.
Am Beginn des Zustiegsweges befindet sich der See mit Parkplatz, Spielplatz und einer Wiese mit einigen Boulderblöcken, weshalb Nembia als sehr familienfreundliches Klettergebiet zu empfehlen ist. Interessant uund lehrreich ist auch der Naturlehrpfad des WWF in der Nähe, der zu Fuß oder mit dem Mountainbike umrundet werden kann.

Erschließer: Danilo Bonvecchio, S. Bordoni, S. Elmi, R. Maurina, R. Pedrotti.

ZUFAHRT/ZUGANG

Von der Autobahnausfahrt S. Michele-Mezzocorona 32 km mit dem Auto, dann 5 Min. Fußweg.

Von der Ausfahrt in Richtung Madonna di Campiglio. Nach Mezzolombardo dann links ab nach Molveno und nach dem Ort weiter Richtung S. Lorenzo in Banale. Man fährt am See entlang und bis zur Trattoria Nembia. Hier rechts und auf dem großen Parkplatz parken. Die Kletterwand ist deutlich sichtbar: rechts um den See und an den Schutzmauern vorbei bis zur Wand (5 Min.)

Von Sarche 21km mit dem Auto, dann 5 Min. Fußweg.

Von Arco in Richtung Trient bis nach Sarche. Dort nach links abbiegen in Richtung Madonna di Campiglio. Über die Sarca und auf der ansteigenden Straße ca. 8 km weiter fahren. Am Ende des Anstieges an der Kreuzung nach rechts abbiegen und weiter nach S. Lorenzo in Banale. Durch S. Lorenzo hindurch, weiter Richtung Molveno, durch einen Tunnel und bis zur Trattoria Nembia. Hier links und auf dem großen Parkplatz parken. Die Kletterwand ist deutlich sichtbar: rechts um den See und an den Schutzmauern vorbei bis zur Wand (5 Min.)

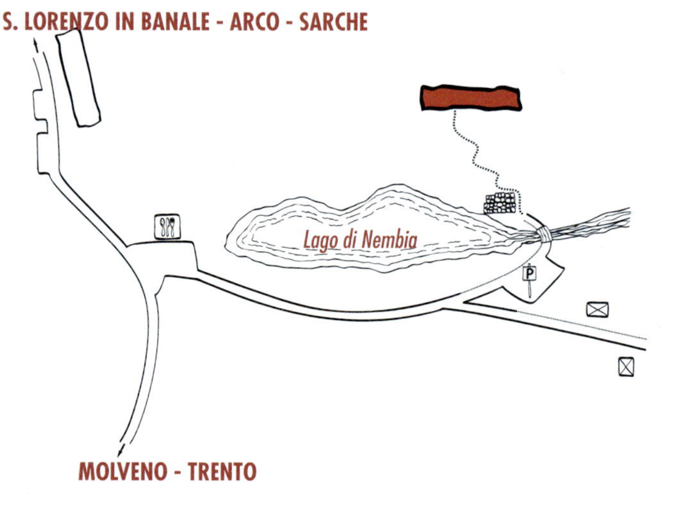

1 ILLUSIONI	7b	20m	Senkrechte, sehr technische Platte
2 MISTICANZA	7b	28m	Ausdauer in senkrechter, gelber Wand mit großen Griffen
3 PANZA	7b	28m	Wie 'Misticanza'. Gemeinsamer Umlenker.
4 SPIGOLANDO	?	28m	Projekt. Ausgesetzte Kante, bewegungstechnisch durchwegs an der Grenze
5 IL FISIOTERAPISTA	7c	18m	Leicht überhängende Platte
6 COLASANTI	7b	18m	Wie 'Il Fisioterapista', etwas einfacher
7 LA MANOVRA	7b	18m	Leicht überhängender Start, stumpfe Ausstiegsverschneidung
8 L'ADATTATORE	7a	20m	Senkrechte Ausdauerwand mit technischen Passagen, empfehlenswert
9 ANGELA	6b+	20m	Leicht überhängender Einstieg, stumpfe Ausstiegsverschneidung, gemeinsamer Stand mit 'L'adattatore'
10 MEGALOMAN	6b	20m	Kaum angedeutete Verschneidung, sehr strukturierter Fels, leicht überhängender Ausstieg; empfehlenswert, aber nicht auf die leichte Schulter nehmen...
11 MIA MOGLIE E' UNA GOLF	6a+	15m	Griffige Platte, Fingerkraft im Ausstieg
12 RENE'	6b	15m	Wie 'Mia Moglie', aber schwere Züge am Ausstieg des Überhangs
13 RITUAL DE LO HABITUAL	8a	110m	Wunderschöne Route in gelben überhängenden Platten. Abseilen mit 60m-Seil. R. Pedrotti & Gef. SL1 6a, SL2 6a, SL3 8a, SL4 7c, SL5 8a
14 PANORAMIX	7c	25m	
15 ASTERIX	?	25m	
16 OBELIX	?	25m	
17 MATRIX	?	25m	
18 VARIANTE	6a	25m	
19 IL SOLITARIO	7b	30m	Heikle Bewegungen in senkrechter grauer Wand

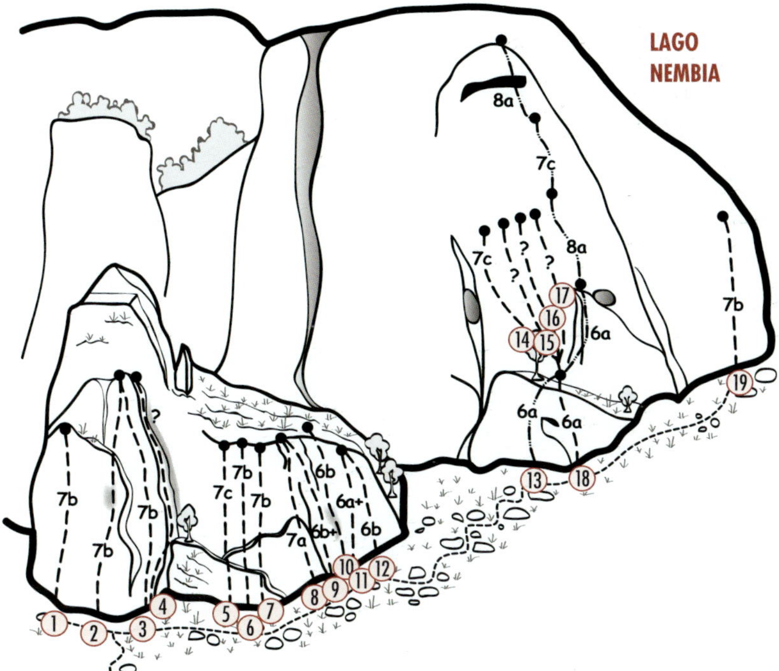

67

MOLVENO - S. ANTONIO

Dieser Klettergarten ist wie ein Amphitheater aus Dolomitgestein, überragt von einem riesigen Dach. An diesem Ort, so kurz vor den hohen Bergen der Brentagruppe, sind die Zeichen eines längst vergessenen Alpinismus immer noch erkennbar. Wer hier klettert, träumt angesichts der imposanten Südwand des Croz dell'Altissimo fast unweigerlich von langen Alpinrouten.
S. Antonio ist ein klassisches Klettergebiet und bestens geeignet Anfänger. Aber auch für Experten, die nicht nur schwierige Routen abhaken wollen, ist hier genügend zu tun. Das Gebiet ist dem Andenken an Luca Sartori gewidmet, einem sehr guten Alpinisten aus Molveno.

Erschließer: V. Bastiani, A. Franchi, F. Nicolini, F. Spellini, Bergrettung Molveno, Bergführer Molveno.

900

ZUFAHRT/ZUGANG

Von der Autobahnausfahrt S. Michele-Mezzocorona 25 km mit dem Auto, dann 5 Min. Fußweg.

Von der Ausfahrt in Richtung Madonna di Campiglio. Nach Mezzolombardo dann links ab Richtung Spormaggiore/ Molveno. In Molveno in Richtung Lido di Molveno und Campingplatz und nach den Tennisplätzen und dem Hotel Dolomiti rechts abbiegen.
Gleich rechts gibt es Parkplätze (nur in der Hochsaison kostenpflichtig). Man kann auch weiterfahren, am Sportplatz vorbei, bis zu einem kleinen Parkplatz links bei einer Schottergrube. Zu Fuß nun dem Tal entlang in Richtung Rif. Ciclamino. Am Beginn des Anstiegs, bei einer Marienkapelle, nach links auf einen Pfad und an einem Bach entlang. Dann rechtshaltend, über eine kleine Holzbrücke und in 5 Minuten zum Wandfuß.

Von Sarche 27 km mit dem Auto, dann 5 Min. Fußweg.

Von Arco in Richtung Trient bis nach Sarche. Dort nach links abbiegen in Richtung Madonna di Campiglio. Über die Sarca und auf der ansteigenden Straße ca. 8 km weiterfahren. Am Ende des Anstieges an der Kreuzung nach rechts abbiegen und weiter nach S. Lorenzo in Banale. Durch S. Lorenzo hindurch und bis nach Molveno. Im Ort nach links in Richtung Lido di Molveno und Campingplatz. Nach den Tennisplätzen und dem Hotel Dolomiti rechts abbiegen.
Von hier aus siehe Beschreibung oben.

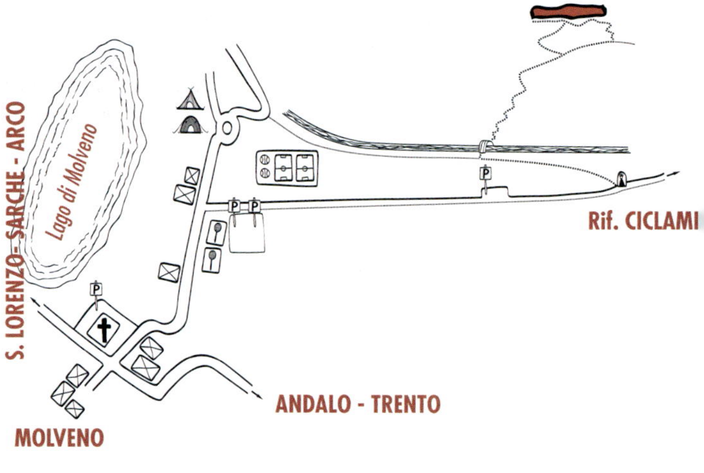

1 OHNE NAMEN		?		Projekt. Gelber Ausdauerüberhang
2 OHNE NAMEN		?		Projekt. Wie 1, aber '"humaner"
3 LA CLASSICA		4a	10m	Seichte Verschneidung für Anfänger
4 TRANS		6a+	20m	Einstieg mit seltsamer Rissverschneidung, dann Querung zum Umlenker der Nr. 5. Achtung auf Hakenabstände!
5 BREZGNEV		6a+	20m	Einstieg wie 'Trans', dann netter schmaler Riss
6 GAME OVER		?	25m	Griffiger Überhang mit Blockierer
7 STI'ANI		5c	25m	Klassischer Kletterstil in Rissverschneidung
8 CIUIGA		6b	25m	Einstiegsüberhang, dann Boulderzüge, dann gutgriffig mit kniffligen Bewegungsabfolgen
9 HASTA LUEGO		6c+	20m	Gelbe Einstiegsplatte, dann sehr schwerer Zug über das Dach, dann überhängender Riss bis zum Stand
10 LA SFESA		6a	25m	Risskamin am Einstieg, dann strukturierte senkrechte Platte
11CIAPA&TIRA		6b	10m	Kurzer, kräftiger Überhang. Schön!
12 BOULDER BOY		6b+	25m	Überhängender Einstiegsboulder mit großen Griffen, dann senkrechte, strukturierte Platte. Schön!
13 MUCUGNO MAN		6b	25m	Einstieg seltsam und technisch anspuchsvoll, dann senkrechte Platte. Schön!
14 DITA D'ACCIAIO		6c	25m	Einstieg mit viel Fingerkraft, dann gutgriffige Platte
15 FRALOS		6a+	25m	Einstieg an abgerundeter Kante technisch, dann senkrechte gelbe Platte. Schön!
16 GO!		6b	25m	Einstieg mit Fingerkraftboulder, dann senkrechte Platte mit guten Griffen. Ausstiegsüberhang mit guten Schuppen. Empfehlenswert!
17 JUMA		6b	20m	Senkrechte Platte mit ausgeprägtem Überhang und Längenzügen an kleinen Griffen
18 SCRODA	SL1	3a	10m	Anfängerroute
	SL2	6a	15m	Leicht überhängende Verschneidung (Stand von SL1 überkletterbar)
19 NIK	SL1	4a	10m	Anfängerroute
		6a+	15m	Graue Platte mit abschließender Verschneidung. Achtung beim Ausstieg! (Stand von SL1 überkletterbar)
20 CIDO	SL1	3b	10m	Anfängerroute
	SL2	4a	15m	Die Kante links umklettern (Stand von SL1 überkletterbar)
21 BEBE		6a+	15m	Einstieg bei 'Cido', dann gerade über überhängenden Pfeiler (Stand von SL1 überkletterbar)
22 PERO		5c	10m	An der überhängenden Kante mit guten Griffen
23 OCIO &GAMBA	SL1	6a+	15m	Schöne senkrechte, technische Platte. Empfehlenswert!
	SL2	6a	15m	Platte (Stand von SL1 überkletterbar)
24 ZAMBO		4c	25m	Klassische Rissverschneidung in grauem, dann gelbem Fels. Empfehlenswert!
25 ALICE		5b	25m	Auch sehr schön, zuerst an schwarzen Schuppen, dann kurze gelbe Verschneidung
26 EL BOTEGA		7b	25m	Einstieg wie 'Alice', dann sehr senkrechte, schwarze Platte mit wenigen Griffen
27LINTY		7a	25m	Einstieg wie 'Alice', dann leicht überhängende Platte mit komplizierten Zügen

28 ROLY	6c+	25m	Platte an Kante entlang. Gleichgewicht! Schön
29 TREIGNAMPI	?	25m	Projekt. Überhängende schwarze Platte
30 H2O	5c	25m	Sehr schöne klassische Rissverschneidung
31 FRANZ	6b	25m	Überhängender Einstieg, dann einfacher bis zum Stand. Hakenabstände beachten!
32 4X4	6a+	18m	Überhang mit künstlichen Griffen (ohne diese 6b). Ausdauer
33 4X4 Linke Variante	6a+	18m	Einstieg wie '4X4', dann ausdauernder nach links
34 EL SKIRAT	5c	25m	Einstiegsbauch, dann schöne Rissverschneidung
35 IOCIPROVO	6a	15m	Einstieg wie 'El Skirat', dann senkrechte Platte mit Leisten
36 PANORAMIX	5c	15m	Erreicht man über die unteren Routen (12-16). Schön an ausgesetzter Kante. Abseilen!
37 VOGLIA DI LAGO	6a	15m	Erreicht man über die unteren Routen (12-16). Schön an ausgesetzter Kante. Abseilen!
38 VIA DEI BALOCCHI	6b+	120m	Achtung, Fels zum Teil noch brüchig, Helmpflicht! Abseilen mit 70m Seil! F. und E. Nicolini. SL1 6b, SL2 4b, SL3 6b+, SL4 6b
39 LUNELM	4b	15m	Geneigte Platte für Anfänger

S. ANTONIO

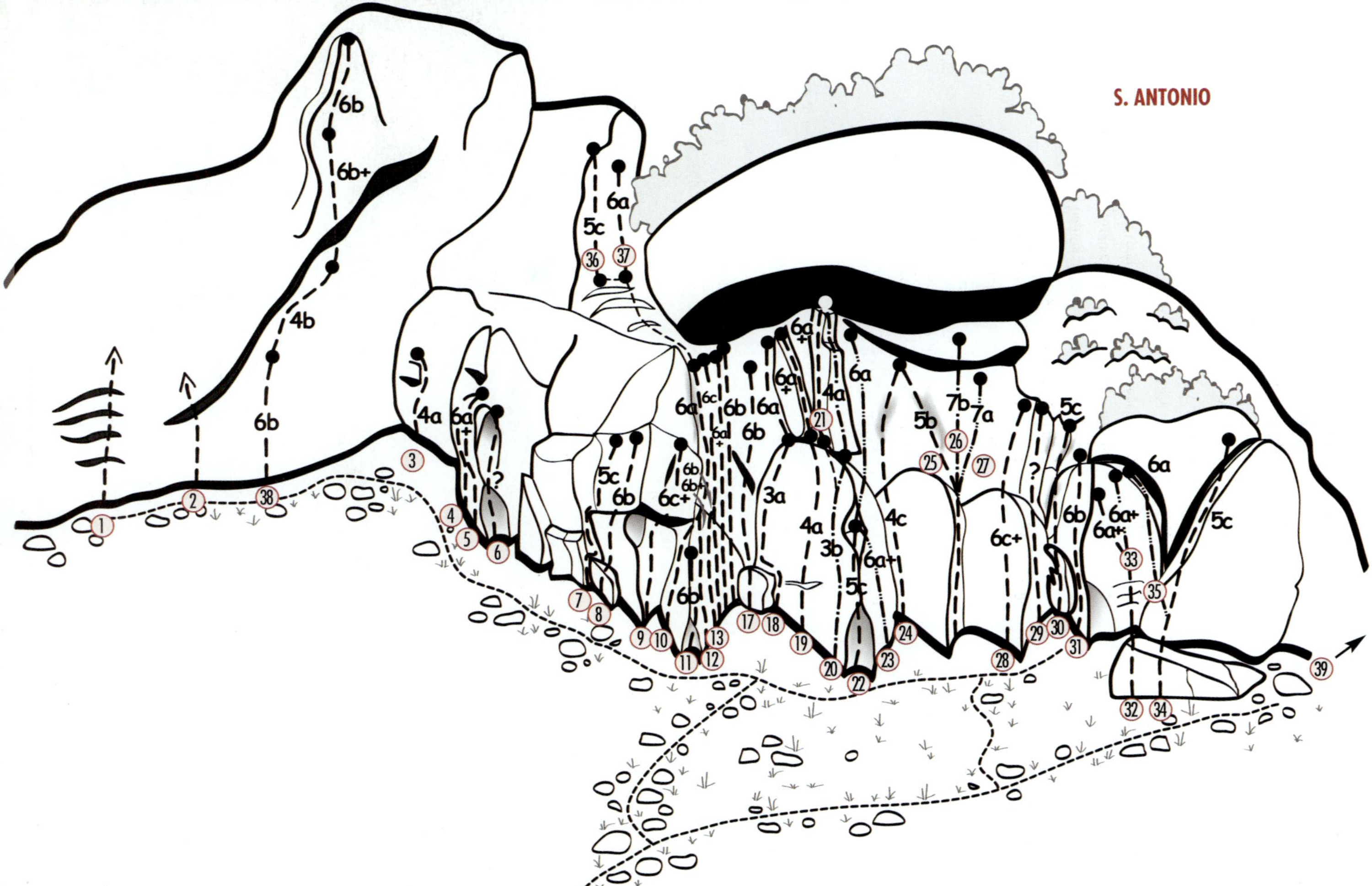

68

CAVEDAGO

'Lo Svago sano', was so viel heißt wie das gesunde Vergnügen, reimt sich fast auf 'Cavedago, il paese dello svago', das Dorf des Vergnügens eben! Dieses Gebiet ist sicherlich das interessanteste, spektakulärste, sonnigste und selektivste Gebiet in der Hochebene von Andalo/Molveno. Es empfiehlt sich für alle Kletterer, die Ausdauerrouten und technische Kletterei in den mittleren und oberen Schwierigkeitsgraden lieben und die auch im Winter oder bei Regen Klettermeter herunterspulen wollen. Ohne weiteres kann man von schönsten Plattenrouten zu steilen Ausdauerrouten wechseln.

Dies ist ein herrliches Plätzchen: eingerahmt von den Dolomiten der Brentagruppe, hebt sich der mehrfarbige Felsen über Wiesen und Täler hervor. Im Plattenbereich ist der Kalkfels sehr kompakt, im zentralen Teil ist er gelb, überhängend und manchmal etwas brüchig. Und die Unersättlichen können zum Tagesabschluss noch einige Boulder an den Blöcken beim Parkplatz ziehen!

Erschließer: S. Elmi, S. Bordoni.

ZUFAHRT/ZUGANG

Von der Autobahnausfahrt S. Michele-Mezzocorona 17 km, dann 10 Min. Fußweg.

Von der Ausfahrt in Richtung Madonna di Campiglio. Nach Mezzolombardo dann links in Richtung Spormaggiore–Molveno und 3 km nach Spormaggiore links auf das erste asphaltierte Sträßchen (Richtung Loc. Santel, noch vor der Tankstelle Q8). Nach ca. 700m parken. Gegenüber dem Parkplatz beginnt ein Pfad, der steil aufwärts in den Wald führt. Links querend, an zwei Felsriegeln vorbei, erreicht man eine schwach ausgeprägte Rinne, in der der Weg im Zickzack nach rechts zu den Felsen führt.

Von Sarche 36 km mit dem Auto, dann 10 Min. Fußweg.

Von Arco in Richtung Trento und bis nach Sarche. Dort nach links abbiegen in Richtung Madonna di Campiglio. Über die Sarca und auf der ansteigenden Straße ca. 8 km weiterfahren. Am Ende des Anstieges an der Kreuzung nach rechts abbiegen und weiter nach S. Lorenzo in Banale. Durch S. Lorenzo hindurch,weiter nach Molveno, dann Andalo und durch Cavedago hindurch. Ca. 800m nach der Q8-Tankstelle nach rechts auf das asphaltierte Sträßchen abbiegen und nach ca. 700m parken.
Weiter wie oben.

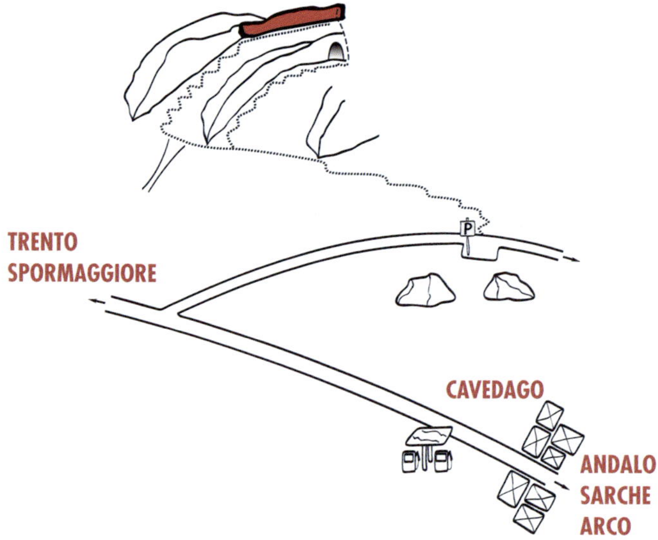

1 A POPPAVIA	6a	15m	Heikle Passagen
2 L'EQUILIBRIO DELLE COSE	7a+	15m	Super anspruchsvolle technische Kletterei. Kletterstil aus anderen Zeiten!
3 PANTA REI	6a	15m	Strukturierte Platte. Einstieg mit schwieriger Einzelstelle, empfehlenswert!
4 LO SCEMO MOTORIO	6a	15m	Nicht zu unterschätzende Verschneidung
5 CORDLESS	7b	25m	Ausdauer und Technik in leicht überhängender Wand
6 L'ALCHIMISTA	7a+	25m	Mix von Ausdauer und Technik in leicht überhängender Wand
7 SANTIAGO NEL PAESE DELLO SVAGO	8a	25m	Leicht überhängende Wand mit schwierigem Fingerboulder am Bauch im Mittelteil
8 VIVA IL CAIVA	8a	22m	Schwieriger Einstiegsboulder, dann schöne Ausdauerroute für die Unterarme
9 ESPERANDO MANOLO	7c+	22m	Senkrechte technische Ausdauerroute
10 PUMA	8a+	22m	Leicht überhängende Wand mit harten Fingerkraftpassagen
11 BIG BORDONS	6a+	22m	Schöne Rissverschneidung, die schönste Route hier in diesem Grad
12 LA PISTA	7a+	25m	Einstieg mit heiklen Zügen, dann Ausdauer an guten Griffen. Nie banal. Eine der schönsten Routen hier!
13 L'ALBANESE	6b+	20m	Schräg links verlaufende Verschneidung mit seltsamer Gewichtsverlagerung, dann ausdauernd und gutgriffig
14 L'EROE DEI DUE MONDI	7a	22m	Ausdauer mit heikler Passage in der Mitte. Schön
15 CAVEDAGO BEACH	7a	20m	Ähnlich wie 14, aber weniger interessant und weitem Hakenabstand
16 TACAMILASPINA	?	22m	Ausstieg aus Überhang sehr schwierig, dann griffarme senkrechte Platte
17 ER PATACCARO	7a	20m	Ausgesetzte Route, Einstieg etwas verzwickt, dann senkrechte Platte
18 IL BUCO NERO	?	30m	Projekt. Zuerst in leichtem Überhang, dann leicht geneigter, aber schwieriger Platte

CAVEDAGO

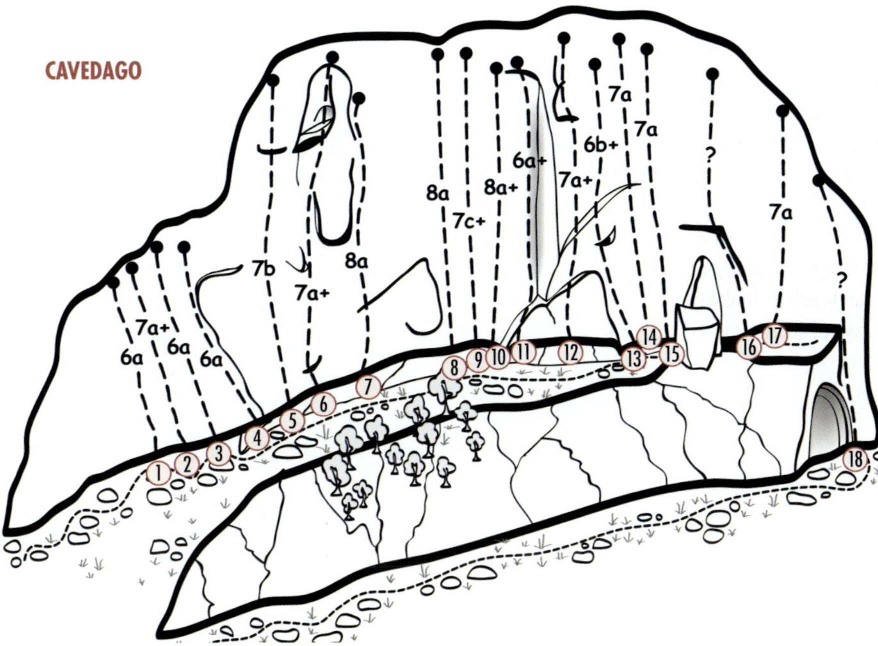

69

SPORMAGGIORE

Das Klettergebiet besteht aus kleinen Felsblöcken, die im Wald bei den Ruinen des charakteristischen Castel Belfort verstreut sind. Bis vor nicht allzu langer Zeit waren die Blöcke mit Efeu übersät, bis sie für das Klettern geputzt und erschlossen wurden. Dieser ruhige Ort mit dem bequemen Zustieg und den einfachen Routen eignet sich besonders für die Liebhaber entspannter Kletterei. Auch Freunde oder Kinder, die eher Picknicken als Klettern möchten, finden hier einen idealen Platz. Perfekt ist es hier im Sommer oder an Nachmittagen, wenn die Sonne scheint. Nach Regentagen bleibt es lange feucht.
Die Ruhe und Abgeschiedenheit dieses Gebietes sind einzigartig und es kann passieren, dass ein Reh beim Klettern zuschaut. Die Legende erzählt, dass sich hier in diesem Labyrinth von Blättern, Baumstämmen, Lärchen und Fichten noch einige wenige Bären zu Hause fühlen. Aber keine Angst, mit ein paar Sprüngen seid ihr auf den Blöcken in Sicherheit...!

Erschließer: S. Avanzi, S. Elmi, R. Maurina, C. Tenaglia, M. Zeni, Associazione sportiva dilettantistica Liberamente.

ZUFAHRT/ZUGANG

Von der Autobahnausfahrt S. Michele-Mezzocorona 12 km, dann 5 Min. Fußweg.

Von der Ausfahrt in Richtung Madonna di Campiglio. Nach Mezzolombardo dann links in Richtung Spormaggiore–Molveno und 1,3 km nach Spormaggiore nach rechts auf eine Schotterstraße die zum Parkplatz führt (Schilder 'Sentiero Castel Belfort' und 'Area Pick Nick'). Von hier auf einen Weg, der links von der Schotterstraße weg und in 5 Minuten zu den Felsen führt.

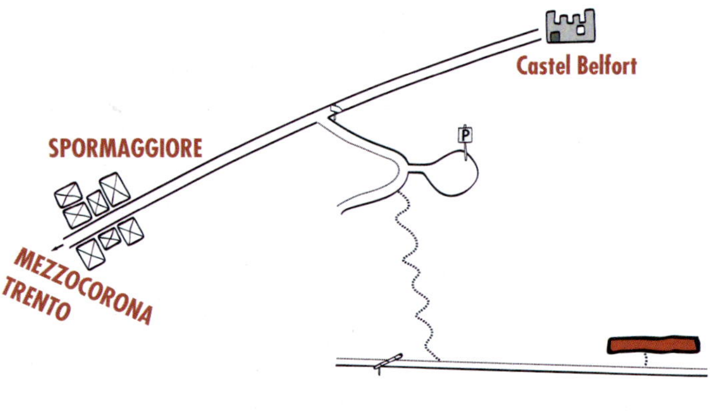

1 MAMI STA' IN PENSIERO	5a	10m	Nette kurze Route mit Einstiegsdächlein
2 TREMORS	5a	10m	Einstiegsdach, dann schmale Risse in Platte
3 MASSO CONICO	4c	10m	Einfache kurze Verschneidung
4 SOPA DE CARACOL	5a	12m	Schöner schräger Riss
5 TEMPI MIGLIORI	5c	15m	Platte scheint einfach, ist aber nicht zu unterschätzen
6 VIA INTERDET	5a	15m	Einfache Platte mit Schuppen und Henkel
7 LIBERAMENTE	6a+	15m	Zuerst Platte, dann schönes Dach mit guten Griffen
8 INSIDE	6a	12m	Schmaler Riss in senkrechter Platte. Nicht unterschätzen
9 ALTA TENSIONE	6c	12m	Schöne Wand mit Löchern, dann technischer Gleichgewichtsboulder am Ende
10 FA' LA MOSSA GIUSTA	6c	15m	Technische senkrechte Wand, die schönste Route hier!
11 ONLY THE STRONG	6b	15m	Senkrechte Ausdauerwand
12 UNA PIUMA BLU	6b+	15m	Einstiegsüberhang, dann senkrechte Wand
13 OSSO BUCO	5c	8m	Kurz, etwas heikel
14 OCIO	6a	10m	Gute Griffe, kurz, technisch
15 BUS E MEZ	6a+	10m	Zuerst komische Gleichgewichtsstelle, dann einfach
16 LA PRIMA VOLTA	6a	10m	Einfache Route, aber an verzwickten Löchern
17 SIRIFA	6a	12m	Schöne Platte
18 PSIKO KILLER	7b	12m	Intuitive, schöne Route; athletisches Dach, technisch anspruchsvolle Linksquerung (mögliche Variante gerade hoch)

SPORMAGGIORE

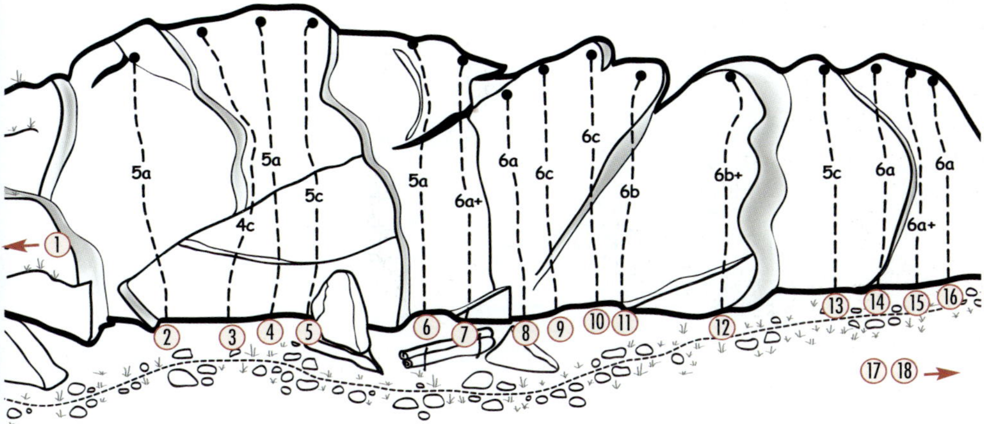

70

TOR DI VISIONE

Hoch über der Piana Rotaliana, der Ebene von Mezzocorona, umgeben von den senkrechten Wänden der Rocchetta befindet sich dieses Kletterjuwel. Tor di Visione ist ein kleines, selektives Klettergebiet mit atemberaubendem Panoramablick, in einer einzigartigen Abgeschiedenheit, die man sich erst zu Fuß verdienen muss. Bis auf die heißen Sommermonate ist Klettern das ganze Jahr über möglich; am senkrechten Fels benötigt man technisches Können und Fingerkraft. Achtet auf den richtigen Zustieg.

ZUFAHRT/ZUGANG

Von der Autobahnausfahrt S. Michele-Mezzocorona 9 km, dann 30 Min. Fußweg.

Von der Ausfahrt in Richtung Cles. Bei der Ortschaft Rocchetta nicht in den Tunnel, sondern Richtung Vigo di Ton und in Masi di Vigo das Auto neben der Kirche parken. Auf einer Forststraße geht es nun ca. 25 Min. lang in Richtung Tor di Visione. Man erreicht dann einen großen Platz, bei dem man nach links auf einen Weg in den Wald abbiegt. Nach ca. 50m dann rechts talabwärts und auf dem kurzen gesicherten Steig zu den Felsen.

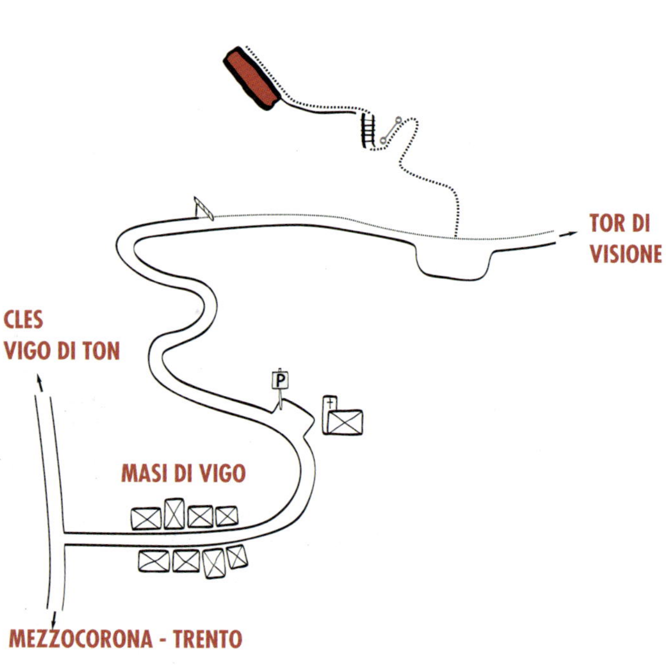

1 OHNE NAMEN		6b	15m	Plattenroute
2 OHNE NAMEN		?	25m	Projekt. Leicht überhängend mit kleinen Leisten. 7b+?
3 NOFRONTIERE (EX RESINAT)		7c	30m	Leicht überhängend mit Schlussboulder
4 MAGIOR TOM		6c	20m	Schöne Route an Löchern
5DOMENICA LUNATICA		7b	20m	Technisch und Fingerkraft
6 HIGHLANDER	SL1	7a+	22m	Leicht überhängende Route mit Kraftausdauer
	SL2	7c+	13m	Wie 1. Seillänge, zwei Schlussboulder
7 NAVIGATOR		7c	25m	Zwei technische Boulder
8 RANGER		7c	25m	Technik und Ausdauer an Leisten
9 CAVALLO PAZZO		7a+	26m	An Löchern und Leisten
10 INCAS		7a+	26m	Sehr schöne Ausdauerroute an Löchern
11 LIANSKI		7a+	28m	Überhang mit Löchern und abschließende Platte
12 CHEJENNE		7c	30m	Einstiegsboulder, dann Ausdauer an Löchern mit Ausstieg in Platte; lange Hakenabstände

VIGO DI TON

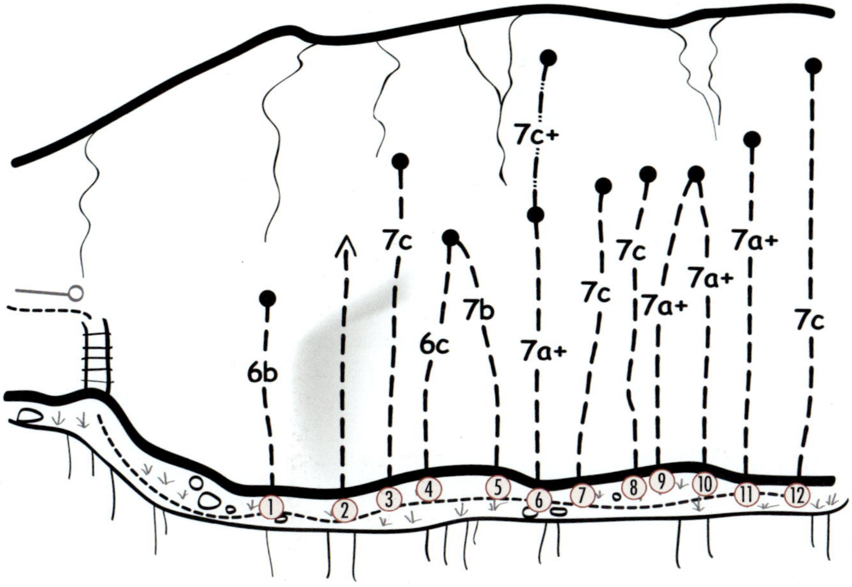

71

CROSANO

Im Klettergebiet von Crosano herrscht technische Wandkletterei vor, mit Routen in den mittleren Schwierigkeitsgraden an grauen, kompakten kleinen Kalkwänden und mit einfachen Routen in gutgriffigem Fels. Im Sektor D ist die Absicherung nicht die beste, weil leider auch nicht mehr die jüngste... In bestimmten Routen ist der Fels glatt wie Marmor geworden und in einigen Routen mag für manche der erste Haken etwas weit oben sein.

Der Klettergarten mit Picknickzone und sanitären Anlagen liegt ruhig und ist einfach zu erreichen. Die vielen Besucher freuen sich auch über die Liegewiesen, die für die ganze Familie geeignet sind.

Erschließer: D. Depretto, G. Dorigatti, E. Dossi, D. e M. Mabboni, L. Manzana, D. Tonelli, und andere

ZUFAHRT/ZUGANG

Von Arco 23,5 km mit dem Auto, dann 5 Min. Fußweg.

Von der Sarcabrücke in Arco in Richtung Rovereto und in Mori nach rechts in Richtung Altopiano Brentonico-Monte Baldo. Jetzt hoch bis kurz vor das Hotel Miramonti (rosa Gebäude) und nach rechts abbiegen Richtung Cazzano.

Nach ca. 1 km in der Nähe der Kirche (Bushaltestelle) auf die linke Straße und dann 2,5 km abwärts fahren. In Höhe einer kleinen weißen Kirche (links) rechts auf dem großen Parkplatz parken. Die Kirche links liegen lassend, erreicht man die ersten Sektoren auf einem Schotterweg in 5 Minuten. Zum Sektor D kurz vor der Picknickzone rechts abbiegen und auf einem Pfad in 3 Minuten zu den Felsen.

Von der Autobahnausfahrt Rovereto Süd ca. 12 km mit dem Auto.

Von der Ausfahrt in Richtung Mori/Altopiano Brentonico. An einem Kreisverkehr geradeaus Richtung Mori-Centro. Vorbei an einer Apotheke, an einer Ampel links, und nach ca 300m wieder links Richtung Altopiano Brentonico-Monte Baldo. Jetzt hoch bis kurz vor das Hotel Miramonti (rosa Gebäude) und nach rechts abbiegen Richtung Cazzano. Weiter wie oben beschrieben.

SEKTOR A

1 MERCANTE ODAGLIA	5c	8m	Gutgriffige Platte
2 IL BAGNINO	5c	12m	Graue Platte, Einstieg mit Riss, dann gute Leisten
3 VALSALVA	6a	13m	Einzelstelle an Leisten
4 OCTOPUS	5c	10m	Ausdauer an guten Griffen
5 BICIA	5a	10m	Rechts der Bohrhaken an großen senkrechten Schuppen
6 CHE CI FACCIO QUI	4c	8m	Anstrengender Einstieg
7 SQONK	4b	10m	Einfach an Henkeln
8 CAB	5b	10m	Platte mit großen Griffen und Einzelstelle im Ausstieg
9 LULÙ	4b	12m	Gutgriffige Platte mit Henkeln
10 MAURETTO IL CAPETTO	6a	12m	Längenzüge mit Reibungstritten
11 SALAMANDRA	4c	12m	Schöne gutgriffige Platte mit Henkeln und Seitengriffen
12 GAV	5b	10m	Blockierer im Ausstieg mit Reibungstritten
13 JENNY	5c	10m	Strukturierte Platte, dann anstrengender stumpfer Riss
14 SMALL	5b	8m	Kurze Platte mit Einzelstelle am Schluss

CROSANO
SEKTOR A

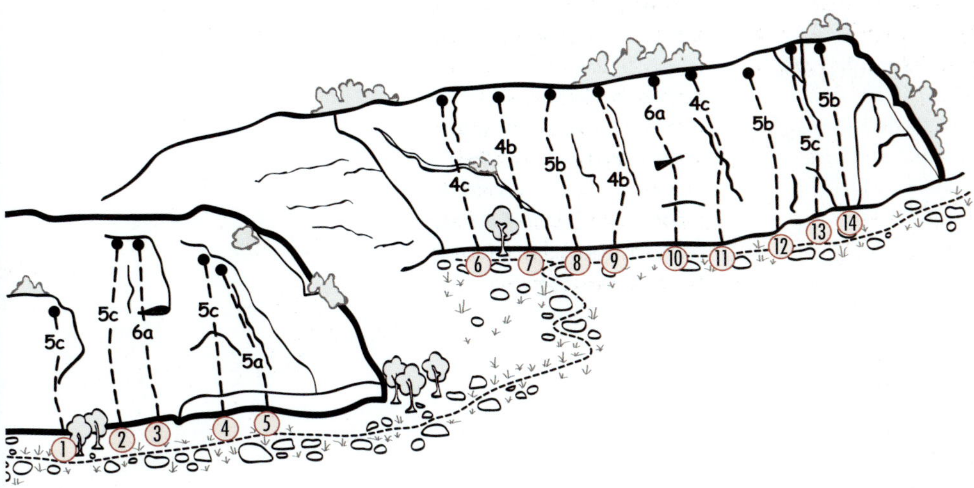

SEKTOR B (Achtung! In einigen Routen ist der Fels glatt geschliffen wie Marmor und die Schwierigkeit kann höher erscheinen)

15 TALEE	5c	10m	Einfache Platte, dann Einzelzug im Ausstieg
16 OHNE NAMEN	4c	10m	Rechts der Bohrhaken klettern. Einstieg wie 'Talee'
17 OHNE NAMEN			Projekt
18 OHNE NAMEN			Projekt
19 TEOFILO	7a	13m	Schöne graue Platte mit schwierigem Einstiegsboulder
20 ERNIA AL DISCO	7b	14m	Technische Platte mit Seitgriffen und scharfen Kanten. Ausdauer
21 SPITTAME MUCHO	6c+	14m	Schöne technische graue Wand
22 IL SIGNORE DEGLI APPOGGI	7c+	14m	Präzises Klettern in grauer kompakter Wand und Züge an kleinsten Griffen
23 LABIRINT	6b	14m	Wand mit Leisten
24 GRISÙ	7a	14m	Boulder in der Mitte an runden Leisten
25 PENSIERO POSITIVO	7a	10m	Boulder an Auflegern
26 ERROR	7a+	12m	Vom Band weg an runden Löchern, hart
27 GAZEBO	6c	12m	Schwieriges Mittelstück mit Aufrichter
28 RUST NEVER SLEEPS	6b+	14m	Schwieriger technischer Einstieg
29 PILASTRINO	6c+	14m	Schöne senkrechte Wand
30 LA VACCA VOLANTE	6c+	14m	Einstiegsboulder an Auflegern und Leisten in der Mitte
31 PETTO IL GALLETTO	5c	14m	Lange Hakenabstände. Aufrichter an kleinen Bändern
32 OHNE NAMEN	?		Projekt
33 EL BOMBO	7b	12m	Harter Einstieg mit Längenzug und technische Platte
34 IL GAUCIO	6a+	18m	Seichte Verschneidung, dann Platte mit Fußtechnik
35 BLOB	6b	16m	Dach und harte Stelle am vierten Bolt
36 BALLA-BALLA	6b+	18m	Abwechslungsreiche Ausdauerroute Schön
37 ULTIMO TANGO	7b	18m	Senkrechte Wand mit Ausdauer und Längenzügen an Leisten
38 STASERA MI BUTTO	7c	16m	Sehr technische Wand mit schwierigen Zügen zum Schluss
39 JOE FALCHETTO	6c	18m	Knackiger Einstieg
40 VOGLIA DI TENEREZZA	6c	18m	Passage mit Fußtechnik, kleiner Überhang
41 IL POETA E IL CONTADINO	6b	20m	Aufleger und harter Längenzug
42 SCARSOMAN	6b+	12m	Fingerkraft am Einstieg, dann technische Platte
43 MID KILLER	7c+/8a	12m	Glatte senkrechte Wand, schwierig im oberen Teil
44 FLASCH	6a	12m	Schmierige, kleine technische Risse
45 TORCICOLLO	5c	16m	Gutgriffige Platte mit technischem Ausstieg
46 MI MANDA PICCONE	5c	16m	Gutgriffige Platte mit technischem Ausstieg
47 MASTRO ZAPPETTA	5b	12m	Platte mit guten Griffen
48 RISO E ZUCCHETTI	5b	12m	Längenzug am Einstieg
49 BIM BOM BAM	5c	12m	Kurze Einstiegsplatte und kleines Dach
50 LA STANGATA	4c	10m	Gute Griffe

CROSANO
SEKTOR B

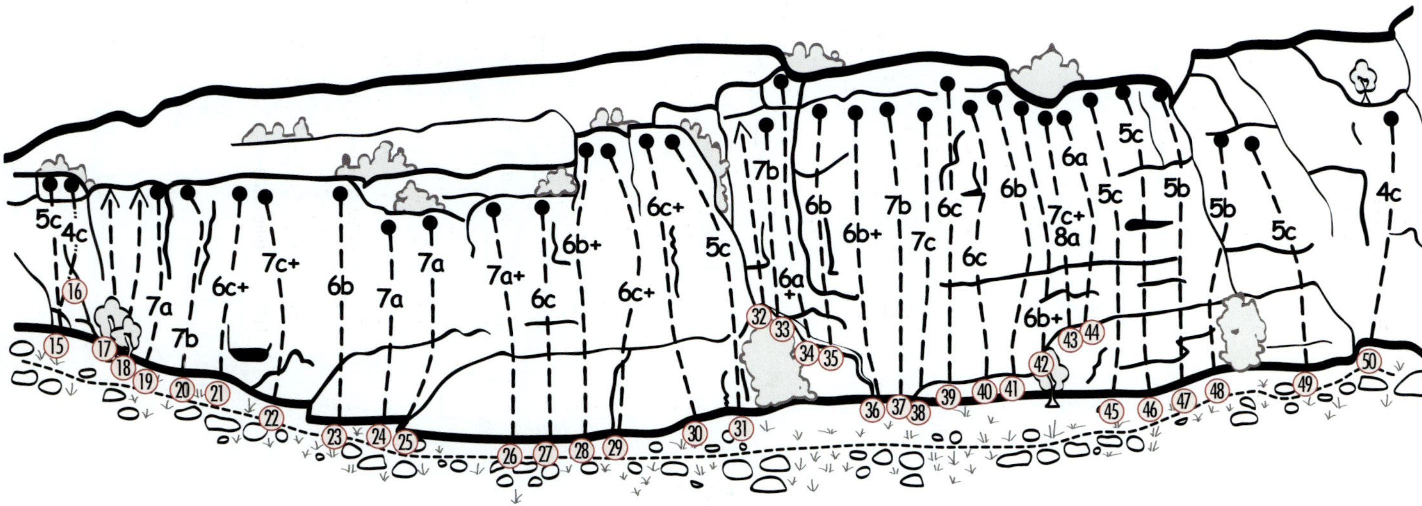

SEKTOR C

51 CULOTTE	5c	14m	Riss
52 KLAXON	6b+	10m	Schwieriger Einstieg an Leisten
53 FOUS D'AMOUR	6b	16m	Technische, leicht dreckige Wand
54 COME UN CAMMELLO	6b+	10m	Verschneidung in schönem Fels, maximalkräftig
55 POMPA DUR	7b	18m	Knackiger Fingerboulder zwischen 3. und 4. Haken
56 SUPER TEO	6b	18m	Schwer lesbarer Überhang
57 TELEGRAPH ROAD	6b+	18m	Boulder, dann Platte
58 GORBY WAY	6b+	18m	Einstiegsüberhang, dann Wand mit Tropflöchern und kleinen Schuppen
59 STEPHY FOR EVER	6b	16m	Platte mit Fußtechnik
60 NIENTE PANICO GNAPPETTA	6a+	18m	Interessante Verschneidung
61 MEGLIO COSÌ	6b+	16m	Schwer lesbare Ausstiegspassage
62 SENZA UNA DONNA	6a+	16m	Fingerkraftausdauer

CROSANO
SEKTOR C

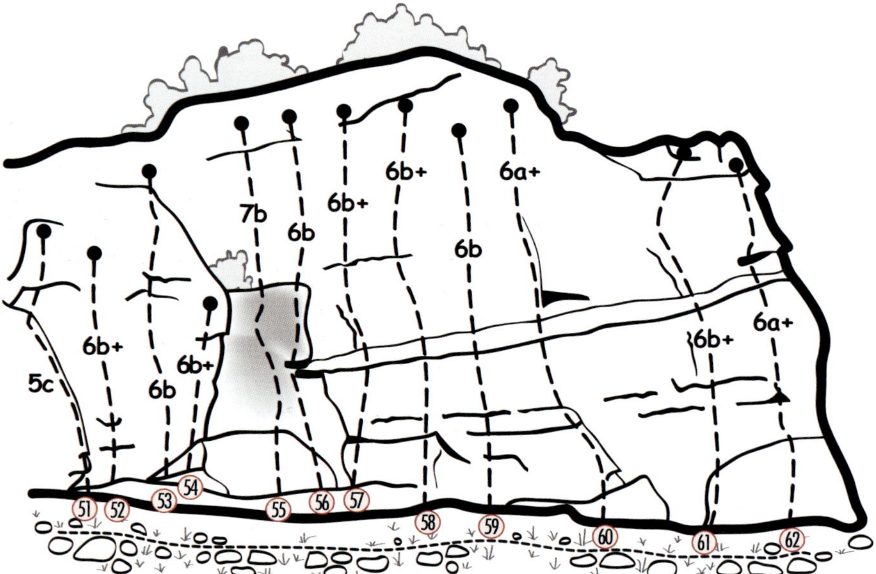

SEKTOR D

63 COCCO BELLO	7a+	10m	Heikle Stellen mit Seitgriffen
64 PICCOLI GIGANTI	?	10m	Einstiegsboulder
65 BABY SPECK	?	10m	Kleine Löcher in leichtem Überhang
66 OPERA BUFFA	6b	10m	Kurzer Einstiegsquergang
67 TERREMOTO KID	6c	11m	Ausdauer bis zum vierten Bohrhaken
68 BIACH CICH	6b	11m	Achtung, erster Haken sehr hoch
69 L'ASCENSORE	6a	11m	Einstiegsboulder, dann einfacher
70 ABETE MALEDETTO	7a+	12m	Überhang
71 MARTA	7b	12m	Dächer mit kleinen Leisten
72 OHNE NAMEN	?	14m	Platte und kleines Dach
73 DEDICATO A	6c+	16m	Überhang mit schwierigem Aufrichter
74 FINO ALLA FINE DEL MONDO	7b+	16m	Serie von Dächern
75 VIENIMI DENTRO	7c	20m	Überhängende Route mit horizontalem Dach

CROSANO
SEKTOR D

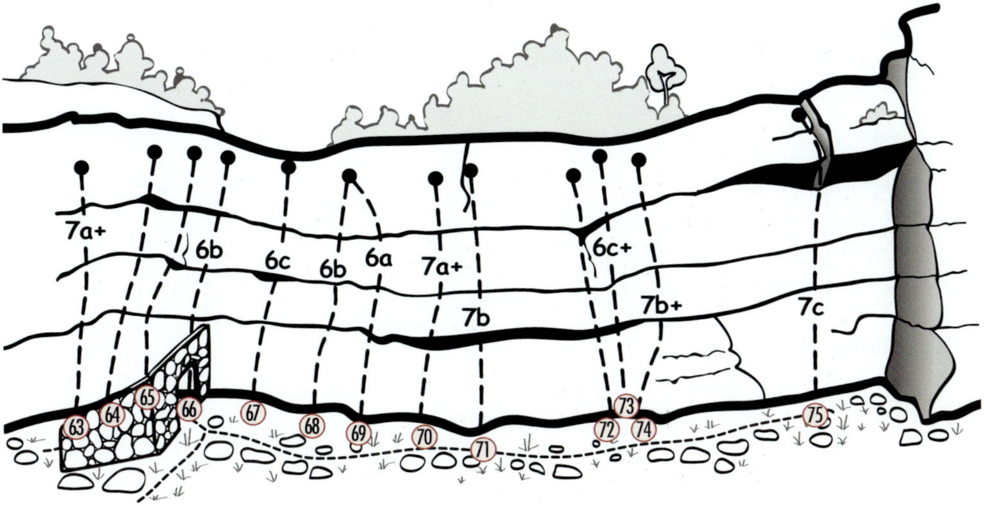

72

NOMESINO

ZUFAHRT/ZUGANG

Von Arco 17,5 km mit dem Auto.

Von der Sarcabrücke in Arco in Richtung Rovereto und bis nach Loppio (10 km von Arco). Nach der Ortschaft an der großen Kreuzung links in Richtung Val di Gresta/ Ronzo Chienis. Nach dem Ortsschild 'Valle San Felice' an der nächsten Kreuzung rechts (Kirche auf rechter Seite) in Richtung Nomesino-Manzano. Durch einen Tunnel und nach einigen hundert Metern, beim Ortsschild Manzano, scharf links auf einen Feldweg, der (anfangs noch asphaltiert) direkt zur Wand führt.

Nomesino ist sicherlich eines der ästhetischsten und meistbesuchten Klettergebiete der Umgebung. Wer hier Erfolg haben will, benötigt viel Kraftausdauer.

Die Entdecker Ermanno Dossi und Giuliano Dorigatti weihten das Gebiet im Jahre 1987 mit der Route 'Popeye' ein. Ihnen schlossen sich dann Domenico Tonelli, Diego Mabboni ('Le prestige',' Becherovka') und Mauro Trainotti ('Bucomagia') an. 'Come sei cambiata, Ugo' war eine der ersten schwierigen Seillängen, die Giorgio Manica einbohrte. 1988 eröffnete Rolando Larcher sehr viele, schöne und schwere Routen an diesem Felsen, unter anderem auch seine erste 8b ('Energia=Mc2'). In den darauf folgenden Jahren wurden weitere Routen von immer wieder anderen Kletterern erschlossen. Im Jahr 1998 wurde das Gebiet dann komplett von R. Larcher saniert.

In Nomesino kann man eigentlich das ganze Jahr über klettern und auch, wenn es regnet. Nur die Ausstiege werden nach einiger Zeit werden nass, aber auch die trocknen sehr schnell ab.

Bittet beachtet, dass dies Privatgelände ist. Seid rücksichtsvoll und nehmt eure Abfälle wieder mit.

Erschließer: O. Celva, E. Dalmut, E. Dossi, G. Dorigatti, S. Fürst, R. Larcher, D. Mabboni, G. Manica, L. Manzana, D. Tonelli, M. Trainotti.

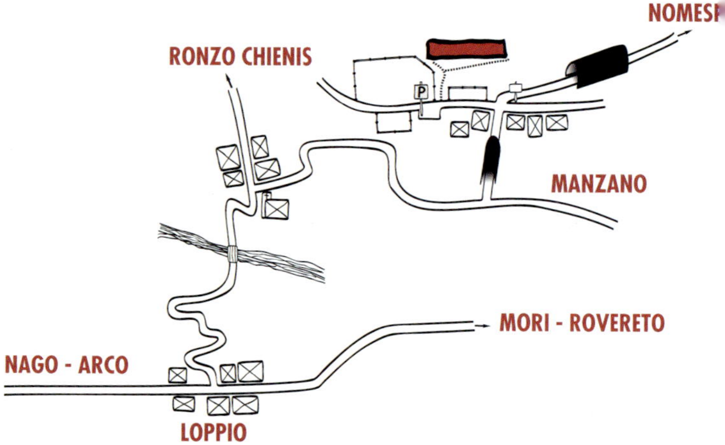

1 GOTAM CITY	?	20m	Überhängende Einstiegswand, dann technische Platte. Noch nicht frei geklettert.
2 PLACCA FLEX	7b	20m	Technische Platte, einzigartig in diesem Stil in Nomesino
3 ECHEOES	6c	16m	Einstiegsriss, dann Platte
4 FINO ALLA NOTTE	6a/b	15m	Ausdauer an runden Löchern
5 AUSCHWITZ	6a+	18m	Graue Wand mit guten Löchern
6 SPERIAMO CHE	6b	18m	Gelb-graue Wand mit guten Löchern
7 DON CHISCIOTTE	7a	28m	Ausdauerplatte mit Löchern und Leisten
8 SEYELA	7a+	20m	Platte mit Boulderstelle im Überhang
9 EX REGNO	6c	20m	Einstiegsboulder, dann Verschneidung und runde Seitgriffe
10 SANCIO PANZA	7a+	20m	Einstieg nicht einfach, dann athletischer Überhang an runden Löchern
11 POPEYE	7b	20m	Einstieg nicht einfach, dann athletischer Überhang an runden Löchern
12 BEKEROVKA	7b+	20m	Athletischer Überhang
13 INTERCEPTOR	7b+	20m	Gelbe Wand mit Leisten
14 IL BALLO DEL MATTONE	7a+	20m	Die Schwierigkeiten konzentrieren sich auf den ersten Teil
15 INCOERENTE SUM	7c/8a	30m	Ausdauer in nicht gerade bestem Fels, wenig begangen
16 TAZ	7c/8a	30m	Einstiegsboulder, dann Ausdauer an Leisten
17 LA GARA DI BABY FACE	8a	35m	Ausdauer mit Runout im Mittelteil und Abschlussboulder
18 32 METRI DI DELUSIONE	7c+	32m	Schwierige Einstiegspassage, dann sehr schöne Ausdauerroute
19 SUPER TATANKA	8a	35m	Künstlicher Einstieg, etwas erzwungene Linie
20 BUCOMAGIA	7a	25m	Klassische Aufwärmroute mit großen Löchern, sehr schön
21 LES PRESTIGE	7b+	25m	Bis zum 4. Haken athletische Züge an kleinen Leisten, dann ausdauernd an großen Griffen
22 COME SEI CAMBIATA UGO	7c+	25m	Einstieg mit Einzelstelle an Einfingerloch, sehr ausdauernd im oberen Teil
23 STRUDEL BOY	8b	25m	Sehr schwieriger Einstieg, Minigriffe und Längenzüge
24 SOUL MAN	8b	25m	Sehr schwieriger Einstieg, Minigriffe und Längenzüge
25 IL VOLTO E L'ANIMA	8a+	25m	Bis zum 4. Haken an kleinsten Schuppen, Löchern und Leisten sehr schwierig, dann Ausdauerkletterei
26 ENERGIA = MC2	8b	25m	Schwieriger Einstieg, Sinter, Leisten und Löcher, Längenzug
27 ZEIT MASCHINE	8a+	25m	Schmerzhafte Zweifingerlöcher , Ausstieg mit 'Ex express'
28 EX EXPRESS	8a	25m	Ausdauerroute, gute Rastposition im Mittelteil
29 ZENITH	8a+	25m	Einstieg wie 'Ex express'. Von Rastposition Dynamopassage nach rechts
30 OUT	6a	18m	Verschneidung mit großen Griffen
31 KNOCK+OUT	7b+	30m	Überhangpassage mit Einfingerloch
32 JUST MARRIED	7b	28m	Gelbe Platte, mittelmäßiger Fels

NOMESINO

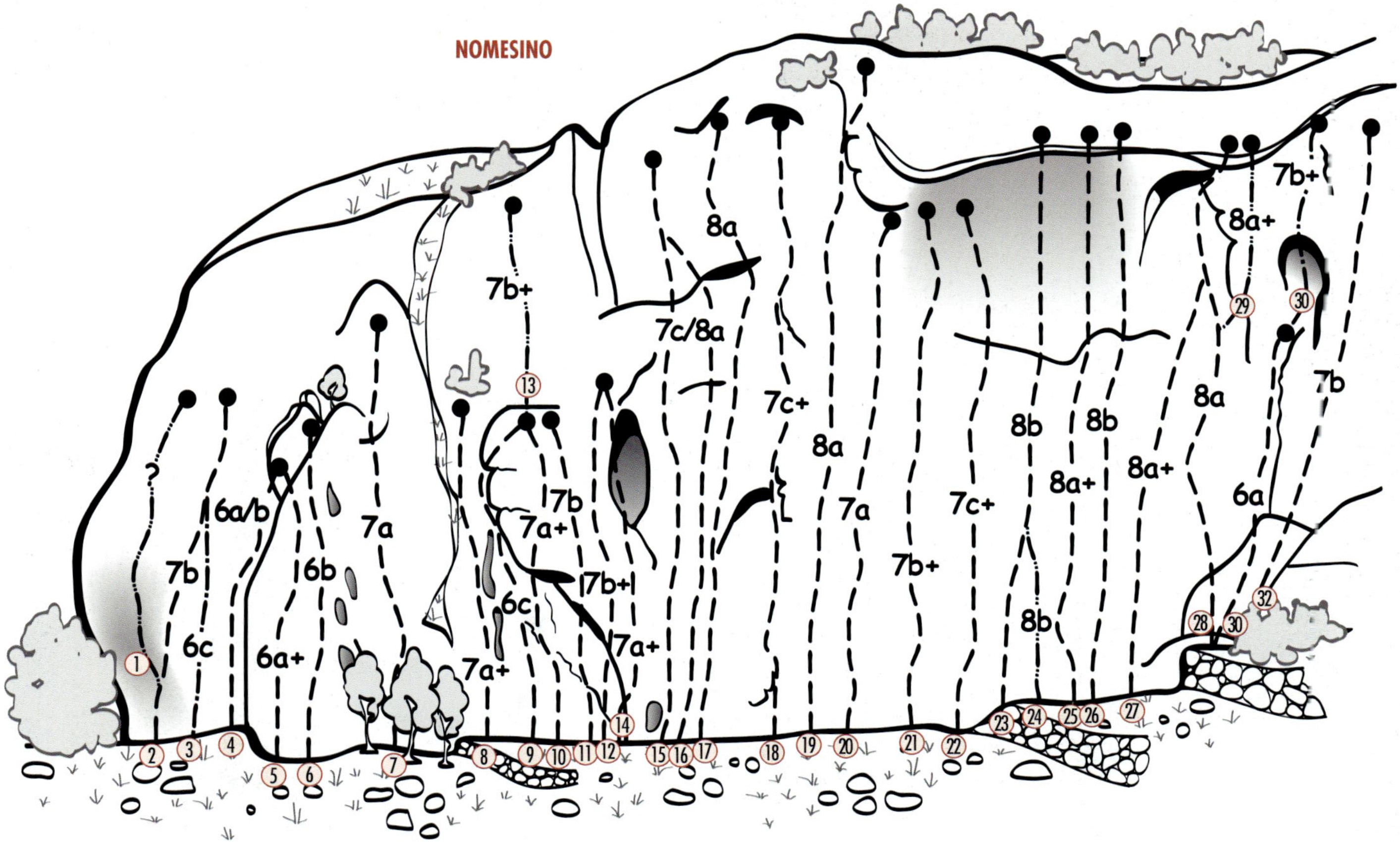
1 2 3 4 5 6 7 8 9 10 11 12 13 14 15 16 17 18 19 20 21 22 23 24 25 26 27 28 29 30 32
? 7b 6c 6a/b 6a+ 6b 7a 7a+ 7b+ 6c 7a+ 7b 7b+ 7a+ 7c/8a 8a 7c+ 8a 7a 7b+ 7c+ 8b 8a+ 8b 8b 8a+ 8a 6a 8a+ 7b+ 7b

COLLANA LUOGHI VERTICALI
Maurizio Oviglia
ARRAMPICATE SPORTIVE IN CORSICA
English version
EDIZIONI VERSANTE SUD
Bavella
Restonica
Caporalinu
Francardo
Saint Florant
Capineru boulder
United
States
of
Corsica

73

PANNONE

Die vorwiegend senkrechte, aber manchmal auch leicht überhängende Felswand wurde in den 90er Jahren von Loris Manzana eingebohrt. Neben vielen kurzen und wenig bedeutenden Routen gibt es hier aber auch bis zu 30 Meter lange und schöne Seillängen in bestem Gestein. Die Vegetation in den weniger begangenen Sektoren nimmt leider etwas überhand - eine "Putzaktion" wäre sehr sinnvoll.

Erschließer: L. Manzana.

ZUFAHRT/ZUGANG
Von Arco 19 km mit dem Auto, dann 5 Min. Fußweg.

Von der Sarcabrücke in Arco in Richtung Rovereto und bis nach Loppio (10 km von Arco) und nach der Ortschaft an der großen Kreuzung links in Richtung Val di Gresta/ Ronzo Chienis. Nun weiter aufwärts, durch den Ort Valle S. Felice und 2,2 km danach hinter einer Kehre parken (Hinweisschild 'Falesia'/Klettergarten). Ein breiter Wanderweg auf der anderen Straßenseite führt dann zu einem Pfad bei einigen großen Felsblöcken. Von hier in 2 Min. zum Klettergarten, der von der Straße aus gut sichtbar ist.

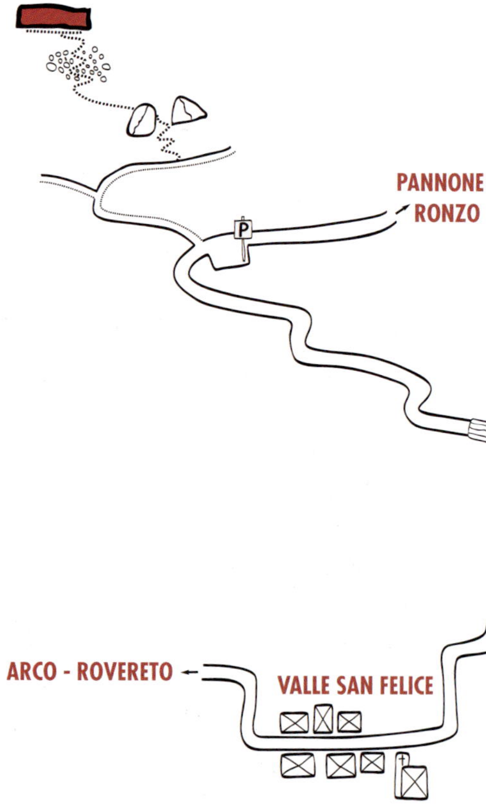

1 VULVA SELVAGGIA		6b+	20m	Wunderschöne Platte mit kleinen Löchern
2 HO PERSO L'OCCASIONE BUONA		7b+	23m	Um die Kante, dann plattig
3 COL SENNO DI POI		7c	18m	Direkt über den Überhang, dann technisch anspruchsvoller Wandteil mit 2 geklebten Griffen
4 L'AMOR C'AR COR		7b+	17m	Schwieriger Anfang, dann ausdauernder, überhängender Ausstieg
5 IL ROMBO UN BOMBO		8a	17m	Senkrechter Teil mit Leisten, dann Schlussüberhang
6 CON IL DIAVOLO SOPRA LE SPALLE		7b	18m	
7 VODKA ALLE MELE		7c+	15m	
8 OHNE NAMEN		?	12m	Projekt
9 OHNE NAMEN		?	30m	Projekt
10 FREIZEIT		8a	20m	Einstiegsboulderproblem
11 OHNE NAMEN		?	20m	Projekt
12 CARENZE AFFETTIVE	SL1	7a+	27m	Superschön. Verlangt perfekte Fußtechnik. Langer Hakenabstand
	SL2	6a	20m	
	SL3	6b+	20m	

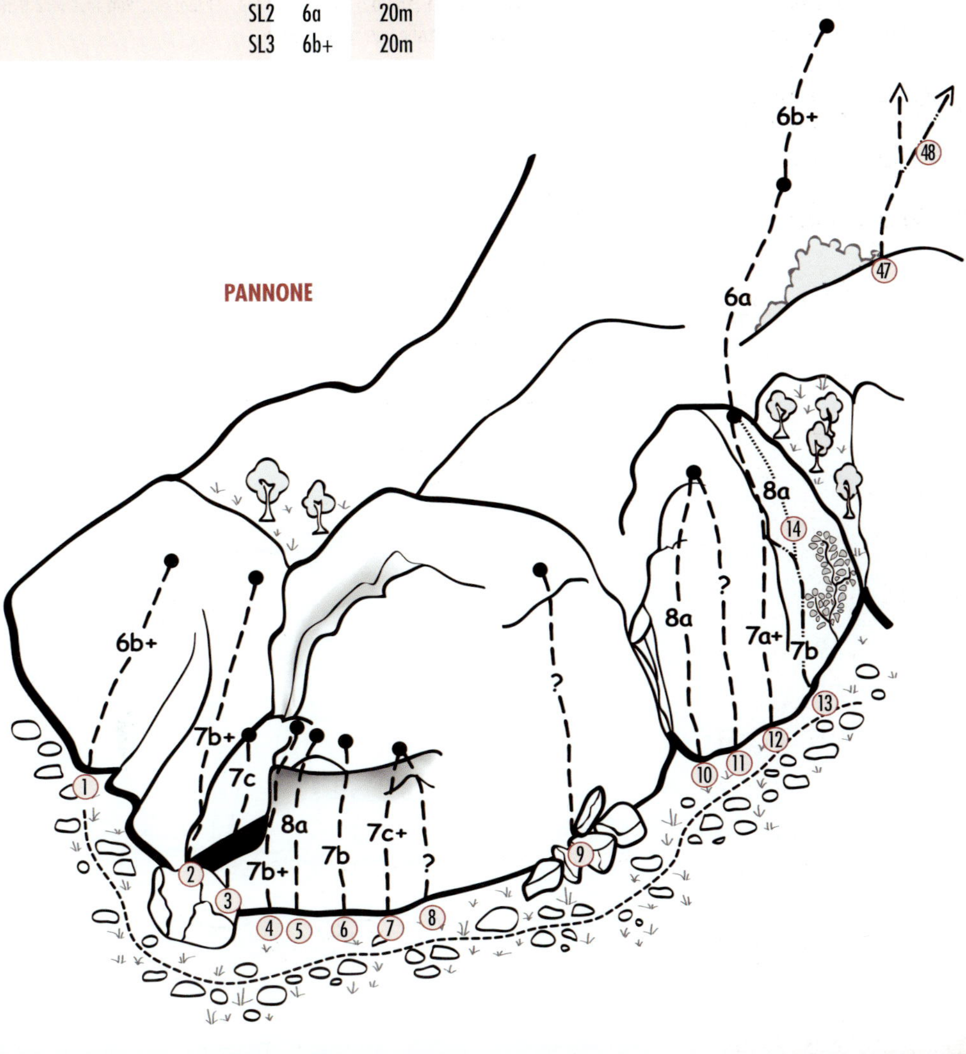

13 HUMAN TOUCH		7b	27m	Sehr anstrengend, mit Fingerloch, Schluss wie 'Carenze affettive'
14 VARIANTE		8a	27m	Im oberen Teil sehr anstrengend. Technische Platte
15 GIARDINI PENSILI		6a+	17m	Anfang mit Schuppe, dann geneigte Platte und runde Griffe
16 DONNA AMANTE MIA		6b+	17m	Geneigte Platte, erster Haken weit oben
17 PHOSPHORESCENT		6b	8m	Geneigte Platte mit Boulderproblem im Mittelteil
18 TOMORROW PROMISSADE		6c+	10m	Geneigte Platte, etwas abgespeckt, dann grasig
19 UNDER PRESSURE		7c	10m	Fingerboulder
20 MENTE SOVRANA		?	10m	Projekt
21 SI DISSI SI		8a+	8m	Platte mit Löchern
22 VHF		7b	8m	Geneigte Platte, Reibungskletterei, kleine Löcher
23 MARIAGIULIA	SL1	6b+	20m	Einstieg mit Schuppe/Verschneidung
	SL2	6c	18m	Schöne, elegante Kletterei mit Löchern und Leisten
24 L'INCOMPRESO		6c	37m	Einstieg wie 23. Die Umlenkung nicht benutzen, sondern weiter auf den Pfeiler. Gleichgewichtsproblem. Der Ausstieg aus dem Pfeiler kostet Nerven. Empfehlenswert. Einstiegsvariante möglich
25 VIAGGIO NEL PASSATO		6b	18m	Kurze Route, die vom Standplatz der 'Maragiulia' weg geht. Perfekter Fels mit scharfen Löchern.
26 A PIEDI NUDI		7b	37m	Erste Meter gleich wie 'Maragiulia'. Wie bei den andern ist auch hier eine Einstiegsvariante möglich.
27 ALLA FIERA DELL'EST		7a+	9m	
28 E' TUTTO UN ATTIMO		6c+	10m	
29 LE STRANE VOGLIE		6b	18m	

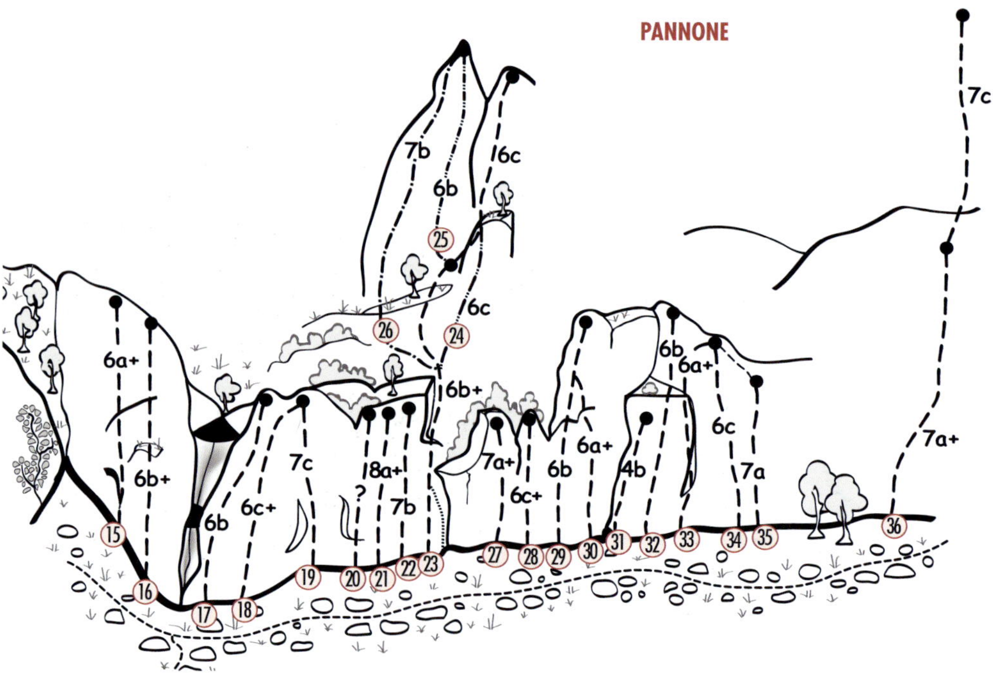

30 CACCIA LADRA		6a+	18m	
31 REYES ROCK		4b	8m	
32 RITORNO DI PIPPO		6b	18m	Schwierige senkrechte Platte unter dem Band
33 ASPETTANDO ALVISE		6a+	15m	Leichter Einstieg, dann viel Gleichgewichtgefühl bei einer bauchigen Stelle
34 MI BASTA IL TEMPO DI MORIRE		6c	15m	
35 UN GIORNO QUALCUNO TORNERA'		7a	13m	
36 DELIRIUM TREMENS	SL1	7a+	22m	Ausdauer mit Schlussüberraschung
	SL2	7c	25m	Technische Platte
37 DEL MOSTRO		8b	35m	Kraftausdauer, mit Boulderstellen
38 ASPETTANDO MATTHIAS		7c+	28m	Ausdauer, zum Schluss Runout!
39 SCALA ALCOLICA		7c	28m	Ausdauer
40 MERCY		7a+	28m	Fußtechnik
41 LE FRUIT DEFENDÙ		7b	25m	Fingerkraftausdauer
42 ACTION NOW		6b+	18m	Folgt dem Riss
43 ESTRI		6b	18m	Leicht geneigte Platte mit Löchern und Leisten
44 TENNY		6c+	18m	Umlenker wie 43
45 PROGNOSI RISERVATA		6a+	17m	Folgt der Verschneidung, Umlenker wie 43 (44)
46 MICRO		7b+	16m	
47 OHNE NAMEN		?		Projekt
48 OHNE NAMEN		?		Projekt

PANNONE

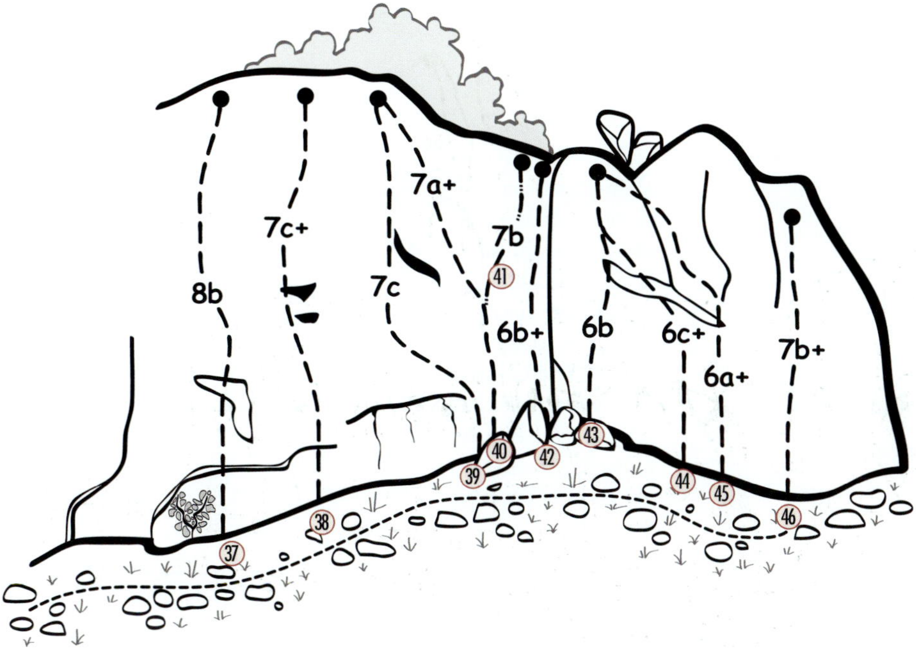

74

RONZO

Obwohl dieser Klettergarten sehr groß ist und dementsprechend viele Routen aufweist, gehört er doch nicht zur ersten Wahl im riesigen Gebiet von Arco. Schade, denn mit etwas Einsatz ließe sich daraus viel mehr machen und die Attraktivität deutlich steigern. Viele Routen sind in den unteren Graden (bis 6b) angesiedelt und einige davon sind sehr schön, aber auch oft dreckig oder von Vegetation durchzogen. Die Kühle des Ortes im Sommer wiegt diesen Nachteil zumindest etwas auf. Am Wandfuß ist es sehr bequem, auch wenn er mal gesäubert werden sollte. Vorsicht: Autos werden des öfteren aufgebrochen, nichts im Auto zurück lassen.

Erschließer: M. Chini, L. Manzana, O. Piazza.

ZUFAHRT/ZUGANG

Von Arco 22 km mit dem Auto, dann 5 Min. Fußweg.

Von der Sarcabrücke in Arco in Richtung Rovereto und bis nach Loppio (10 km von Arco) und nach der Ortschaft an der großen Kreuzung links in Richtung Val di Gresta/ Ronzo Chienis. Nun weiter aufwärts, an der Abzweigung nach Nomesino vorbei und weiter bis Ronzo Chienis. Ab hier gibt es zwei Möglichkeiten:

A) Weiter Richtung Passo Bordola und ca. 300 m nach der Ortsmitte rechts bei einer kleinen Kapelle und einer Abzweigung parken. Über die Straße und auf den Weg, der rechts der Kapelle beginnt. Auf ihm 5 Min. weiter bis zu einer Abzweigung in Höhe einer Trockenmauer, wo früher mal ein Tor war. Rechtshaltend nun in weiteren 5 Min. bis zu den ersten Routen des Klettergartens.

B) Weiter Richtung Passo Bordola und ca. 700 m nach der Ortsmitte rechts auf einem kleinen Platz (nach dem Picknickplatz) parken. Bitte nicht die Einfahrt auf den Fahrweg zuparken. Jetzt auf der anderen Seite auf eine Schotterstraße, etwa 70 m weiter und links auf einen Pfad. Nach 200 m über eine Trockenmauer und weiter zu den Felsen (Routen 47-48).

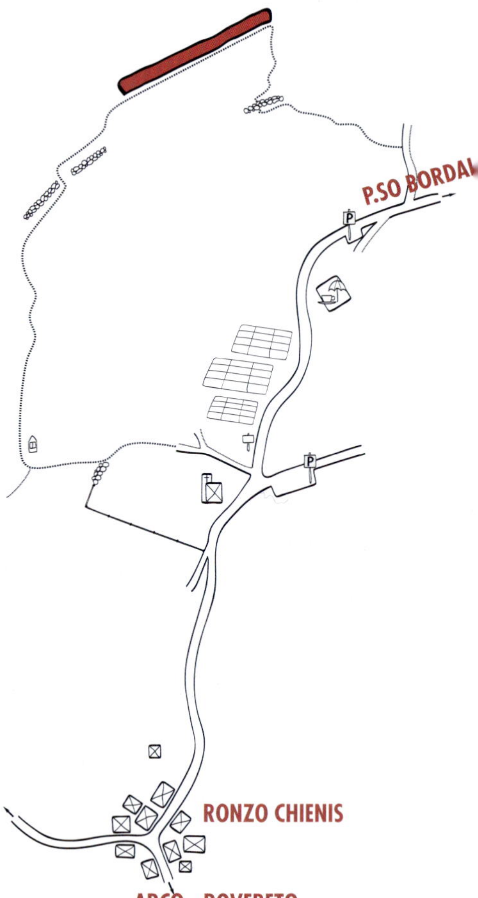

1 ALADINO	5c	14m	Loser, aber auch kompakter Fels
2 ALICE	5c	14m	Loser, aber auch kompakter Fels
3 ROSSA PICCANTE	6a	14m	Im letzten Teil beinahe gleiche Linie wie 2
4 LA BELLA E LA BESTIA	6a	14m	Loser, aber auch kompakter Fels, folgt der Verschneidung/ dem Riss
5 PARAPINDOLOGICO	6b	14m	Bei den ersten beiden Haken fehlen die Plättchen
6 SENSIBILE ALLE DONNE	6c	16m	Schöne Schuppe im ersten der drei Bäuche
7 LA PERPETUA	6b+	10m	Kurz und schwer
8 THE MANEK BOY	6a	18m	Technisch anspruchsvoller Einstieg mit Löchern
9 POI O PRIMA	6a+	18m	Bis zum Band leicht, dann über ein kleines Dach
10 STAME A UM	6c+	18m	Schöne, technisch anspruchsvolle Wand im oberen Teil
11 IL FARMACISTA	6b+	15m	Schöne Bewegungsabfolge im kleinen Dach
12 LAVA LAVA GINA	6a+	14m	Rechts um den kleinen Überhang herum
13 VENGO SUBITO	5c	15m	Acht Meter schöne Verschneidungskletterei
14 SINFONIA D'INFINITO	7b+	17m	Schöne Bewegungen an der Kante, 4m an kleinsten Leisten
15 OHNE NAMEN	7b	20m	8m schwierig mit 6 schwierigen Zügen
16 SENZA UNA META	7a+	20m	Am ersten Haken fehlt das Plättchen

RONZO

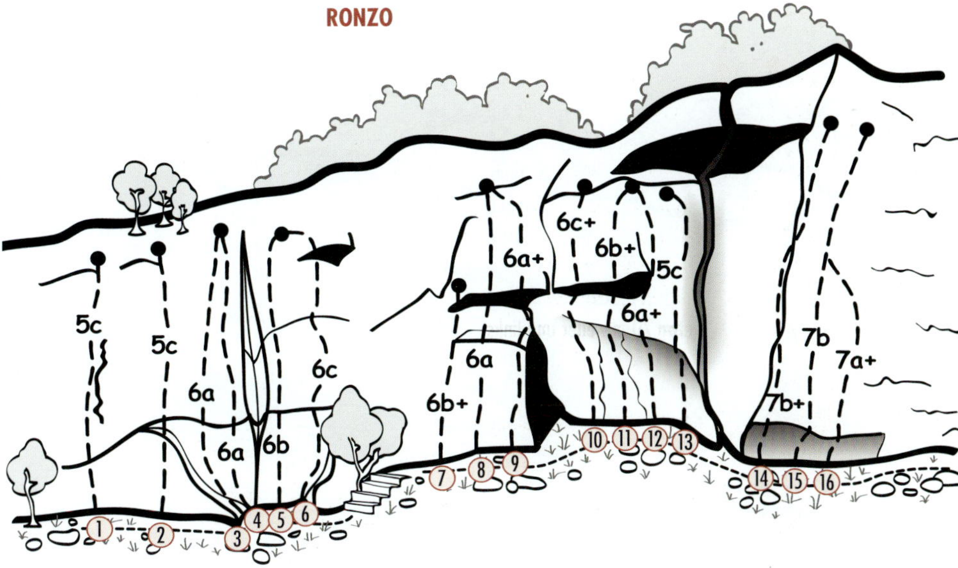

17 CRIS	6a	20m	Kreuzt einen Riss und geht über eine kleines grasiges Band
18 TIENI DURO	6b+	20m	Folgt einer brüchigen Schuppe, am Ausstieg brüchiger Fels
19 STRAPAZZAMI	6c	18m	Schöne Schuppe, am Beginn athletisch
20 LA SCOPONA	6b+	18m	Schöne Bewegungen im ersten Teil des Risses
21 FRAMMENT			Projekt. Komplizierter überhängender Riss, dann unkompakter Fels.
22 LUPO BIANCO	7a	15m	
23 OHNE NAMEN	7a	16m	
24 COLPO GOBBO	6c+	22m	
25 IL PADRONE E LA SCHIAVA	6b	21m	Brüchiger Fels
26 NONNO ALDO... TIRA!	5c	20m	Verschneidung
27 ANDREA GABIBBO	6a+	12m	Super Kletterei, Route geht nicht in die Verschneidung
28 YBCO	7b+	24m	Einzelstelle am Dachausstieg. Geklebter Griff.
29 LACCIA	6b	21m	Einstieg bei den Brombeersträuchern
30 OHNE NAMEN	6c	20m	Schöne Bewegungen, aber schlechter Fels
31 THE UNFORGETTABLE	6a	12m	Leicht geneigt, oft wiederholt und abgespeckt
32 MANZICH BROTHERS	6a+	12m	Leicht geneigt, oft wiederholt und abgespeckt
33 CIOPA CIOPETA	6a	12m	Leicht geneigt, oft wiederholt und abgespeckt
34 THE SECRET	5c	12m	Leicht geneigt, oft wiederholt und abgespeckt
35 BIG GIM	6a	12m	Leicht geneigt, oft wiederholt und abgespeckt
36 BLUE EYES	6a	12m	Leicht geneigt, oft wiederholt und abgespeckt
37 PILSNER FOR ALL	6a+	12m	Leicht geneigt, oft wiederholt und abgespeckt
38 LA PETITE	6a	12m	Leicht geneigt, oft wiederholt und abgespeckt
39 SCHATTZELE	5c	12m	Folgt einem schönen Riss
40 L'ESSERE O L'APPARIRE	6b+	16m	Leicht abgespeckt, im oberen Teil kompliziert
41 ICE DREAM	6a	14m	Abgespeckt
42 PRESAGIO FUNESTO	6a+	14m	Kurz vor dem Umlenker schöne Züge
43 KARAHOCKEY	6b+	16m	Am Ausstieg Einzelstelle
44 PEOPLE WALK	6a+	18m	Einstiegsboulder, im oberen Teil überhängend

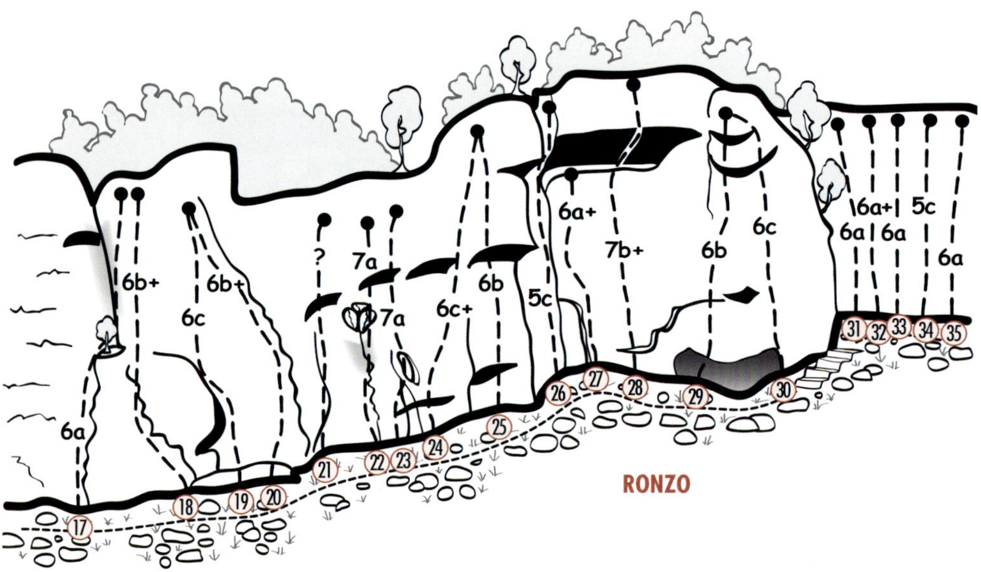

RONZO

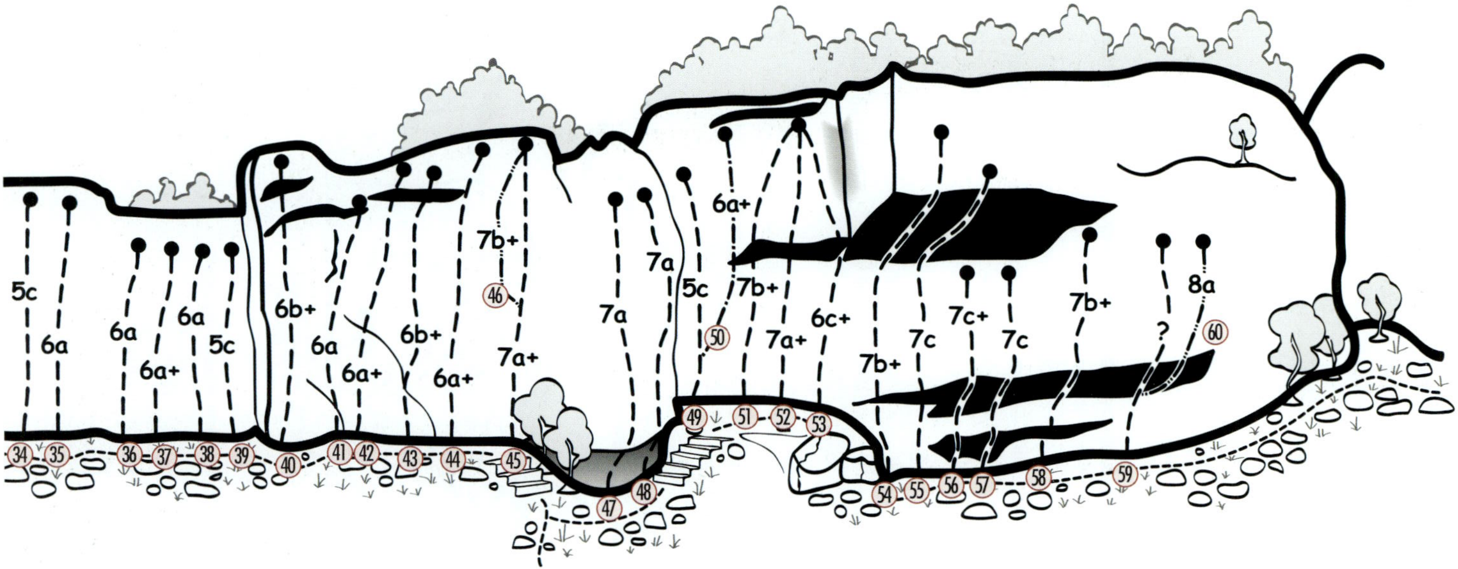
5c
6a
6a
6a+
6a
5c
6b+
6a
6a+
6b+
6a+
7b+
46
7a+
7a
7a
5c
50
6a+
7b+
7a+
6c+
7b+
7c
7c+
7c
7b+
?
8a
60
34
35
36
37
38
39
40
41
42
43
44
45
47
48
49
51
52
53
54
55
56
57
58
59

45 LA TROTTOLA	7a+	18m	
46 LA TROTTOLONA	7b+	18m	Variante von Nr. 45, schwieriger Ausstieg
47 CON O SENZA ALI	7a	16m	Überhang, loses Gestein
48 THORN IN THE BOTTOM	7a	16m	Überhang, loses Gestein
49 HEIDI	5c	18m	Leicht geneigt
50 FRANC GAMBETTA	6a+	12m	Geht am Überhang vorbei
51 C6 H12 02	7b+	15m	Einzelstelle am Dach
52 G-RESTA CON NOI	7a+	15m	
53 DEI DELITTI E DELLE PENE	6c+	15m	Über ein kleines Dach und dann Verschneidung
54 SOSPESO NEL VUOTO	7b+	20m	Folge von geklebten Griffen unter dem großen Dach
55 L'ESTETICA DEL CROZ	7c	20m	Boulderzug über den ersten Überhang
56 NEW YEAR'S DAY	7c+	14m	Absolute Maximalkraft
57 MEGABYTE	7c	20m	Boulderzug über den ersten Überhang
58 COMPLETAMENTE	7b+	18m	Boulderzug über den ersten Überhang
59 REIKI	?	15m	Projekt
60 SENZA RESPIRO	8a	16m	Maximale Ausdauer
61 PRIMI AMORI	4c	10m	Leichte Rampe
62 PRIMI AMORI BIS	4c	10m	Leichte Verschneidung bis unter das Dach
63 ASTERIX	5b	10m	Gute Griffe und weite Bewegungen
64 OBELIX	6a	12m	
65 SEQUENZA FATALE	6c	14m	
66 DUBBIO ATROCE	5c	15m	Im Grün verloren gegangen...
67 C'ERANO DUBBI?	6b+	15m	Im Grün verloren gegangen...

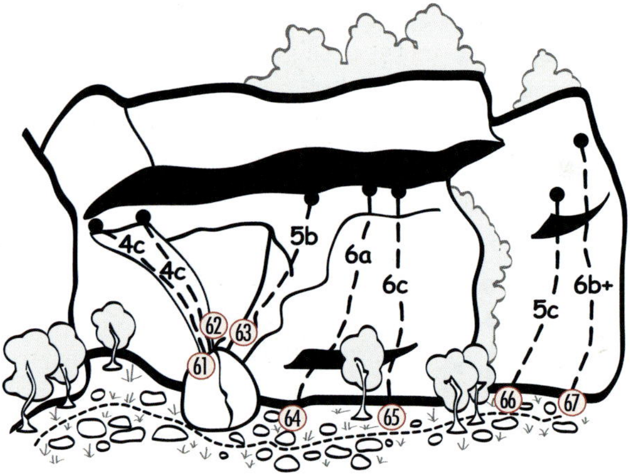

RONZO

(außerhalb der Skizze: in den Brombeersträuchern verloren gegangen)

68 SEGALINO	4c	18m
69 CASA DI CURA	6b	10m
70 PRONTO SOCCORSO	6a	10m
71 CON LA MORTE	6b	10m
72 HELP ME	7c+	15m
73 ENERGY	7b	15m

Maja Vidmar *(Damiano Levati)*

75

NORIGLIO

Der größte Klettergarten im Gebiet von Rovereto, mit über 100 Routen, die sich meist im Bereich 5b bis 6c bewegen. Die Wand ist nach Süden ausgerichtet und deshalb vor allem in den kälteren Jahreszeiten zum Klettern geeignet. Aber natürlich ist ein Besuch auch im Sommer möglich. Der Klettergarten ist in mehrere Sektoren aufgeteilt, wobei die zentralen auch am meisten besucht werden. Achtung: die Wand befindet sich auf Privatbesitz! Benehmt euch bitte rücksichtsvoll und nehmt eure Abfälle wieder mit. Weil sich einige wenige nicht an diese Grundregeln hielten, war die Wand schon einmal einige Jahre lang geschlossen worden.

Erschließer: A. Bescapè, D. Cabas, M. Fait, G.Gerola, S. Martini, A. Masera, G. Scrinzi, G. Silvestri.

ZUFAHRT/ZUGANG

Von der Autobahnausfahrt Rovereto Sud 9,8 km, dann 10 Min. Fußweg.

Von der Ausfahrt in Richtung Rovereto Zentrum und am Einkaufszentrum 'Millenium Center' vorbei. Am zweiten Kreisverkehr nach links in Richtung Trento. Auf der linken Spur einreihen und immer geradeaus. An drei Ampeln vorbei (eine blinkt nur) bis zum großen Kreisverkehr am Bahnhof. Jetzt nach rechts (Corso Rosmini), immer Richtung Zentrum und dann Serrada-Folgaria und in der Nähe der Tankstelle 'Q8 ' parken (vom Bahnhof 3,3 km). Links führt eine kleine Straße aufwärts. Auf dieser ca. 100 m hoch und linkshaltend weiter. Nach den letzten Häusern auf einen Wanderweg und in 5 min. zum Klettergarten. Achtung: ihr überquert Privatgelände, bitte größte Rücksichtnahme! Der erste Sektor, den man erreicht, heißt 'Heidi e il Contadino' (Heidi und der Bauer).

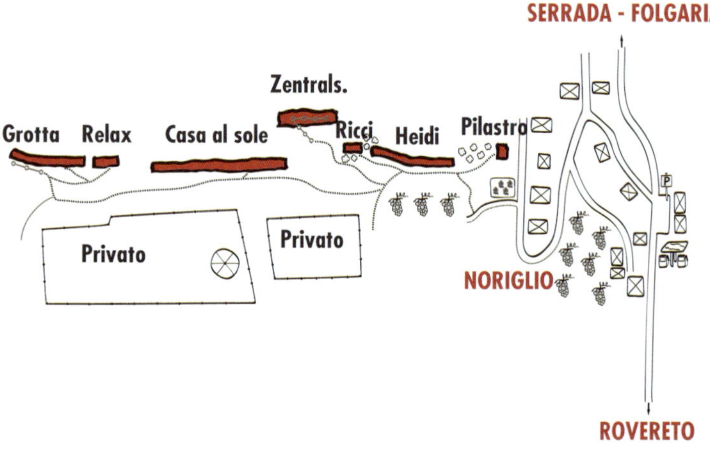

SEKTOR GROTTA

1 OHNE NAMEN	?	8m	Projekt
2 BARBARA	?	8m	Projekt
3 VIBRATION	6b+	8m	Riss am Anfang
4 BRENTEGANY	7b	10m	Harter Ein-und Ausstieg
5 OHNE NAMEN	?	10m	Löcher und Minileisten, dann Fingerlöcher
6 LA NOTTE	?	12m	Zuerst Überhang, einige geklebte Griffe
7 OHNE NAMEN	7a+	18m	Künstliche Griffe in der Grotte
8 OHNE NAMEN	7c	18m	Künstliche Griffe in der Grotte
9 INOX AETERNUM	?	12m	Route rechts der Grotte
10 BLITZ KRIEG	6c+	12m	
11 OHNE NAMEN	5c	10m	Leicht, schlechter Fels
12 DANIEL	6a	8m	Kurze graue Platte, Einzelzüge
13 FRANCESCO	6a	8m	Kurze graue Platte, Einzelzüge
14 ANNA	6a	8m	Kurze graue Platte, Einzelzüge
15 GIULIA	3+	8m	Leichte, offene kleine Verschneidung

NORIGLIO
GROTTA

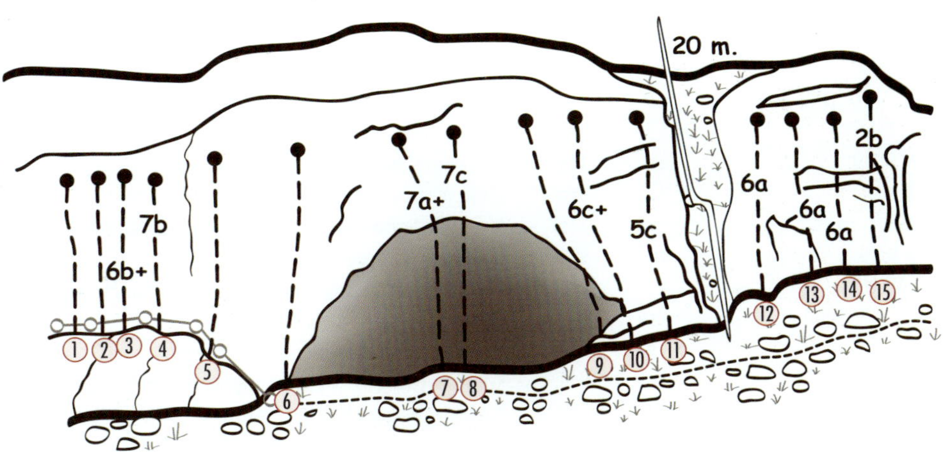

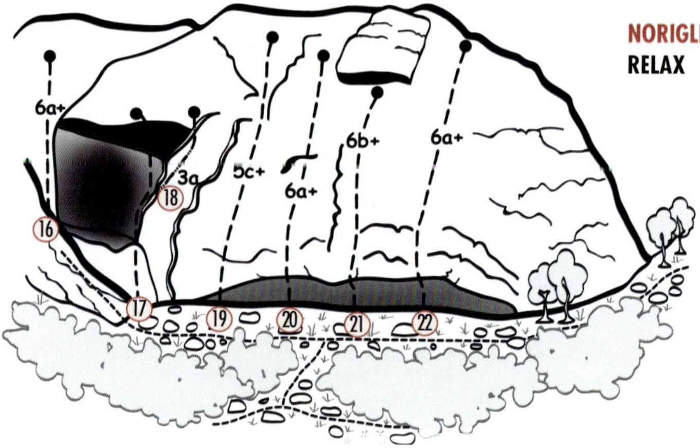

SEKTOR RELAX

16 LA VITA È BELLA	6a+	10m	Etwas versteckt oberhalb der kleinen Rampe links
17 CIAK SI GIRA	?	10m	Schwerer Einzelzug unter dem Dach
18 GATTO SILVESTRO 4	?	12m	Leicht, schlechter Fels
19 ALBA CHIARA	5c+	13m	Schöner plattiger Anfang, dann leichter
20 RELAX	6a+	12m	Nach den ersten drei Haken ist alles klar
21 COMBO	6b+	10m	Der Schwierigkeitsgrad resultiert aus der Einzelstelle am Anfang
22 3° MILLENNIO	6a+	12m	

SEKTOR CASA AL SOLE

23 AIUTAMI A VOLARE	6a+	12m	Graue, schwierige Platte
24 ESPERIENZA D'ESCOBAR	6a+	12m	Platte mit schwierigem oberen Teil
25 EASY FURBO	6a	12m	Graue Platte mit Einzelstelle am Ausstieg
26 BRUSH-KIM	?	12m	Graue Platte
27 ANDAMENTO LENTO	6b	12m	Schöne Platte, Ausdauer
28 OHNE NAMEN	?	18m	
29 TEGNI DURO	6c	18m	Schwierige Einzelstelle an Löchern, dann leicht
30 BASTA COSI	6b+	18m	Platte, Ausdauerkraft
31 CUMBRE	6b+	15m	Kleiner Einstiegsboulder, dann Schuppe und Schlusswand
32 SU LE MANI	6c	20m	Dreckig, nicht lohnend
33 TAKE MY WAY	7a	20m	Schöne Risse am Anfang, dann technisch schwierige Platte
34 IL SOLE D'INVERNO	6c+	22m	Gelbrote Wand, Ausdauerproblem
35 SALI ....SCENDI	7a?	22m	Schwieriger Einstiegsboulder, dann Ausdauer
36 CAT WOMAN	6c+	26m	Rote Wand, Einstieg an Schuppen, dann großgriffig und Ausstieg an Leisten
37 HO FATTO 13	7a+	25m	Boulderproblem am Anfang
38 TWO THOUSAND	7a/b?	24m	Boulderzug am Beginn, schwieriger plattiger Ausstieg
39 BUON ANNO 1996	6c+	28m	Schöne Route mit schmerzhaften, spitzen Griffen
40 ORO PUNGENTE	6b+	20m	Technisch schwieriger Zug an verstecktem Griff
41 SINFONIA	6b+	20m	Ausdauer an Leisten und Tropflöchern
42 MEGA BITE	6c/7a	20m	Schöne Tropflochwand, technisch schwieriger Zug am Ausstieg
43 DIAPASON	6a+	20m	Ausdauer mit schwerem Zug in der Platte in der Mitte

44 PENTA	6b	20m	Gleichgewichtsproblem
45 GRAMMA	6a	12m	Senkrecht und leicht
46 CONVIVENZA	6c	20m	Einzelstelle mit Löchern
47 NONNI SPRINT	6a+	20m	Anfangsdach, schwierig an Leisten, dann großgriffig
48 PENSIERI PERICOLOSI	6c	20m	Schwierig beim Ausstieg aus der Verschneidung
49 VERSCHNEIDUNG	5c	18m	Leichte, geneigte Verschneidung
50 HOT DOG	6a	18m	Kurze Wand mit Leisten
51 CHAT LINE	6b	16m	Einzelstelle am kleinen Einstiegsüberhang
52 KIT KAT	6a+	16m	Einzelstelle am kleinen Einstiegsüberhang, dann kompakter Wandteil mit Leisten

NORIGLIO
CASA AL SOLE

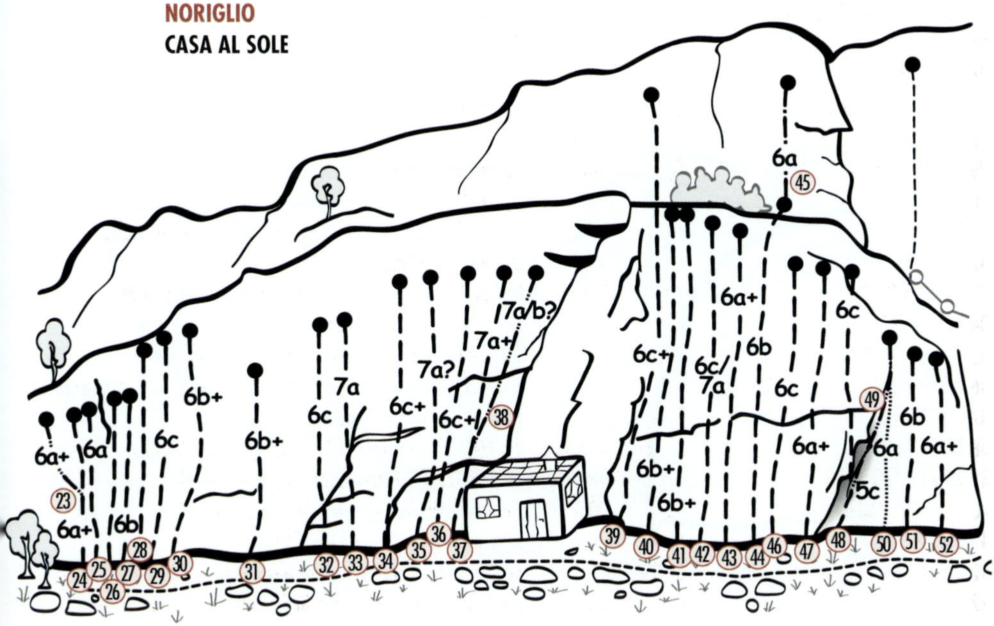

ZENTRALSEKTOR

53 PER PALMA	4b	10m	Beginnt am Drahtseil
54 ELVIO	5c	10m	Senkrechte graue Platte
55 PIERA	6a	10m	Senkrechte graue Platte
56 GIULIA	6a+	10m	Einzelstelle am Einstieg, schwieriger Ausstieg
57 PAOLA	6a	10m	Einstiegsplatte, dann Verschneidung und Riss, loses Gestein links umgehen
58 SUSY	6a+	8m	Graue Wand mit Leisten
59 LUCREZIA	6a	28m	Einstiegszug an Leisten, dann gutgriffig
60 BETTA	5c	28m	Leichte, geneigte Verschneidung, dann gutgriffig. Etwas dreckig
61 ULTIMO TANGO	6b+	20m	
62 SKY MAT	6a	22m	
63 IL VOLO DELL'ANGELO	5c	20m	Verschneidungskletterei. Einstieg wie 62
64 ANGELO	6a	23m	Schöne Ausdauerkletterei
65 DARIO	5c	15m	Ausdauerkletterei an guten Griffen

NORIGLIO
ZENTRALSEKTOR

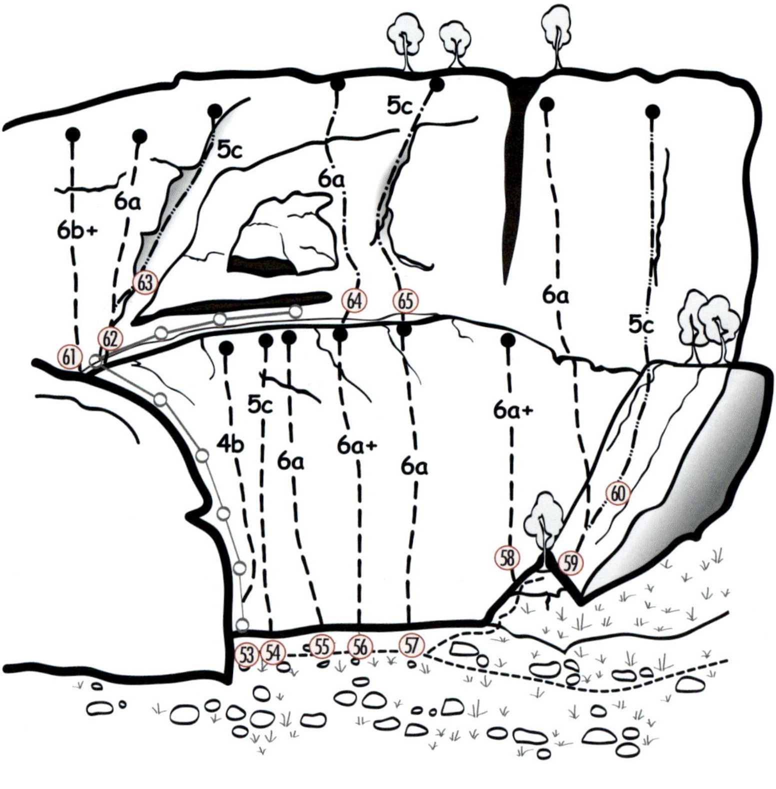

SEKTOR DEI RICCI

66 CINZIA	5c	10m	Graue, kompakte kleine Wand
67 ASTRAGALO	6a+	10m	Graue, kompakte kleine Wand
68 RED LINE	6a	10m	Graue, kompakte kleine Wand
69 WHITE LINE	6a	10m	Graue, kompakte kleine Wand
70 BRUNO	5c	10m	Graue, kompakte kleine Wand
71 FRANCESCA	5c	10m	Graue, kompakte kleine Wand
72 FABIO	5c	10m	Graue, kompakte kleine Wand
73 SUSANNA	5c	12m	Graue, kompakte kleine Wand
74 ROSANNA	5c	12m	Graue, kompakte kleine Wand

NORIGLIO
DEI RICCI

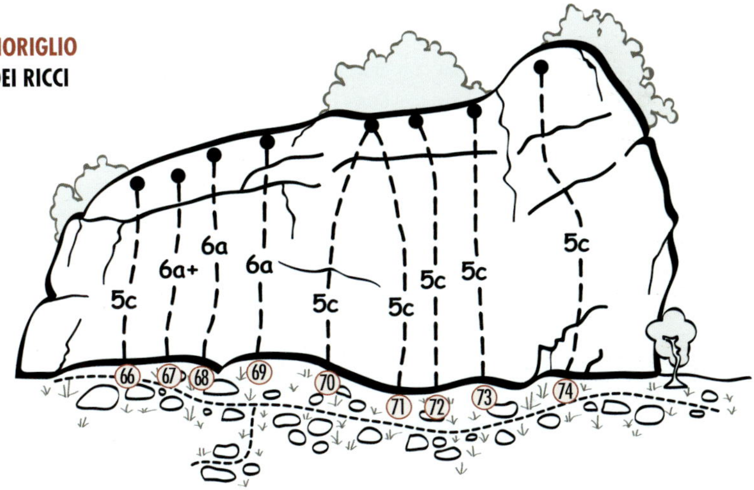

SEKTOR HEIDI IL CONTADINO

75 AMICI DI UN TEMPO	5c	12m	Schräger Routenverlauf über eine schöne Platte
76 DONNE O FATE	6a	14m	Graugelbe Wand mit Leisten, etwas bröselig
77 RED POINT	6a	18m	Schwieriger Einstieg an Leisten, dann Platte mit guten Strukturen
78 TORMENTO E ESTASI	6a+	18m	Schwieriger Einstieg, dann Ausdauer
79 FACILE MA NON TROPPO	6b	20m	Schwere Einzelstelle in drei Viertel Höhe an Löchern
80 FORZA ITALIA	6c	20m	Ausdauerkraft, dann schwieriger Austieg aus dem Dach
81 OPEN YOUR MIND	6c	20m	Schwieriger kleiner, grauer Überhang
82 IL SUICIDA	7a	20m	Schwieriger kleiner, grauer Überhang, plattiger Ausstieg
83 TURBO I.E.	7a	20m	Schwieriger Bewegungsablauf an kleinen Seitgriffen und Tropflöchern
84 L' ETERNO RIPOSO	7a	20m	Schwieriger Ausstieg an Seitgriffen, weiter Hakenabstand
85 MEETING	6a+	20m	Leichter Anfang, dann plattig, weiter Hakenabstand
86 OHNE NAMEN	6b	20m	Schöne große Griffe, Ausstieg ziemlich technisch, gut abgesichert
87 WIL COYOTE	6a+	28m	Interessante Route mit guten Griffen und Einzelstelle im Riss
88 ROBY	6a+	28m	Einstieg an Leisten, Ausstieg überhängend mit großen Griffen
89 VALE	6b	28m	Schöner überhängender Ausstieg

90 BETON	6c	26m	Passage mit Untergriffen und Tropflöchern
91 OHNE NAMEN	6a+	28m	Schön, immer gutgriffig
92 30 METRI	6a	30m	Ausdauer in schöner Platte, Ausstieg überhängend
93 TATO PANI	6a+	18m	Sehr schön, Ausdauer an Leisten
94 FESSURINA	6c	18m	Schwierige Passage, schmerzhafter Fingerkiller
95 EXCALIBUR	6a+	18m	Kurzer und schöner Überhang mit Sintern
96 ARCOBALENO	6b+	18m	Zentraler Wandteil, Seit- und Untergriffe
97 FLIK	7a	18m	Zwei Einzelzüge an den grauen, bauchigen Passagen
98 FLOK	7b	18m	Technisch schwieriger Einstiegsboulder
99 MANETA BESTIALE	6a+	18m	Riss
100 ORZO BOMBO	7b	18m	Einstiegsboulderzüge mit kleinen Leisten am Überhang
101 X FILE	7a	16m	Einstiegsboulderzüge mit kleinen Leisten am Überhang
102 PASSO FALSO	6a+	16m	Ausdauerkraft in der grauen Wand
103 DENTRO E FUORI	6a	16m	Abwechslungsreiche Kletterei an guten Griffen
104 LA PRIMA VOLTA	5c	15m	Große Griffe, leicht und ansprechend

NORIGLIO

HEIDI E IL CONTADINO

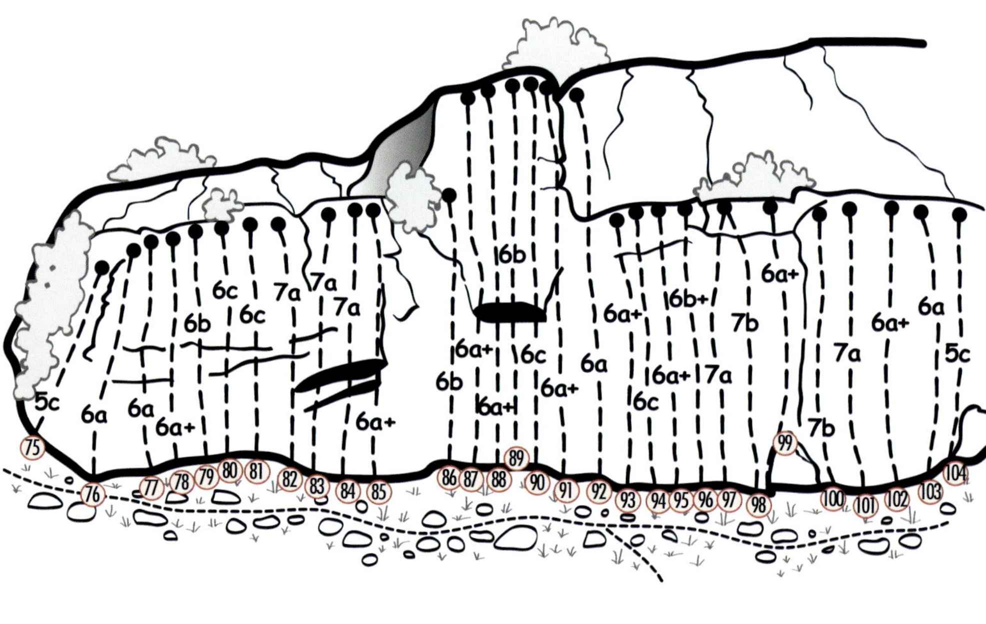

SEKTOR PILASTRO NASCOSTO

105 PROJECT	7b+	25m	Graue überhängende Wand mit zusätzlichen kleinen Überhängen
106 NORIGLIO FOREVER	7a+	25m	Etwas erzwungene Route, beginnt mit Überhang
107 MAGO MERLINO	7a	25m	Schöne Ausdauerroute mit schwierigem Zug in der Mitte
108 ALADINO	6c	25m	Einstieg mit Einzelstelle an Minigriffen, dann Ausdauer
109 OHNE NAMEN			Einstiegsverschneidung, dann schlechter Fels
110 OHNE NAMEN	6b	20m	Ausdauerkraft an scharfen Griffen, schön
111 BEFANA 99	6a+	24m	Ausdauer in gelber Wand, schön und abwechslungsreich
112 DISADATTATI	6b	24m	Kleiner Einstiegsüberhang, technisch schwierig, dann Ausdauer

NORIGLIO
IL PILASTRO NASCOSTO

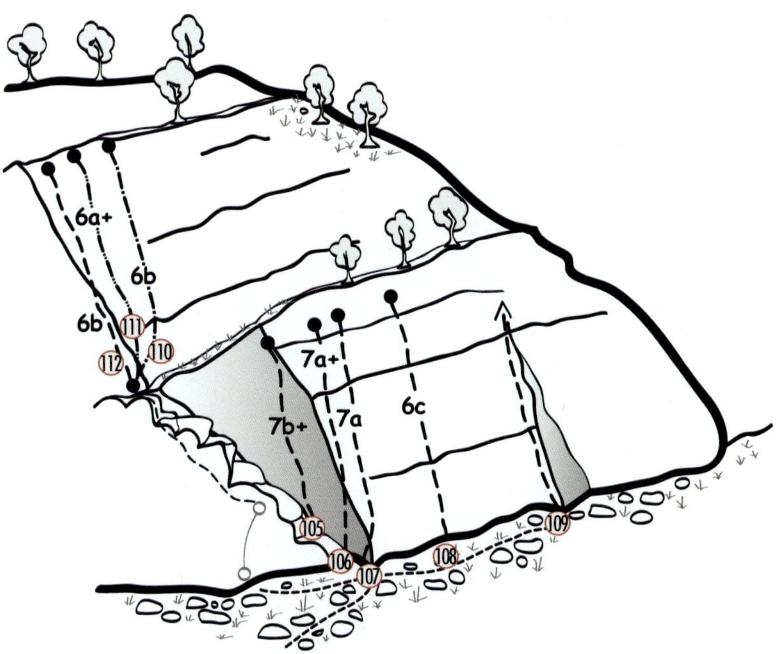

76

ZENGIO DEL FAR NOTER

Eine große und schöne, überhängende Wand mit langen Ausdauerrouten. Die neueste Entdeckung im Gebiet von Rovereto wurde von Silvano Matassoni eingerichtet. Der Klettergarten liegt etwas abseits und sehr ruhig. Im linken Teil gibt es vor allem relativ leichte Routen, weiter rechts gehen die Schwierigkeiten auch über 7a hinaus. Viele würden sich den Hakenabstand enger wünschen. Absolut notwendig sind ein 70-Meter-Seil und viele Expressschlingen (mindestens 16). Einige der überhängenden Ausdauerrouten wurden noch nicht frei geklettert. Wer die Schwierigkeiten prinzipiell beherrscht, hat eigentlich 'nur' die Qual der Wahl.
Auch bei regnerischem und kaltem Wetter lohnt sich ein Besuch, denn die Wand liegt windgeschützt. Silvano meint, dass ein paar Steaks, ein Grill und auch eine Flasche guten Rotweins mit dabei sein sollten. Holz und Liegeplatz sind vorhanden...

Erschliesser: S. Matassoni.

ZUFAHRT/ZUGANG
Von der Autobahnausfahrt Rovereto Sud ca. 16 km mit dem Auto, dann 15-20 Min. Fußweg.

Von der Ausfahrt in Richtung Rovereto Zentrum und am Einkaufszentrum 'Millenium Center' vorbei. Am zweiten Kreisverkehr nach links in Richtung Trento. Auf der linken Spur einreihen und immer geradeaus. An drei Ampeln vorbei (eine blinkt nur) bis zum großen Kreisverkehr am Bahnhof. Jetzt nach rechts (Corso Rosmini), immer Richtung Zentrum und dann Serrada-Folgaria. Durch Noriglio hindurch und weiter Richtung Terragnolo. Nach zwei kurzen Tunnels geht links eine Straße nach Perini ab (die Hauptstraße führt weiter geradeaus nach Valgrande-Folgaria). Ab hier zwei Möglichkeiten:

1) Über Perini:
Aufwärts in den Ort Perini und am Ende der Straße parken (wenige Parkplätze). Jetzt etwa 50 Meter auf einer Schotterstraße weiter geradeaus und leicht abwärts bis zu den ersten Weinbergen. Nun geht links ein Pfad weg und führt in den Wald. Auf diesem immer aufwärts (Steinmänner), an einem Abzweig rechts auf einen Pfad und weiter aufwärts. Man erreicht den Klettergarten an seinem rechten Ende.

2) Über Valgrande-Folgaria:
Die Parkmöglichkeiten hier sind weitaus besser und deshalb ist dieser Zugang empfehlenswerter. Man fährt nach den Tunnels weiter Richtung Folgaria und parkt das Auto bei Valgrande an der großen Kurve. Hinter dem Haus mit den Holzstößen beginnt der steile Wanderweg (Scottini Dienieri), der sich später mit dem Weg vereint, der von Perrini kommt. Ungefähr 30 m danach (Steinmänner) rechts auf einen Pfad und weiter bis zum Klettergarten.

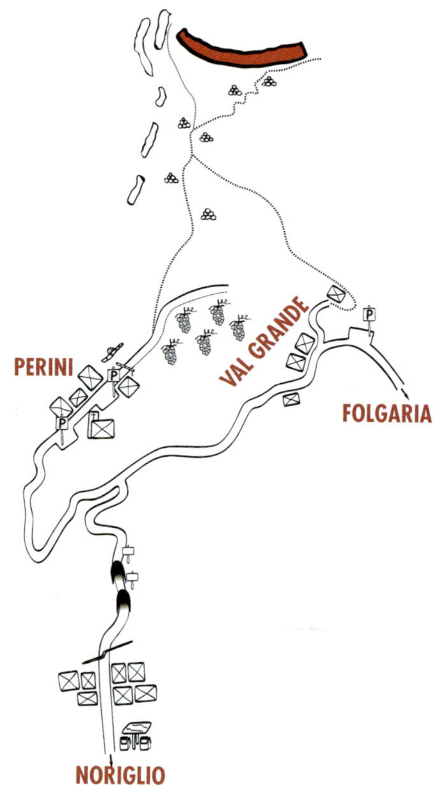

1 VALIUM		7a	35m	Zwei technisch schwierige plattige Wandteile, von zwei kleinen Bändern unterbrochen
2 ENDOVENA		6c	35m	Plattige Wand mit Kalkeinschlüssen. Am zweiten Band den ersten Haken wieder aushängen, wenn der zweite geclippt ist (Seilzug)
3 OSTIA		7a	35m	Leichter Anfang, kurze athletische Verschneidung und Riss, einige geschlagene Griffe
4 IL GHIRO		6c	35m	Leicher Anfang, dann technisch schwieriger und moralischer auf der geneigten Platte, kurzer athletischer Riss am Ausstieg
5 SPORCONA		6a+	25m	Längenzug in der breiten Verschneidung, dann schöne Griffe
6 BUON VIAGGIO		7b	30m	Leichter Beginn, dann problematischer Riss in schwierigem Gestein
7 TIRA POC		6a+	26m	Schöne Griffe, ebenso schöne Schuppe (nicht zu stark ziehen..)
8 ORO E ARGENTO		6b	20m	Am Schluss technisch und ausdauerkräftig
9 CANAIA		6c	30m	Mittelteil technisch mit kleinen Griffen, sonst leicht
10 DELICATA		6c	29m	Leichter Beginn, dann athletischer Zug und weiter Hakenabstand am Übergang vom Sinter nach rechts. Überhängender Ausstieg an schönen Griffen
11 LA GROTTA	SL1	6c+	25m	Seltsame Kletterei an schmerzhaften kleinen Konkretionen. Überhängender Boulderausstieg. Die 3. und 4. Expressschlinge verlängern
	SL2	7b	20m	Überhängende Ausdauerkletterei. Letzter Haken weit oben. Beim Ablassen Vorsicht!

ZENGIO

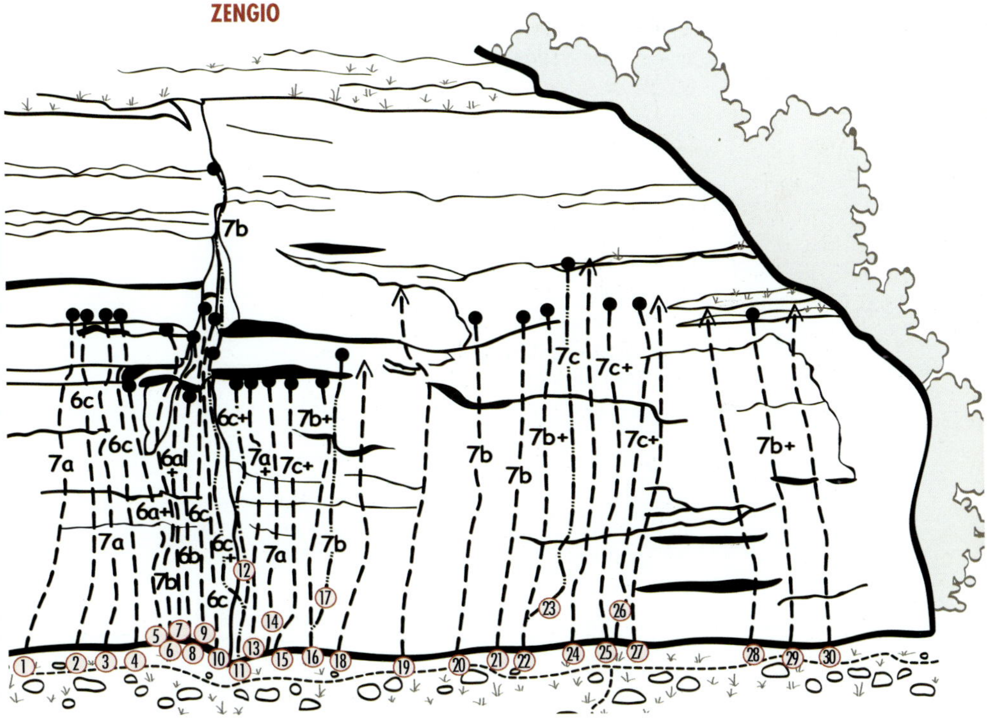

12 ZIO PORCOLE	6c+	24m	Einige Einzelstellen und Ausdauer im Ausstieg. Geschlagene Griffe.
13 NO L'È BANANE	7a+	24m	Technisch schwierig, schlechter Fels. Lange, zwingende Passagen.
14 LA ME ROVINA	7a	24m	Ausdauer im Mittelteil. Boulderzug am Ausstieg
15 ORZORO	7c+	25m	Senkrechte, ausdauernde Wandkletterei an Löchern und kleinen Leisten. Schwierige, zwingende Passagen. Füße stehen oft auf Reibung
16 ORZO BIMBO	7b+	25m	Einstiegsüberhang mit guten, geschlagenen Griffen. Dann kleine Leisten und Löcher. Fußtechnik und Reibungstritte. Einstieg wie 17
17 CIAPA E TIRA	7b	28m	Einstiegsüberhang, dann technisch schwierige Stellen mit weiten Zügen und Ausdauerkraft
18 LA CANNA	?	25m	Projekt. Ausdauer an Sintern und ein paar schönen Löchern
19 IL TRONO	?	35m	Projekt. Ausdauer ohne Ende. Langer Hakenabstand, der viel Moral erfordert
20 STRAZA BRAZI	7b	33m	Sinter und Löcher
21 LA SGIONFONA	7b	33m	Ausdauer an Sintern und einigen geschlagenen Griffen
22 PIPPISTRELLA	7b+	33m	Einstieg wie 23. Löcher, Sinter und viel Ausdauer
23 IL CORVO	7c	35m	Einstiegsüberhang mit schönen Löchern. Dann Ausdauer mit zwei weiten Zügen
24 PALPITAZIONI	?	35m	Projekt. Athletik, Ausdauer mit harten Einzelzügen, bei denen man weit über dem Haken steht...
25 FIGHE'R	7c+	35m	Schwere Passage nach dem 4. Haken. Dann einige geschlagene Griffe am kleinen Überhang, Ausdauerkraft
26 REGINA	7c+	34m	Anfangsüberhang mit guten Griffen. Ausdauerkraft in senkrechter Wand
27 TARZAN	?	33m	Projekt. Ausdauer, einige geschlagene Griffe am Überhang
28 RE BUF	?	33m	Projekt. Ausdauer, leicht überhängend
29 LA TORTA	7b+	32m	Beginnt mit Sinter, dann leicht überhängend, einige geschlagene Griffe
30 ANZA	?	32m	Projekt. Leicht überhängend, einige geschlagene Griffe

Michele Barozzi, IL CORVO, 7c *(Silvano Matassoni)*

77

SERRADA

1250

An die sechzig Routen, hauptsächlich im unteren und mittleren Schwierigkeitsgrad, gibt es in diesem schönen Klettergebiet. Fast zwanzig Routen waren schon vor etlichen Jahren von Pacher und Plotegher eingebort worden. Dann geriet die Wand in Vergessenheit. Aber dank der Leidenschaft von Luciano Calderan ist dieses Gebiet wieder aufgeblüht: die Wand wurde von überschüssigem Material befreit, die Wege und Plätze am Wandfuß wurden saniert und viele neue Routen wurden erschlossen. Dies bezeugt auch der hohe Besucherzufluss im Sommer. Für Familien ist es hier ideal.

Erschließer: L.Calderan, Pacher, Plotegher.

ZUFAHRT/ZUGANG

Von der Autobahnausfahrt Rovereto Sud 28 km, dann 5 Min. Fußweg.

Von der Ausfahrt in Richtung Rovereto Zentrum und am Einkaufszentrum 'Millenium Center' vorbei. Am zweiten Kreisverkehr nach links in Richtung Trento. Auf der linken Spur einreihen und immer geradeaus. An drei Ampeln vorbei (eine blinkt nur) bis zum großen Kreisverkehr am Bahnhof. Jetzt nach rechts (Corso Rosmini), immer Richtung Zentrum und dann Serrada-Folgaria. Die Straße führt aufwärts und durch die Teilorte der Gemeinde Terragnolo. Nach dem Ortsschild, das das Ende des Gemeindegebietes anzeigt und dem Hinweisschild 'Magnifica Comunità di Folgaria' befindet sich auf der rechten Seite das Restaurant Cogola in der Kurve. Man parkt 50m weiter auf einem großen Parkplatz! Von hierauf die 'Via San Rocco' und nach 20m bei einer Rechtskurve, hinter dem Restaurant Cogola, auf eine Schotterstraße. Nach 100m wird die Straße zu einem Weg, der abwärts in Kürze zu den Felsen führt.

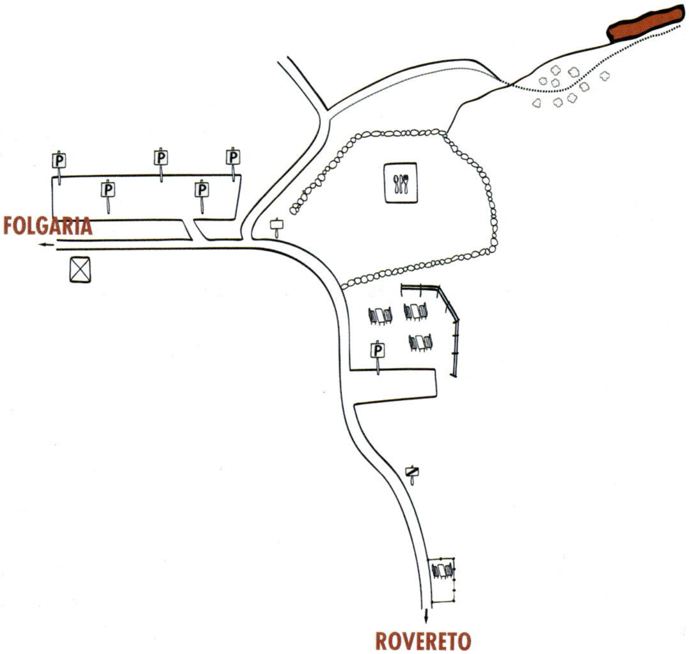

1 MAIYUMI	7b	8m	Heikler Start an Leisten
2 TSUNAMI	6a+	8m	Heikler Start an Leisten
3 MANU	4b	12m	Einfacher Pfeiler
4 MR. BOOMBASTIC	4a	12m	
5 ECLISSE 99	6b	7m	
6 LA MORTE NERA	6c+	15m	Ausdauer, einige künstliche Griffe
7 STARWAY TO HEAVEN	6c	15m	Ausdauer, einige künstliche Griffe
8 DANTON	5a	12m	Kante
9 SPITFOLLIA	6a+	15m	Technische Platte
10 PHOENOMENA	6a	15m	Heikler Einstieg, dann gutgriffige Platte
11 GHOST	6a	15m	Heikler Start, dann gutgriffige Platte
12 MICROTEST		15m	
13 MELANCHOLY		12m	
14 SPIDER	6b	10m	Heikler Einstieg, dann Aufleger
15 MEGAWATT	6b/c	22m	Technisch, in grauer Wand
16 DIE HARD	6b	22m	Dach umklettern, schöne Platte, kleiner Bauch mit Löchern
17 CROW	6b	22m	Technische Platte im Mittelteil
18 MURUROA	6a	22m	Einzelstelle im Mittelteil an der Schuppe
19 JESSICA	6a+	23m	Ausdauerroute an immer guten Griffen
20 NO LOVE	6c	23m	Heikler Längenzug am Einstieg, Schlusspassage leicht überhängend
21 BALLA COI LUPI	6c	23m	Ausdauer an gelber Wand, Schlusspassage leicht überhängend
22 CONDOR	6b+	23m	Wand mit Fingerleisten, Schlusspassage leicht überhängend
23 ESORCICCIO	6a+	23m	Ausdauer, ein bisschen erzwungene Linie
24 MAIEMI	6b+	23m	Anfangs kleine Leisten, dann gute Griffe
25 MANI DI VELLUTO	6b+	25m	Einstieg in Rissverschneidung, dann Platte
26 THE WALL	7a	25m	Fingerkraft an Leisten, dann einfacher
27 KAOS	6b	20m	Senkrechte, gelbe Wand mit Leisten und Bauch am Schluss
28 ZANZIBAR	6a	18m	Technische leicht geneigte Platte, Ausdauer
29 CADUTA MASSI	6b	25m	Technische leicht geneigte Platte, Ausdauer
30 GIADA	6b	25m	Technische Schlusspassage nach geneigter Platte
31 CUZCO	6a+	8m	Boulder am Dach
32 INDIOS	3c	12m	Einfacher Risskamin
33 KURSK	6b	10m	Schwieriger Längenzug
34 TOTEM	6a	10m	Dem Riss entlang
35 TSAATAN	5b	16m	Geneigte Platte, Fußtechnik im Mittelteil
36 YETI	5c	18m	Einfacher Riss, schwierige Positionierung zum Schluss
37 IBIS	6a	20m	Fußtechnik
38 LADY DIANA	6a+	16m	Zuerst schwierige Stelle, dann technische Platte
39 GHIBLI	6a+	22m	Oberer Teil gemeinsam mit der Route Mephisto
40 MEPHISTO	6b	22m	Einstiegsriss leicht überhängend, dann schwierige Platte
41 LUCIFERO	6c	22m	Technisch, an Kante entlang
42 CONGEDO EXPRESS	6c	20m	Ausdauer an Leisten
43 TRAVERSO PERVERSO	6b	24m	Schwierige, zentrale, kaum ausgeprägte Verschneidung
44 DUE DITA PRIME FALANGI	6c	20m	Einstiegsboulder, Ausstieg leicht überhängend
45 JOVANNONA	6b	20m	Schwieriger Einstieg an Auflegern, dann Längenzüge

SERRADA

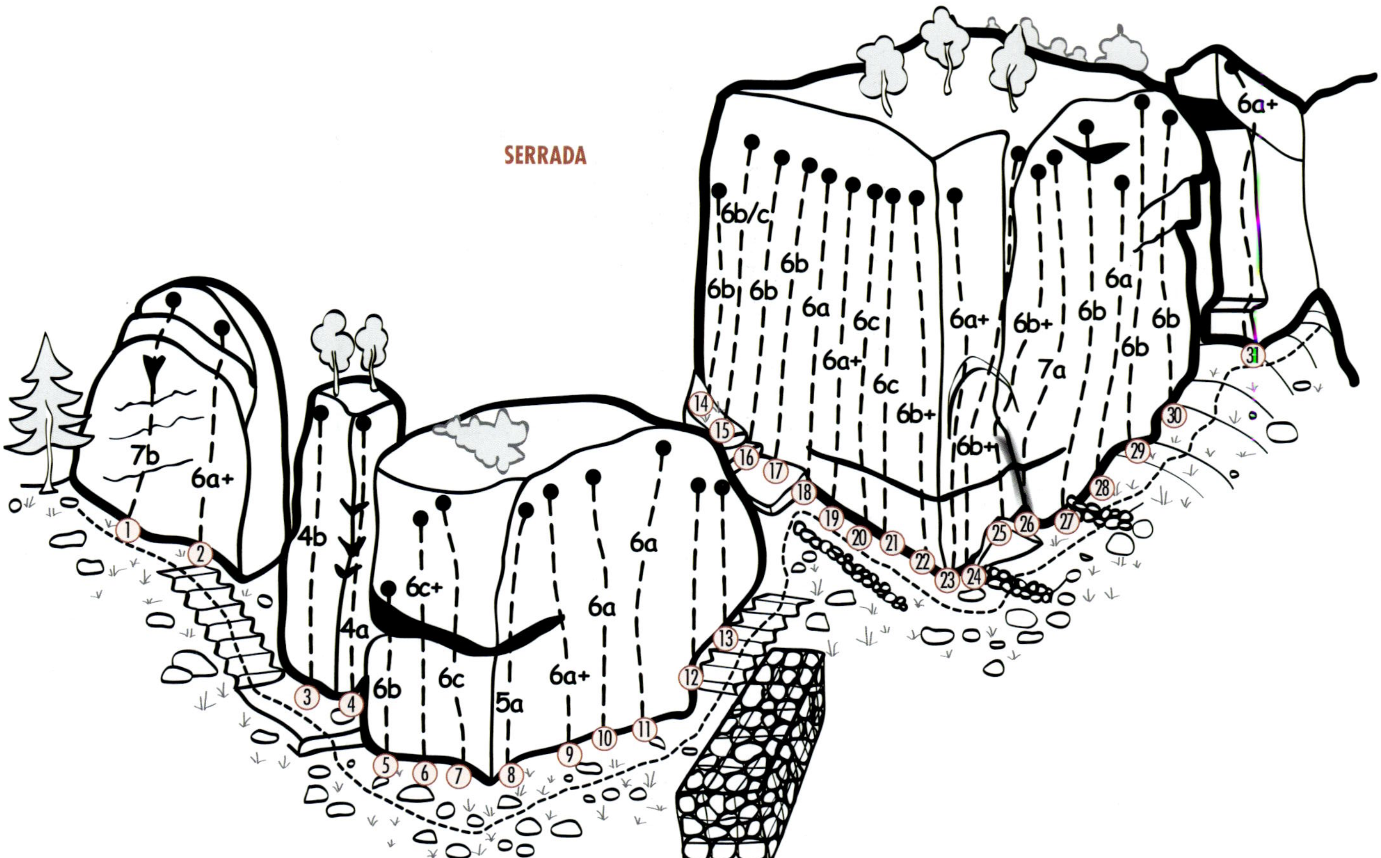
7b
6a+
4b
4a
6c+
6b
6c
5a
6a+
6a
6a
6b/c
6b
6b
6b
6a
6a+
6c
6c
6b+
6a+
6b+
6b+
7a
6b
6a
6b
6b
6a+
1
2
3
4
5
6
7
8
9
10
11
12
13
14
15
16
17
18
19
20
21
22
23
24
25
26
27
28
29
30
31

SERRADA

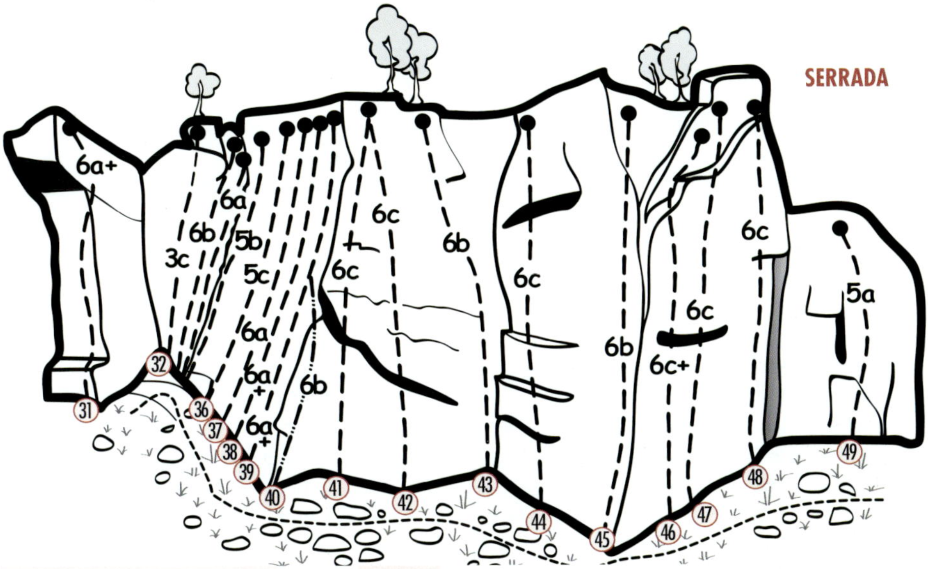

46 ANGEL OF DEATH	6c+	22m	Ausdauer an positiven Leisten an kleinem Bauch in der Mitte
47 ROBESPIERRE	6c	20m	Senkrechte Wand
48 PIRATA	6c	18m	Schwierige Kante
49 CHIPKO	5a	7m	Überhang mit Aufrichter
50 VIPER	5a	10m	Senkrechter Einstieg an guten Griffen
51 NANDU'	5a	10m	Einfach, brüchig
52 BALI	5c/6a	18m	In der Mitte Einzelstelle im Überhang
53 MACHU PICCHU	6b	18m	Einzelstelle am Einstieg und Längenzug zum Schluss
54 LICHENI	6b	18m	Schwierige Positionierung
55 TARKINE	6b+	20m	Im Mittelteil schwieriger Bauch mit Leisten
56 UGLY	6b+	20m	Schön mit heiklem Zug in Platte
57 MIWOK	6a	20m	Heikle Züge in Platte
58 MAYA	6b+	20m	Schöner Einstieg, problematischer Längenzug
59 EURO	6a	20m	Einstiegsboulder, unhomogen
60 CANYON	4c	20m	Kamin

SERRADA

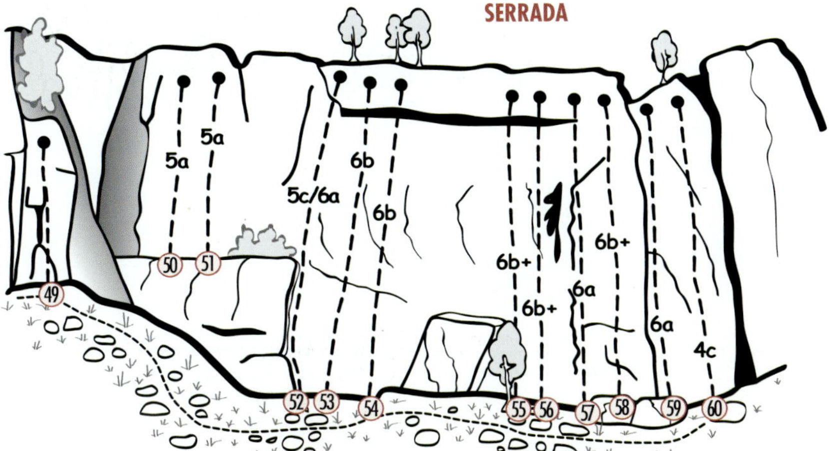

78

L'ORRIDO

'Orrido' bedeutet im Italienischen 'fürchterlich' bzw. 'furchterregend', und in der Tat hat dieser Ort etwas davon. Die Kletterei in dieser Wand ist schwierig, weil überhängend, aber auch abwechslungsreich. Überhänge mit so vielen Löchern gibt es in dieser Region nur sehr wenige. In Orrido kann auch bei Regen geklettert werden, aber wenn das Wasser durch die Löcher drückt (oder auch im Winter) sollte man den Klettergarten meiden. Die Wand liegt morgens im Schatten und nachmittags in der Sonne. Künstliche und/oder geschlagene Griffe sind hier fast keine zu finden.

Der Zustieg ist sehr kurz. Die Wand wurde von Rolando Larcher und Mario Curti entdeckt und eingerichtet.

Erschließer: T. Buccella, M. Curti, R. Larcher.

ZUFAHRT/ZUGANG

Von der Autobahnausfahrt Rovereto Sud ca. 19 km mit dem Auto, dann 5 Min. Fußweg.

Von der Ausfahrt zunächst in Richtung Rovereto Centro und dann weiter den Wegweisern 'Trento SS 12' folgen. Immer geradeaus, durch Rovereto durch und nach Calliano. Man passiert eine 'IP'- Tankstelle auf der rechten Straßenseite und folgt an der nächsten Kreuzung den Wegweisern Richtung Vicenza-Folgaria. Kurz nach dem Ort Dietrobeseno fährt man durch einen Tunnel, dann über eine Brücke und durch einen weiteren Tunnel. Man parkt 200 m nach dem zweiten Tunnel an einer großen Kurve.

Nun zu Fuß zurück durch den Tunnel. Der Klettergarten ist von der Brücke (links) gut sichtbar. Auf Pfadspuren bis zum Wandfuß.

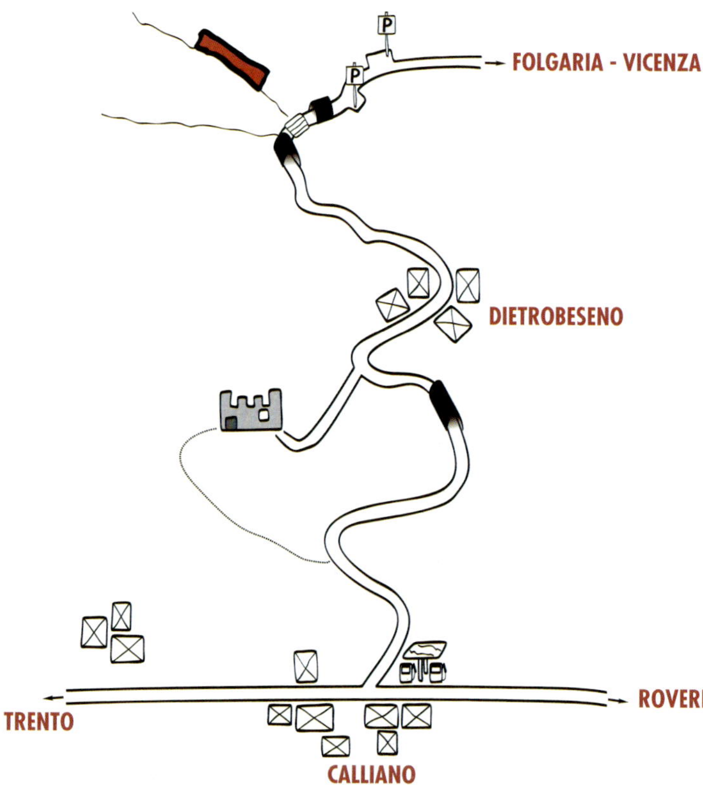

1 ORCA	7c+	28m	Einstieg wie 'LA BALENA'. Im ersten Teil Boulderzüge, dann Leisten und Ausdauer
2 LA BALENA	8a+	27m	Boulderzüge im steilen Einstiegsüberhang, dann Leisten und Ausdauerkraft
3 LA BAMBINA	8a	27m	Beginnt in der Grotte mit Löchern, dann überhängender Wandteil mit Leisten und Ausdauerkraft
4 EL GIGANTE	8a	28m	Beginnt in der Grotte mit Löchern, dann in Wandteil mit viel Ausdauerkraft an Leisten
5 QUESTIONE MORALE	8a	27m	Beginnt in der Grotte mit starkem Überhang, dann Wandteil mit Ausdauer an Leisten. Langer Hakenabstand
6 SALLY	8a	28m	Ausdauerkraft
7 NO PAIN NO GAIN	7b+	25m	Ausdauer an leicht überhängender Wand
8 ROCK SPIDER	7a+	25m	Ausdauer an leicht überhängender Wand
9 BABY ZOCCOLA	6c	22m	Ausdauer an leicht überhängender Wand mit guten Griffen
10 GIÒ CAZZOLA	6b	20m	Ausdauer an leicht überhängender Wand mit guten Griffen

L'ORRIDO

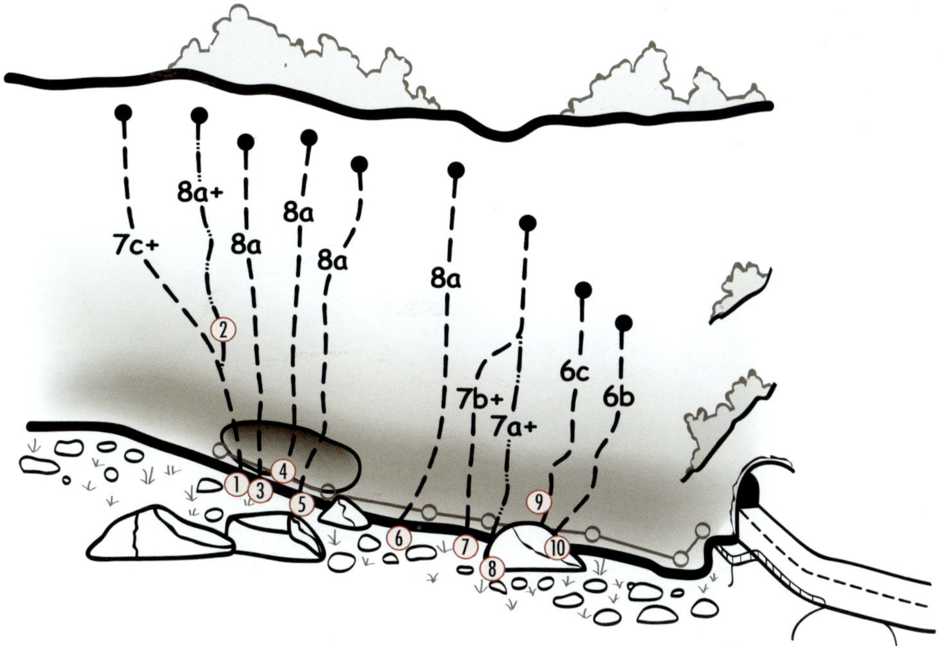

79

LA VELA

ZUFAHRT/ZUGANG

Von Trient 2,5 km mit dem Auto.

Von der Autobahnausfahrt Trento-Centro beim großen Kreisverkehr in Richtung Vela. Unter der großen Überführung durch und rechts nach Vela. Am Ortsausgang auf die linke Straße, die am Berg entlang und zum Sektor A führt. Der Sektor B befindet sich 300m weiter.

Schon in den vierziger und fünfziger Jahren wurde dieses Gebiet von den heimischen Trientiner Alpinisten besucht. Es geriet dann in Vergessenheit, wurde aber in den Achtzigern wieder entdeckt. Ausdauerkraft an Leisten und Löchern ist in dieser senkrechten Wand sehr wichtig. Das Klettergebiet ist in zwei Sektoren unterteilt mit insgesamt über 80 Routen in allen Schwierigkeitsgraden, hauptsächlich aber zwischen 6a und 6c.

Wegen der Nähe zur Stadt und dem bequemen Zugang treffen sich hier vor allem Kletterer aus Trento und der näheren Umgebung. Fast alle Routen wurden in den letzten Jahren saniert. Leider befindet sich die Wand direkt an der Straße, die zur städtischen Mülldeponie führt und so herrscht an Werktagen viel Lastwagenverkehr.

Erschließer: F. Bertoni, L. Celva, A. Zanetti und andere.

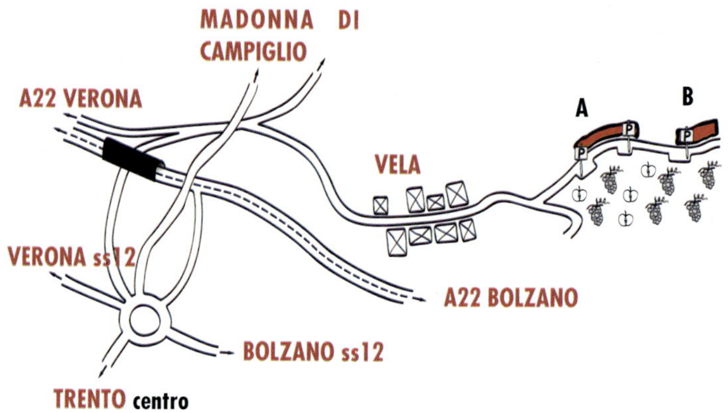

SEKTOR A

1 OHNE NAMEN		20m	Projekt. Senkrechte überhängende Wand
2 OHNE NAMEN			Projekt. Senkrechte überhängende Wand
3 OHNE NAMEN	7b/c	20m	Senkrechte überhängende Wand
4 GENDARME	6a+	12m	Geneigte Platte
4a OHNE NAMEN	7b+	12m	Ausdauer an leicht überhängender Wand
5 DIEDRO NERO	V+/A2	40m	Klassische Route von Bruno Detassis mit alten Haken SL1 V+, SL2 A2, SL3 V+
6 SU IN ALTO	7ab	20m	Senkrechte Wand mit Leisten und Löchern
7 ALPEN FLEX	7b	30m	Leicht überhängende Wand mit Leisten und Löcher
8 VIA DELLE MELE	8a	45m	Ausdauerroute, 20 Expresssets, 1. Wh von Rolando Larcher
9 ALPINISTI SI ALPINISTI NO	6c		Lange Hakenabstände
10 MEA CULPA	7a/b	28m	Ausdauer an leicht überhängender Wand
11 LEVITTI	7a+	28m	Ausdauer an leicht überhängender Wand
12 FESTIVAL	6c+	20m	Zuerst einfach, dann Ausdauer an Löchern und Leisten
13 BUDINO MOLLE	7a+	20m	Zuerst einfach, dann Ausdauer an Löchern und Leisten
14 CATTIVIK	7b	20m	Einzelstelle am Überhang
15 LA BURBERA	7b+	20m	Knackige, schwierige Stelle am Beginn der Nische
16 6x3	7a	27m	Ausdauer
17 VERTIGINE LA VENDETTA	7b	35m	Lange Ausdauerroute
18 SERENO	6c+	25m	Senkrechte Wand, ausdauernd
19 L.S.D.	7a	30m	Ausdauerhammer
20 MILOSEVIC O NATO	6b	25m	Etwas langer Hakenabstand
21 IL CERCHIO E L'ARCOBALENO	6c	25m	Einzelstelle beim Ausstieg aus der Nische
22 VOCI NEL SILENZIO	6b	18m	Einstieg in Platte mit Löchern, verläuft schräg
23 NUVOLO	6b+	18m	Ausdauerkletterei
24 ONDA NUEVA	7a	25m	Ohne linke Verschneidung 7a, ansonsten 6b+
25 PENTOTAL	7a	35m	Sehr schön, Ausdauer, 70m Seil!
26 PEGASO	6c+	35m	Bis zum ersten Stand 6c+, insgesamt 7a. 70m Seil!
27 SCARABEO	6b+	15m	Kleine Wand, Ausdauer
28 TI EN TAN TASI BEN BON BASTA	7a	15m	Senkrechte Wand mit Löchern und Schlussüberhang
29 DIEDRO	6b	15m	Technische Verschneidung
30 SUPERSONIC	6b+	15m	Leicht überhängende Wand, Ausdauer
31 PETER PAN	6a	15m	Gute Löcher
32 BERTON WALL	6b	18m	Senkrechte Wand mit Löchern, Schlüsselstelle am vorletzten Haken
33 SEBA 1	6b+	19m	Senkrechte Wand mit Löchern
34 OHNE NAMEN	6a+	19m	Senkrechte Wand mit Löchern
35 SEBA 2	6a	19m	Senkrechte Wand mit Löchern
36 MANI PULITE	6a	35m	Bis zum ersten Stand 6a, insgesamt 6c; lang und schön
37 VAI DEL BIANCOSPINO N°15	6a/b	20m	Schwarzer Fels, gut strukturiert
38 GLI SVARIONI	6b	20m	Schwarzer Fels, ausdauernd

LA VELA
SEKTOR A

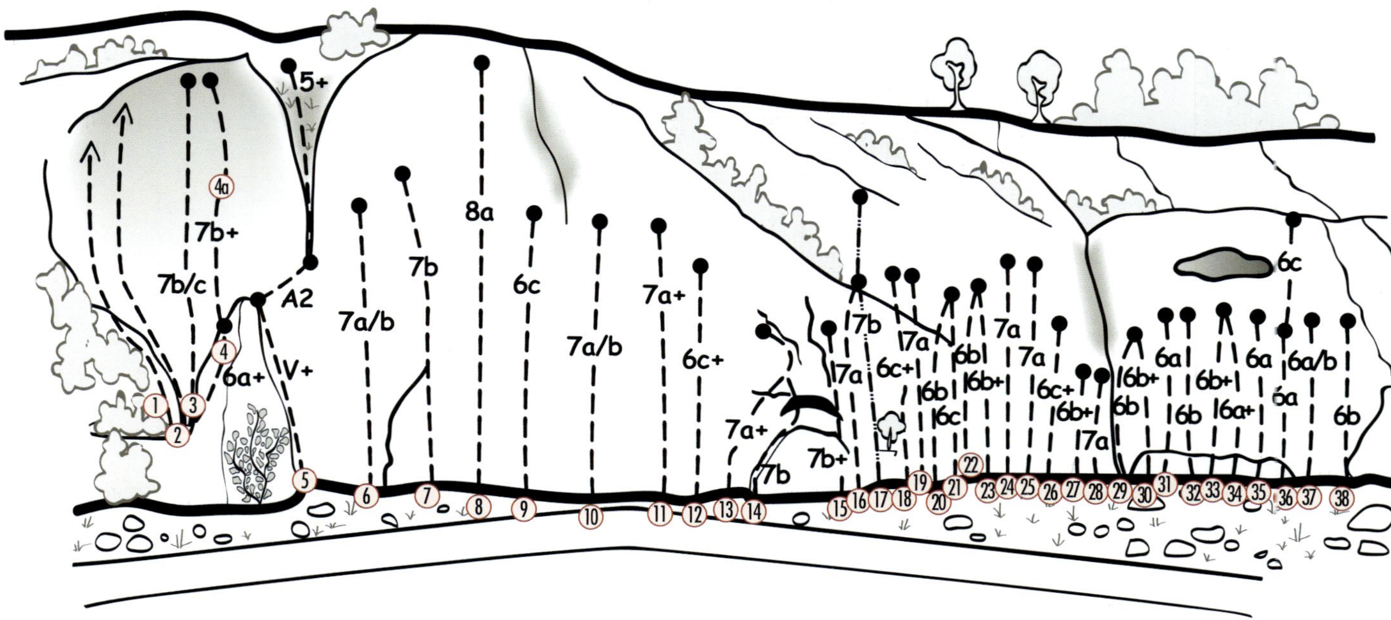

KLEINER EINZELNER SEKTOR (keine Skizze)

39 NIGHT CLUB	6c	6m	Kurz, technisch und athletisch
40 LA NOIA	6b+	8m	Kurz, technisch und athletisch

SEKTOR B

41 ZUCHEN	7a	18m	Schwierige Stelle am Überhang
42 APPIGLIONI	7c+	18m	Querung an der Dachkante, technisch, ausdauernd
43 DARK PARTY	6c	18m	Einzelstelle am Dach
44 L'UOMO RAGNO	7b	18m	Alte Haken
45 L'ULTIMO BRIVIDO	7a+	18m	Alte Haken
46 SEDANO	7b	18m	Mittelteil sehr technisch
47 SAM	5c	5m	Kurzer Boulder (ohne Umlenkung)
48 POMPA LINO	6c	5m	Alte Haken (ohne Umlenkung)
49 BIKO	6c	20m	Ausdauer an Leisten
50 L'ETERNAUTA	6b	22m	Ausdauer an Leisten
51 OLIVER	6c+	22m	Schwierige Einstiegspassage, technisch sehr anspruchsvoll
52 TETTO BASSI	6c	23m	Kräftezehrendes Einstiegsdach, dann technischer Wandteil
53 THE MONSTER	7a	23m	Einstiegsvariante von 'Tetto Bassi'
54 COCIS	6c	24m	Einstieg wie 'The Monster', dann gerade, sehr technisch
55 CALFORT	6a	18m	Ausdauer an Leisten
56 L'ABITUDINARIO	6c	18m	Die ersten 2 Haken sind alt, Ausdauer
57 ACID CLIMB	6a	18m	Alte Haken
58 CONDOR	6b	20m	Einstieg technisch und plattig, dann heikle kurze Verschneidung
59 AL PROF. MARCHESE V.	7c+	20m	Erzwungene Route mit harter Einzelstelle am Dach
60 COCCOLINO	7b+	20m	Sehr schöne Route, die in der Mitte über das Dach führt
61 EL PUMA	7a	20m	Ausdauer, heikle Züge
62 NOÉ	6a	22m	Ausdauer, Einzelstelle am letzten Viertel
63 FLUIDO	6a	22m	Kurze technische Ausdauerwand , Ausstieg gemeinsam mit Noé

LA VELA
SEKTOR B

64 INNATURAL KILLER	5c	10m	Platte und nette Verschneidung
65 NATURAL KILLER	6b	10m	Platte und technische Wand
66 DAMMELA	6a	20m	Ausdauer an guten Griffen, schön
67 MARIANGELA	6b	20m	Ausdauer und Technik
68 SCHUM	6b	20m	Einzelstelle am letzten Viertel
69 BIRBA	6b	20m	Zum Schluss schwerer Zug
70 323 GIORNI ALL'ALBA	6b+	22m	Einige schwere Einzelstellen
71 MARTIN MISTER	6b	22m	Platte unter dem Dach, dann Ausdauer
72 SYLVER BLASE	6a	22m	Technischer Dachausstieg
73 STROH 80	6a	22m	Einzelzug am Schluss
74 IL PRINCIPIANTE	5c	18m	Technische Verschneidung
75 RAVE PARTY	5b	17m	Einfach über Verschneidungen und Stufen
76 LA PASSERA	6a	10m	Kurze Wand
77 FUFI	6a	10m	Kurze Wand
78 ARAMIS	5c	10m	Kurze Wand
79 PORTOS	6b	10m	Kurze Wand
80 ATOS	6a	10m	Kurze Wand
81 GIOCONDA	5c	10m	Kurze Wand
82 BAGHERA	6b	20m	Selten begangen, dreckig
83 MIRAGGIO	7b	20m	Selten begangen, dreckig
84 PALUDE	6b+	20m	Selten begangen, dreckig
85 MALARIA	7a	20m	Selten begangen, dreckig
86 SABBIE MOBILI	6b	20m	Selten begangen, dreckig

LA VELA
SEKTOR B

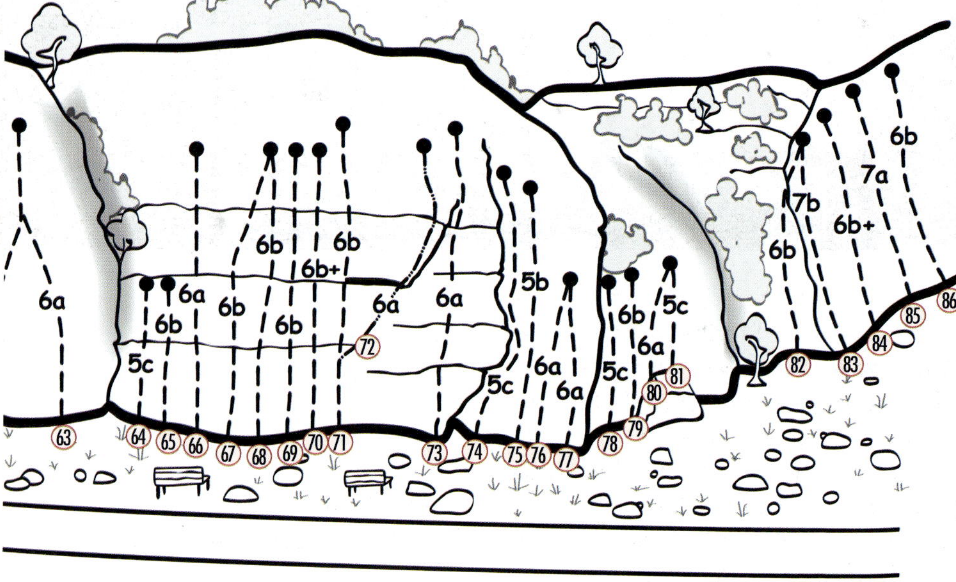

80

VASON

Schon in den vierziger Jahren kamen die Trientiner Alpinisten hierher, um zu üben. Im Sinne des Sportklettergedankens werden diese Felsen natürlich erst seit den Achtzigern benützt. Die Bergführer Johnathan Hall, Fabrizio Conforto und Mauro Fronza eröffneten hier die ersten Routen: 'Little Turtle', 'El vecio', 'Anarchia' oder 'Marta la malta'. Weitere Wege wurden in den darauffolgenden Jahren eingebohrt. In Zusammenarbeit mit der Forstverwaltung von Trento-Sopramonte wurde der Klettergarten im Jahr 2005 saniert. An den Umlenkungen befindet sich jeweils ein Ring. Beide Felsen sind auch über einen kurzen Klettersteig zu erreichen, der für Ausbildungszwecke dient. Das ideale Sommergebiet, das Rita und Giorgio Graffer gewidmet ist, wird oft von Bergführern für Kletterkurse genützt.

Erschließer: R. Assi, F. Conforto, D.J. Hall, M. Fronza, C. Groaz, F. Stedile, A. Zanetti.

ZUFAHRT/ZUGANG

Von Arco 40 km mit dem Auto, dann 5 Min. Fußweg.

Von der Sarcabrücke in Arco in Richtung Trento-Madonna di Campiglio. Nach 5 km bei Dro rechts nach Valle di Cavedine und 2 km nach Cavedine wieder rechts ab Richtung Monte Bondone. Man fährt durch Lagolo und Viote und erreicht Vason. Nun 200m abwärts, am Hotel Montana vorbei und sofort anschließend links auf den großen Parkplatz. Man folgt dem Hinweisschild 'Palestra di Roccia' (Klettergarten) und erreicht leicht abwärts gehend in Kürze die Felsen.

Von der Autobahnausfahrt Trento-Centro ca. 20 km mit dem Auto, dann 5 Min Fußweg.

Von der Ausfahrt in Richtung Madonna di Campiglio, durch den ersten Tunnel und bei der ersten Kreuzung nach links in Richtung Sardagna-Monte Bondone. Man fährt durch die Ortschaften Sardagna, Candriai, Vaneze e Norge bis nach Vason. Ungefähr 50m nach dem Ortschild befindet sich der Parkplatz an der rechten Seite. Vom Parkplatz weiter wie oben.

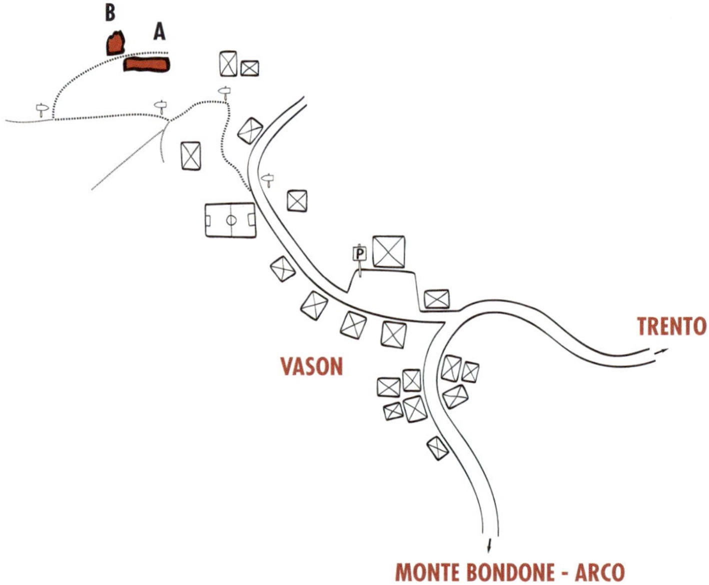

SEKTOR A

1 NOSIOLA	4c	20m	Einstieg mit Längenzug
2 JOSÈ MARTÌ	5b	20m	Anstrengender Zug in Schlussverschneidung
3 SCHIAVA GENTILE	4a	25m	Im ersten Teil etwas schwer zu finden
4 LUCIA MIA FIGLIA SUA ZIA	5c	25m	Platte
5 NANO BALCANO	6a	25m	Platte
6 VINO SANTO	5a	25m	Über große Stufen
7 VIA AGRA	6a+	25m	Einzelstelle in der Platte
8 MARTA LA MATTA	6b	28m	Heikler Einstieg, oft feucht
9 DUE TETTI	6c	28m	Heikler Einstieg, oft feucht, dann schön
10 LITTLE TURTLE	6b	25m	Technische Platte an kleinsten Leisten
11 EL VECIO	7b	25m	Technische Platte mit kleinsten Leisten
12 ANARCHIA	6c+	25m	Technische Platte mit kleinsten Leisten

VASON
SEKTOR A

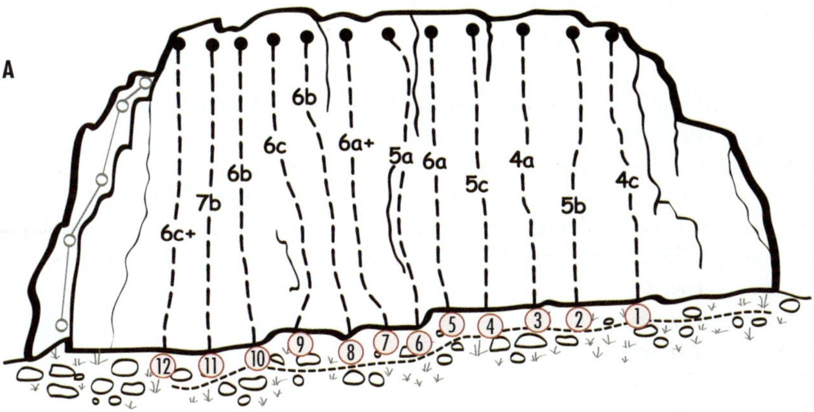

SEKTOR B

13 MERLOT	3a	10m	Für Anfänger
14 PINOT GRIGIO	4a	12m	Zuerst einfach, dann Stelle mit künstlichen Tritt
15 CABERNET	4c	18m	Anstrengender Zug im Mittelteil
16 TEROLDEGO	5a	18m	Ausdauer

VASON
SEKTOR B

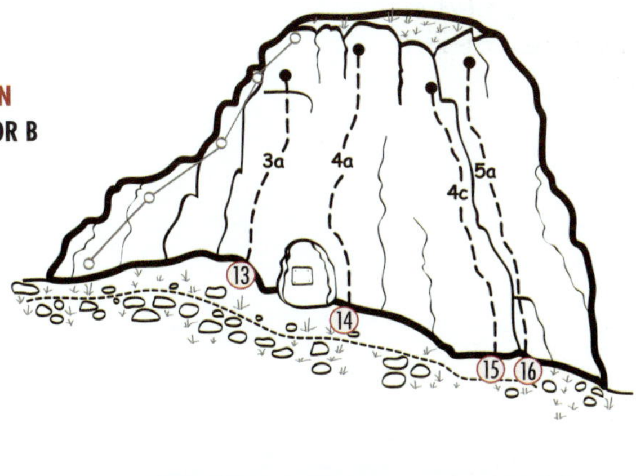

ARRAMPICATE SPORTIVE E MODERNE FRA BERGAMO E BRESCIA
deutsche übersetzung

ARRAMPICATE SPORTIVE E MODERNE FRA LECCO E COMO
deutsche übersetzung

ARRAMPICATE SPORTIVE E MODERNE IN VALTELLINA VALCHIAVENNA ENGADINA
deutsche übersetzung

GAETA CIRCEO LEANO SPERLONGA MONETA
Vie lunghe classiche e moderne

NEVE LIBERA
Itinerari con racchette da neve e snowboard in Valle d'Aosta

GIARDINI DI CRISTALLO
Cascate di ghiaccio nelle valli dell'Ossola
deutsche übersetzung

SPECCHI DI GHIACCO
Ice-climbing in Valtellina, Valchiavenna Engadina

PARETI DEL SARCA
Vie classiche e moderne nella valle del Sarca
italiano - deutsche

PALE DI SAN MARTINO
Arrampicare, camminare, volare
deutsche übersetzung

TOSCANA E ISOLA D'ELBA
Arrampicate sportive
With english version

MUZZERONE E LEVANTE LIGURE
Arrampicate sportive
With english version

foto Fabio Cameroni

VERSANTE SUD

ACQUISTI ON-LINE ANCHE CON CARD

LUOGHI VERTICALI COLLANA GUIDE D

ARRAMPICATE SPORTIVE E MODERNE IN OSSOLA E VALSESIA
deutsche übersetzung

ROCK PARADISE
Arrampicate classiche, moderne e sportive nel gruppo del Gran Paradiso

MELLO BOULDER
Blocchi in Valtellina
With english version
deutsche übersetzung

ARRAMPICATE SPORTIVE IN CORSICA
With english version

ARRAMPICARE IN SVIZZERA
Itinerari sportivi e moderni su roccia
deutsche übersetzung

DI ROCCIA DI SOLE
Climbing in Sicily
With english version

FREERIDE IN DOLOMITI
Itinerari fuoripista con sci e snowboard
With english version

PASSAGGIO A NORD-OVEST
Arrampicate sportive e moderne nel Piemonte occidentale

VIE E VICENDE IN DOLOMITI
50 itinerari scelti e raccontati

MARMOLADA - PARETE SUD

FALESIE DI ARCO
Sarca, Trento, Rovereto, Brenta
italiano - english - deutsche

SCIALPINISMO IN TIROLO
With english version

...LINE SHOPPING WITH CREDIT CARD

...PICATA, ALPINISMO, NEVE, GHIACCIO

I RAMPICANTI

personaggi e storie dell'universo verticale

BEN LARITTI
STORIA DI UNA METEORA
Ruggero Meles

JOHN GILL
IL SIGNORE DEL BOULDER
Pat Ament

WOLFGANG GÜLLICH
ACTION DIRECTE
Tilmann Hepp

ABITO IN PARADISO
Chantal Mauduit

IL MIO MONDO VERTICALE
Jerzy Kukuczka

CONFESSIONI
DI UN SERIAL CLIMBER
Mark Twight

REINHARD KARL
SENZA COMPROMESSI
Tom Dauer

DEEP PLAY
Paul Pritchard

QUELLI DEL PORDOI
Alberto Sciamplicotti

SOLITARI
Fabio Palma

ANGELI DEL NANGA
David Torres Ruiz

SPIDERMAN
Alain Robert

IMPARARE A RESPIRARE
Andy Cave

DOLOMITI. GIORNI VERTICALI
Stefano Ardito

DOUGAL HASTON
LA FILOSOFIA DEL RISCHIO
Jeff Connors

www.versantesud.it

VERSANTE SUD